LA FRANCE CONTEMPORAINE 1946-1990

Chronologie commentée

II. LA Ve RÉPUBLIQUE

DU MÊME AUTEUR
AUX ÉDITIONS PERRIN

La France contemporaine : I. La IVe République, 1989.

SYLVIE GUILLAUME

LA FRANCE CONTEMPORAINE 1946-1990

Chronologie commentée

II. LA Ve RÉPUBLIQUE

Perrin
8, rue Garancière
Paris

ISBN 2-262-00874-4

SOMMAIRE

II. LA RÉPUBLIQUE GAULLIENNE (novembre 1962-avril 1969)

Sommaire

III. LE POMPIDOLISME (avril 1969-avril 1974)

IV. LE GISCARDISME (avril 1974-mai 1981)

Sommaire

INTRODUCTION

La IVe République est née dans l'espoir des lendemains de la Résistance ; elle est morte douze ans plus tard dans la lassitude ou l'hostilité générale.

La Ve République a été enfantée dans la douleur du drame algérien. Trende-deux ans plus tard, elle recueille l'adhésion de la majorité et paraît immuable. A un an près, la commémoration des trente ans de la Ve République a coïncidé avec le centenaire de la naissance de son fondateur, le général de Gaulle.

La durée, la Ve République la doit tout d'abord à ses institutions ou tout au moins à l'heureuse application qui en est faite. En renforçant les pouvoirs de l'exécutif, les constituants de 1958 ont voulu assurer la stabilité politique. La réforme de 1962, avec l'élection du président de la République au suffrage universel, a accordé une nouvelle légitimité au chef de l'État qui favorise également la personnalisation du pouvoir et sa médiatisation. Le découpage de cet ouvrage qui privilégie ainsi les septennats est volontaire. Il se veut le reflet d'une République présidentielle. Les noms des présidents de la République n'ont-ils pas donné des néologismes ? Pompidolisme, giscardisme, mitterrandisme. Seul le gaullisme a précédé la Ve République.

Les institutions ont bien résisté à l'alternance démocratique de 1981 ou à la cohabitation de 1986, mais ne faut-il pas voir là aussi le rôle essentiel du président de la République garant de la légitimité républicaine et assurant la continuité ?

La durée permet des politiques à long terme qui transcendent le changement du titulaire du fauteuil élyséen. La durée est alors synonyme d'uniformisation.

Grandeur et indépendance nationales sont les maîtres mots qui justifient la défense nucléaire chez les gaullistes comme chez les socialistes au pouvoir.

On constate aussi une continuité dans la politique économique faisant face aux difficultés conjoncturelles de faible intensité, comme en 1968, ou plus graves comme en 1973-1974 et en 1979, avec les mêmes moyens. Par-delà le débat autour du néo-libéralisme ou du néo-keynésianisme, triomphe le thème de la rigueur qui impose bien des atteintes aux principes antérieurement affirmés.

Durée, continuité, uniformisation n'excluent cependant pas les crises et les changements sous la Ve République.

La crise la plus grave est celle qui est héritée de la République précédente, la guerre d'Algérie, qui a menacé la France de guerre civile et de chaos politique.

La crise de Mai 68 est plus pacifique certes, mais elle a révélé les changements de société et l'ampleur du débat idéologique. Celui-ci est sorti bien amoindri de la crise économique de 1974, les changements de société ont accéléré l'adoption des réformes sociales telles que la loi sur l'interruption volontaire de grossesse, la loi sur le divorce.

Le choc pétrolier a ébranlé toutes les certitudes et a mis au premier plan les questions du chômage ou de l'immigration très mal assumées par les partis politiques comme par les syndicats. Leur incapacité à faire face à ces problèmes a contribué à la montée du Front national fortifié par la confusion des positions de la gauche et de la droite traditionnelles.

La cohabitation de 1986 est, certes, l'expression d'une adaptation réussie des institutions, mais elle a des effets pervers. Il est désormais plus difficile de s'identifier à un parti. Les déçus du socialisme ou les déçus du libéralisme se réfugient dans un abstentionnisme dont le taux s'élève dangereusement.

L'imagination chère aux soixante-huitards s'essouffle tandis que les références au passé plus ou moins proche se multiplient. On parle ainsi de la nouvelle droite, du néo-libéralisme, des nouveaux philosophes, mais on ne trouve pas de termes spécifiques pour les définir.

Cependant, tout n'est pas figé, et la Ve République connaît de grands changements.

Le cadre urbain parisien de 1990 n'est plus celui de 1958. Le ministère de la Culture est devenu un portefeuille important. La famille actuelle, les rapports intergénérations ne sont plus ceux des années soixante. Les hypermarchés, la révolution vidéo dans les foyers ont transformé la vie quotidienne à la campagne comme à la ville. Les loisirs ont vu leur temps s'allonger et se sont diversifiés. Ces transformations du quotidien ne semblent pas avoir grand lien avec le régime politique. Cependant, c'est bien la stabilité des institutions qui a permis ces changements sans crise majeure.

Cet ouvrage sur la Ve République tente ainsi de faire ressortir continuités et changements à travers la chronologie des faits. Comme le volume précédent consacré à la IVe République[1], il privilégie les événements politiques mais mentionne les faits sociaux et culturels qui traduisent l'esprit d'une époque. Cependant, l'historien a conscience du manque de recul nécessaire pour juger de l'importance des événements les plus récents, d'où l'abondance des données pour les dernières années. Seul l'avenir dira si tel événement méritait ou non d'être mentionné.

---

1. Guillaume Sylvie, *la France contemporaine, chronologie commentée, 1946-1990. T. 1 : la IVe République*, Perrin, 1989, 327 p.

I

DES DÉBUTS DIFFICILES

janvier 1959 - novembre 1962

Les débuts de la Ve République offrent un tableau contrasté marqué par la stabilité politique, mais aussi ponctué de crises graves.

Les institutions de la Ve République se mettent en place conformément à la Constitution de 1958 ; le général de Gaulle[1]*,*

1. De Gaulle Charles (1890-1970). Né à Lille en 1890 d'une famille bourgeoise, patriote et catholique, Charles de Gaulle entre à Saint-Cyr en 1909. Sorti treizième de Saint-Cyr, le sous-lieutenant de Gaulle est affecté au 33e régiment d'infanterie à Arras commandé par le colonel Pétain. Blessé trois fois, ayant tenté cinq fois de s'évader, il est interné au fort IX d'Ingolstadt en 1918. En 1920, il participa à la mission de Weygand en Pologne. L'année suivante, il épouse Yvonne Vendroux, et il est nommé professeur adjoint d'histoire militaire à Saint-Cyr. En 1922, il est reçu à l'École supérieure de guerre, et en 1925, il est nommé au cabinet du maréchal Pétain, vice-président du conseil supérieur de la guerre. Il écrit deux ouvrages qui le font connaître : *le Fil de l'épée* en 1932 et *Vers l'armée de métier* en 1934. Mais ses thèses en faveur d'un corps de bataille mécanisé et blindé et d'une armée de métier sont contestées. Colonel depuis 1937, il entre en conflit avec Pétain avec la publication de *la France et son armée*. En mai 1940, il est promu général de brigade, et il est nommé en juin sous-secrétaire d'État à la Défense nationale et à la Guerre dans le gouvernement Reynaud. Il n'accepte pas l'armistice et regagne Londres, où il avait effectué deux missions, le 17 juin 1940. Le lendemain, il lance son appel à la BBC demandant aux Français de poursuivre la lutte. Le 2 août il est déchu de la nationalité française et condamné à mort par contumace par le conseil de guerre de Toulouse. Chef de la Résistance à Londres, il arrive à Alger le 30 mai 1943 après le débarquement allié en Afrique du Nord le 8 novembre 1942. Ses dissensions avec le général Giraud se règlent

président de la République, nomme Michel Debré[2] *à la tête du gouvernement. Celui-ci demeure Premier ministre jusqu'en avril 1962, et déjà le premier gouvernement connaît une longévité*

à son profit, et le 3 juin 1944, il est à la tête du Gouvernement provisoire de la République française à Alger. Le 14 juin 1944, il entre dans Bayeux libéré, puis le 25 août à Paris. Après sa victoire au référendum d'octobre 1945, il constitue un nouveau gouvernement en novembre 1945. Il démissionne le 20 janvier 1946 et entre dans l'opposition. Dans le discours de Bayeux, le 16 juin 1946, et celui d'Épinal le 29 septembre, il s'est opposé au projet constitutionnel de la IVe République. Le 7 avril 1947, il annonce la création du Rassemblement du peuple français RPF. Il revient au pouvoir comme président du Conseil le 1er juin 1958, appelé par plusieurs personnalités qui pensent que lui seul peut résoudre les crises qui secouent la IVe République dont la plus grave est la guerre d'Algérie. Il est élu le premier président de la Ve République le 21 décembre 1958, après l'adoption de sa Constitution par référendum le 28 septembre et le succès de l'UNR aux élections législatives de novembre. Il occupe la magistrature suprême jusqu'au 28 avril 1969, date à laquelle il démissionne à la suite du rejet des projets de régionalisation et de la réforme du Sénat soumis à référendum. Après son départ, il se retire à Colombey-les-Deux-Églises où il meurt un an plus tard. Le général de Gaulle est l'auteur de *Mémoires*. Ses *Discours et Messages*, ses *Lettres* et ses *notes* sont également publiés aux éditions Plon. Le centenaire de sa naissance en 1990 est l'occasion de la tenue de colloques nationaux et internationaux organisés par l'institut Charles de Gaulle ainsi que la publication de nombreuses biographies.

2. Debré Michel, né en 1912. Fils du Pr Robert Debré (1882-1978), Michel Debré est docteur en droit, diplômé de l'École libre des sciences politiques. Auditeur (1935), puis maître des requêtes (1942) au Conseil d'État, il entre au cabinet de Paul Reynaud en 1938. Pendant la guerre, il s'engage dans la Résistance et il devient adjoint au délégué en France occupée du gouvernement de Londres puis d'Alger en 1943-1944. Il est nommé commissaire de la République de la région d'Angers en 1944-1945, et à ce titre accueille le général de Gaulle dont il relate dans ses *Mémoires* son premier contact, le 22 août 1944, en ces termes : « Mon cœur est touché jusqu'en son tréfonds. Je me trouve en face de l'homme qui a sauvé l'honneur de la France et incarné la résistance à l'Allemagne, à Vichy, à sa honte. » (Michel Debré, *Trois Républiques pour une France*, Albin Michel, 1984, p. 42). Depuis, sa fidélité au général de Gaulle est sans faille. Il est chargé de mission pour la réforme administrative auprès du général de Gaulle, puis secrétaire général aux Affaires allemandes et autrichiennes en 1947. Sénateur d'Indre-et-Loire de 1948 à 1959, il est nommé ministre de la Justice en juin 1958, et il est chargé à ce titre d'élaborer la nouvelle Constitution. Il est Premier ministre de 1959 à 1962, ministre de l'Économie et des Finances en 1966-1967, des Affaires étrangères de 1968 à 1969, de la Défense nationale de 1969 à 1973. Député gaulliste de la Réunion de 1963 à 1966 puis de 1973 à 1988, il est aussi maire d'Amboise de 1966 à 1989 et représentant à l'Assemblée des communautés européennes et président de son groupe à l'Assemblée jusqu'en 1980, date à laquelle il démissionne de ses fonctions. Michel Debré est élu à l'Académie française le 24 mars 1988 au fauteuil du duc de Broglie. Il est l'auteur de plusieurs ouvrages dont ses *Mémoires. Trois Républiques pour une France* : T 1 : *Combattre* (1984), T 2 : *Agir* (1988), T 3 : *Gouverner* (1988), Albin Michel.

ignorée de ceux de la IVᵉ République. Cependant, la motion de censure déposée contre le gouvernement Pompidou[3] *en octobre 1962 laisse planer des incertitudes.*

Le général de Gaulle et Michel Debré sont confrontés à plusieurs problèmes, économiques et sociaux, mais surtout à celui de la guerre d'Algérie. Celle-ci domine l'actualité française et menace la paix civile. La « semaine des barricades », le « putsch des généraux », le terrorisme et le contre-terrorisme sur les sols français et algérien sont autant d'événements dramatiques qui peuvent faire vaciller le pouvoir.

Cependant, l'année 1962 s'achève sur la consolidation du pouvoir du général de Gaulle. Après avoir réglé le problème algérien par les accords d'Évian, il fait ratifier par le peuple français sa conception présidentielle des institutions.

---

3. Pompidou Georges (1911-1974). Fils d'instituteur, normalien, agrégé de lettres classiques, Georges Pompidou est professeur de lycée jusqu'en 1944 où il entre au cabinet du général de Gaulle. En 1946, il entre au Conseil d'État, puis en 1954 il occupe de hautes fonctions à la banque Rothschild. Il reste en contact avec le général de Gaulle qui le nomme directeur de son cabinet en septembre 1958, puis il revient à la banque Rothschild en 1959. C'est un homme peu connu du grand public qui devient Premier ministre en 1962. Il le reste jusqu'en juillet 1968. Il a joué un rôle important dans les événements de Mai 1968, ouvert à la négociation mais ferme sur les principes. Il succède au général de Gaulle à la présidence de la République en 1969 et occupe la magistrature suprême jusqu'à sa mort en avril 1974. Atteint par la maladie en 1972, il assume jusqu'au bout ses responsabilités de chef d'État. Sa présidence est marquée notamment par l'expansion économique. Son attachement au Cantal d'une part, son goût pour l'art moderne (Centre Beaubourg) d'autre part reflètent la richesse du personnage incarnant la France profonde mais ouvert à la modernité.

1959

LA MISE EN PLACE DE L'EXÉCUTIF

6 janvier : Ordonnances instituant l'obligation scolaire jusqu'à 16 ans et la création de collèges d'enseignement général, CEG.

8 janvier : Cérémonie officielle marquant la fin du mandat présidentiel de René Coty[1] et le début de celui du général de Gaulle, élu depuis le 21 décembre. La Ve République succède à la IVe.

9 janvier : Formation du gouvernement de Michel Debré qui avait été désigné Premier ministre le 8 janvier. Le choix de Michel Debré, un fidèle du général de Gaulle, traduit la volonté du chef de l'État d'exercer un contrôle sur la politique du gouvernement.

Les socialistes refusent la participation. Des hauts fonctionnaires occupent des ministères importants.

Les principaux ministres sont : Antoine Pinay : Finances et Affaires économiques ; Edmond Michelet : garde des Sceaux,

1. Coty René (1887-1962). Cf biographie dans Sylvie Guillaume, *la France contemporaine, chronologie commentée.* T 1 : *la IVe République*, Perrin, p. 157.

ministre de la Justice ; Maurice Couve de Murville[2] : Affaires étrangères ; Jean Berthoin : Intérieur ; Pierre Guillaumat : Armées.

10 janvier : Au premier conseil de cabinet, Michel Debré annonce que le gouvernement entend utiliser jusqu'au 5 février 1959 les pouvoirs qui lui sont conférés par l'article 92 de la Constitution ; il s'agit donc d'une extension des pouvoirs conférés au général de Gaulle.

13 janvier : Première réunion du Conseil des ministres présidé par le général de Gaulle. Les institutions et le problème algérien constituent les principaux points de l'ordre du jour.

15 janvier : Message du général de Gaulle au Parlement et discours-programme de Michel Debré à l'ouverture de la session extraordinaire prévue jusqu'au 31 janvier. Le discours-programme de Michel Debré est approuvé par 453 voix contre 56.

28 janvier : Pierre Massé succède à Étienne Hirsch au commissariat au Plan.

3 février : Publication au *JO* du décret du 31 janvier relevant le salaire minimum interprofessionnel garanti de 4,5 %.

4 février : Ordonnances sur la sécurité sociale qui prévoient une augmentation de la cotisation d'allocations familiales (12,50 à 14,25 %), l'application de la franchise semestrielle de 3 000 F sur

2. Couve de Murville Maurice, né en 1907. Inspecteur des Finances et ambassadeur de France, Maurice Couve de Murville a commencé sa carrière comme adjoint à l'inspection des Finances en 1930 puis inspecteur des Finances deux ans après. Il occupe des postes successifs à la direction du mouvement général des Fonds et devient directeur des Finances extérieures et des changes en 1940. Révoqué par le gouvernement de Vichy en 1943, il est membre du Comité français de libération nationale, délégué de la France au Conseil consultatif pour l'Italie, puis ambassadeur à Rome en 1945. Il est également ambassadeur en Égypte de 1950 à 1954, aux États-Unis en 1955, en RFA de 1956 à 1958. Sous la Ve République, il est nommé Premier ministre (10 juillet 1968-20 juin 1969), ministre des Affaires étrangères de 1958 à 1968, ministre de l'Économie 31 mai-10 juillet 1968. Il est également élu député de Paris de juin à août 1968, en mars 1973, mars 1978 et juin 1981, et membre du conseil régional d'Ile-de-France. Il a présidé la commission des Affaires étrangères de l'Assemblée nationale en 1973 et en 1978. Il est l'auteur de *Une politique étrangère*.

le remboursement des produits pharmaceutiques, sur le remboursement des frais de cures.

Ordonnance sur le statut de la Radiodiffusion télévision française, RTF, établissement public à caractère industriel qui exerce le monopole de l'État en matière de radiodiffusion. La RTF est placée sous l'autorité immédiate d'un directeur général.

11 février : Exclusion de fait de Pierre Mendès France[3] du parti radical, suite au vote du bureau politique qui se prononce pour l'incompatibilité entre l'appartenance au parti radical et l'Union des forces démocratiques, UFD. Pierre Mendès France avait joué un rôle prépondérant à la création de l'UFD, mouvement d'opposition.

14-18 février : Voyage officiel du général de Gaulle dans le sud-ouest de la France qui reste un bastion radical et qui est touché par les problèmes économiques ; le choix de cette région n'est pas accidentel et s'inscrit dans le cadre d'une campagne d'information du président de la République et du Premier ministre pour expliquer la politique de redressement.

16 février : Les émeutes à Brazzaville font 50 morts et des dizaines de blessés.

22 février-1er mars : Élections partielles marquées par une hausse des abstentions, un tassement de l'UNR et une légère remontée des communistes.

4-5 mars : Rencontre de Gaulle-Adenauer à Marly.

ÉLECTIONS MUNICIPALES ET SÉNATORIALES

8-15 mars : Élections municipales marquées par le recul de l'UNR, le maintien du MRP, de la SFIO et des Indépendants et la consolidation du PCF au 1er tour ; au second tour, le clivage gauche droite est sensible.

3. Mendès France Pierre (1907-1982). Cf biographie dans *la France contemporaine*, T 1 : *la IVe République, op. cit.*, p. 150.

25 mars : Conférence de presse du général de Gaulle qui traite des relations internationales et de l'Algérie en ces termes : « La France suit maintenant un plan net et ferme et, tout en s'efforçant d'aboutir au plus tôt à la pacification, elle travaille à la transformation où l'Algérie trouvera sa nouvelle personnalité. » Pierre Lagaillarde, député d'Alger, réclame alors l'Algérie française.

14 avril : Les gaullistes de gauche comme Louis Vallon créent l'Union démocratique du travail, UDT.

19 avril : Antoine Pinay, ministre des Finances, assiste en présence de Wilfrid Baumgartner, gouverneur de la Banque de France, et Valéry Giscard d'Estaing[4], secrétaire d'État aux Finances, à la frappe de la première pièce de 5 nouveaux francs. Cette mesure est l'application des ordonnances des 27-30 décembre 1958.

26 avril : Élections sénatoriales : 84 % des sénateurs sortants candidats sont réélus. Gaston Monnerville[5] est élu président le

---

4. Giscard d'Estaing Valéry, né en 1926. Fils d'Edmond Giscard d'Estaing, inspecteur des finances, membre de l'Institut 1894-1982, Valéry Giscard d'Estaing est polytechnicien et énarque. Il est adjoint à l'inspection des Finances en 1952, inspecteur des Finances en 1954 et fait ses débuts politiques dans le cabinet d'Edgar Faure en 1955 comme directeur-adjoint. Député du Puy-de-Dôme en 1956 et 1958, il est nommé secrétaire d'État aux Finances en 1959 où il travaille en collaboration avec Antoine Pinay, alors ministre des Finances. Il devient lui-même ministre de l'Économie et des Finances de 1962 à 1966. En 1966, il préside la Fédération nationale des républicains indépendants et oppose un « oui... mais » au général de Gaulle. Il fait voter non au référendum de 1969 et revient au premier plan pendant la présidence de Georges Pompidou comme ministre des Finances en 1969. Il le reste jusqu'à la mort de Georges Pompidou et lui succède à la présidence de la République en 1974. Il manifeste sa volonté de changement mais, confronté aux difficultés économiques et sociales, il est battu par le candidat socialiste François Mitterrand aux élections présidentielles de mai 1981. Il occupe depuis plusieurs mandats tel que conseiller général du Puy-de-Dôme (1982-1988), président du conseil régional d'Auvergne depuis 1986, député UDF du Puy-de-Dôme en 1984 et réélu en 1986 et 1988, président de la commission des Affaires étrangères de l'Assemblée nationale en 1987 et élu au Parlement européen le 18 juin 1989.

Il est l'auteur de plusieurs ouvrages tels que *Démocratie française* paru en 1976 et qui a été un succès de librairie, *Deux Français sur trois* (1984) et *le Pouvoir et la vie* (1988).

5. Monnerville Gaston, né en 1897. Cf biographie dans *la France contemporaine*, T 1, *op. cit.*, p. 38.

26 mars par 235 voix sur 276 votants. Il occupe la présidence depuis 1947.

Fermeture du Vel d'Hiv construit en 1910.

7-10 mai : Le congrès MRP approuve la politique algérienne du général de Gaulle.

29 mai : Mort de Jean Baylet, député, directeur de *la Dépêche de Toulouse* dans un accident de la route.

9-15 juin : Grève des cheminots à laquelle le gouvernement répond par la fermeté.

12-14 juin : Félix Gaillard[6] est réélu président au congrès du parti radical.

19 juin : Le livre *la Gangrène*, du communiste Henri Alleg, qui dénonce la torture en Algérie, est saisi.

23-27 juin : Visite du général de Gaulle en Italie ; il est reçu par le pape Jean XXIII le 27.

2-11 juillet : Voyage du général de Gaulle à Djibouti, Madagascar et océan Indien.

25 juillet : Inauguration du pont de Tancarville, à l'époque, le plus grand pont suspendu. On relève 500 000 visiteurs en un mois.

28 juillet : Des mesures d'exception sont prises à Brazzaville après de nouveaux troubles qui font 35 morts.

1er août : Relèvement de 10 % des allocations familiales.

23 août-13 septembre : Voyage d'André Malraux[7] en Amérique latine. A Brasilia, il pose la première pierre de la maison de la culture française.

---

6. Gaillard Félix (1919-1970). Cf biographie dans *la France contemporaine*, T 1, *op. cit.*, p. 136.

7. Malraux André (1901-1976). Écrivain et homme politique, André Malraux a fait des études d'archéologie qui l'ont conduit à effectuer une mission archéologique au Cambodge en 1923. Il revient d'Asie en 1927. En 1933, il publie *la Condition humaine*, *le Temps du mépris* en 1935, *l'Espoir* en 1937. Il participe à la guerre d'Espagne du côté des républicains. Prisonnier, évadé en 1940, il participe à la Résistance. Compagnon de la Libération, il est

29 août : Décret fixant les conditions d'application de l'ordonnance du 7 janvier sur l'association ou l'intéressement des travailleurs à l'entreprise, projet qui avait été présenté par le général de Gaulle.

L'ALGÉRIE : L'AUTODÉTERMINATION

27-31 août : Voyage du général de Gaulle en Algérie où il visite les principales zones d'intervention du plan Challe. Cinq opérations sont prévues en 1959-1960. Février-mars 1959 en Oranie ; avril-juin dans l'Algérois : opération Courroie ; juillet : opération Étincelle dans le Hodna ; juillet 1959-mars 1960 : opération Jumelles dans le Constantinois ; novembre 1959-mai 1960 : opération Pierres précieuses dans le Constantinois.

27 août : Assassinat du sénateur de Constantine Benhabyles à Vichy ; dès 1957, il avait demandé l'arbitrage du général de Gaulle.

16 septembre : Allocution importante du général de Gaulle sur l'Algérie ; il préconise l'autodétermination et présente trois solutions possibles : la sécession, la francisation et la solution fédérale celle qu'il privilégie, soit : « Le gouvernement des Algériens par les Algériens appuyé sur l'aide de la France et en union étroite avec elle pour l'économie, l'enseignement, la défense, les relations extérieures. »

Le discours est bien accueilli par la majorité de l'opinion française et internationale mais suscite les réactions des partisans de l'Algérie française. Le 18 septembre, le comité central de l'UNR,

---

nommé ministre de l'Information dans le gouvernement de Gaulle. Celui-ci le rappelle en 1959 et lui confie le ministère des Affaires culturelles. Il demeure à la tête de ce ministère jusqu'en juin 1969 et son nom est associé à la création des Maisons de la culture, au ravalement de Paris, à la commande des plafonds de l'Opéra à Chagall... En 1967, il publie le premier tome de ses *Antimémoires*. Il se retire de la vie politique après le départ du général de Gaulle et il fait de nombreux voyages à travers le monde tout en continuant d'écrire : *Lazare* en 1974, *la Tête d'obsidienne* en 1974, *la Métamorphose des Dieux* dont le troisième tome, *l'Intemporel*, paraît en 1976 peu avant sa mort.

après un long débat, approuve la proposition du général de Gaulle. Le 19 septembre, Roger Duchet et Georges Bidault[8] créent à Paris un « Rassemblement pour l'Algérie française ».

13 octobre : Michel Debré justifie la politique d'autodétermination devant l'Assemblée ; la cohésion interne de l'UNR est difficile à maintenir ; 9 députés sont dissidents.

L'AFFAIRE DE L'OBSERVATOIRE

16 octobre : François Mitterrand[9] échappe à un attentat dans le square de l'Observatoire près du Luxembourg. Le commissaire Clot relève sept points d'impact sur la 403 de François Mitterrand.

---

8. Bidault Georges (1889-1983). Cf biographie dans *la France contemporaine,* T 1, *op. cit.*, p. 21.

9. Mitterrand François, né en 1916. Diplômé en droit et en sciences politiques, François Mitterrand se destine au barreau quand la guerre éclate. Prisonnier, il s'évade et s'engage dans la Résistance. Il est secrétaire général aux Prisonniers de guerre dans le gouvernement de Gaulle (août-septembre 1944). Député de la Nièvre en 1946, il appartient à l'UDSR dont il sera le président du groupe parlementaire de juin 1951 à janvier 1953, puis président national en novembre 1953. Il est successivement ministre des Anciens Combattants de janvier 1947 à juillet 1948, secrétaire d'État à la Présidence du conseil, chargé de l'Information de juillet à octobre 1948, ministre de la France d'outre-mer en juillet 1950 et en mars 1951, ministre d'État en janvier 1952, ministre délégué au conseil de l'Europe dans le gouvernement Laniel en juin 1953. Mais il démissionne le 3 septembre car il est en désaccord avec la politique d'Afrique du Nord. Il est ministre de l'Intérieur dans le gouvernement Mendès France et ministre de la Justice dans celui de Guy Mollet. Il s'oppose au retour du général de Gaulle et aux nouvelles institutions. Il est battu aux élections de 1958 mais il est élu sénateur de la Nièvre (1959-1962), député de la Nièvre en 1962, maire de Château-Chinon (1959-1981) et président du conseil général de la Nièvre (1964-1981). Président de la FGDS de décembre 1965 à novembre 1968, il réussit à refaire l'unité du parti socialiste au congrès d'Épinay en 1971 dont il assume la direction jusqu'en 1981 et négocie le programme commun signé avec les communistes en 1972. Il est élu président de la République le 10 mai 1981 et réélu le 10 mai 1988. Il est le premier président socialiste de la Ve République. François Mitterrand est l'auteur de nombreux ouvrages tels que *Présence française et abandon* (1957), *le Coup d'État permanent* (1964), *Ma part de vérité* (1969), *Un socialisme du possible* (1971), *la Rose au poing* (1973), *la Paille et le Grain* (1975), *Politique I* (1977), *l'Abeille et l'Architecte* (1978), *Ici et Maintenant* (1980), *Politique II* (1982).

19 octobre : Perquisitions dans les milieux d'extrême droite suite à l'attentat manqué contre François Mitterrand.

21 octobre : *Rivarol* publie un article de Robert Pesquet, ancien député poujadiste du Loir-et-Cher intitulé : « Tout sur la comédie de l'Observatoire ». A 13 heures, au cours d'une conférence de presse, Robert Pesquet accuse François Mitterrand d'avoir lui-même machiné l'attentat.

François Mitterrand reconnaît avoir appris de Robert Pesquet qu'un attentat se préparait contre lui mais il accuse Jean-Marie Le Pen[10] et Jean-Louis Tixier-Vignancour d'être à l'origine de l'affaire. François Mitterrand est inculpé d'outrage à magistrat, et le Sénat vote la levée de l'immunité parlementaire par 175 voix contre 27.

Par ailleurs, inculpation de Robert Pesquet pour avoir participé à l'attentat contre le Palais-Bourbon en février 1958.

13 novembre : Création du comité Rueff-Armand sous la présidence de Michel Debré. Ce comité auquel Antoine Pinay[11] ne participe pas est chargé de réfléchir sur « la nature des obstacles à l'expansion économique ». Les travaux du comité vont durer jusqu'au 21 juillet 1960. Après l'assainissement financier opéré à la fin de l'année 1958, il s'agit à présent de favoriser les conditions de l'expansion et de la modernisation de l'économie.

2 décembre : La rupture du barrage de Malpasset détruit la ville de Fréjus et fait 400 morts.

Grève des fonctionnaires.

---

10. Le Pen Jean-Marie, né en 1928 à La Trinité-sur-Mer. Jean-Marie Le Pen, après des études au collège des Jésuites Saint-François Xavier à Vannes puis au lycée de Lorient, entre à la faculté de droit où il obtient sa licence. En 1954, il est sous-lieutenant au 1er régiment étranger de parachutistes. Il est rédacteur politique de *Caravelle* (organe du corps expéditionnaire français). En janvier 1956, il est élu député de la Seine et inscrit au groupe parlementaire d'union et de fraternité française. De 1958 à 1968, il est député indépendant de la Seine et secrétaire général du Front national combattant en 1956. Entre 1964 et 1965, il est secrétaire général du comité Tixier-Vignancour. Il préside le Front national depuis 1977. Il s'est présenté aux élections présidentielles de 1974 (0,7 % des suffrages exprimés), et de 1988 (14,6 %). Conseiller du XXe arrondissement de Paris en 1983, député Front national de Paris (1986-1988), il est élu au Parlement européen en juin 1984 et réélu en juin 1989.

11. Pinay Antoine, né en 1891. Cf biographie dans *la France contemporaine*, T 1, *op. cit.*, p. 125.

17 décembre : Vote de la loi de finances à l'Assemblée par 220 voix contre 172 ; 37 députés indépendants ont voté contre, 48 se sont abstenus malgré la présence d'Antoine Pinay au ministère des Finances. Cette loi s'inscrit dans une perspective d'expansion. Après la récession mondiale de cycle court de 1958-1959, l'assainissement financier s'accompagne d'une expansion rapide.

LA QUERELLE SCOLAIRE

18 décembre : Débat sur le projet de réforme scolaire. Le gouvernement avait en effet pris l'engagement de déposer un texte de loi sur l'enseignement avant la fin de l'année. La querelle scolaire oppose à nouveau les partisans de l'enseignement libre aux défenseurs de l'école laïque qui refusent l'extension de la loi Marie-Barangé votée en septembre 1951 et la reconnaissance officielle de l'enseignement libre. Le comité national d'Action laïque en appelle à l'opinion (manifestation de plus de 100 000 personnes à Paris en décembre). Les partisans de l'enseignement libre sont assurés d'avoir une majorité à l'Assemblée (l'association parlementaire pour la Liberté de l'enseignement groupe plus de 380 députés). Cependant, ils font des réserves sur les conclusions de la commission Lapie, et se méfient d'André Boulloche, ministre de l'Éducation nationale.

23-24 décembre : L'Assemblée vote la loi scolaire mais André Boulloche démissionne à la suite de la remise en question de la rédaction de l'article 1er et des amendements favorables à l'enseignement privé. Michel Debré assure provisoirement la responsabilité du ministère de l'Éducation nationale. Le projet de loi est adopté par 427 voix contre 71 (18 députés s'abstiennent et 36 ne prennent pas part au vote).

29-30 décembre : Le Sénat adopte la loi scolaire par 173 voix contre 99 sans modification. Il devient donc texte définitif. Les établissements privés ont le choix entre quatre solutions : l'intégration, le contrat d'association, le contrat simple ou la liberté sans l'aide de l'État.

1959

RUBRIQUE ARTISTIQUE

LITTÉRATURE

Les prix		
Goncourt	André Schwartz-Bart	*Le Dernier des Justes*
Renaudot	Albert Palle	*L'Expérience*
Femina	Bernard Privat	*Au pied du mur*
Interallié	Antoine Blondin	*Un singe en hiver*
Médicis	Claude Mauriac	*Le Dîner en ville*
Académie française	Gabriel d'Aubarède	*La Foi de notre enfance*
Nobel	*Salvatore Quasimodo (Italie)*	

Les succès	
Boris Pasternak	*Le Docteur Jivago*
Raymond Queneau	*Zazie dans le métro*
Françoise Sagan	*Aimez-vous Brahms ?*

Mort d'André Siegfried, professeur au Collège de France, de Boris Vian et de Jean de la Varende.

CINÉMA

Les prix		
Cannes	Marcel Camus Triomphe de la nouvelle vague	*Orfeu Negro*
Louis-Delluc	Michel Drach	*On n'enterre pas le dimanche*
Lion d'or (Venise)	Roberto Rossellini	*Le Général della Rovere* (Italie)
	Monicelli	*La Grande Guerre*

Les succès	
Ingmar Bergman	*Les Fraises sauvages*
Claude Chabrol	Le Beau Serge *Les Cousins*
Jules Dassin	*La Loi*
Alfred Hitchcock	*La Mort aux trousses*
Edouard Molinaro	*Un témoin dans la ville*
Alain Resnais	*Hiroshima mon amour*
François Truffaut	*Les Quatre Cents Coups*
Roger Vadim	*Les Liaisons dangereuses*

THÉÂTRE

janvier	François Billetdoux	*Tchin tchin* (Poche)
juin	Jean Anouilh	*La Petite Molière*
novembre	Jean Genet	*Les Nègres* (Lutèce)

Mort de Gérard Philipe.

DANSE ET MUSIQUE

janvier	Olivier Messiaen, *Turangalila-Symphonie* au théâtre des Champs-Élysées.
juin	La Tebaldi triomphe à l'Opéra de Paris dans *Aïda*.

CHANSONS

Succès de Paul Anka à l'Olympia.
Jacques Brel à Bobino chante *Ne me quitte pas*.

TÉLÉVISION

« Cinq colonnes à la une » de Pierre Lazareff, Pierre Desgraupes, Pierre Dumayet et Igor Barrère.

EXPOSITIONS

Petit-Palais	Les grandes collections suisses
Arts déco	Chagall
Charpentier	Soutine

RUBRIQUE SPORTIVE

BASKET

Championnat de France : la Chorale de Roanne bat Villeurbanne 67-52.

CYCLISME

Tour de France : Federico Bahamontes (Espagne).

1959

FOOTBALL

Championnat de France	Nice.
Coupe de France	Le Havre bat Sochaux : 2-2 puis 3-0.

RUGBY A XV

Tournoi des Cinq Nations	France 1re, 5 pts.
Championnat de France	Racing CF bat Stade montois : 8-3.

TENNIS

Roland-Garros	Simple messieurs : Pietrangeli bat Vermaak 3-6,6-3,6-4,6-1 Simple dames : Truman bat Kormoczi 6-4,7-5.

1960

L'INDÉPENDANCE DE L'AFRIQUE FRANCOPHONE

janvier-juillet : Accession à l'indépendance des pays de l'Afrique francophone et de Madagascar.

En effet, l'approbation de la Constitution de 1958 par l'ensemble des pays africains impliquait l'appartenance à la Communauté accompagnée d'une plus grande autonomie ; d'après l'article 86, un État qui devient indépendant « cesse de fait d'appartenir à la Communauté » ; c'est ainsi que le général de Gaulle rompt ses liens avec la Guinée qui s'est prononcée pour l'indépendance. Cependant, face aux aspirations à l'indépendance, le général de Gaulle revient sur cette incompatibilité fin 1959 ; il devient possible d'accéder à l'indépendance sans rompre les liens avec la France. Les différents États accèdent à l'indépendance et élaborent les Constitutions le plus souvent sur le modèle de la Constitution française. Les Républiques africaines d'expression française, à l'exception de la Guinée et du Mali, conservent des relations privilégiées avec la France.

1er janvier : Entrée en vigueur du nouveau franc ou « franc lourd ».

14 janvier : Antoine Pinay, ministre des Finances, « cesse d'exercer ses fonctions ». Le départ d'Antoine Pinay a pour causes la marginalisation progressive du ministre dans les principales décisions économiques, ses différends avec Michel Debré, Premier ministre, et ses interventions jugées intempestives dans le domaine de la politique étrangère (Conseil des ministres du 22 décembre). Antoine Pinay est remplacé par Wilfrid Baumgartner au ministère des Finances.

15 janvier : Louis Joxe[1] est nommé ministre de l'Éducation nationale.

« SEMAINE DES BARRICADES » A ALGER

19 janvier : Le général Massu est relevé de ses fonctions à Alger suite à l'interview accordée à un journaliste de la *Süd Deutsche Zeitung* dans laquelle il avait pris position en faveur de l'Algérie française et aurait émis des doutes sur l'obéissance de l'armée au général de Gaulle ; le général Massu dénonce l'interprétation de ses propos ; il est remplacé par le général Crépin.

24 janvier-1er février : A Alger, vives réactions consécutives au rappel du général Massu. Une fusillade fait une vingtaine de victimes dont 14 gendarmes mobiles. Les éléments les plus durs se réfugient dans le quartier des facultés et dressent des barricades. L'insurrection algéroise est condamnée par la majorité de l'opinion en métropole.

25 janvier : Michel Debré fait un voyage éclair à Alger ; on parle

1. Joxe Louis, né en 1901. Agrégé d'histoire et de géographie, Louis Joxe commence une carrière de professeur d'université entre 1935 et 1937, puis devient membre des cabinets de Pierre Cot et Paul Boncour. Il est secrétaire général du Comité français de libération nationale entre 1942 et 1944 puis du Gouvernement provisoire entre 1944 et 1946. Il est ensuite nommé directeur général au ministère des Affaires étrangères avant d'être ambassadeur à Moscou de 1952 à 1955 puis à Bonn jusqu'en 1956. Il occupe des fonctions ministérielles à partir de 1959, comme secrétaire d'État auprès de Michel Debré en 1959, puis ministre de l'Éducation nationale en janvier 1960, ministre d'État chargé des Affaires algériennes (1960-1962), ministre d'État chargé des Réformes administratives de 1962 à 1967, ministre de la Justice de 1967 à 1968. Député du Rhône en 1967, 1968, 1973, il est aussi membre de l'Institut depuis 1980.

de ses divergences de vues avec le général de Gaulle et de sa démission ; dès son retour à Paris, il proclame son soutien à la politique du général de Gaulle.

29 janvier : Le général de Gaulle prononce le discours radiotélévisé qu'il avait annoncé depuis trois semaines. Son ton est très ferme : « Si j'ai revêtu l'uniforme pour parler aujourd'hui à la télévision, c'est afin de marquer que je le fais comme étant le général de Gaulle aussi bien que le chef de l'État... J'ai pris, au nom de la France, la décision que voici : les Algériens auront le libre choix de leur destin... Bref l'autodétermination est la seule politique qui soit digne de la France. C'est la seule issue possible. C'est celle qui est définie par le président de la République, décidée par le gouvernement, approuvée par le Parlement, adoptée par la nation française. »

31 janvier : A la suite de l'allocution du général de Gaulle, reddition des mutins à Alger. Fuite de Joseph Ortiz, leader du Front national, arrestation de Pierre Lagaillarde.

1er février : Les syndicats décident d'un arrêt de travail d'une heure pour manifester leur soutien au général de Gaulle.

2 février : Le Parlement accorde au général de Gaulle le pouvoir de légiférer par ordonnances par 411 voix contre 75. Les socialistes votent les pouvoirs spéciaux.

5 février : Important remaniement ministériel qui écarte du gouvernement de Michel Debré les membres les plus favorables à l'Algérie française comme Jacques Soustelle et Bernard Cornut-Gentille. Pierre Messmer[2] est ministre aux Armées, Roger Frey

2. Messmer Pierre, né en 1916. Pierre Messmer est docteur en droit et diplômé de l'École nationale des langues orientales. Élève administrateur des colonies en 1938, il rejoint les Forces françaises libres en 1940 et participe aux campagnes d'Afrique, d'Italie, de France et d'Allemagne. En 1945, il est prisonnier du Viet-minh avant d'être nommé secrétaire général du comité interministériel de l'Indochine en 1946. Sa connaissance des colonies explique ses différentes fonctions comme directeur de cabinet d'Émile Bollaert (haut-commissaire en Indochine) en 1947-1948, puis administrateur en chef de la France d'outre-mer en 1950, gouverneur de la Mauritanie en 1952, gouverneur de la Côte-d'Ivoire en 1954-1956, directeur de cabinet de Gaston Defferre, alors ministre de la France d'outre-mer de janvier à avril 1956, haut-commissaire de la République au Cameroun (1956-1958) puis en AEF en 1958 et en AOF

chargé des relations avec la Communauté, Louis Terrenoire, ministre de l'Information, et Robert Lecourt des Territoires d'outre-mer.

11 février : Arrestation de 55 militants du FLN dans le Doubs.

LA PREMIÈRE BOMBE A FRANÇAISE

11 février : Manifestation violente à l'issue du meeting corporatif paysan qui réunit plus de 30 000 agriculteurs venus écouter Joseph Courau, président de la FNSEA. Des slogans politiques en faveur de l'Algérie française ont été prononcés. Joseph Courau admet l'intervention de provocateurs. Henri Surgères est arrêté.

13 février : Campagne de pétitions du Comité national d'action laïque, CNAL, pour protester contre les projets de décrets d'application de la loi du 31 décembre 1958 concernant l'aide à l'enseignement privé. Le 1er avril, le conseil supérieur de l'Éducation nationale rejette ces projets et demande un nouvel examen.

Explosion de la première bombe atomique française à Reggane dans le Sahara.

14 février : Création d'un comité des Affaires algériennes.

24 février : Commercialisation des premiers surgelés (Vivagel).

1er mars : Un tremblement de terre dans la nuit du 29 février au 1er mars détruit aux trois quarts la ville d'Agadir et fait de 10 à 12 000 morts.

(1958-1959). Sous la Ve République, il occupe plusieurs fonctions ministérielles : il est ministre des Armées de 1960 à 1969, ministre d'État chargé des Départements et Territoires outre-mer de 1971 à 1972. Georges Pompidou le nomme Premier ministre en 1972 et il le reste jusqu'en 1974.

Pierre Messmer est élu député UDR de la Moselle en 1968, 1969-1971, 1973, 1974 puis député RPR du même département de 1978 à 1988 ; il est aussi maire de Sarrebourg (1971-1989), président du conseil régional de Lorraine (janvier 1978 et réélu en janvier 1979). De 1986 à 1988, il préside le groupe parlementaire RPR et de 1979 à 1984 il est représentant à l'Assemblée des communautés européennes. Il est membre de l'Institut en 1988.

3-7 mars : « Tournée des popotes ». Par sa visite aux armées, le général de Gaulle tente de rétablir le moral des troupes ; certaines versions de ses propos accréditent la thèse d'un double langage.

21 mars : Jacques Foccart est nommé secrétaire général de la Communauté.

23-31 mars : Voyage de Nikita Krouchtchev en France ; c'est la première visite en France d'un chef de gouvernement soviétique. Ce voyage s'inscrit dans le cadre d'une politique de détente. Le général de Gaulle cherche à obtenir la neutralité de l'URSS sur le problème algérien.

1er avril : Explosion de la seconde bombe atomique française à Reggane.

Vol de 20 tableaux de maîtres à l'auberge de la Colombe d'or à Saint-Paul-de-Vence. Les auteurs du vol sont arrêtés à la fin du mois.

3 avril : Création du parti socialiste unifié PSU, né de la fusion du parti socialiste autonome, de l'Union de la gauche socialiste et du groupe « Tribune du communisme ». Édouard Depreux est élu secrétaire national. Pierre Mendès France ne participe pas aux travaux du congrès constitutif du PSU mais approuve son programme.

5-8 avril : Visite officielle du général de Gaulle en Grande-Bretagne.

6 avril : Adoption en conseil de cabinet de la loi d'orientation agricole ; les projets de loi concernant l'agriculture sont discutés à l'Assemblée nationale les 3-4 mai. Les projets comprennent une loi d'orientation, une loi d'équipement, une loi foncière, une loi sur l'enseignement agricole, une loi sociale et une loi sur les parcs nationaux. La loi d'orientation, la plus importante, a pour but de donner à l'agriculture « une situation sociale comparable à celle des autres catégories professionnelles ou sociales ». Elle prévoit des mesures sur l'aménagement foncier et l'organisation des marchés agricoles.

7 avril : Manifestations paysannes à l'appel de la FNSEA, hostile aux projets du gouvernement. Les paysans réclament notamment l'indexation des produits agricoles. Les paysans reçoivent également le soutien de partis politiques, radicaux et socialistes. Par ailleurs, la SFIO entend protester contre le refus du chef de l'État de convoquer le Parlement. Problème institutionnel et problème paysan sont liés.

11 avril : Enlèvement d'Éric Peugeot près du golf de Saint-Cloud. Les ravisseurs demandent une rançon de 500 000 NF. Roland Peugeot, le père, lance un appel à la télévision.

11-13 avril : L'Union nationale des étudiants de France, UNEF, se prononce contre la guerre d'Algérie et affirme sa solidarité avec l'Union générale des étudiants musulmans d'Algérie, interdite.

12 avril : Inauguration de l'autoroute du Sud.

15 avril : Éric Peugeot est retrouvé après avoir été abandonné, avenue Raymond Poincaré, à 1 heure du matin ; la rançon a été versée. Les ravisseurs, Pierre Larcher dit le Beau Serge et Raymond Rolland, et leurs amies, Rolande Niemezyk et Hingelise Bodin, seront arrêtés le 7 mars 1961 après un an d'enquête.

18-21 avril : Voyage du général de Gaulle au Canada ; il visite notamment le Québec marqué par les débuts de « L révolution tranquille ».

20 avril : Conférence de presse de Francis Jeanson sur son réseau de « porteurs de valise », organisation d'aide au FLN. *L'Express* et *France-Observateur* sont saisis pour incitation à l'insoumission.

25 avril : L'UNR exclut Jacques Soustelle, hostile à la politique algérienne de De Gaulle.

11 mai : Lancement du paquebot *France* baptisé par Mme de Gaulle.

12 mai : Mort du prince Ali Khan dans un accident de voiture près de Suresnes.

19 mai : L'Assemblée nationale vote l'ensemble de la loi d'orientation agricole par 378 voix contre 108.

25 mai : Adoption par le Conseil des ministres du « plan intérimaire » 1960-1961 qui doit assurer la transition entre le IIIe et le IVe plan. Il a été rendu nécessaire suite aux conséquences de la récession mondiale de 1958.
25 mai : Démission de Vincent Auriol[3] du Conseil constitutionnel pour protester contre les atteintes à la souveraineté nationale.

25-29 juin : Échec des entretiens de Melun entre les représentants français et des représentants du Gouvernement provisoire de la République algérienne, GPRA.

14 juillet : Gaston Dominici est gracié.

21 juillet : Le comité Rueff-Armand, chargé d'une réflexion sur les obstacles à l'expansion économique, remet son rapport à Michel Debré. Après avoir fait l'inventaire des obstacles (rigidités structurelles essentiellement), le comité fait plusieurs suggestions et, comme il le précise, « les réformes ici proposées ne pourront être accomplies qu'avec l'adhésion du pays ».

4 août : Une avalanche à l'aiguille d'Argentière emporte quatre cordées et fait 5 morts et 1 blessé.

1er septembre ; Accord franco-marocain sur l'évacuation des troupes françaises.

L'ALGÉRIE ALGÉRIENNE

5 septembre : Conférence de presse du général de Gaulle qui dit notamment : « L'Algérie algérienne est en marche. »

Ouverture du procès des membres du réseau de soutien au FLN dit « réseau Jeanson ». Des intellectuels dont Jean-Paul Sartre signent le Manifeste des 121 qui légitime l'insoumission.

4 octobre : Inondations dans le centre de la France.

---

3. Auriol Vincent (1884-1966). Cf biographie dans *la France contemporaine*, T 1, *op. cit.*, p. 22.

6 octobre : 200 personnalités dont le maréchal Juin signent un manifeste en faveur de l'Algérie française pour répliquer au Manifeste des 121.

27 octobre : Les syndicats FEN, CFTC, CGT, UNEF manifestent pour la paix en Algérie ; la manifestation est interdite mais un meeting à la Mutualité est autorisé ; il est suivi d'affrontements avec la police.

1er novembre : Les autorités religieuses représentées par le pasteur Boegner, le cardinal Feltin, le grand rabbin Kaplan et le directeur de la Mosquée de Paris Al Sid Boubakeur décident d'entreprendre une démarche auprès du général de Gaulle et des nationalistes algériens pour réclamer une trêve.

3 novembre : Ouverture du procès des barricades.

4 novembre : Le général de Gaulle annonce son intention d'organiser un référendum sur l'autodétermination de l'Algérie après avoir déclaré : « Ayant repris la tête de la France, j'ai comme on le sait décidé, en son nom, de suivre un chemin nouveau. Ce chemin conduit, non plus à l'Algérie gouvernée par la métropole française, mais à l'Algérie algérienne. Cela veut dire une Algérie émancipée, une Algérie dans laquelle les Algériens eux-mêmes décideront de leur destin, une Algérie où les responsabilités seront aux mains des Algériens, une Algérie qui, si les Algériens le veulent – et j'estime que c'est le cas –, aura son gouvernement, ses institutions, ses lois. »

22 novembre : Louis Joxe est nommé ministre d'État chargé des Affaires d'Algérie.

10-13 décembre : Le général de Gaulle accomplit son dernier voyage en Algérie. Il est marqué par des manifestations violentes des deux camps. On dénombre 81 morts dont 75 musulmans.

20 et 31 décembre : Le général de Gaulle appelle à voter pour l'autodétermination en Algérie.

La France contemporaine

RUBRIQUE ARTISTIQUE

LITTÉRATURE

Les prix

Goncourt	Vintila Horia	*Dieu est né en exil* (prix refusé, vote annulé)
Renaudot	Alfred Kern	*Le Bonheur fragile*
Femina	Louise Bellocq	*La Porte retombée*
Interallié	Jean Portelle	*Clem*
Médicis	Henri Thomas	*John Perkins*
Académie française	Christian Murciaux	*Notre-Dame des désemparés*
Nobel	Saint-John Perse (France)	

Les succès

Romain Gary	*La Promesse de l'aube*
Jean Lartéguy	*Les Centurions*
Louis Pauwels et Jacques Bergier	*Le Matin des magiciens*

Mort d'Albert Camus dans un accident de voiture, de Fernand Gregh, de Jules Supervielle, de Boris Pasternak, de Pierre Reverdy.

CINÉMA

Les prix

Cannes	Federico Fellini	*La Dolce Vita* (Italie)
Louis-Delluc	Alexandre Astruc	*Le Rideau cramoisi* (France)
Lion d'or (Venise)	André Cayatte	*Le Passage du Rhin* (France)

Les succès

Michelangelo Antonioni	*L'Aventura*
Claude Chabrol	*Les Bonnes Femmes*
Jean-Luc Godard	*A bout de souffle*
Alfred Hitchcock	*Psychose*
John Huston	*Les Misfits*
Otto Preminger	*Exodus*

THÉÂTRE

janvier	Eugène Ionesco	*Le Rhinocéros* (Théâtre de France)

mars	Françoise Sagan	*Château en Suède* (Atelier)
mai	Jean Genet	*Le Balcon* (Gymnase)
juin	Bertold Brecht	*Arturo Ui, la Mère, la Vie de Galilée, Mère Courage* par Le Berliner Ensemble (Théâtre des nations)

DANSE ET MUSIQUE

avril : Herbert von Karajan dirige les neuf symphonies de Beethoven.

CHANSONS

Marcel Amont chante *Bleu, blanc, blond.*
Premier 45 tours de Johnny Halliday *T'aimer follement.*

PRESSE, TÉLÉVISION

26 mars : 1er numéro de *Télé 7 Jours.*

EXPOSITIONS

Petit-Palais	Trésors d'art de l'Inde
	L'art italien du XVIIIe siècle
Louvre	Nicolas Poussin
Jacquemart-André	Van Gogh, 75 tableaux jamais vus en France

Inauguration du musée Fernand Léger à Biot.

RUBRIQUE SPORTIVE

J.O. d'hiver à Squaw Valley (18-28 février). Médailles françaises : une médaille d'or, 2 médailles de bronze.
J.O. d'été à Rome (25 août-11 septembre). Médailles françaises : 2 médailles d'argent, 3 médailles de bronze.

CYCLISME

Grave chute de Roger Rivière dans le Tour de France au col du Perjuret.
Vainqueur : Gastone Nencini (Italie).
Mort de Fausto Coppi.

BASKET

Championnat de France	Charleville

FOOTBALL

Championnat de France	Reims
Coupe de France	Monaco bat Saint-Étienne 4-2

RUGBY A XV

Tournoi des Cinq Nations	France et Angleterre 1res, 7 pts
Championnat de France	FC Lourdes bat AS Béziers : 14-11

TENNIS

Roland-Garros	Simple messieurs : Pietrangeli bat Ayala 3-6, 6-3, 6-4, 4-6, 6-3 Simple dames : Hard bat Ramirez 6-3, 6-4

1961

RÉFÉRENDUM SUR L'ALGÉRIE

6 janvier : Allocution radiodiffusée et télévisée du général de Gaulle qui insiste sur l'enjeu du référendum sur l'Algérie, « un des événements principaux de notre histoire », car, dit-il, « pour la nation française, voici l'occasion solennelle soit de prouver son unité, soit d'étaler sa division ». Il personnalise le débat en ajoutant : « Françaises, Français, vous le savez, c'est à moi que vous allez répondre... c'est pourquoi, je me tourne vers vous par-dessus tous les intermédiaires » et il demande un « OUI franc et massif ».

Du côté des formations politiques, l'UNR est unanime à réclamer le OUI, de même le MRP ; la SFIO fait voter OUI à la politique algérienne mais tout en affirmant son opposition au régime, le PCF confirme son attitude négative, réclamant la négociation nécessaire avec le GPRA. La droite et l'extrême droite prônent le NON. Jacques Soustelle crée un Regroupement national pour l'unité de la République.

A Paris, explosion de six bombes au plastic.

8 janvier : Référendum sur l'Algérie. Les Français doivent se prononcer sur deux articles, le premier porte sur le principe d'autodétermination, le second sur les principes généraux de l'organisation des pouvoirs publics en Algérie, en attendant une autodétermination véritable, ceci pour respecter l'article 11 de la Constitution qui réserve le référendum aux problèmes constitutionnels.

Les résultats : 23,5 % abstentions contre 15,06 % au référendum précédent de 1958. 55,91 % de OUI contre 66,41 en 1958, mais il s'agit du pourcentage par rapport aux inscrits.

Le résultat est meilleur si l'on considère le pourcentage de OUI des suffrages exprimés : 75,26 % de OUI des suffrages exprimés contre 79,25 au référendum de 1958.

Le référendum est un succès mais il consacre une coupure entre l'Algérie et la métropole. En effet, 30 % des suffrages exprimés dans l'ensemble des départements algériens sont négatifs et 72 %, à Alger ville où les électeurs sont européens dans leur grande majorité. La métropole s'est donc prononcée pour la négociation.

12 janvier : Le général de Gaulle adresse un message de félicitations au général Crépin, commandant en chef de l'Algérie et, par son intermédiaire, à l'ensemble de l'armée en Algérie pour sa conduite pendant le référendum.

19 janvier : Manifeste de 11 organisations politiques et syndicales réclamant une confrontation rapide entre le gouvernement français et le GPRA. Ont signé la CGT-FO, la CFTC, la FEN, le Centre national des jeunes agriculteurs, la SFIO, le parti radical, les Indépendants de gauche, l'UDT, la Fédération nationale des combattants républicains, la Ligue des droits de l'homme et la Ligue internationale contre le racisme et l'antisémitisme.

24 janvier : A Lyon, procès des auteurs de l'attentat au bazooka dirigé en 1957 contre le général Salan, commandant en chef en Algérie en 1957-1958. René Kovacs est condamné à mort par contumace. Castille et Fechoz à perpétuité par contumace, Tronci à 5 ans de prison, Gaffori, della Monica à 3 ans.

février : Constitution de l'Organisation de l'armée secrète, OAS, pour garder l'Algérie à la France.

1er février : Le général Gambiez succède au général Challe mis en disponibilité sur sa demande.

3 février : Scandale du Comptoir national du logement qui, à la suite d'une série de malversations, doit 274 millions à la Sécurité sociale et 180 millions au fisc.

20 février : Lucien Paye, universitaire et directeur général de l'organisation et des programmes au ministère de l'Éducation nationale, est nommé ministre de l'Éducation nationale ; cette nomination met fin à la vacance du poste effective depuis le 22 novembre 1960, date à laquelle Louis Joxe avait été nommé ministre d'État chargé des Affaires algériennes.

20 février : Contacts secrets établis en Suisse entre le GPRA et Georges Pompidou.

26 février : Hassan II succède, sur le trône marocain, à son père Mohamed V décédé.

27 février : Entretiens de Gaulle-Bourguiba à Rambouillet.

28 février : Publication du rapport de Waldeck-Rochet dans *l'Humanité*. Marcel Servin et Laurent Casanova, accusés de favoriser une union avec les formations de gauche comme le PSU, l'UNEF, la FEN et même la SFIO, sont relevés de leur fonction au sein du PCF.

2 mars : Le procès des barricades qui s'est ouvert en novembre s'achève sur l'acquittement des accusés présents. Jo Ortiz et Pierre Lagaillarde, absents, sont condamnés le premier à la peine de mort, le second à 10 ans de détention.

5 mars : Suite au scandale du Comptoir national du logement, l'architecte Fernand Pouillon, les deux administrateurs Jean Larue et Roland Ducher sont arrêtés ainsi que Gilbert Mouret.

30 mars : Le gouvernement français et le GPRA publient un communiqué confirmant l'ouverture de la conférence d'Évian le 7 avril ; dans les textes, les Algériens se désignent comme membres du GPRA, le communiqué du gouvernement parle des « représentants du FLN ».

31 mars : Camille Blanc, le maire d'Évian, est tué dans un attentat. Recrudescence des attentats au plastic revendiqués par l'OAS depuis l'annonce de négociations. Par ailleurs l'ouverture des négociations est retardée par le refus du GPRA de s'y rendre suite aux déclarations de Louis Joxe, ministre d'État chargé des Affaires algériennes. Il avait évoqué la possibilité de rencontrer non seulement le FLN dépendant du GPRA mais le MNA, Mouvement national Algérien de Messali Hadj.

4 avril : Explosion d'une charge de plastic à la Bourse de Paris faisant 14 blessés.

11 avril : Conférence de presse du général de Gaulle consacrée notamment au problème algérien, à l'OTAN et à la Communauté. Sur l'Algérie il déclare : « Le cessez-le-feu, l'autodétermination, ce sont des préliminaires qui sont destinés à ouvrir à l'Algérie sa route... Cet État sera ce que les Algériens voudront. Pour ma part, je suis persuadé qu'il sera souverain au-dedans et au-dehors. Et encore une fois, la France n'y fait nul obstacle. »

« LE PUTSCH DES GÉNÉRAUX »

22 avril : Dans la nuit du 22 avril, le 1er régiment étranger de parachutistes investit la délégation générale et les bâtiments officiels. Arrestation de Jean Morin, délégué général du gouvernement en Algérie, de Robert Buron, ministre des Travaux publics alors en voyage officiel, et du général Gambiez.

7 heures du matin à Alger : Radio-Alger annonce : « L'armée s'est assurée du contrôle du territoire algéro-saharien. L'opération s'est déroulée conformément au plan prévu, dans l'ordre, sans un coup de feu. »

A 9 heures du matin, le général Zeller en son nom et au nom des généraux Challe et Salan, les deux anciens commandants en chef et le général Jouhaud, commandant de l'aviation, lit la déclaration suivante : « Le haut commandement en Algérie et au Sahara vient de prendre une grave décision : il décrète l'état de siège sur l'étendue des treize départements français d'Afrique... Aucune solution de paix n'est possible sans l'Algérie française. »

Les généraux sont appuyés par les colonels Godard, Argoud, Lacheroy.

A la fin de la première journée d'insurrection, le général Challe dispose de trois régiments sur Alger : le 1er étrangers de parachutistes, le 1er régiment de chasseurs parachutistes et le 27e dragons et ses éléments harkis.

6 h 20 à Paris : communiqué officiel rendant la nouvelle de l'insurrection à Alger.

9 h 20 à Paris : Michel Debré précise que « le gouvernement prend les mesures pour que force reste à la loi ».

13 h 20 : déclaration radiotélévisée de Michel Debré : « Le gouvernement est décidé à faire respecter la volonté de la nation... J'adjure tous ceux qui ont une responsabilité... de ne pas s'engager dans une aventure qui ne peut avoir pour la nation que de tragiques lendemains. Ce n'est pas seulement à la fidélité et au devoir que je fais appel, c'est aussi, c'est d'abord, c'est avant tout au respect des intérêts fondamentaux de la nation. »

17 heures : un Conseil des Ministres décrète l'État d'urgence à partir du 23 avril à 0 heure ; il est également décidé que les chefs de la mutinerie seront déférés à la justice militaire.

A 22 h 15 à Alger : Radio-Alger diffuse un communiqué de l'OAS qui affirme être seule habilitée par le « gouvernement militaire » à transmettre des consignes à la population civile.

23 avril : Le Conseil constitutionnel consulté par le président de la République donne un avis favorable sur l'application de l'article 16.

Message radiotélévisé du général de Gaulle : « Un pouvoir insurrectionnel s'est établi en Algérie par un *pronunciamiento* militaire... Ce pouvoir a une apparence : un quarteron de généraux en retraite. Il a une réalité : un groupe d'officiers partisans, ambitieux, fanatiques... Leur entreprise conduit tout droit à un désastre national. Au nom de la France, j'ordonne que tous les moyens, je dis tous les moyens, soient employés pour barrer partout la route à ces hommes-là en attendant de les réduire. » Le général de Gaulle annonce la mise en application de l'article 16 et termine son discours par cet appel : « Françaises, Français, aidez-moi. »

Pendant ce temps, le général Gouraud, commandant le corps d'armée de Constantine, se rallie au général Challe. Il revient sur sa décision le 25 avril.

23 h 45 : Michel Debré lance cet appel : « Des avions sont prêts à lancer ou à déposer des parachutistes sur divers aérodromes afin de préparer une prise du pouvoir... Dès que toutes les sirènes retentiront, allez-y à pied ou en voiture, convaincre ces soldats

trompés de leur lourde erreur. Il faut que le bon sens vienne de l'âme populaire et que chacun se sente une part de la nation. » Cette initiative suscite émoi et confusion, notamment au ministère de l'Intérieur où se rassemblent environ 1 500 volontaires.

24 avril : Une grève d'une heure est décidée par la CGT, la CFTC, la FEN et l'UNEF auxquelles s'associent le PCF, le PSU, la SFIO et le MRP « pour s'opposer à une entreprise factieuse ». Cependant, les réactions des partis politiques divergent ; le PSU et le PCF estiment que c'est une « condamnation » de la politique du général de Gaulle, la SFIO par l'intermédiaire du *Populaire* pense que « l'espoir de paix né de la politique du 16 septembre a créé entre le peuple et le chef de l'État un lien solide », le MRP réaffirme son soutien à la politique du général de Gaulle, les Indépendants sont plus partagés, et, finalement, Roger Duchet refuse de s'associer au message d'appui au général de Gaulle adressé par les Indépendants.

Dans la soirée, manifestation au Forum d'Alger venu acclamer le général Challe, mais effritement du mouvement du fait des divisions et de la fidélité du contingent au gouvernement.

25 avril : Destitution des généraux Challe, Salan, Jouhaud, Zeller et des colonels Godard, Argoud, Broizat et Gardes ; nombreuses arrestations. Dans la nuit du 25 au 26 avril, après une grande manifestation au Forum aux cris « Algérie française ! », les quatre chefs appréciant la faiblesse des soutiens abandonnent la délégation générale.

Messages du général de Gaulle et de Michel Debré à l'Assemblée annonçant la mise en application de l'article 16.

Pierre Messmer, ministre des Armées, demande aux soldats d'Algérie de « montrer leur fidélité au gouvernement légal en exécutant les seuls ordres des autorités qui en sont issues » et donne l'ordre à l'aviation de « rejoindre le territoire métropolitain à toute occasion favorable ».

Conscients de leur échec et de la fidélité de l'armée au gouvernement, les généraux Zeller, Jouhaud, Salan s'enfuient. Le général Challe se constitue prisonnier ; il est incarcéré à la prison de la Santé.

27 avril : Dissolution de trois régiments de parachutistes.

28 avril : Institution d'un haut tribunal militaire présidé par

Maurice Patin, président de la chambre criminelle de la Cour de cassation. L'article 16 est maintenu jusqu'au 30 septembre, ce qui provoque le mécontentement de nombreux milieux politiques et des syndicats qui s'estiment mal récompensés de leur fidélité.

Perquisitions aux domiciles des anciens généraux, nombreuses arrestations dont celle du général Faure, du colonel Vaudrey, du capitaine de Saint-Rémy, des commandants Azais, Blehaux, Casati, Mouchonnet.

Le gouvernement tente tout à la fois de minimiser le danger de la rébellion et de liquider la situation. Mais série d'attentats en Algérie et surtout en France.

3 mai : Roger Duchet quitte ses fonctions de secrétaire général du CNIP ; Camille Laurens, directeur politique, lui succède. Cette démission consacre la victoire des parlementaires modérés qui soutiennent la politique algérienne du général de Gaulle.

4 mai : Tornade en Normandie faisant plus de 100 blessés et 3 morts.

8 mai : Allocution du général de Gaulle qui rappelle ses positions sur l'Algérie. Il évoque le partage. En cas de « sécession », la France « ne saurait abandonner ses propres enfants », d'autre part, « elle regrouperait ceux des Algériens qui voudraient rester Français ».

10 mai : Le ministère d'État chargé des Affaires algériennes annonce : « Le gouvernement fait connaître que les pourparlers annoncés par le communiqué du 30 mars s'ouvriront à Évian le 20 mai prochain ».

10 mai : 78 morts dans l'accident d'avion, le Brazzaville-Paris, au nord d'Edjelé dans le Sahara.

10 mai : La dépouille du maréchal Lyautey est transférée aux Invalides.

10-11 mai : Reprise de l'activité terroriste FLN et OAS.

20-21 mai : Rencontre de Gaulle-Adenauer à Bonn.

VERS LA NÉGOCIATION : PREMIERS ÉCHECS ET TERRORISME

20-30 mai : Conférence d'Évian. Le gouvernement français décide une trêve unilatérale d'un mois sur l'ensemble du territoire algérien. Mais la conférence n'apporte pas d'éléments nouveaux.

Le GPRA maintient ses exigences sur le Sahara qu'il considère comme partie intégrante de l'Algérie. Se pose également le problème de la minorité européenne.

29-31 mai : Procès des généraux Challe et Zeller ; les généraux Salan et Jouhaud ont choisi la clandestinité. Maurice Challe déclare notamment : « Servir, obéir, oui jusqu'à la mort, mais non jusqu'au parjure. » André Zeller évoque le « pacte tacite et parfois explicite qui lie l'armée à la population algérienne ». Les généraux Challe et Zeller sont condamnés à 15 ans de détention et sont radiés de la Légion d'honneur.

31 mai-2 juin : Voyage du président John Kennedy à Paris ; les entretiens avec le général de Gaulle portent sur l'Allemagne notamment.

1er juin : Effondrement du sol à Clamart et Issy-les-Moulineaux qui ensevelit 15 pavillons et un immeuble, faisant 22 morts, 45 blessés, 1 disparu et 300 sans-abri.

4-11 juin : Élections cantonales ; succès de l'UNR, du MRP et du PCF, seul parti à avoir plus d'élus au second tour qu'au premier.

5-21 juin : Condamnations du commandant Hélie Denoix de Saint-Marc à 10 ans de détention et du général Gouraud à 7 ans, du commandant Robin à 6 ans, du général Petit à 5 ans, du général Nicot à 12 ans.

8 juin : Agitation paysanne en Bretagne. Joseph Courau, président de la FNSEA, reçu par Michel Debré, réclame l'application de la loi d'orientation.

13 juin : Le malaise paysan gagne l'ensemble du territoire.
13 juin : Ajournement de la conférence d'Évian. Attentats terro-

ristes FLN et OAS. Agitation à Alger, agitation musulmane dans le Constantinois.

18 juin : 23 morts et 150 blessés dans le déraillement du Strasbourg-Paris, près de Vitry-le-François.

28 juin-1er juillet : le général de Gaulle fait un voyage dans l'est de la France ; il évoque la solution du partage pour l'Algérie si la négociation échoue et si l'association n'est pas possible.

29 juin : Des bagarres opposent paysans et CRS à Nîmes, faisant 40 blessés parmi les CRS.

1er-5 juillet : Grèves et manifestations FLN contre le partage. « Le Gouvernement provisoire de la République algérienne proclame le mercredi 5 juillet journée nationale contre la partition ». 70 morts, 266 blessés dans l'Algérois et le Constantinois.

5-23 juillet : Revendications de la Tunisie sur Bizerte ; intervention des parachutistes pour répondre aux barrages tunisiens installés le 17 autour de Bizerte. Le 20, incidents graves faisant plusieurs morts parmi les Français et les Tunisiens. Rupture des relations diplomatiques. Le 21, le Conseil de sécurité demande l'arrêt des combats qui est effectif le 23.

10 juillet : Les ex-généraux Salan, Jouhaud, Gardy et les ex-colonels Argoud, Broizat, Gardes, Godard et Lacheroy sont condamnés à mort par contumace.

16 juillet : Accident de montagne dans le Mont-Blanc qui fait 4 victimes : Andrea Oggioni, Pierre Kohlmann, Robert Guillaume, Antoine Vieille, et trois survivants : Walter Bonatti, Roberto Gallieni, Pierre Mazeaud.

17 juillet : Reprise des négociations sur l'Algérie à Lugrin (Haute-Savoie) ; ajournement des discussions le 28 juillet, dû essentiellement au désaccord sur le Sahara.

28 juillet : Recrudescence des attentats FLN.

29 juillet : Michel Debré prononce un discours sur la politique agricole qui ne satisfait pas la FNSEA.

1er août : 7 mineurs emmurés au puits Sainte-Fontaine à Merlebach en Moselle.

14 août : Mort de l'abbé Henri Breuil « Le pape de la préhistoire », surnommé ainsi pour ses recherches archéologiques dans le monde et en France, notamment à Lascaux et aux Eyzies.

18 août : Incidents graves à Oran entre européens et musulmans ; recrudescence des attentats de l'OAS.

23 août : A Paris, explosion de 12 bombes devant des immeubles habités par diverses personnalités.

24 août : Remaniement ministériel. Robert Lecourt, Edmond Michelet, Henri Rochereau partent, Louis Jacquinot[1], Joseph Fontanet[2], Bernard Chenot, Louis Terrenoire changent d'attribution, Edgard Pisani[3] remplace Henri Rochereau à l'Agriculture.

---

1. Jacquinot Louis. Cf biographie dans *la France contemporaine*, T 1, *op. cit.*, p. 32.

2. Fontanet Joseph (1921-1980). Militant dès 1937 dans la Jeunesse étudiante catholique, Joseph Fontanet élève d'HEC et docteur en droit s'engage dans la Résistance en Savoie en 1943. Il gagne l'Afrique et combat dans les rangs des Forces françaises libres. Membre du MRP en 1946, il en devient le secrétaire général adjoint en 1951 jusqu'en 1956. Il est élu conseiller de l'Union française et en deviendra le secrétaire. Il est député de la Savoie de 1956 à 1973. Sous la Ve République, il est successivement secrétaire d'État à l'Industrie et au Commerce, secrétaire d'État au Commerce intérieur et ministre de la Santé publique. Il démissionne le 15 mai 1962 avec les autres ministres du MRP car il est en désaccord avec la politique européenne du général de Gaulle. Il occupe alors les fonctions de président du conseil général de la Savoie en mars 1964-octobre 1976 et de maire de Saint-Martin-de-Belleville de 1965 à 1977. En 1969, il participe avec Jacques Duhamel à la création du Centre démocratie et progrès qui se rallie à Georges Pompidou et à la majorité. Il devient ministre du Travail, de l'Emploi et de la Population de 1969 à 1972, puis ministre de l'Éducation jusqu'en 1974. En 1974, il soutient la candidature de Jacques Chaban-Delmas. Il se retire de la vie politique sous le septennat de Valéry Giscard d'Estaing. Il fut la victime d'un attentat le 1er février 1980.

3. Pisani Edgard, né en 1918. Edgard Pisani est sous-préfet puis chef de cabinet et directeur adjoint du préfet de police en 1944-1945, directeur de cabinet du ministre de l'Intérieur en 1946, préfet de Haute-Loire en 1946, directeur de cabinet du ministre de la Défense nationale en 1946, préfet de Haute-Marne en 1947. De 1954 à 1961, il est sénateur de la Haute-Marne avant d'occuper des fonctions ministérielles telles que ministre de l'Agriculture de 1961 à 1966, ministre de l'Équipement en avril 1967. Il démissionne peu de temps après et est élu député du Maine-et-Loire. Conseiller général du canton de Montreuil-Bellay entre 1964-1973, il est également maire de Montreuil-

27 août : Ben Khedda succède à Ferhat Abbas à la présidence du GPRA ; Ben Khedda, de tendance marxiste, lie l'indépendance à la révolution.

29 août : Un avion heurte le câble tracteur du télécabine Aiguille du Midi-Pointe Helbronner : 6 morts.

5 septembre : Conférence de presse du général de Gaulle qui se prononce notamment sur le problème du Sahara : « C'est dire que dans le débat franco-algérien, qu'il se ranime avec le FLN ou qu'il s'engage avec un autre organisme représentatif, celui-là, des élus, la question de la souveraineté du Sahara n'a pas à être considérée, tout au moins elle ne doit pas l'être par la France. Cela peut servir de slogan, de panneau, pour une propagande. En ce qui concerne la France, c'est un coup d'épée dans l'eau. » Mais il nuance sa thèse en affirmant que le transfert de souveraineté du Sahara par la France ne se ferait que si l'Algérie accepte l'association.

8 septembre : Attentat manqué contre le général de Gaulle.

12 septembre : Accident de la Caravelle Paris-Rabat faisant 77 morts.
12 septembre : Maurice Faure[4] déclare à l'Assemblée : « Prenons garde que la démocratie directe ne conduise à l'action directe » ; les parlementaires se plaignent d'être dépossédés de leur rôle au profit du gouvernement.

2 octobre : Allocution du général de Gaulle qui évoque à nouveau le thème de l'autodétermination, des offres de coopération de la France à l'Algérie, et qui affirme sa volonté de voir reprendre les négociations. Sur le climat social, il dit : « Si par malheur, nous laissions de nouveau le tracassin, le tumulte, l'incohérence, que

---

Bellay en 1965 et démissionnaire en 1975. Il préside de nombreuses sociétés. Il est élu sénateur socialiste de la Haute-Marne entre 1974 et 1981 et membre de la commission des communautés européennes depuis 1981. Le pouvoir socialiste lui confie le dossier épineux de la Nouvelle-Calédonie. Il est nommé délégué du gouvernement en Nouvelle-Calédonie en 1984-1985, puis ministre, chargé de la Nouvelle-Calédonie en 1985 et chargé de mission auprès du président de la République. Il préside l'Institut du monde arabe depuis 1988.

4. Faure Maurice, né en 1922. Cf biographie dans *la France contemporaine*, T 1, *op. cit.*, p. 248.

l'on connaît s'emparer de nos affaires, c'est l'abaissement qui serait notre lot. »

7 octobre : Joseph Ortiz, Pierre Lagaillarde, Lacheroy et Antoine Argoud arrêtés par les autorités espagnoles et transférés aux Canaries.

11-14 octobre : Visite du shah d'Iran et de sa femme à Paris.

14 octobre : Mort de Paul Ramadier[5], ancien président du Conseil.

17 octobre : A Paris, la manifestation des travailleurs algériens fait 2 morts et 64 blessés.

24 octobre : Déclaration de Ben Khedda à Tunis sur le règlement du conflit algérien : « Cette méthode consisterait à engager des négociations en vue de rechercher un accord sur le principe, les modalités et la date de la proclamation de l'indépendance, ainsi que sur la conclusion d'un cessez-le-feu. Après quoi, de nouvelles négociations pourraient s'ouvrir, qui auraient pour objet la définition de nouveaux rapports entre l'Algérie et la France, et les garanties aux Français d'Algérie. » Il affirme aussi : « L'indépendance n'exclut pas la coopération. Elle l'appelle, et cela dans l'intérêt bien compris de nos deux pays. »

1er novembre : 74 morts et 130 blessés (chiffres de la délégation générale) au cours des manifestations en Algérie.

2 novembre : Les Algériens détenus en métropole entament une grève de la faim pour obtenir le régime politique. Ben Bella annonce qu'il s'associe au mouvement. Sa libération devient une condition de la reprise des pourparlers franco-algériens. Après des négociations, Ben Bella cesse la grève de la faim dans la nuit du 20 au 21 novembre.

8-9 novembre : L'Assemblée nationale vote les crédits pour l'Algérie après avoir rejeté l'amendement Salan qui demande la

---

5. Ramadier Paul (1888-1961). Cf biographie dans *la France contemporaine*, T 1, *op. cit.*, p. 30.

mobilisation de 8 classes de jeunes gens domiciliés en Algérie. Cependant, 80 parlementaires ont voté cet amendement.

16 novembre : Meeting du comité de Vincennes salle de la Mutualité : « C'est l'OAS qui tient l'Algérie, dit Léon Delbecque, député du Nord, c'est en Algérie le seul pouvoir effectif. »

Le comité de Vincennes, mouvement politique qui partage les vues de l'OAS et dont le président est Georges Bidault, est dissous le 22 novembre. Le lendemain, Jean Dides, ancien commissaire de police, ancien député, conseiller municipal de Paris, est emprisonné pour offenses au chef de l'État, provocation au meurtre et atteinte à la sûreté de l'État.

12 décembre : Acquittement de Marie Besnard, « la bonne dame de Loudun » à son troisième procès devant les assises de Bordeaux.

19 décembre : Manifestation des partis de gauche et des syndicats contre l'OAS malgré son interdiction ; plus d'une centaine de blessés.

RUBRIQUE ARTISTIQUE

LITTÉRATURE

Les prix

Goncourt	Jean Cau	*La Pitié de Dieu*
Renaudot	Roger Bordier	*Les Blés*
Femina	Henri Thomas	*Le Promontoire*
Interallié	Jean Ferniot	*L'Ombre portée*
Médicis	Philippe Sollers	*Le Parc*
Académie française	Pham Van Ky	*Perdre la demeure*
Nobel	Ivo Andric (Yougoslavie)	

Les succès

Henri Amouroux	*La Vie des Français sous l'Occupation*
Jean-Pierre Chabrol	*Les Fous de Dieu*
Catherine Paysan	*Nous autres les Sanchez*
Christiane Rochefort	*Les Petits Enfants du siècle*

janvier : mort de Blaise Cendrars.
mai : mort de Merleau-Ponty.
juillet : mort de Louis-Ferdinand Céline, Mazo de la Roche.

CINÉMA

Les prix

Cannes	Henri Colpi	*Une aussi longue absence*
	Luis Buñuel	*Viridiana* (Espagne)
Louis-Delluc	François Reichenbach	*Un cœur gros comme ça*
Lion d'or (Venise)	Alain Resnais	*L'Année dernière à Marienbad*

Les succès

Michelangelo Antonioni	*La Notte*
François Truffaut	*Jules et Jim*
Lucchino Visconti	*Rocco et ses frères*

THÉÂTRE

janvier	Harold Pinter	*Le Gardien* (Lutèce)

septembre	de Marguerite Duras et Georges Jarlot d'après Gibson	*Miracle en Alabama* (Hébertot)

DANSE ET MUSIQUE

juin : révélation du danseur Rudolf Noureev dans les ballets soviétiques du Kirov à l'Opéra.
octobre : débuts parisiens de Sviatoslav Richter à Chaillot.
novembre : *les Troyens* d'Hector Berlioz à l'Opéra de Paris.

CHANSONS

Georges Brassens à l'Olympia.
Léo Ferré révélé à l'Alhambra.
Jacques Brel chante *les Bourgeois*, Charles Aznavour, *Je m'voyais déjà*, Richard Anthony *J'entends siffler le train*.

TÉLÉVISION

Succès de l'émission de Pierre Sabbagh : « Au théâtre ce soir ».
2 621 954 récepteurs en France.

EXPOSITIONS

Art moderne	Maillol
Charpentier	Douanier-Rousseau

RUBRIQUE SPORTIVE

CYCLISME

Tour de France	Jacques Anquetil
Championnat de France	Raymond Poulidor

Louison Bobet gravement blessé dans un accident de la route.

FOOTBALL

Championnat de France	Monaco
Coupe de France	Sedan bat Nîmes 3-1

RUGBY A XV

Tournoi des Cinq Nations	France, 1re, 7 pts
Championnat de France	AS Béziers bat US Dax 6-3

SKI

Guy Périllat consacré meilleur skieur de l'année grâce à ses victoires de Wengen et Kitzbuhl.

TENNIS

Roland-Garros	Simple messieurs : Santana bat Pietrangeli 4-6, 6-1, 3-6, 6-0, 6-2 Simple dames : Haydon bat Ramirez 6-2, 6-1

1962

UNE NOUVELLE ANNÉE SANGLANTE

janvier : On dénombre près de 400 attentats en Algérie faisant près de 220 morts et plus de 400 blessés ; attentats OAS et FLN.

En France on découvre l'existence de cellules OAS dans plusieurs lycées. Regain d'activisme de l'OAS en France.

9-10 janvier : Condamnation à 3 ans de prison pour aide au FLN de l'abbé Robert Davezies de la Mission de France.

16 janvier : « Dîner de l'Alma » qui réunit chez Pierre Uri 7 personnalités politiques et syndicales comme Guy Mollet[1] (SFIO), Antoine Pinay (CNI), Maurice Faure (radical), André Colin (MRP), Robert Bothereau, secrétaire général de la CGT-FO, Georges Levard vice-président de la CFTC et Michel Debatisse, secrétaire général du Centre national des jeunes agriculteurs. Cet entretien qui n'a aucun caractère formel est un échange de vues sur la succession du général de Gaulle une fois réglé le problème algérien ; ces personnalités contestent notamment la politique européenne et atlantique du chef de l'État.

---

1. Mollet Guy (1905-1975). Cf biographie dans *la France contemporaine*, T 1, *op. cit.*, p. 22.

18 janvier : Valéry Giscard d'Estaing, âgé de 36 ans, succède à Wilfrid Baumgartner au ministère des Finances.

7 février : Attentat OAS au domicile d'André Malraux. Delphine Renard, une fillette de 4 ans, est blessée.

8 février : Plusieurs organisations syndicales et politiques de gauche décident, malgré l'interdiction, d'organiser une manifestation pour protester contre la recrudescence des attentats de l'OAS en métropole. De violents affrontements opposent policiers et manifestants. Certains, réfugiés dans l'escalier du métro Charonne pour échapper aux forces de l'ordre, sont écrasés, et on relève huit morts. Émotion en France. Les obsèques des victimes rassemblent une foule importante.

VERS LES ACCORDS D'ÉVIAN

11-18 février : Pourparlers positifs entre des représentants du GPRA et trois ministres français, Louis Joxe, ministre chargé des Affaires algériennes, Robert Buron (MRP) et Jean de Broglie (indépendant) dans un chalet des Rousses à proximité de la frontière suisse. Le GPRA demande la reconnaissance de l'intégrité de l'Algérie. Le gouvernement français entend garder la jouissance de Mers el-Kebir et de Reggane, et obtenir des garanties pour la minorité européenne restant dans l'Algérie indépendante. On discute également des conditions de la cessation des combats et de la période transitoire jusqu'au référendum.

5 mars : Annonce simultanée à Paris et à Tunis de la négociation officielle d'Évian.

7 mars : Le recensement donne 46 530 000 habitants, chiffre porté à 47 500 000 le 1er janvier 1963 en comptant les rapatriés d'Algérie.

7-18 mars : Négociations à l'hôtel du Parc à Évian. La délégation française est conduite par Louis Joxe, ministre d'État chargé des Affaires algériennes, Robert Buron, ministre des Travaux publics, et Jean de Broglie, secrétaire d'État au Sahara, la délégation du

FLN est présidée par Belkacem Krim, vice-président du GPRA, et comprend M'Hamed Yazid, ministre de l'Information, Boulharouf, Ben Yahia, Malek Mostefai, délégué du GPRA, au Maroc et le colonel Ben Aouda Ben Mostepha.

18 mars : Dans une allocution radiotélévisée, le général de Gaulle annonce le cessez-le-feu et la date de deux référendums : le 8 avril en métropole, le 1er juillet en Algérie.

La guerre a fait près de 30 000 morts dans l'armée française. Les estimations varient entre 200 000 et 1 200 000 du côté algérien[2].

20 mars : Tir au mortier sur la Casbah d'Alger, qui fait 24 morts et 59 blessés. L'OAS lance un ultimatum.

22-23 mars : Commandos OAS retranchés à Bab el-Oued. 6 militaires français sont tués, 12 blessés. Le quartier de Bab el-Oued est déclaré en état d'insurrection armée et réinvesti par les forces de l'ordre le 29 mars.

25 mars : Arrestation d'Edmond Jouhaud à Oran ; il sera condamné à mort à l'issue de son procès les 11-13 avril.

26 mars : Rue d'Isly à Alger, les forces de l'ordre s'opposent à la manifestation d'Européens rassemblés par l'OAS : 41 morts et 130 blessés parmi les Européens.

5 avril : Inauguration du tunnel du Grand-Saint-Bernard qui relie la France à la Suisse.

AUTODÉTERMINATION ET CHANGEMENT A MATIGNON

8 avril : En métropole, référendum sur l'autodétermination en Algérie : 90 % de OUI ; il y a 24,39 % d'abstentions. Les partis de gauche ont fait voter OUI tout en critiquant le pouvoir gaulliste.

2. D'après Rémond René, *Notre siècle*, Fayard, 1988, p. 601.

14 avril : Michel Debré démissionne. Georges Pompidou, proche du général de Gaulle, non-parlementaire, lui succède comme Premier ministre.

20 avril : Arrestation du général Raoul Salan, chef de l'OAS.

26-27 avril : Le gouvernement Pompidou recueille 259 voix contre 128 ; le nombre des abstentions, 119, est important.

Les principaux ministres sont : Affaires étrangères : Maurice Couve de Murville ; Justice : Jean Foyer[3] ; Intérieur : Roger Frey[4] ; Finances : Valéry Giscard d'Estaing. On constate qu'il y a 6 nouveaux ministres, que 12 conservent les mêmes portefeuilles, que 3 en changent.

---

3. Foyer Jean, né en 1921. Agrégé de droit et diplômé de l'Académie de droit international de la Haye, Jean Foyer est conseiller technique dans plusieurs cabinets, celui de René Capitant en 1944-1945, de Pierre Giacobbi en 1945-1946, d'Henri Longchambon en janvier-juin 1946. Il commence une carrière universitaire comme chargé de cours à la faculté de droit de Poitiers en 1954 puis comme professeur à l'université de Lille en 1955. Il sera également professeur de droit privé à Nanterre en 1968 et à Paris II en 1972. Il est à nouveau conseiller technique dans le cabinet d'Houphouët-Boigny en 1958-1959. Il est député UNR du Maine-et-Loire (1959-1960) et maire de Contigné. Il occupe ensuite plusieurs fonctions ministérielles comme secrétaire d'État aux relations avec les États de la communauté en 1960 puis ministre de la Coopération en 1961-1962, garde des Sceaux en avril-novembre 1962 puis à nouveau en 1962-1967 et ministre de la Santé publique en 1972-1973. Il a également des mandats locaux et nationaux comme député du Maine-et-Loire en 1967-1972, 1973-1978, 1981-1988, conseiller général du canton des Ponts-de-Cé (1967-1973). Entre 1978 et 1981, il préside la commission des lois constitutionnelles, de la législation et de l'administration générale de la République, et il est président d'honneur de l'Association des juristes pour le respect de la vie. Il est membre de l'Institut en 1984 et juge titulaire à la Haute Cour de Justice depuis 1987.

4. Frey Roger, né en 1913. Né en Nouvelle-Calédonie, Roger Frey dirige les Affaires familiales entre 1936 et 1939 avant d'être nommé chargé de mission en Extrême-Orient de 1945 à 1946. Il devient trésorier du RPF et conseiller RPF de l'Union française. En 1955, il est secrétaire général du parti républicain social. Il devient attaché au cabinet de Jacques Soustelle, ministre de l'Information en 1958-1959 tout en étant secrétaire général de l'UNR. Il occupe ensuite des fonctions ministérielles comme ministre de l'Information en 1959, ministre de l'Intérieur de 1961 à 1967, ministre d'État chargé des Relations avec le Parlement en 1967-1968, en 1968-1969 et en 1969-1971, ministre d'État chargé des Réformes administratives en 1971-1972. Roger Frey est également député de la Seine en 1962, puis de Paris en 1965, 1967, 1968, 1973-1974. Il préside le groupe UDR à l'Assemblée nationale en 1973 et le Conseil constitutionnel de 1974 à 1983.

30 avril : Début de l'exode massif des Européens d'Algérie malgré les consignes de l'OAS.

8-10 mai : Attentats et expéditions punitives de l'OAS dans les rues d'Alger. Ben Khedda lance des appels au calme à la population algérienne.

10-11 mai : Conquête du mont Jannu (7 710 m) au Népal par l'expédition Terray.

L'EUROPE DES ÉTATS

15 mai : Conférence de presse du général de Gaulle qui critique l'intégration européenne en ces termes : « J'ai déjà dit et je répète qu'à l'heure qu'il est il ne peut pas y avoir d'autre Europe que celle des États, en dehors naturellement des mythes, des fictions, des parades. » Cette prise de position entraîne la démission des ministres du MRP, Pierre Pflimlin[5], Maurice Schumann, Paul Bacon, Robert Buron et Joseph Fontanet.

22 mai : Par 57 voix contre 31 et 32 absents, les députés indépendants votent une motion, demandant à leurs ministres de quitter le gouvernement pour exprimer leur désaccord sur la politique européenne. Valéry Giscard d'Estaing, Louis Jacquinot, Jean de Broglie et Raymond Marcellin[6] refusent d'obtempérer.

15-23 mai : Procès de Raoul Salan contre qui la peine de mort est requise. A la surprise générale, le haut tribunal militaire accorde

---

5. Pflimlin Pierre, né en 1907. Cf biographie dans *la France contemporaine*, T 1, *op. cit.*, p. 127.

6. Marcellin Raymond, né en 1914. Docteur en droit, Raymond Marcellin est avocat à la cour d'appel de Paris depuis 1945. Il commence sa carrière politique en étant député du Morbihan en 1946. Il est réélu en 1951, en 1956, en 1958. Sous la IVe République, il est successivement secrétaire d'État à l'Industrie et au Commerce en 1949-1950, à la Présidence du Conseil en 1952, à la Fonction publique et à la Réforme administrative en 1957-1958. Sous la Ve République, il a la charge du ministère de la Santé publique en 1962 et 1966, de l'Industrie en 1966-1967. En 1967-1968, il est ministre délégué auprès du Premier ministre, chargé du Plan et de l'Aménagement du territoire. Ministre de l'Intérieur pendant les événements de Mai 1968, il le reste jusqu'en 1974 puis

les circonstances atténuantes et condamne l'accusé à la détention perpétuelle. Les défenseurs d'Edmond Jouhaud, condamné à mort, déposent une requête en révision le 25 mai.

18 mai : Rencontre Fares-Susini pour favoriser des négociations entre le FLN et l'OAS dans le but de mettre fin aux attentats meurtriers en Algérie. Une trêve de fait est obtenue le 31 mai, et les négociations reprennent les 1er-5 juin.

31 mai : Trêve des attentats en Algérie.

3 juin : 130 morts dans l'accident du Boeing 707 Paris-Atlanta au décollage à Orly.

5 juin : De sa prison, Edmond Jouhaud lance un appel à l'apaisement : « Il importe que l'action de l'OAS cesse au plus tôt. C'est son chef qui le demande à ceux qui se sont mis spontanément sous ses ordres. »

8 juin : Le général de Gaulle fait une déclaration qui suscite maintes interprétations, notamment l'annonce d'une réforme constitutionnelle : « Par la même voie (soit le référendum), nous aurons au moment voulu à assurer que, dans l'avenir et par-delà les hommes qui passent, la République puisse demeurer forte, ordonnée et continue. »

9 juin : Antoine Argoud annonce la création d'un « comité exécutif » avec Georges Bidault et Jacques Soustelle.

17 juin : Les « accords d'Alger » sont signés entre Abderrhamane Fares, Chawki Mostefai du côté algérien, Jean-Jacques Susini du côté OAS, Jacques Chevallier et Jean-Marie Tine qui jouent le rôle de médiateurs. Ces accords doivent mettre fin aux violences en Algérie. Raoul Salan s'y rallie le 19.

---

passe à l'Agriculture. Il poursuit sa carrière parlementaire comme député républicain indépendant du Morbihan en 1967, 1968 et 1973, 1981, 1986 et 1988, sénateur du même département de 1974 à 1981, maire de Vannes de 1965 à 1977, président du conseil général du Morbihan depuis 1964, président puis président d'honneur du conseil régional de Bretagne.

21 juin : 113 morts dans l'accident du Boeing 707 Paris-Santiago à Basse-Terre en Guadeloupe.

23 juin : Fin de la résistance à Oran ; le 27, Gardy rejoint en Espagne les autres chefs de l'OAS.

1er juillet : Référendum d'autodétermination en Algérie : le OUI à l'autodétermination, donc à l'indépendance, regroupe 91,23 % des inscrits et 99,72 % des suffrages exprimés. Le général de Gaulle « reconnaît solennellement l'indépendance de l'Algérie ». Le Parlement, qui n'a pas été consulté, prend acte de l'ordonnance qui met fin au mandat des 102 élus des ex-départements algériens.

2-8 juillet : Le chancelier allemand Adenauer est accueilli officiellement en France pour amorcer le rapprochement franco-allemand.

12 juillet : L'Assemblée nationale ratifie le traité de 1956 restituant Pondichéry, Karikal, Mahé et Yanaon à l'Inde.

L'ATTENTAT DU PETIT-CLAMART

16 juillet : Rejet d'une motion de censure qui ne recueille que 206 voix ; il en fallait 241. Le prétexte en a été le vote du collectif budgétaire comprenant les crédits pour l'usine atomique de Pierrelatte.

Le problème de la force de frappe qui est au cœur du débat sur l'Europe oppose l'exécutif au législatif comme en 1960.

20 juillet : Maurice Faure, président du parti radical, fonde le Rassemblement démocratique regroupant radicaux et UDSR de François Mitterrand.

14 août : Percement du tunnel du Mont-Blanc.

16 août : Reprise des relations diplomatiques entre la France et la Tunisie.

22 août : Attentat du Petit-Clamart contre le général de Gaulle ; la voiture, qui transportait en plus du général de Gaulle sa femme et son gendre, reçoit 150 balles ; on pense à une action du Conseil national de Résistance dont le comité exécutif est présidé par Georges Bidault.

31 août-8 septembre : Procès des auteurs de l'attentat de Pont-sur-Seine dirigé contre le général de Gaulle le 8 septembre 1961. 20 ans de réclusion pour Manoury, 15 ans pour Belvisi, Rouvière et Villemandy, 10 ans pour Barbance, et la détention perpétuelle pour le sixième accusé en fuite.

4-9 septembre : Visite du général de Gaulle en RFA.

11 septembre : Deuxième remaniement ministériel du gouvernement Pompidou ; Christian Fouchet succède à Alain Peyreffitte à l'Information chargé des Rapatriés, et Robert Boulin est nommé secrétaire d'État au Budget.

L'ÉLECTION DU PRÉSIDENT DE LA RÉPUBLIQUE AU SUFFRAGE UNIVERSEL

12 septembre : Au Conseil des ministres, le général de Gaulle décide de soumettre à référendum l'élection du président de la République au suffrage universel.

13 septembre : Gérard Buisine, l'un des tireurs de l'attentat du Petit-Clamart, est arrêté à Marseille.

17 septembre : Le lieutenant-colonel Jean Bastien-Thiry, qui dirigeait le commando du Petit-Clamart, est arrêté.

20 septembre : Allocution du général de Gaulle qui confirme sa déclaration au Conseil des ministres : « La clef de voûte de notre régime, c'est l'institution nouvelle d'un président de la République désigné par la raison et le sentiment des Français pour être le chef de l'État et le guide de la France... Je crois donc devoir faire au pays la proposition que voici : quand sera achevé mon propre septennat, ou si la mort ou la maladie l'interrompaient avant le terme, le président de la République sera dorénavant élu au suffrage universel. Sur ce sujet, qui touche tous les Français, par quelle voie convient-il que le pays exprime sa décison ? Je réponds : par la plus démocratique, la voie du référendum. » Cette décision suscite les réactions hostiles de l'ensemble des partis politiques à l'exception des gaullistes.

Le mercredi devient le congé hebdomadaire des écoliers.

30 septembre : Au congrès radical de Vichy, Gaston Monnerville déclare à propos de la révision constitutionnelle : « Il y a violation délibérée, voulue, réfléchie et outrageante de la Constitution de la Vᵉ République. »

2 octobre : Dépôt d'une motion de censure par les représentants des indépendants de l'Entente démocratique, du MRP, de la SFIO dirigée contre la procédure adoptée par le gouvernement.

4 octobre : Dans une allocution radiotélévisée, le général de Gaulle annonce qu'il s'en ira si le NON l'emporte au référendum : « Vos réponses me diront, dit-il, si je peux et si je dois poursuivre ma tâche. »

5 octobre : L'Assemblée nationale vote la motion de censure par 280 députés. Jules Romains écrit dans *l'Aurore* : « La République est sauvée. »

6 octobre : Démission de Georges Pompidou.

10 octobre : Le général de Gaulle dissout l'Assemblée.

28 octobre : Référendum sur l'élection présidentielle au suffrage universel : 23,03 % d'abstentions parmi les inscrits.

– OUI : 46,66 % des inscrits, 62,25 % des suffrages exprimés.
– NON : 28,29 % des inscrits, 37,75 % des suffrages exprimés.

Le OUI recule par rapport aux référendums précédents ; il touche les bastions du gaullisme Est et Ouest de la France ainsi que le Nord et les grandes villes. L'origine de la progression du NON est difficile à établir : NON des partis de gauche, NON indépendant ou NON des rapatriés d'Algérie.

18-25 novembre : Élections législatives. Au premier tour, malgré le fort taux d'abstentions (31 %), on constate un raz-de-marée gaulliste. L'UNR obtient 32 % des suffrages exprimés ; par contre c'est une défaite pour les partis du cartel des NON.

Les résultats du second tour confirment ceux du premier. L'UNR-UDT obtient 229 sièges ; s'y ajoutent les 20 députés républicains indépendants de Valéry Giscard d'Estaing.

27 novembre : Obsèques du président René Coty décédé le 22.
Georges Pompidou Premier ministre.

28 novembre : Le général de Gaulle gracie Edmond Jouhaud et André Canal.

II

LA RÉPUBLIQUE GAULLIENNE

novembre 1962 - avril 1969

Après les résultats du référendum d'octobre 1962 et des élections législatives de novembre, le pouvoir exécutif se consolide alors que les partis du cartel des NON ont du mal à se regrouper pour constituer une opposition efficace au général de Gaulle.

L'élection présidentielle de 1965 confirmera le général de Gaulle dans ses fonctions. Finalement, après l'ébranlement provoqué par l'opposition de la rue en mai 1968, c'est sur le problème de la réforme des institutions qu'achoppera le pouvoir. Ce ne sont pas ses principaux adversaires qui en profiteront, mais le dauphin présumé du général de Gaulle : Georges Pompidou.

1962

6 décembre : Jacques Chaban-Delmas[1] est réélu président de la nouvelle Assemblée par 287 voix contre 114 voix à Eugène Montel (SFIO) et 42 à Waldeck-Rochet (PCF).

7 décembre : Composition du nouveau gouvernement Pompidou : il ne diffère guère du précédent si ce n'est que 6 ministres changent d'attributions : par exemple Christian Fouchet[2] passe

1. Chaban-Delmas Jacques, né en 1915. Cf biographie dans *la France contemporaine, chronologie commentée, 1946-1990,* T. 1, *la IVe République,* Perrin, 1989, 327 p.

2. Fouchet Christian (1911-1974). Licencié en droit, diplômé de l'École des sciences politiques, Christian Fouchet est l'un de ceux qui part pour Londres dès l'annonce de l'armistice. Il rencontre le général de Gaulle le 19 juin 1940 et dès lors va servir le gaullisme. Secrétaire d'ambassade à Moscou en 1944, délégué provisoire de la République à Lublin et à Varsovie, il est nommé consul de France à Calcutta pendant deux ans de 1945 à 1947. Il commence ensuite une carrière politique au sein du RPF. Élu député de Paris en 1951, il participe au gouvernement Mendès France en juin 1954 comme ministre des Affaires marocaines et tunisiennes. Lorsqu'il revient au pouvoir, le général de Gaulle lui confie deux missions : la première est l'élaboration d'un projet de création d'une union politique de l'Europe qui n'aboutit pas, la seconde en mars 1962, l'organisation du référendum sur l'autodétermination de l'Algérie. Il devient ensuite ministre de l'Information puis de l'Éducation nationale en décembre. En 1967, il est nommé ministre de l'Intérieur dont il est écarté après Mai 68. Élu député de Meurthe-et-Moselle, Christian Fouchet prend ses distances avec le pouvoir pendant la présidence de Georges Pompidou. En avril 1974, il fait acte de candidature à l'élection présidentielle mais se retire très vite en faveur de celle de Jacques Chaban-Delmas. Il meurt à 63 ans d'une crise cardiaque.

de l'Information à l'Éducation nationale pendant que Alain Peyrefitte[3] revient à l'Information. Louis Joxe passe des Affaires algériennes à la Réforme administrative. Marc Jacquet et Jean Sainteny sont les deux nouveaux ministres pendant que Roger Dusseaulx et Georges Gorse partent.

13 décembre : La déclaration gouvernementale est approuvée par 268 voix contre 116 et 69 abstentions.

29 décembre : Accord d'entreprise chez Renault : 4 semaines de congés payés.

3. Peyrefitte Alain, né en 1925. Normalien, Alain Peyrefitte, après avoir été secrétaire des Affaires étrangères en 1947 et attaché de recherches au CNRS en 1947-1949, devient secrétaire d'ambassade à Bonn jusqu'en 1952 puis chargé du conseil de l'Europe au Quai d'Orsay alors qu'il est également maître de conférences à l'ENA entre 1952 et 1954. Entre 1954 et 1956, il est consul de France à Cracovie puis sous-directeur des Organisations européennes. Député de Seine-et-Marne de 1958 à 1981 et depuis 1982, il est membre du Parlement européen de 1959 à 1962. Il est aussi conseiller général du canton de Bray-sur-Seine et maire de Provins depuis 1965. Il occupe plusieurs fonctions ministérielles à partir de 1962 comme secrétaire d'État auprès du Premier ministre chargé de l'information, puis ministre des Rapatriés de septembre à décembre 1962, puis ministre de l'Information (avril-septembre 1962), ministre de la Recherche scientifique (1966-1967), ministre de l'Éducation nationale en 1967-1968, ministre des Réformes administratives et du Plan en 1973-1974, ministre des Affaires culturelles et de l'Environnement (1974), ministre de la Justice entre 1977 et 1981. Il est élu en février 1977 à l'Académie française au fauteuil de Paul Morand.

RUBRIQUE ARTISTIQUE

LITTÉRATURE

Les prix

Goncourt	Anna Langfus	*Les Bagages de sable*
Renaudot	Simone Jacquemard	*Le Veilleur de nuit*
Femina	Yves Berger	*Le Sud*
Interallié	Henry-François Rey	*Les Pianos mécaniques*
Médicis	Colette Audry	*Derrière la baignoire*
Académie française	Michel Mohrt	*La Prison maritime*
Nobel	John Steinbeck (États-Unis)	

Les succès

Claude Levi-Strauss	*Le Pensée sauvage*
Jean-Louis Curtis	*Le Cygne sauvage*
Benoîte et Flora Groult	*Journal à quatre mains*

Mort de Pierre Benoit, de Georges Bataille, de Roger Nimier dans un accident de voiture.

CINÉMA

Les prix

Cannes	Anselmo Duarte	*La Parole donnée* (Brésil)
Lion d'or (Venise)	Valério Zurlini	*Journal intime* (Italie)
	Andrei Tarkovski	*L'Enfance d'Ivan* (URSS)

Les succès

Serge Bourguignon	*Les Dimanches de Ville-d'Avray*
Agnès Varda	*Cléo de cinq à sept*
Orson Welles	*Le Procès*
Robert Wise et Jérôme Robbins	*West Side Story*
Darryl F. Zanuck	*Le Jour le plus long*

5 août : suicide de Marilyn Monroe.

THÉÂTRE

mars	Carlo Goldoni	*Les Rustres* (TNP)
avril	Paul Valéry	*Mon Faust* (Œuvre)
décembre	Ionesco	*Le Roi se meurt* (Alliance française)

CHANSONS

Succès des chanteurs Yé-Yé : Le Golf Drouot ouvert en 1953 est ouvert à la clientèle jeune en 1956 par Henri Leproux ; celui-ci crée le Tremplin en 1962, audition publique pour débutants tous les vendredis. Les Chaussettes noires, Eddy Mitchell, Jacques Dutronc y chantent ainsi que Jean-Philippe Smet (Johnny Halliday).

Premier numéro de *Salut les copains* le 11 juillet.

Françoise Hardy chante *le Temps de l'amour, Tous les garçons et les filles.*

Sylvie Vartan, Johnny Halliday à l'Olympia.

Jacques Brel chante *les Bourgeois, les Paumés du petit matin.*

EXPOSITIONS

Art moderne	Le Corbusier
	Miro
Petit-Palais	Art mexicain
Charpentier	les Fauves

Travaux de ravalement à Paris.

RUBRIQUE SPORTIVE

ATHLÉTISME

Aux championnats d'Europe à Belgrade, Michel Jazy, vainqueur du 1 500 m en 3'40"9

BASKET-BALL

Championnat de France	le PUC bat Toulouse 65-57

FOOTBALL

Championnat de France	Reims
Coupe de France	Saint-Étienne bat Nancy 1-0

RUGBY A XV

Tournoi des Cinq Nations	France 1re, 6 pts
Championnat de France	SU Agen bat AS Béziers : 14-11

SKI

Marielle Goitschel, 16 ans, remporte le combiné aux championnats du monde.

TENNIS

Roland-Garros	Simple messieurs : Laver bat Emerson 3-6, 2-6, 6-3, 9-7, 6-2 Simple dames : Smith bat Turner 6-3, 3-6, 7-5

1963

3-4 janvier : L'Assemblée nationale vote le projet de loi instituant une cour de sûreté de l'État. François Mitterrand (Rassemblement démocratique) déclare : « Le pouvoir a toujours obtenu tout ce qu'il désirait. Il a sa Constitution, son gouvernement, sa majorité, son référendum, sa télévision, sa force de frappe. Il s'apprête à avoir son Sénat. Il a son Europe. Peut-être voudrait-il avoir maintenant sa justice... J'ai lu cette formule sous la plume d'un général qui s'y connaissait aussi, le général Napoléon Bonaparte : "Les grands pouvoirs meurent d'indigestion." »

OUI A LA RFA, NON A LA GRANDE-BRETAGNE

14 janvier : Conférence de presse du général de Gaulle ; il évoque notamment la question de l'entrée de la Grande-Bretagne dans le Marché commun : « Dans cette très grande affaire de la Communauté économique européenne et aussi dans celle de l'adhésion éventuelle de la Grande-Bretagne, ce sont les faits qu'il faut d'abord considérer. Les sentiments, si favorables qu'ils puissent être et qu'ils soient, ne sauraient être invoqués à l'encontre des données réelles du problème... Bref, la nature, la structure, la conjoncture, qui sont propres à l'Angleterre, diffèrent profondément de celles des continentaux... mais la question est de savoir si la Grande-Bretagne, actuellement, peut se placer, avec le continent et comme lui, à l'intérieur d'un tarif qui soit véritablement commun, de renoncer à toute préférence à l'égard du Commonwealth, de cesser de prétendre que son agriculture soit privilégiée et encore de tenir pour caducs les engagements qu'elle a pris avec les pays qui font partie de sa zone de libre-échange. » La candidature de la Grande-Bretagne avait été annoncée par le Premier ministre Harold Mac Millan le 31 juillet 1961. Des négociations se sont alors ouvertes le 8 novembre 1961.

Par ailleurs, le général de Gaulle souligne la nécessité de la coopération franco-allemande « la condition et le fondement même de la construction de l'Europe ». Enfin, il dénonce l'accord anglo-américain de Bahamas sur la création d'une force multilatérale dans l'organisation Atlantique. « Tel qu'il est conçu, personne sans doute ne s'étonnera que nous ne puissions y souscrire... Au total, nous nous en tenons à la décision que nous avons arrêtée : construire et, le cas échéant, employer nous-mêmes notre force atomique. Cela sans refuser, bien sûr, la coopération, qu'elle soit technique ou qu'elle soit stratégique, si celle-ci est d'autre part souhaitée par nos alliés. »

22 janvier : Le général de Gaulle et Konrad Adenauer signent un traité de coopération franco-allemande. Il est dit notamment que : « Les deux gouvernements se consulteront avant toute décision, sur toutes les questions de politique étrangère... en vue de parvenir, autant que possible, à une décision analogue. » Des rencontres régulières sont prévues entre les principaux responsables des deux pays. Le traité prévoit la création de l'Office franco-allemand institué par l'accord particulier du 5 juillet 1963.

Mais les relations franco-allemandes connaissent des difficultés. Bonn et Paris n'ont pas le même point de vue sur les relations entre l'Europe et les États-Unis ou le problème de la Grande-Bretagne dans la communauté européenne.

MALAISE SOCIO-POLITIQUE

25-28 janvier : Au congrès d'Alfortville, le PSU laisse éclater ses divisions. Dans *France Observateur*, Gilles Martinet et Édouard Depreux s'opposent à Claude Bourdet.

26 janvier : Après des discussions portant notamment sur le budget de l'Éducation nationale et des Armées, l'ensemble du projet de budget pour 1963 est voté par 342 voix contre 128.

28 janvier : Ouverture du procès des 9 détenus impliqués dans l'attentat du Petit-Clamart, au fort de Vincennes, devant la cour militaire de justice. Me Isorni conteste la présence du colonel Reboul au sein de la cour militaire de justice, car, dit-il, il est colonel « par assimilation spéciale » et non pas « propriétaire » de son grade. Les accusations que porte Me Isorni au colonel Reboul lui valent une sanction disciplinaire de trois ans de suspension.

3 février : Au Comité central du PCF réuni à Gennevilliers, Waldeck-Rochet évoque le thème de « front uni ». « Le parti communiste affirme possible et nécessaire sa collaboration avec d'autres partis démocratiques. »

14 février : Décret instituant la Délégation à l'aménagement du territoire DATAR. Le délégué à l'Aménagement du territoire est le responsable de l'animation et de la coordination de la politique nationale.

24 février : Les Républicains indépendants qui, déclare Valéry Giscard d'Estaing, vivent avec l'UNR « un mariage paisible et fructueux », créent un centre d'études et de liaison des Républicains indépendants ; les sénateurs indépendants refusent de participer à la majorité.

26 février : Arrestation rocambolesque de l'ancien colonel Argoud enlevé à Munich et retrouvé ligoté dans une camionnette à Paris.

1er mars : Ordre de grève lancé par la CGT, la CFTC et FO suivi par la grande majorité des mineurs. Les revendications portent sur le rattrapage des rémunérations par rapport à celles du secteur privé.

2-3 mars : On dénombre de 50 à 95 % de mineurs grévistes. L'ordre de réquisition annoncé par le gouvernement accentue le conflit. La CGT, la CFTC, la FEN, l'UNEF créent un fonds de solidarité avec les grévistes. Des mandements d'évêques soutiennent la grève.

4 mars : Au procès des auteurs de l'attentat du Petit-Clamart, sont prononcées trois condamnations à mort : Jean Bastien-Thiry, Bougrenet de La Tocnaye et Prevost, et trois par défaut : Marton, Watin, Bernier. Seul le premier sera exécuté (le 11 mars).

6 mars : Alain Peyrefitte, ministre de l'Information, déclare au sujet de la grève dans les mines : « Quelles que soient les difficultés d'application, le gouvernement maintient la décision de réquisition. » Le 8 mars, Georges Pompidou confirme la fermeté du gouvernement.

11 mars : Georges Bidault se voit refuser l'asile politique en Allemagne et au Portugal ; il s'exile au Brésil et renonce à ses activités politiques.

14-24 mars : Institution d'un « comité des Sages » présidé par Pierre Massé, commissaire au Plan, pour étudier l'évolution comparée des salaires du secteur public et du secteur privé. Un secrétariat général à l'Énergie est créé.

5 avril : Le travail reprend dans les mines après que le comité des Sages eut conclu à un retard de 8 % des salaires miniers.

10 avril : La France refuse la proposition américaine faite à l'OTAN de la création d'une force nucléaire interalliée.

19 avril : Allocution radiotélévisée du général de Gaulle sur le thème des relations sociales : « Le progrès exige l'effort... La République, pour être le progrès, ne peut être la facilité. »

30 mai-2 juin : Congrès socialiste d'Issy-les-Moulineaux ; Guy Mollet est réélu secrétaire général, mais il prône l'ouverture à gauche : « Il faut avec le parti communiste un dialogue, et un dialogue public. »

31 mai : Fin de l'État d'urgence décrété le 22 avril 1961 après le « putsch des généraux » et prorogé en avril, septembre 1961 et en juillet 1962. Jean Foyer, garde des Sceaux, comptabilise 2 360 condamnations, y compris les condamnations par défaut, dont 41 peines capitales et 4 exécutions (Dovecar, Piegts, Degueldre et Bastien-Thiry), 413 peines criminelles et 1 083 emprisonnements fermes. Il reste 1 388 détenus pour subversion, 696 prévenus et 692 condamnés.

21 juin : Retrait de l'OTAN des forces navales françaises de l'Atlantique.

26-29 juin : Visite d'Hassan II, roi du Maroc, en France.

1er-4 juillet : Manifestations des agriculteurs en Bretagne et dans le Midi, suite à la baisse des cours des fruits et légumes.

4-5 juillet : Rencontre de Gaulle-Adenauer à Bonn.

13 juillet : Verdict au procès du Comptoir national du logement. Fernand Pouillon est condamné à 4 ans de prison et à 30 000 F d'amende, l'ancien préfet de la Seine, Haag, à deux ans et 20 000 F.

27 juillet : Après de longues discussions sur le projet de réglementation des grèves dans le secteur public à l'Assemblée nationale et au Sénat, la loi « pour la protection des usagers » est votée (préavis de 5 jours, interdiction des grèves tournantes).

29 juillet : Conférence de presse du général de Gaulle consacrée aux problèmes économiques et sociaux, et surtout à la politique étrangère où il affirme l'indépendance de la France par rapport aux États-Unis, le rejet du traité de Moscou et la primauté du traité franco-allemand.

3 août : Décret créant les Collèges d'enseignement secondaire CES dans le but de réaliser un tronc commun du premier cycle. Les CES comprennent une section classique, une section moderne, une section « moderne court » soit l'enseignement des CEG et la dernière, celle des « classes de transition », qui doivent permettre la réinsertion des élèves en difficulté dans les circuits plus classiques. En fait, ces classes de transition n'ont pas rempli les objectifs premiers de Christian Fouchet, ministre de l'Éducation nationale.

4 septembre : Mort de Robert Schuman[1] surnommé le « père de l'Europe ».

12 septembre : Georges Pompidou et Valéry Giscard d'Estaing annoncent le « plan de stabilisation ». Le ministre des Finances déclare : « Nous n'avons donc plus peur pour l'expansion, mais nous avons le devoir de nous préoccuper de la stabilité... Pour réussir, le plan du gouvernement s'appuie sur deux sentiments : la conscience et la confiance. »

En effet, la poussée inflationiste devient préoccupante : augmentation de la circulation des billets, progression de 86 % de l'ensemble de la masse monétaire entre décembre 1958 et juillet 1963 ; hausse des prix : prix de gros 166,9 décembre 1958 à 195,3 en septembre 1963 (1949 indice 100) ; prix de détail à Paris, de 121 à 151,9. Le plan de stabilisation comporte une action sur les prix, des restrictions budgétaires et un resserrement des liquidités.

VERS L'ÉLECTION PRÉSIDENTIELLE

15 septembre : « Le banquet des mille », à Saint-Honoré-les-Bains, réunit des personnalités politiques, du parti communiste au centre droit, pour discuter d'un regroupement de l'opposition en vue de l'élection présidentielle.

24 septembre : Le général de Gaulle visite Pierrelatte, usine en construction de production d'uranium enrichi.

25-29 septembre : Voyage du général de Gaulle dans la vallée du Rhône, symbolisant le début de la campagne présidentielle.

26-28 septembre : A Évian, congrès du Rassemblement démocratique et du congrès radical qui insiste sur la nécessité de regroupement pour combattre le pouvoir gaulliste.

30 septembre : Le cyclone Edith endommage 75 % des maisons en Martinique.

1. Schuman Robert (1886-1963). Cf biographie dans *la France contemporaine*, T 1, *op. cit.*, p. 28.

4 octobre : L'Assemblée nationale approuve en deuxième lecture le statut des objecteurs de conscience. Un premier texte avait été voté le 24 juillet mais rejeté par le Sénat deux jours après.

10 octobre : Le journal *l'Express* présente le candidat type de l'opposition de gauche sous l'appellation de M. X (Gaston Defferre[2]).

16-20 octobre : Voyage du général de Gaulle en Iran.

5 novembre : Christian Fouchet, ministre de l'Éducation nationale, pose la première pierre de l'université de Nanterre.

7 novembre : L'Assemblée nationale vote des crédits de la force de frappe à 297 voix contre 160.

20-24 novembre : André Bergeron remplace Robert Bothereau au secrétariat général de FO.

22 novembre : Assassinat du président John Kennedy ; le général de Gaulle assiste aux obsèques.

27 novembre : Manifestations contre la force de frappe.

18 décembre : Annonce officielle de la candidature de Gaston Defferre à l'élection présidentielle de 1965.

2. Defferre Gaston (1910-1986). Cf biographie dans *la France contemporaine,* T 1, *op. cit.*, p. 149.

RUBRIQUE ARTISTIQUE

LITTÉRATURE

Les prix

Goncourt	Armand Lanoux	*Quand la mer se retire*
Renaudot	Jean-Marie Le Clezio	*Le Procès-verbal*
Femina	Roger Vrigny	*La Nuit de Mougins*
Interallié	Renée Massip	*La Bête quaternaire*
Médicis	Gérard Jarlot	*Un Chat qui aboie*
Académie française	Robert Marguerit	*La Révolution*
Nobel	Georges Seferis (Grèce)	

Les succès

Simone de Beauvoir	*La Force des choses*
André-Pieyre de Mandiargues	*La Motocyclette*
Alexandre Soljenitsyne	*Une journée d'Ivan Denissovitch*

Mort d'Henry Bordeaux, de Jean Cocteau.

CINÉMA

Les prix

Cannes	Lucchino Visconti	*Le Guépard (Italie)*
Lion d'or (Venise)	Francesco Rosi	*Main basse sur la ville* (Italie)
Louis-Delluc	Jacques Demy	*Les Parapluies de Cherbourg*

Les succès

Robert Bresson	*Le Procès de Jeanne d'Arc*
Federico Fellini	*Huit et demi*
Alfred Hitchcock	*Les Oiseaux*
David Lean	*Lawrence d'Arabie*
Louis Malle	*Feu follet*
Jean-Pierre Melville	*Le Doulos*

THÉÂTRE

avril	Federico Garcia Lorca	*Noces de sang* (Vieux Colombier)

octobre	Samuel Beckett	*Oh ! les beaux jours* (Odéon)

Jean Vilar démissionne du TNP où il est remplacé par Georges Wilson.
Ouverture du Théâtre de l'Est parisien.

DANSE ET MUSIQUE

Succès de *Tannhauser* de Richard Wagner à l'Opéra de Paris, avec Régine Crespin.
Boulez dirige *Wozzeck* au Palais Garnier en novembre.
Maurice Béjart adapte *les Contes d'Hoffmann* au théâtre des Champs-Élysées.

CHANSONS

mars : Jacques Brel triomphe à l'Olympia.
La « Nuit des copains » à la Nation rassemble plus de 150 000 jeunes.
Sheila chante *L'école est finie*.
Claude François chante *Si j'avais un marteau*, France Gall *Sacré Charlemagne*, Enrico Macias *J'ai quitté mon pays*.

Mort d'Édith Piaf.

EXPOSITIONS

Louvre et autres musées	Eugène Delacroix, Expositions du centenaire.
Louvre	La peinture espagnole en France.
	La peinture française du XVIIIe siècle à la cour de Frédéric.
Musée d'Art moderne	Hommage à Kandinsky.

RUBRIQUE SPORTIVE

ATHLÉTISME

Michel Jazy bat le record d'Europe du 1 500 en 3'37"8.

CYCLISME

Tour de France	Jacques Anquetil

ESCRIME

Jean-Claude Magnan devient champion du monde au fleuret.

FOOTBALL

Championnat de France	Monaco
Coupe de France	Monaco bat Lyon

RUGBY A XV

Tournoi des Cinq Nations	France 2e, 4 pts
Championnat de France	Stade Montois bat US Dax 9-6

TENNIS

Roland-Garros	Simple messieurs : Emerson bat Darmon : 3-6, 6-1, 6-4, 6-4 Simple dames : Turner bat Jones 2-6, 6-3, 7-5

1964

10 janvier : Le comité central du parti communiste déclare : « C'est en vue de contribuer à la marche au socialisme par la voie pacifique que le parti communiste a proposé et propose l'entente entre parti communiste et parti socialiste, non seulement pour aujourd'hui mais pour demain. »

12 janvier : Gaston Defferre justifie sa candidature aux élections présidentielles devant la fédération socialiste des Bouches-du-Rhône en ces termes : « Il était indispensable que l'opposition ose se manifester clairement pour qu'il y ait un véritable débat national dont le pays est privé depuis cinq ans. »

Concernant ses rapports avec le PCF, il déclare : « Si je suis désigné le 2 février par le congrès national extraordinaire du parti socialiste, je n'engagerai pas de pourparlers avec le parti communiste, je ne négocierai pas avec lui, je n'accepterai pas de programme commun... Cette attitude n'est pas utopique. Elle est réaliste. Elle tient compte des faits. »

Cependant, la SFIO reproche à Gaston Defferre d'avoir annoncé sa candidature sans consulter le parti.

14 janvier : Effondrement d'une HLM en construction, bd Lefèbvre, à Paris, qui fait 15 morts et 17 blessés.

16 janvier : Procès en appel du Conseil national du logement (le 1er procès avait eu lieu en juin 1963) : la peine de Fernand Pouillon est ramenée de 4 à 3 ans de prison. Acquittement de l'ancien préfet de la Seine Haag.

25-26 janvier : Le comité national du PSU critique la candidature Defferre : « Le PSU ne saurait cautionner une opération qui, excluant dès le départ les forces rassemblées derrière le parti communiste, déboucherait sur les impuissances et les contradictions d'une combinaison centriste dont le néo-capitalisme serait bénéficiaire. »

27 janvier : La France reconnaît la Chine populaire.

1-2 février : Au congrès du parti socialiste, Guy Mollet se rallie à contrecœur à la candidature Defferre. Une motion de compromis est votée. Candidat et parti n'auront pas à « agir ensemble » mais « conjuguer leurs efforts ».

5 février : Début de l'alcootest.

27 février : Gaston Defferre proteste auprès du général de Gaulle de la politique de la Radiodiffusion et Télévision française qui n'a consacré que trois minutes aux travaux du congrès socialiste et n'a pas diffusé le voyage de Gaston Defferre à Bordeaux.

8-15 mars : Élections cantonales ; le taux d'abstentions est élevé, 42 % ; léger progrès de la gauche, effritement de l'électorat UNR.

18-24 mars : Série de grèves dans le secteur public suite au refus du gouvernement d'augmenter les salaires. A la foire de Lyon, Georges Pompidou défend le plan de stabilisation qu'il veut prolonger. On constate une baisse des prix de gros de 2,5 % de décembre 1963 à avril 1964. Le maintien du plan implique une limitation de la masse des salaires à 8 % et des dépenses de l'État.

15-24 mars : Le général de Gaulle fait un voyage au Mexique et aux Antilles où il affirme son hostilité à toute forme de séparatisme ou d'autonomie.

LA RÉGIONALISATION

20 mars : Publication des textes sur la réforme administrative : les 21 régions économiques ont à leur tête des préfets de région assistés d'une Commission de développement économique régional, CODER, qui a un rôle consultatif. Le préfet de région succède à l'IGAME (Inspecteur général de l'Administration en mission extraordinaire) qui a surtout des pouvoirs concernant le maintien de l'ordre et le préfet coordonnateur institué dans chaque circonscription d'action régionale (décret du 2 juin 1960). Le préfet de région a des pouvoirs accrus dans le domaine économique.

16 avril : Allocution du général de Gaulle consacrée aux problèmes sociaux et économiques. « Jamais, dit-il, notre développement n'avait atteint un rythme pareil. » Et de citer une augmentation du niveau de vie des Français de 4 % par an.

17 avril : Le général de Gaulle subit une opération de la prostate à l'hôpital Cochin.

MOBILISATION DE L'OPPOSITION

17 avril : André Cornu, sénateur des Côtes-du-Nord (gauche démocratique) et ancien secrétaire d'État aux Beaux-Arts, annonce officiellement sa candidature aux élections présidentielles.

20 avril : Me Tixier-Vignancour annonce également sa candidature.

24 avril : Débat important à l'Assemblée nationale sur les institutions, suivi les 28-29 avril d'un débat sur la politique étrangère. Le discours de François Mitterrand sur les institutions est remarqué.

7-10 mai : Réuni au Touquet, le XXIe congrès MRP déclare ne soutenir ni la candidature Defferre, ni celle du général de Gaulle.

Jean Lecanuet[1] et Joseph Fontanet sont respectivement réélus président et secrétaire général.

14-17 mai : XVIIe congrès du parti communiste. Waldeck-Rochet développe le thème général : « Assurer l'établissement d'une véritable démocratie et mettre fin au pouvoir personnel. » Il souhaite la reprise du dialogue avec la SFIO. Maurice Thorez[2] est élu président, Waldeck-Rochet secrétaire général.

19 mai : Maurice Méssegué inculpé pour exercice illégal de la médecine.

22 mai : Mme Marcel Dassault est enlevée à Paris ; le 24, elle est retrouvée dans une ferme abandonnée de l'Oise ; arrestation de trois de ses ravisseurs, Mathieu Costa et les frères Darmon.

26-28 mai : Débat sur le statut de l'Office de radio-télévision française ORTF qui remplace la RTF. L'ORTF est placée sous la tutelle du ministre de l'Intérieur et la majorité des membres du conseil d'administration sont nommés par l'État.

27 mai : Le cadavre de Jean-Luc Taron, 11 ans, est découvert à Verrières-le-Buisson. Plusieurs messages de « l'étrangleur » parviennent au ministère de l'Intérieur.

1. Lecanuet Jean, né en 1920. Agrégé de philosophie, Jean Lecanuet commence sa carrière de professeur à Douai en 1942, Lille en 1943, avant de devenir inspecteur général du ministère de l'Information en 1944 puis directeur de cabinet dans plusieurs ministères. Élu de sa région, il est député de la Seine-Maritime de 1951 à 1955, puis de 1973 à 1974 et en mars 1986 (il cède son siège à Roger Fossé). Il est également élu sénateur de Seine-Maritime de 1959 à 1973 et, en septembre 1986, président du conseil général de Seine-Maritime, président du conseil de la région de Haute-Normandie en 1974 et maire de Rouen depuis 1968. Il préside le groupe des Républicains populaires et du Centre démocratique du Sénat de 1960 à 1963, et il devient président national du MRP de 1963 à 1965. Après l'échec du MRP, il tente de reconstituer un parti du centre : entre 1966 et 1976, il préside le Centre démocrate après avoir été candidat à l'élection présidentielle de 1965. En 1972, il fonde avec Jean-Jacques Servan-Schreiber le Mouvement réformateur, et il préside le Centre des démocrates sociaux de 1976 à 1982 puis l'Union pour la démocratie française de 1978 à 1988. Ses fonctions ministérielles sont successivement le ministère de la Justice entre 1974 et 1976, le ministère d'État chargé du Plan et de l'Aménagement du territoire entre 1976 et 1977. Il est également élu au Parlement européen de 1979 à 1988.

2. Thorez Maurice (1900-1964). Cf biographie dans *la France contemporaine*, T 1, *op. cit.*, p. 41.

3 juin : Décision franco-allemande de fabriquer l'avion Transall.

7 juin : François Mitterrand donne son appui à la candidature Defferre devant des clubs réunis en une « convention préparatoire des institutions républicaines ».

16 juin : Deuxième lecture de la loi électorale municipale et adoption définitive par 257 voix contre 206. Le projet de loi institue un nouveau mode de scrutin pour les élections municipales concernant les villes de plus de 30 000 habitants, soit 155 villes.

4 juillet : Lucien Léger, infirmier à l'hôpital de Villejuif et meurtrier de Jean-Luc Taron est arrêté.

7 juillet : Mort dans une avalanche de Charles Bozon, René Novel et douze alpinistes de l'école de ski de Chamonix au cours de l'ascension de l'Aiguille verte.

10 juillet : 6 000 hectares de forêts détruits dans des incendies entre Cassis et Saint-Raphaël.

11 juillet : Mort de Maurice Thorez.

12 juillet : 13 000 hectares détruits dans l'Estérel.
A Port de Couze, au Tour de France, un camion citerne entre dans la foule et fait 8 morts et 11 blessés.

23 juillet : Conférence de presse du général de Gaulle consacrée à la situation économique, à la politique européenne et atomique ; ces deux derniers points suscitent les critiques de l'opposition, notamment de Jean Lecanuet, président du MRP qui déclare : « L'exaltation du nationalisme ne peut garantir l'indépendance ni la sécurité de la France. »

27 juillet : 14 ouvriers sont emmurés dans une galerie à Champagnole dans le Jura ; 9 sont sauvés le 4 août.

15 août : Le général de Gaulle assiste aux cérémonies du débarquement de 1944 en Provence ; attentat manqué contre sa personne au mont Faron.

16 août : Accident de car transportant une colonie de vacances dans le Petit-Saint-Bernard ; 17 morts et 58 blessés.

7 septembre : Mort de l'amiral Thierry d'Argenlieu.

21 septembre-16 octobre : Voyage du général de Gaulle en Amérique du Sud.

9 octobre : 200 kilos de drogue saisis dans un laboratoire clandestin à Marseille ; arrestation le 11 de Joseph Césari.

28 octobre : Sous la pression de la FNSEA, (grève du lait 18-20 octobre et manifestations d'agriculteurs), dépôt d'une motion de censure à l'Assemblée qui recueille 209 voix (dont 41 communistes, 68 socialistes, 39 Rassemblement démocratique, 50 Centre démocratique). La majorité requise est de 242.

Jean-Jacques Casanova, instigateur de l'enlèvement de Mme Madeleine Dassault, est arrêté à Paris.

15-31 octobre : Débats budgétaires à l'Assemblée nationale. Valéry Giscard d'Estaing déclare : « 1965, budget en équilibre. C'est, je crois, ce que l'opinion retiendra de ce débat. Ce sera aussi, je pense, la place de l'année 1965 dans l'histoire de notre pays. »

NAISSANCE DE LA CFDT

6-7 novembre : Congrès extraordinaire de la CFTC ; Eugène Descamps est à l'origine de son évolution en Confédération française et démocratique du travail, CFDT. Les minoritaires décident de maintenir la CFTC.

11 décembre : Grève très largement suivie dans le secteur public ; la France est privée d'électricité pendant 24 heures.

19 décembre : Transfert des cendres de Jean Moulin au Panthéon.

1964

RUBRIQUE ARTISTIQUE

LITTÉRATURE

Les prix

Goncourt	Georges Conchon	*L'État sauvage*
Renaudot	Jean-Pierre Faye	*L'Écluse*
Femina	Jean Blanzat	*Le Faussaire*
Interallié	René Fallet	*Paris au mois d'août*
Médicis	Monique Wittig	*L'Opoponax*
Académie française	Michel Droit	*Le Retour*
Nobel	Jean-Paul Sartre (prix refusé)	

Les succès

Simone de Beauvoir	*Une mort très douce*
Geneviève Dorman	*Le Chemin des dames*
Julien Green	*Mille Chemins ouverts*
John Le Carré	*L'Espion qui venait du froid*
Violette Leduc	*La Bâtarde*
François Nourissier	*Un petit bourgeois*

CINÉMA

Les prix

Cannes	Jacques Demy	*Les Parapluies de Cherbourg*
Lion d'or (Venise)	Antonioni	*Le Désert rouge*
Louis-Delluc	Agnès Varda	*Le Bonheur*

Les succès

Ingrid Bergman	*Le Silence*
Philippe de Broca	*L'Homme de Rio*
Luis Buñuel	*Le Journal d'une femme de chambre*
Jean Girault	*Le Gendarme de Saint-Tropez*
Stanley Kubrick	*Docteur Folamour*
Richard Lester	*Quatre Garçons dans le vent*
Joseph Losey	*The Servant*
Vittorio de Sica	*Mariage à l'italienne*
François Truffaut	*La Peau douce*

THÉÂTRE

novembre	Bertold Brecht	*Maître Puntila et son valet Matti* (TNP)

décembre	Edward Albee adaptation Jean Cau	*Qui a peur de Virginia Woolf ?* (Renaissance)

Fondation du Théâtre du Soleil par Ariane Mnouchkine.

DANSE ET MUSIQUE

Enregistrement du *Sacre du printemps* d'Igor Stravinski par Pierre Boulez.
Succès de Maria Callas dans *la Norma* de Bellini à l'Opéra de Paris.
Le Lac des cygnes à l'Opéra avec la danseuse du Boïchoï Maïa Pleviskaia.

CHANSONS

Et maintenant chanté par Gilbert Bécaud.
Succès du groupe anglais les Beatles.
Georges Brassens chante *les Copains d'abord*, Jacques Brel *Amsterdam*, Marie Laforêt *Viens sur la montagne.*

PRESSE ET TÉLÉVISION

19 novembre : premier numéro du *Nouvel Observateur* avec Jean Daniel comme rédacteur en chef.
Première émission de « La caméra invisible » de Pierre Bellemare et de « Les femmes aussi » d'Éliane Victor.
18 avril : débuts de la 2e chaîne TV.

EXPOSITIONS

Charpentier	Le surréalisme.
Petit-Palais	Toulouse-Lautrec.
	Les Hittites, l'art copte.
Louvre	Chefs-d'œuvre de la sculpture dans les musées de province.

Inauguration du plafond de Chagall à l'Opéra.
Statues de Maillol aux Tuileries.

1964

RUBRIQUE SPORTIVE

J.O. d'hiver d'Innsbrück (4-15 février). 3 médailles d'or pour la France (slalom géant messieurs : Bonlieu, slalom dames : Christine Goitschel, slalom géant dames : Marielle Goitschel), 4 médailles d'argent.
J.O. d'été de Tokyo (10-21 octobre). 1 médaille d'or (jumping : individuel Pierre Jonquères d'Oriola), 8 médailles d'argent, 6 médailles de bronze.

CYCLISME

Tour de France : duel Raymond Poulidor et Jacques Anquetil qui remporte son cinquième tour de France.

FOOTBALL

Championnat de France	Saint-Étienne
Coupe de France	Lyon bat Bordeaux 2-0

RUGBY A XV

Tournoi des Cinq Nations	France, 3e, 3 pts
Championnat de France	Section paloise bat AS Béziers : 14-0

TENNIS

Roland-Garros	Simple messieurs : Santana bat Pietrangeli 6-3, 6-1, 4-6, 7-5 Simple dames : Smith bat Bueno 5-7, 6-1, 6-2

VOILE

Éric Tabarly vainqueur de l'Observer Trophy, traversée de l'Atlantique en solitaire à bord du *Penduick II*.

1965

LES ÉLECTIONS MUNICIPALES

6 janvier : Un accord électoral de Front populaire entre le PCF et les socialistes est signé dans la Seine pour les élections municipales. La situation est plus confuse dans le reste de la France, notamment à Marseille où Gaston Defferre, maire sortant et candidat aux présidentielles, rejette les propositions communistes de liste commune.

17 janvier : Mort du cardinal Gerlier.

19-20 janvier : Entretiens de Gaulle-Erhard à Rambouillet. Le chancelier Erhard a succédé à Adenauer le 16 octobre 1963.

20 janvier : Inauguration de l'usine « basse » de Pierrelatte.

27-28 janvier : Grèves dans le secteur public.

28 janvier : Mort du général Weygand. Le général de Gaulle refuse la célébration des obsèques aux Invalides.

février : Premier vol du Mirage III-IV à décollage vertical et piloté par René Bigan.

Obligation de la vaccination contre la poliomyélite.

2 février : Coup de grisou à Avion dans le Pas-de-Calais : 21 morts.

4 février : Conférence de presse du général de Gaulle qui n'évoque ni les élections municipales ni son éventuelle candidature aux élections présidentielles ; il répond au journaliste qui lui demandait : « Comment vous portez-vous ? » « Je ne vais pas mal, mais rassurez-vous, un jour je ne manquerai pas de mourir. »

Par ailleurs, il préconise une réforme du système monétaire international fondé sur le retour à l'étalon-or et dénonce l'emprise du dollar, conséquence de l'après-guerre et des accords de Bretton-Woods : « La convention qui attribue au dollar une valeur transcendante comme monnaie internationale ne repose plus sur sa base initiale, savoir la possession par l'Amérique de la plus grande partie de l'or du monde... Le fait que de nombreux États acceptent par principe des dollars au même titre que de l'or pour compenser, le cas échéant, les déficits que présente à leur profit la balance américaine des paiements, amène les États-Unis à s'endetter gratuitement vis-à-vis de l'étranger... La France préconise que le système soit changé ». Cette déclaration suscite des réactions très critiques de l'étranger, particulièrement aux États-Unis.

La France sortira du « pool or » en juin 1967.

La guerre monétaire contre le dollar s'essoufflera en 1968 à cause des difficultés financières que connaît alors la France.

24 février : Accord important signé à Bruxelles sur le marché des fruits et légumes et sur les prix du lait et du bœuf.

9 mars : Dans « sa causerie au coin du feu », Georges Pompidou prononce un discours électoral en faveur des candidats favorables au gouvernement : « Ce que je souhaite, dit-il, c'est que, demain, dans toutes les mairies, souffle le même esprit qui a animé nos institutions, et que chaque ville de France puisse marcher et progresser au même rythme que l'État. »

14-21 mars : Élections municipales : on constate une assez forte stabilité au premier tour au bénéfice donc des municipalités sortantes. Au second tour l'UNR perd des municipalités importantes comme Grenoble, Le Mans, Angers, Toulon, Limoges. Gaston Defferre est réélu à Marseille. Progrès en sièges et non en voix des communistes au détriment des socialistes.

25-26 mars : *Témoignage chrétien* reçoit un blâme pour la publication d'un article « Chrétiens et marxistes parlent de Dieu ».

2-3 avril : Entretiens de Gaulle-Wilson à Paris.

LA PRÉPARATION DES PRÉSIDENTIELLES

24-25 avril : Réunion de la Convention des institutions républicaines qui regroupe divers partis et clubs de la gauche ; elle propose une fédération de la gauche fermée au parti communiste mais non au MRP a priori, et soutient la candidature de Gaston Defferre.

25 avril : La Convention nationale libérale réunie par Jean-Paul David propose Pierre Marcilhacy, sénateur non-inscrit de la Charente, comme candidat aux présidentielles. La Convention réunit différentes personnalités comme Pierre Poujade, Me Isorni, le colonel Trinquier.

27 avril : Allocution du général de Gaulle qui déclare : « Françaises, Français, vous le voyez ! Pour nous, pour tous autant que jamais, il faut que la France soit la France ! »

8 mai : Gaston Defferre présente au secrétariat général de la SFIO le projet d'une fédération démocrate-socialiste « depuis les socialistes jusqu'aux démocrates chrétiens ». Il écrit dans *Un nouvel horizon* que « le seul moyen de faire bouger le parti communiste, c'est de créer à côté de lui une formation plus puissante et plus dynamique ».

13 mai : Entretien de Gaston Defferre avec les membres du Comité des démocrates comme Joseph Fontanet (MRP), Jean Lecanuet (MRP), Maurice Faure (rad), Bertrand Motte (CNIP) ; réticences pour soutenir sa condidature.

19-23 mai : Voyage du général de Gaulle dans l'ouest de la France.

26 mai : L'Assemblée nationale approuve l'institution du service national à 16 mois.

27-29 mai : XXIIe congrès MRP à Vichy qui répond un « OUI mais » à Gaston Defferre. Par ailleurs, dans les milieux modérés, on suggère le nom d'Antoine Pinay.

3-6 juin : XLVe congrès de la SFIO. Guy Mollet s'oppose à Gaston Defferre sur le problème de la laïcité dans le cadre du débat sur le projet de fédération démocrate socialiste.

18 juin : Échec de la fédération démocrate socialiste dû au refus de la SFIO et du MRP de perdre leur identité et à leur désaccord sur la laïcité et les rapports avec les communistes. Gaston Defferre lit le communiqué suivant : « Les représentants des partis politiques ont dû constater qu'ils n'avaient pas pu parvenir à un accord assez large pour réaliser une formation politique unitaire. » Guy Mollet, qui a toujours soutenu la candidature Defferre avec beaucoup de réticences, suggère les noms d'Antoine Pinay ou Maurice Faure.

25 juin : Gaston Defferre tirant les conséquences de l'échec de sa tentative et du comité « Horizon 80 » retire sa candidature en ces termes : « Il ne peut être question pour moi de lancer un appel au peuple contre les partis politiques, ce serait tenter de faire du gaullisme ou se lancer dans une aventure fasciste... »

16 juillet : Inauguration du tunnel sous le Mont-Blanc.

17 juillet : Protestation de la France suite au survol de la zone de Pierrelatte par un avion américain.

18-19 juillet : Au Conseil national de la SFIO, Guy Mollet reprend la situation en main. Les amis de Gaston Defferre sont mis en minorité.

27 juillet : Allocution télévisée de Georges Pompidou qui reconnaît une « pause dans l'expansion. Cette pause était peut-être inévitable pour passer de l'inflation à la stabilité. Mais il va de soi qu'elle ne saurait se prolonger sans un péril grave... » Il évoque également les problèmes européens. Le 1er juillet, à Bruxelles, la France a pratiqué la politique de « la chaise vide », et le conseil des ministres de la CEE se réunit à Bruxelles du 24 au 28 juillet sans la France.

28 juillet : Adoption du Ve Plan par le gouvernement.

29 juillet : Louis de Condé est condamné à 15 ans de réclusion criminelle pour sa participation à l'attentat du Petit-Clamart.

2 août : L'incendie du cap Bénat, près du Lavandou, fait deux morts et dix blessés et détruit 10 000 hectares de pinèdes.

28 août : Collision entre le Paris-Milan et un train de marchandises à Pont-d'Héry dans le Jura : 12 morts, 31 blessés.

4 septembre : Mort du Dr Albert Schweitzer.

9 septembre : François Mitterrand déclare : « J'ai approuvé et soutenu la candidature de Gaston Defferre. Il n'est pas possible après son retrait de laisser plus longtemps se prolonger une situation qui fait le jeu du système actuel. J'ai donc décidé de solliciter les suffrages des Français et des Françaises le 5 décembre prochain. »

10 septembre : Création de la Fédération de la gauche démocrate et socialiste FGDS qui est la conséquence des contacts pris par le député de la Nièvre pendant l'été. La FGDS comprend SFIO, radicaux, UDSR et la Convention des institutions républicaines.

19 septembre : Élection législative partielle au 12e arrondissement de Paris. Roger Frey (UNR) est réélu avec 50,36 % des suffrages exprimés (il y a un fort taux d'abstentions 49,4 %). Jean Poperen explique cette réélection par la désunion de la gauche.

21 septembre : Conférence de presse de François Mitterrand dans laquelle il présente son programme ; il appelle à l'union : « Contre le régime du pouvoir personnel, il faut recréer la République des citoyens. »

22 septembre : Accident mortel dans le massif du Vercors pour Lionel Terray et le guide Marc Martinetti.

23 septembre : Le comité central du PCF décide de soutenir la candidature de François Mitterrand.

24 septembre : Antoine Pinay se dérobe devant l'offre du Comité des démocrates qui, inquiets des propos du général de Gaulle sur l'Europe, tente de solliciter sa candidature. On envisage alors une candidature de Jean Lecanuet.

26 septembre : Élections sénatoriales qui confirment les résultats des élections municipales. Les indépendants et l'UNR perdent le plus de sièges.

2 octobre : Gaston Monnerville est réélu président du Sénat par 127 voix contre 81 à Georges Portmann, sénateur indépendant de la Gironde.

LA CAMPAGNE PRÉSIDENTIELLE ET L'AFFAIRE BEN BARKA

2 octobre : Déclaration, qui fait grand bruit, de Guy Mollet : « Je souhaite que Pinay soit candidat. Entre de Gaulle et Pinay, je préfère encore faire élire Pinay. »

9 octobre : Devant la Convention des institutions républicaines, François Mitterrand se présente comme le candidat unique de la gauche : « Je suis candidat, je ne serai pas un robot... Je ne suis l'homme ni d'un parti ni d'une coalition de partis, je suis l'homme d'un combat. » Il entame ensuite son tour de France en commençant par Toulouse.

15 octobre : L'Institut Pasteur fête les trois Nobels français : François Jacob, Jacques Monod et André Lwoff, couronnés pour leurs travaux en biologie moléculaire.

19 octobre : Jean Lecanuet déclare : « J'ai déjà fait savoir que le centre aurait un candidat aux élections présidentielles. Je suis ce candidat. Je donne aujourd'hui ma démission de président du MRP, non pour renier des convictions, qui sont connues, mais pour montrer ma volonté de dépasser les formations politiques existantes. » Le MRP, le CNI, le Centre des démocrates et des radicaux autour de Maurice Faure soutiennent sa candidature.

22 octobre : André Figueras est condamné à 3 mois de prison avec sursis et 5 000 F d'amende pour son livre *le Général mourra*, et Jacques Laurent pour *Mauriac sous de Gaulle* à 2 000 F d'amende pour offense au président de la République.

22-24 octobre : Congrès des radicaux à Lyon ; les radicaux valoisiens sont divisés entre la candidature de François Mitterrand et celle de Jean Lecanuet.

27 octobre : Paul Antier décide de maintenir sa candidature. Le mouvement Poujade déclare le 8 novembre soutenir sa candidature. Me Tixier-Vignancour maintient lui aussi la sienne.

29 octobre : Mehdi Ben Barka, leader de l'opposition à Hassan II et leader de l'Union nationale des forces populaires du Maroc est enlevé à Saint-Germain-des-Prés.

30 octobre : Le conseil national de la SFIO ratifie à l'unanimité la décision du comité directeur de soutenir la candidature de François Mitterrand.

4 novembre : Le général de Gaulle annonce sa candidature : « Aujourd'hui, je crois devoir me tenir prêt à poursuivre ma tâche, mesurant en connaissance de cause de quel effort il s'agit, mais convaincu qu'actuellement, c'est le mieux pour servir la France... Que l'adhésion franche et massive des citoyens m'engage à rester en fonctions, l'avenir de la République nouvelle sera décidément assuré. Sinon, personne ne peut douter qu'elle s'écroulera aussitôt et que la France devra subir – mais cette fois sans recours possible – une confusion de l'État plus désastreuse encore que celle qu'elle connut autrefois. » Cette phrase est résumée par la presse d'opposition par l'expression « Moi ou le chaos ».

13 novembre : Affaire Ben Barka : les policiers Souchon et Voitot sont arrêtés pour complicité d'enlèvement ; celui-ci aurait été organisé par Oufkir, ministre de l'Intérieur du Maroc, avec la complicité de certains services policiers français.

16 novembre : Dépôt officiel des candidatures soit sept : Paul

Antier, Marcel Barbu, Charles de Gaulle, Jean Lecanuet, Pierre Marcilhacy, François Mitterrand, Jean-Louis Tixier-Vignancour. Paul Antier se désiste peu de temps après en faveur de Jean Lecanuet.

5 décembre : Premier tour des élections présidentielles : le général de Gaulle est mis en ballottage avec 44 % des suffrages exprimés, François Mitterrand 32 %, Jean Lecanuet 16 %, Jean-Louis Tixier-Vignancour 5,3 %, Pierre Marcilhacy 1,75 %, Marcel Barbu 1,16 %. On constate par ailleurs un faible taux d'abstentions 15,01 %. Deux candidats restent en lice : le général de Gaulle et François Mitterrand pour lequel se sont désistés Jean-Louis Tixier-Vignancour et Maurice Barbu, essentiellement pour faire échec au Général. Jean Lecanuet conseille de ne pas voter pour de Gaulle mais sans citer le nom de François Mitterrand.

19 décembre : Second tour des élections présidentielles. Le général de Gaulle est élu avec 54,5 % des suffrages exprimés contre 45,5 % à François Mitterrand. Le taux d'abstentions reste bas 15,70%. La victoire du général de Gaulle n'est pas franche et massive, même si elle est incontestable.

25 décembre : Accident de téléphérique au Puy-de-Sancy qui provoque la mort de 6 personnes et fait 19 blessés.

RUBRIQUE ARTISTIQUE

LITTÉRATURE

Les prix

Goncourt	Jacques Borel	*L'Adoration*
Renaudot	Georges Pérec	*Les Choses*
Femina	Robert Pinget	*Quelqu'un*
Interallié	Alain Bosquet	*La Confession mexicaine*
Médicis	René-Victor Pilhes	*La Rhubarbe*
Académie française	Jean Husson	*Le Cheval d'Herbeleau*
Nobel	Mikhaïl Cholokhov (URSS)	

Les succès

Louis Aragon	*La Mise à mort*
Günter Grass	*Les Années de chien*
Benoîte et Flora Groult	*Féminin pluriel*
Henri-François Rey	*Les Chevaux masqués*
Françoise Sagan	*La Chamade*
Albertine Sarrazin	*La Cavale*
	L'Astragale

mai : mort de Roger Vailland.
juillet : mort de Daniel-Rops et Jacques Audiberti.

CINÉMA

Les prix

Cannes	Richard Lester	*The Knack* (G.B.)
Lion d'or (Venise)	Luchino Visconti	*Sandra* (Italie)
Louis-Delluc	Jean-Paul Rappeneau	*La Vie de château*

Les succès

René Allio	*La Vieille Dame indigne*
Guy Hamilton	*Goldfinger*
Jean-Luc Godard	*Pierrot le fou*
Louis Malle	*Viva Maria*
Gérard Oury	*Le Corniaud*
Pierre Schœndoerffer	*La 317ᵉ section*

1965

THÉÂTRE

septembre	Pinter	*L'Amant* (Hébertot)
octobre	Boris Vian	Le Goûter des généraux (Gaîté Montparnasse)

DANSE ET MUSIQUE

Maria Callas et Tito Gobbi chantent *la Tosca* à l'Opéra.
Créé en 1964, le festival de Royan, sous la direction de Claude Samuel, devient un grand festival de musique contemporaine.

CHANSONS

Succès des Beatles au Palais des sports le 20 juin.
France Gall obtient le prix Eurovision avec *Poupée de cire, poupée de son.*
Adamo chante *Vous permettez, monsieur* et *Mes mains sur tes hanches.*
Mireille Mathieu chante pour la première fois à la télévision.

MODE

Courrèges adopte le blanc et le court.

EXPOSITIONS

Arts décoratifs   Trésors des églises de France

août : Mort de Le Corbusier.

RUBRIQUE SPORTIVE

ATHLÉTISME

Michel Jazy bat le record d'Europe du 5 000 en 13'27"2, le double record du monde du 3 000 et du 2 miles.

CYCLISME

Tour de France	Felice Gimondi (Italie)

Pari de Jacques Anquetil, qui après avoir été vainqueur du Dauphiné libéré, arrive à Bordeaux le soir même et remporte le Bordeaux-Paris.

ESCRIME

Jean-Claude Magnan, champion du monde du fleuret. Daniel Revenu remporte la médaille d'argent.

FOOTBALL

Championnat de France	Nantes
Coupe de France	Rennes bat Sedan 3-1

PATINAGE ARTISTIQUE

Alain Calmat, champion du monde à Colorado Springs, USA.

RUGBY A XV

Tournoi des Cinq Nations	France 2e, 5 pts
Championnat de France	SU Agen bat CA Brive : 15-8

TENNIS

Roland-Garros	Simple messieurs : Stolle bat Roche 3-6, 6-0, 6-2, 6-3 Simple dames : Turner bat Smith 6-3, 6-4

1966

LE DEUXIÈME GOUVERNEMENT POMPIDOU

1er janvier : Mort de Vincent Auriol.

4 janvier : Explosions à la raffinerie de Feyzin qui fait 18 morts et 80 blessés.

Réunion du comité central du PCF qui reconnaît que « les options et le programme exposés par François Mitterrand au cours de la campagne électorale constituent aussi des bases pour la discussion ».

7 janvier : Jean Lecanuet publie le *Manifeste du Centre démocrate*, nouvelle formation politique qui regroupe des membres du centre gauche, du MRP et du CNI.

Création des Instituts universitaires de technologie, IUT.

8 janvier : Le général de Gaulle désigne Georges Pompidou, Premier ministre.

9 janvier : Publication au Journal officiel de la composition du gouvernement Georges Pompidou qui comprend 27 membres.

Edgar Faure[1] est ministre de l'Agriculture ; sa nomination est accueillie favorablement dans les milieux agricoles. Michel Debré succède à Valéry Giscard d'Estaing au ministère des Finances. L'impopularité du plan de stabilisation explique le changement du titulaire du ministère des Finances.

17 janvier : Georges Figon, repris de justice impliqué dans l'affaire Ben Barka, est trouvé mort au moment de son arrestation ; l'officier de police Souchon révèle que ses supérieurs étaient au courant de sa participation dès le 3 novembre 1965. Marcel Leroy-Finville, du SDECE, est suspendu et arrêté le 10 février. Le général Guibaud remplace le général Jacquier à la direction du SDECE. Un mandat d'arrêt international est lancé par le parquet de la seine contre le général Oufkir, ministre de l'Intérieur du Maroc, Dlimi, directeur adjoint de la sûreté, et Chtouki.

19 janvier : Pierre Mauroy[2] est élu secrétaire général adjoint par le comité directeur de la SFIO.

23 janvier : Jean-Marie Le Pen se sépare de Me Tixier-Vignancour qui fonde « l'Alliance républicaine pour les Libertés et le Progrès ».

24 janvier : Accident d'un Boeing d'Air India dans le massif du Mont-Blanc, qui fait 117 morts.

10 février : Conférence de presse de François Mitterrand : « La fédération, dit-il, se porte bien. » Il évoque les possibilités de

---

1. Faure Edgar (1908-1988). Cf biographie dans *la France contemporaine, T 1, op. cit.*, p. 75.

2. Mauroy Pierre, né en 1928. Pierre Mauroy commence sa carrière comme professeur de l'enseignement technique à Colombes en 1952. Militant socialiste, il est secrétaire national des Jeunesses socialistes en 1950 et 1958, secrétaire général du syndicat des collèges d'enseignement technique de la FEN de 1955 à 1959 et secrétaire général de la fédération SFIO du Nord en 1961, secrétaire général adjoint de la SFIO en 1966. Il entre au comité exécutif de la FGDS en 1965 et il est premier secrétaire de la fédération du Nord entre 1971 et 1979. Élu du Nord comme député en 1973, réélu en 1978, en 1981, en 1986 et 1988, il est également maire de Lille depuis 1973 et président du conseil régional du Nord-Pas-de-Calais de 1974 à 1981. Entre 1979 et 1980, il est élu au Parlement européen sur la liste socialiste. François Mitterrand le nomme Premier ministre en 1981 ; il le reste jusqu'en 1984. Il est premier secrétaire du parti socialiste depuis 1988 et préside la communauté urbaine de Lille depuis 1989.

dialogue avec le parti communiste et invite le PSU ou des personnalités comme Pierre Mendès France à rejoindre la fédération.

16 février : Conférence de presse de Michel Debré sur le programme économique et social ; des mesures sont prises en faveur de l'investissement privé, de l'agriculture et des mesures sociales pour les plus défavorisés.

21 février : Conférence de presse du général de Gaulle qui analyse la situation politique après l'élection présidentielle et les problèmes de l'OTAN et de l'Europe. Sur l'affaire Ben Barka, il précise que : « Rien, absolument rien, n'indique que le contre-espionnage et la police en tant que tels et dans leur ensemble, aient connu l'opération, a fortiori qu'ils l'aient couverte. »

24 février : Christian Fouchet présente son plan de réforme de l'enseignement.

7 mars : Le général de Gaulle envoie un message au président américain Johnson lui annonçant le retrait de la France de l'OTAN. Les 10 et 11, la France annonce ne plus affecter de troupes à l'OTAN et demande son retrait des commandements Atlantique tout en restant l'alliée de ses alliés. Le problème se pose du stationnement des troupes françaises en Allemagne et du transfert hors de France du commandement supérieur des Forces alliées en Europe et du commandement Centre Europe.

MAJORITÉ ET OPPOSITION S'ORGANISENT

12-13 mars : A Lyon, assises de la Convention des institutions républicaines qui représente le noyau de la FGDS ; François Mitterrand préconise des candidats communs à la gauche et « un contre-gouvernement de l'opposition fédérale ».

22 mars : Les Républicains indépendants réaffirment leur appartenance à la majorité mais aussi leur spécificité.

13-15 avril : Débat de politique générale ; une motion de censure qui condamne le retrait de l'OTAN est déposée après des hésitations. La motion recueille 137 suffrages au lieu des 242 voix requises.

23-26 avril : Voyage du général de Gaulle dans le Nord et le Pas-de-Calais ; il évoque une réforme du Sénat.

29 avril : Le comité exécutif de la FGDS confie à François Mitterrand le soin de constituer un contre-gouvernement. François Mitterrand confie notamment l'Aménagement du territoire à Robert Fabre[3] (parti radical, Rassemblement démocratique), les Affaires extérieures et la Défense à Guy Mollet, l'Éducation nationale et la Culture à René Billières (Rass. démoc.), la Jeunesse à Pierre Mauroy, les Affaires sociales et administratives à Gaston Defferre.

11 mai : Sous la présidence de Georges Pompidou est créé un Comité d'action pour la Ve République.

A Bruxelles, accord des Six sur la politique agricole commune.

17 mai : Journée revendicative organisée par la CGT, la CFDT, FO, la CFTC. Les syndicats ont voulu également manifester leur unité d'action.

6-8 juin : A Bruxelles, réunion de la conférence Atlantique qui trouve un compromis sur la présence des troupes françaises en Allemagne ; celles-ci sont maintenues à l'exception des places sous la dépendance de l'organisation Atlantique.

11-12 juin : Divergences entre François Mitterrand et Gaston Defferre sur le problème des rapports avec les communistes. Jean Lecanuet estime : « Je crois que M. Mitterrand a fait un pas vers les communistes et je le regrette. »

---

3. Fabre Robert, né en 1915. Robert Fabre fait des études de pharmacie ; il est maire de Villefranche-de-Rouergue de 1953 à 1983, député de l'Aveyron entre 1962 et 1980. Robert Fabre signe le programme commun avec François Mitterrand et Georges Marchais. Il préside le mouvement de la gauche radicale-socialiste de 1972 à 1973, devenu mouvement des radicaux de gauche. En 1978, Valéry Giscard d'Estaing le nomme chargé de mission sur les problèmes de l'emploi, ce qui lui vaut d'être critiqué par son parti. Il occupe la charge de médiateur entre 1980 et 1986. Il est membre du Conseil constitutionnel depuis 1986.

14 juin : Paul Huvelin succède à Georges Villiers à la direction du CNPF.

20 juin : Départ du général de Gaulle pour l'URSS ; il y reste jusqu'au 1er juillet. Création d'un « téléphone rouge » entre l'URSS et Paris installé le 9 novembre.

22 juin : Décrets sur l'enseignement supérieur. Christian Fouchet, ministre de l'Éducation nationale, réorganise le 1er cycle en le spécialisant : la propédeutique est supprimée, et on crée le Diplôme universitaire d'études littéraires, DUEL, ou le Diplôme universitaire d'études scientifiques, DUES, qui sanctionnent les deux premières années du 1er cycle. Cette réforme, qui traduit en partie une réorganisation en fonction des besoins de l'économie, suscite les inquiétudes des étudiants de gauche qui craignent « une dépendance du capital ».

2 juillet : Explosion de la première bombe H française en Polynésie.

13 juillet : La grâce est accordée à 12 détenus politiques dont l'ex-général Zeller.

20 juillet : Entretien privé entre Georges Pompidou et Valéry Giscard d'Estaing pour aplanir les tensions concernant la préparation des élections législatives.

CRISE A DJIBOUTI

25-26 août : A Djibouti, le général de Gaulle est accueilli dans un climat de tension indépendantiste ; le 26 est marqué par des manifestations violentes.

3 septembre : Le général de Gaulle, après un séjour au Cambodge, arrive à Nouméa ; à Pnom Pehn, il avait demandé l'évacuation du Viêt-nam par les troupes américaines.

11 septembre : Le général de Gaulle assiste à bord du croiseur *De Grasse* à l'explosion d'une bombe atomique à Mururoa.

13-14 septembre : Nouvelles manifestations violentes à Djibouti. Louis Saget, nouveau chef du territoire de la Côte française des Somalis, annonce le 21 la décision du gouvernement d'organiser un référendum le 1er juillet 1967 sur l'avenir du territoire.

14 septembre : Première réunion du conseil fédéral des Républicains indépendants.

21 septembre : Mort de Paul Reynaud[4].

21 octobre : Après de longs débats devant la cour d'assises, l'ensemble de la procédure concernant l'affaire Ben Barka est transmise au procureur général près la Cour de cassation.

AUTOUR DES LÉGISLATIVES

28 octobre : Conférence de presse du général de Gaulle qui traite de la politique étrangère et de l'échéance électorale ; il lance un appel à l'union autour des « candidats qui se seront franchement unis et s'engageront à le rester pour servir ensemble la Ve République ».

3 novembre : Alfred Kastler reçoit le prix Nobel de Physique.

16 novembre : Projet de réforme électorale qui stipule que seuls les candidats ayant au moins obtenu 10 % des voix peuvent se présenter au second tour ; la réforme est votée le 8 décembre.

30 novembre : Les demandes de mise en liberté d'Antoine Lopez et El Mahi, impliqués dans l'affaire Ben Barka, sont rejetées par la cour d'assises de la Seine. La Cour de cassation déclare irrecevable le pourvoi d'Oufkir et rejette celui de Dlimi.

13-21 décembre : Réunion des délégations de la FGDS et du PCF ; un accord électoral est conclu le 21. Est prévu le désistement au second tour au profit du candidat le mieux placé.

---

4. Reynaud Paul (1878-1966). Cf biographie dans *la France contemporaine*, T 1, *op. cit.*, p. 64.

21 décembre : Maurice Grimaud remplace Maurice Papon comme préfet de police.

Mgr Veuillot succède à Mgr Feltin, démissionnaire, comme archevêque de Paris.

23 décembre : Libération de l'ex-général Challe et de 16 autres condamnés politiques.

RUBRIQUE ARTISTIQUE

LITTÉRATURE

Les prix

Goncourt	Edmonde-Charles Roux	*Oublier Palerme*
Renaudot	José Cabanis	*La Bataille de Toulouse*
Femina	Irène Monesi	*Nature morte devant la fenêtre*
Interallié	Kleber Haedens	*L'Été finit sous les tilleuls*
Médicis	Marie-Claire Blais	*Une Saison dans la vie d'Emmanuel*
Académie française	François Nourissier	*Une histoire française*
Nobel	Samuel J. Agnon (Israël) Nelly Sachs (Allemagne)	

Les succès

Clara Malraux	*Nos Vingt Ans*
Jean-Pierre Chabrol	*La Gueuse*
Jean-Marie Le Clézio	*Le Déluge*
Jean-Louis Curtis	*La Quarantaine*

Mort de Georges Duhamel, d'André Breton.

CINÉMA

Les prix

Cannes	Claude Lelouch	*Un homme et une femme*
	Pietro Germi	*Signore et signori* (Italie)
Lion d'Or (Venise)	Alain Resnais	*La Guerre est finie*
Louis-Delluc	Gillo Pontecorvo	*La Bataille d'Alger* (Italie)

Les succès

Claude Chabrol	*La Ligne de démarcation*
René Clément	*Paris brûle-t-il ?*
David Lean	*Docteur Jivago* (USA)
Jean-Pierre Melville	*Le Deuxième Souffle*
Gérard Oury	*La Grande Vadrouille*
François Truffaut	*Fahrenheit 451*

1966

THÉÂTRE

janvier	Armand Gatti	*Chant public devant deux chaises électriques* (TNP)
mars	Fernando Arrabal	*Le Grand Cérémonial* (Mathurins)
avril	Jean Genet	*Les Paravents* (Odéon)
septembre	Peter Weiss	*Marat-Sade* (Sarah-Bernhardt)

CHANSONS

Antoine chante *les Élucubrations.*
Johnny Halliday *Cheveux longs, Idées courtes.*
Jean Ferrat *la Montagne.*
Jacques Dutronc *Et moi et moi et moi...* .
Pierre Perret *les Jolies Colonies de vacances.*

EXPOSITIONS

Grand-Palais, Petit-Palais	Rétrospective Picasso
Orangerie	Vermeer

RUBRIQUE SPORTIVE

ATHLÉTISME

Aux championnats d'Europe à Budapest, médailles d'or pour Roger Bambuck (200), Michel Jazy (5 000), Madubost (hauteur) et équipe de relais 4 × 100.

FOOTBALL

Coupe de France	Strasbourg bat Nantes 1-0
Championnat de France	Nantes

NATATION

Record d'Europe pour Christine Caron 200 dos en 2'27"9 et pour Claude Mandonnaud, 200 m libre 2'15"5.

RUGBY A XV

Tournoi des Cinq Nations	France, 2e, 5 pts
Championnat de France	SU Agen bat US Dax 9-8

SKI

Succès français aux championnats du monde à Portillo (Chili). Descente : victoire de Jean-Claude Killy ; géant : victoire de Guy Périllat ; géant : Marielle Goitschel ; spécial : Annie Famose.

TENNIS

Roland-Garros	Simple messieurs : Roche bat Gulyas 6-1, 6-4, 7-5 Simple dames : Jones bat Turner 4-6, 6-3, 6-4

1967

« OUI, MAIS... » DE VALÉRY GISCARD D'ESTAING

10 janvier : Au cours de sa conférence de presse, Valéry Giscard d'Estaing définit la position des Républicains indépendants au sein de la majorité par un OUI MAIS. Le général de Gaulle répond : « On ne gouverne pas avec des mais ».

27 janvier : Début d'un long conflit dans les usines Dassault de la région bordelaise ; les ouvriers revendiquent la parité des salaires avec Paris.

31 janvier : Meeting de la Ve République au Palais des sports. Présentation des 480 candidats.

9 février : Allocution radiotélévisée du général de Gaulle : « Ce qui va être en jeu, dit-il, c'est la Ve République. » Ce à quoi François Mitterrand répond : « Autrefois de Gaulle était de Gaulle. Il n'est maintenant qu'un gaulliste. »

22 février : Face-à-face Pompidou-Mitterrand à Nevers. Georges Pompidou : « Il ne sert de rien de prétendre qu'on ne va pas revenir à la IVe République alors qu'on réunit les conditions qui fatalement nous y ramènent. » François Mitterrand : « Hier, il y avait une majorité et des oppositions. Demain il y aura une majorité et des gaullismes. »

27 février : Face-à-face Pompidou-Mendès France à Grenoble. Pierre Mendès France, candidat à Grenoble, préconise le Président-arbitre.

5-12 mars : Élections législatives : forte participation (plus de 80 %). Le gaullisme progresse légèrement avec 37,7 % des suffrages au 1er tour, mais au second tour un reclassement se fait au détriment du gaullisme (233 sièges sur 470 en Métropole) ; grâce au vote d'outre-mer, le nombre total de sièges est de 247 sur 487. La faiblesse de la victoire s'explique par le parfait fonctionnement de l'alliance électorale FGDS-PCF et par le vote d'opposition de certains centristes.

18 mars : Le pétrolier *Torrey Canyon* s'échoue sur un récif de la côte anglaise. Les côtes bretonnes sont menacées. Déclenchement du plan Orsec contre la marée noire.

29 mars : Le général de Gaulle assiste au lancement du *Redoutable*, premier sous-marin français à propulsion nucléaire.

3 avril : Jacques Chaban-Delmas est élu président de la nouvelle Assemblée par 261 voix contre 214 à Gaston Defferre.

6 avril : Georges Pompidou est renommé Premier ministre. Christian Fouchet passe de l'Éducation nationale à l'Intérieur. Alain Peyrefitte de la Recherche scientifique à l'Éducation nationale. Louis Joxe de la Réforme administrative à la Justice. A noter que Jacques Chirac[1] est nommé secrétaire d'État aux Affaires sociales, chargé de l'Emploi.

---

1. Chirac Jacques, né en 1932. Énarque, Jacques Chirac est auditeur à la Cour des comptes en 1959. Il est chargé de mission au secrétariat général du gouvernement en 1962 et chargé de mission au cabinet de Georges Pompidou. Il occupe plusieurs fonctions ministérielles comme ministre délégué chargé des Relations avec le Parlement en 1971-1972, ministre de l'Agriculture en 1972-1973, ministre de l'Intérieur mars-mai 1974. Valéry Giscard d'Estaing le nomme Premier ministre en 1974 ; il le reste jusqu'en 1976. Il est à nouveau Premier ministre le 20 mars 1986 sous la présidence de François Mitterrand : c'est la « cohabitation » jusqu'en 1988. Il est l'élu de la Corrèze comme député en 1967, 1968, 1973, 1976-1979, 1981-1986 et depuis 1988 ; il est maire de Paris

1967

LES POUVOIRS SPÉCIAUX

26 avril : Le Conseil des ministres décide de demander l'autorisation d'agir par ordonnance dans le domaine économique et financier selon la procédure prévue par l'article 38. Cette décision provoque des réactions diverses et la démission d'Edgard Pisani, ministre de l'Équipement ; il est remplacé par François-Xavier Ortoli[2] alors commissaire général au Plan.

16 mai : Au cours d'une conférence de presse, le général de Gaulle justifie l'utilisation des pouvoirs spéciaux ; par ailleurs, il estime que l'entrée de la Grande-Bretagne à la CEE « est subordonnée à une profonde transformation économique et politique de ce grand peuple ».

17 mai : Grève générale organisée par la CGT, la CFDT, FO et la FEN. Un grand défilé a lieu de la Bastille à la République pour protester contre les pouvoirs spéciaux.

26-27 mai : Des troubles à Pointe-à-Pitre en Guadeloupe font 7 morts.

2 juin : Jacqueline Dubut (Air Inter) est la première femme pilote de ligne.

---

depuis 1977. Il est élu au Parlement européen en juin 1979. Il préside le Rassemblement pour la République RPR depuis 1977.

2. Ortoli François-Xavier, né en 1925. Énarque, inspecteur des Finances, François-Xavier Ortoli est membre du cabinet du ministre des Affaires économiques puis de l'Information en 1951, à nouveau au cabinet du ministère des Affaires économiques comme conseiller technique en 1953, sous-directeur au secrétariat des Affaires économiques en 1955. Trois ans après, il est nommé directeur général à la commission économique européenne. Il devient ensuite directeur de cabinet de Georges Pompidou alors Premier ministre en 1962, commissaire général au Plan de 1966 à 1967. Il occupe ensuite plusieurs postes ministériels comme ministre de l'Équipement et du Logement 1967-1968, ministre de l'Éducation nationale mai-juillet 1968, ministre de l'Économie et des Finances juillet 1968-juin 1969, ministre du Développement industriel et scientifique de 1969 à 1972. En 1973, il préside la commission des communautés européennes à Bruxelles. Il est PDG de Total compagnie française des pétroles depuis 1984 et préside la commission CNPF international.

LA GUERRE ISRAÉLO-ARABE

2 juin : Le général de Gaulle déclare en Conseil des ministres, à propos des tensions israélo-arabes : « La France n'est engagée à aucun titre ni sur aucun sujet avec aucun des États en cause. De son propre chef, elle considère que chacun de ces États a le droit de vivre. Mais elle estime que le pire serait l'ouverture des hostilités. En conséquence, l'État qui le premier, et où que ce soit, emploierait les armes n'aurait ni son approbation ni, à plus forte raison, son appui. » Quelques jours après éclate la guerre des six jours (5-10 juin).

5 juin : Verdict du procès des ravisseurs de Ben Barka : Dlimi, Leroy-Finville, Voitot, El Mahi, Bernier, Lopez sont condamnés à 8 ans de réclusion, Souchon à 6 ans. Réclusion criminelle à perpétuité pour le général Oufkir (à Rabat), Palisse, Dubail, Le Ny et Boucheseiche (en fuite).

11-16 juin : Congrès de la CGT ; Benoît Frachon est nommé président confédéral, Georges Seguy lui succède au secrétariat général.

13 juillet : Création de l'Agence nationale pour l'emploi, ANPE, placée sous l'autorité du ministère du Travail, de l'Emploi et de la Population. L'ANPE se substitue aux bureaux de main-d'œuvre et ouvre des agences locales (214 couvrant 60 départements à la fin de l'année 1970).

« VIVE LE QUÉBEC LIBRE »

26 juillet : Au cours de sa visite à Montréal, le général de Gaulle crie « Vive le Québec libre ».

Les relations entre la France et le Canada se sont intensifiées depuis le début des années soixante ; le voyage du général de Gaulle en 1960 fut important dans les retrouvailles franco-québécoises ; le Québec, en pleine « Révolution Tranquille », est en quête d'une légitimité. Le Premier ministre québécois et libéral Jean Lesage fut reçu plusieurs fois en France en 1961 et 1963. Les ententes culturelles de 1965 sont suivies d'accords avec le gouvernement fédéral. En effet, le développement des relations franco-québécoises suscite la suspicion du gouvernement fédéral d'Ottawa.

Venu au Québec à l'occasion de l'Exposition de Montréal, le général de Gaulle reçoit un accueil chaleureux à Québec et sur le Chemin du Roi, ancienne route qui relie Québec à Montréal. « Vive le Québec libre » prononcé du balcon de l'hôtel de ville de Montréal est jugé « inacceptable » par le gouvernement d'Ottawa. La presse francophone critique le geste du général de Gaulle, la presse anglophone canadienne dénonce l'ingérence, pendant que la presse francophone canadienne est plus partagée.

Le général de Gaulle annule son séjour à Ottawa.

13 août : Tremblement de terre dans les Basses-Pyrénées ; Arette et Lanne sont ravagés, Montory et Larrau très touchés.

L'INTÉRESSEMENT DES SALARIÉS

18 août : Parution de 3 ordonnances sur l'intéressement des salariés aux fruits de l'expansion de l'entreprise ; cette loi s'applique aux entreprises de plus de 100 salariés et aux entreprises nationales et publiques dont la liste est précisée par décret.

8 septembre : Entretien télévisé de Georges Pompidou qui parle de l'intéressement et de la « bataille de la succession ».

24 septembre-1er octobre : Élections cantonales dans un canton sur deux. Les reports de voix se sont bien réalisés à gauche, des divisions entre UNR et RI sont apparues.

2 octobre : Émeute paysanne à Quimper qui fait plus de 100 blessés.

23 novembre : Abstention remarquée de Valéry Giscard d'Estaing dans le vote du collectif budgétaire.

24-26 novembre : Aux Assises nationales à Lille, naissance de l'Union des démocrates pour la Vᵉ République (gaullistes de gauche).

27 novembre : Conférence de presse du général de Gaulle, essentiellement consacrée à la politique étrangère. Le général de Gaulle maintient ses positions sur le Québec : « A Montréal, la deuxième ville française du monde, terme de mon parcours, le déferlement de passion libératrice était tel que la France avait, en ma personne, le devoir sacré d'y répondre sans ambages et solennellement. » Il termine sa conférence sur l'après-gaullisme : « De toute façon, après de Gaulle, ce peut être ce soir ou dans six mois, ou dans un an. Cela peut être dans cinq ans puisque c'est là le terme que fixe la Constitution au mandat qui m'est confié. Mais si je voulais faire rire quelques-uns ou en faire grogner d'autres, je dirais que cela peut aussi bien durer encore dix ans, quinze ans. Franchement, je ne le pense pas ».

30 novembre : Naissance de la carte bleue.

2-3 décembre : Convention des clubs giscardiens « Perspectives et Réalités ».

31 décembre : A l'occasion des traditionnels vœux de fin d'année, le général de Gaulle déclare : « L'année 1968, je la salue avec sérénité. »

1967

RUBRIQUE ARTISTIQUE

LITTÉRATURE

Les prix

Goncourt	André-Pieyre de Mandiargues	*La Marge*
Renaudot	Salvat Etchart	*Le Monde tel qu'il est*
Femina	Claire Etcherelli	*Élise ou la vraie vie*
Interallié	Yvonne Baby	*Oui, l'espoir*
Médicis	Claude Simon	*Histoire*
Académie française	Michel Tournier	*Vendredi ou les limbes du Pacifique*
Nobel	Miguel-Angel Asturias (Guatémala)	

Les succès

Simone et André Schwartz-Bart	*Un plat de porc aux bananes vertes*
André Chamson	*La Superbe*
Lucien Bodard	*L'Aventure*
Joseph Kessel	*Les Cavaliers*

octobre : mort d'André Maurois, Marcel Aymé.

CINÉMA

Les prix

Cannes	Antonioni	*Blow up*
Lion d'or (Venise)	Luis Buñuel	*Belle de jour*
Louis-Delluc	Michel Deville	*Benjamin*

Les succès

Claude Berri	*Le Vieil Homme et l'Enfant*
Jacques Demy	*Les Demoiselles de Rochefort*
Jean-Luc Godard	*Week-end*
Claude Lelouch	*Vivre pour vivre*
Louis Malle	*Le Voleur*
Mike Nichols	*Qui a peur de Virginia Woolf ?*

février	mort de Martine Carol.
juin	mort de Françoise Dorléac.
octobre	mort de Georges Sadoul, Julien Duvivier.

THÉÂTRE

mars	Arrabal	*L'Architecte et l'Empereur d'Assyrie* (Montparnasse-Baty)
avril	Arnold Wesker	*La Cuisine* (cirque Montmartre)
septembre	Barillet et Grédy	*Quarante Carats* (Madeleine)
décembre	Harold Pinter	*L'Anniversaire* (Antoine)

CHANSONS

Jacques Brel quitte la scène.
Jacques Dutronc chante *J'aime les filles*, Guy Béart *le Grand Chambardement.*
Bernard Chevry fonde le Midem, Marché international du disque et de l'édition musicale.

PRESSE, TÉLÉVISION

Premier numéro de *l'Expansion.*
Inauguration de la chaîne couleur.
Première émission « Les dossiers de l'écran » d'Armand Jammot.

EXPOSITIONS

Petit-Palais	Toutankhamon et son temps.
Louvre	Le dessin à Naples du XVIIe au XVIIIe siècle.

RUBRIQUE SPORTIVE

CYCLISME

Tour de France : Roger Pingeon.

Le coureur britannique Tom Simpson meurt pendant le Tour.

1967

FOOTBALL

Coupe de France	Lyon bat Sochaux 3-1
Championnat de France	Saint-Étienne

RUGBY A XV

Tournoi des Cinq Nations	France 1re, 6 pts
Championnat de France	US Montauban bat CA Bègles : 11-3

SKI

Jean-Claude Killy vainqueur de la première Coupe du monde.

TENNIS

Roland-Garros	Simple messieurs : Emerson bat Roche 6-1, 6-4, 2-6, 6-2 Simple dames : Durr bat Turner 4-6, 6-3, 6-4. Première victoire française depuis 19 ans.

1968

LA MONTÉE DES TENSIONS LYCÉENNES ET ESTUDIANTINES

9 janvier : Le Conseil constitutionnel est saisi par le Premier ministre pour statuer sur les problèmes juridiques que pose l'introduction de la publicité des marques à l'ORTF.

10 janvier : Vague de froid en France ; un million de véhicules immobilisés dans l'Est et le Sud-Est.

11 et 23 janvier : Premières réunions de l'Entente centriste qui regroupe des membres du Centre démocrate, du CNI et du Centre républicain.

15-30 janvier : Manifestations dans les grands lycées et les principales universités à l'instigation de l'UNEF. Le contenu des enseignements est contesté. Des incidents violents éclatent au quartier Saint-Lazare entre lycéens et forces de l'ordre, à Nanterre suite à la menace d'expulsion de l'étudiant Daniel Cohn-Bendit pour avoir apostrophé François Missoffe, ministre de la Jeunesse et des Sports, et à Caen suite à la visite d'Alain Peyrefitte, ministre de l'Éducation nationale.

18 janvier : Robert Poujade, député de la Côte-d'Or est élu secrétaire général de l'Union des démocrates pour la Vᵉ République.

24 janvier : Michel Debré, ministre des Finances, rend public un « plan de soutien de l'économie » ; il devance ainsi Valéry Giscard d'Estaing, président de la commission des Finances, qui avait annoncé début janvier son intention de faire des propositions pour remédier à la situation économique.

27 janvier : Le général de Gaulle approuve officiellement la stratégie « tous azimuts » définie par le général Ailleret, chef d'état-major des armées.

31 janvier : Des représentants de la FGDS et du PCF se réunissent pour élaborer un programme commun.

21 février : Journée pour le Viêt-nam qui donne lieu à des manifestations.

22 février : Félix Gaillard et Maurice Faure sont nommés représentants du parti radical au comité exécutif de la FGDS.

24 février : Publication d'une « plate-forme » commune entre la FGDS et le PCF. On relève des positions communes sur la politique intérieure, des points de désaccord sur la politique extérieure (Europe et Alliance atlantique).

26 février : Georges Pompidou qualifie l'accord de la gauche de « programme d'anarchie qui débouche sur la dictature ».

Grève des enseignants du secondaire ; les Comités d'action des lycéens, CAL, préconisent la solidarité avec les enseignants.

9 mars : Mort du général Ailleret, chef d'état-major, et 18 passagers d'un DC 6 qui s'écrase près de Saint-Denis-de-la-Réunion.

15 mars : Hubert Beuve-Méry quitte *le Monde*, remplacé par Jacques Fauvet. Dans le même journal, Pierre Viansson-Ponté publie un article « Quand la France s'ennuie... » ; il écrit notamment : « Ce qui caractérise actuellement notre vie publique, c'est l'ennui. »

22 mars : Réunion de 300 étudiants de la faculté des lettres de

Nanterre pour protester contre l'arrestation de militants du « Comité Viêt-nam national ». Incidents à la sortie du meeting. Les murs se couvrent d'inscriptions. Les locaux administratifs sont occupés notamment par le Comité de liaison des étudiants révolutionnaires CLER et la Jeunesse communiste révolutionnaire JCR. Le doyen Pierre Grappin suspend les cours jusqu'au 1er avril.

25 mars : Mgr François Marty, archevêque de Reims, est nommé archevêque de Paris.

27 mars : Le général Michel Fourquet devient chef d'état-major des armées françaises.

29 mars : Occupation d'un amphithéâtre à la Sorbonne. L'UNEF proteste contre les violences commises par des groupes révolutionnaires : « Il est temps que l'ensemble des étudiants, que l'opinion publique, sachent que les militants de l'UNEF ne se reconnaissent pas dans l'activisme d'une faible minorité. »

2 avril : La reprise des cours est marquée par de nouveaux incidents à Nanterre.

Rentrée parlementaire marquée par le dépôt d'une motion de censure sur l'information qui obtient 236 voix sur les 244 requises et par un incident qui oppose Valéry Giscard d'Estaing à Georges Pompidou.

7 avril : Au congrès du Mouvement de la jeunesse communiste, le secrétaire général François Hilsum dénonce les jeunes « qui se laissent séduire par les groupuscules » ou « qui jouent à la guérilla comme d'autres aux soldats de plomb ».

21 avril : Bagarres entre étudiants de gauche et de droite à une assemblée générale de l'UNEF.

23 avril : Bagarres entre étudiants du « Mouvement du 22 mars » et de la FNEF.

25 avril : Mort du chanoine Kir à Dijon, à l'âge de 93 ans. Il avait été réélu député de 1945 à 1967.

27 avril : Arrestation de Daniel Cohn-Bendit suite à une plainte déposée par un étudiant blessé, appartenant à la FNEF, et pour diffusion d'un tract.

mai : Deuxième transplantation cardiaque en France sur le dominicain R.P. Charles Boulogne ; la première transplantation cardiaque française avait eu lieu en avril ; l'opéré n'avait survécu que trois jours. Le R.P. Boulogne meurt subitement en octobre.

MAI 68

2 mai : Alors que Georges Pompidou entreprend un voyage officiel en Iran, de violents incidents éclatent à Nanterre. Les cours sont à nouveau suspendus.

Paris est choisi comme lieu de négociations de paix au Viêtnam.

3 mai : Le Recteur de l'académie de Paris, Jean Roche, craignant de violents affrontements entre étudiants de gauche et de droite, fait évacuer la Sorbonne. Le Syndicat national de l'Enseignement supérieur SNE-Sup et l'UNEF proclament une grève illimitée. Première soirée d'émeute au Quartier latin (barricades et incendies de voitures) : plus de 100 blessés. Georges Marchais parle dans *l'Humanité* de « l'anarchiste allemand Cohn-Bendit », ce qui provoque une polémique dans la presse de gauche.

4 mai : Suspension des cours à la Sorbonne ; 4 manifestants sont condamnés à deux mois de prison ferme.

6 mai : Nouvelles manifestations au Quartier latin ; les murs de la Sorbonne et du Quartier latin se couvrent d'inscriptions. Combats de rues dans la soirée et dans la nuit : 600 étudiants et 345 policiers blessés, 422 arrestations.

7 mai : Nouvelles manifestations : 30 000 étudiants défilent à Paris au chant de l'*Internationale* ; le SNE-Sup et l'UNEF se déclarent prêts à négocier sous condition du retrait de la police au Quartier latin, l'amnistie des manifestants condamnés et la réouverture de la Sorbonne et de Nanterre.

8 mai : Alain Peyrefitte, ministre de l'Éducation nationale, déclare que « le gouvernement ne peut admettre le fanatisme et la violence ». Cinq prix Nobel (François Jacob, Alfred Kastler, L. Lwoff, François Mauriac, et Jacques Monod) demandent au général de Gaulle de « faire personnellement un geste susceptible d'apaiser la révolte des étudiants ».

10-11 mai : Nuit d'émeutes à Paris et en province. On relève 367 blessés dont certains dans un état grave, 720 blessés légers, 460 interpellations et de nombreux dégâts matériels.

11 mai : De retour d'Iran, Georges Pompidou prononce des paroles d'apaisement, désavoue implicitement l'action de son gouvernement en son absence et annonce la réouverture de la Sorbonne et la libération des étudiants arrêtés.

13 mai : Grève générale à l'appel des principales centrales syndicales pour protester contre « la répression policière » (200 000 personnes selon les services policiers, 1 million selon les organisateurs). La Sorbonne réouverte est occupée par les étudiants ; le mouvement d'occupation s'étend en province.
13 mai : Ouverture à Paris des pourparlers sur le Viêt-nam.

14-18 mai : Séjour du général de Gaulle en Roumanie.

14 mai : Occupation de l'usine Sud Aviation à Nantes. Le mouvement de débrayage, qui part de la base, s'étend aux usines Renault de Cléon le 15, de Flins et de Billancourt le 16. La CGT fait des réserves ; les étudiants se voient refuser l'entrée de Boulogne-Billancourt par la CGT. Les 16-17, le mouvement d'occupation d'usines s'étend.

15 mai : A 22 h 45 : occupation du Théâtre de l'Odéon.

17 mai : Pressée par la base, l'intersyndicale de l'ORTF adopte une plate-forme de revendications au cours de l'Assemblée générale du personnel de l'Office aux Buttes-Chaumont : sont réclamées notamment l'autonomie de l'Office, la démission du conseil d'administration qui n'a pas garanti l'objectivité pendant les événements, la représentation du personnel dans toutes les instances, la création d'un comité professionnel auprès de la direction.

18 mai : Retour du général de Gaulle de Roumanie, qui déclare au Conseil des ministres : « La réforme oui ; la chienlit, non. »

20 mai : Plus de dix millions de grévistes paralysent la France.

23 mai : Les syndicats acceptent la négociation au ministère des Affaires sociales rue de Grenelle.

24 mai : Le général de Gaulle, dans une courte allocution, annonce un référendum sur la participation : « Si la réponse est non, je n'assumerai pas plus longtemps mes fonctions », dit-il.

24-25 mai : En réponse à la décision du général de Gaulle qui déçoit, de nouvelles manifestations souvent incontrôlées et marquées par des incidents violents sont organisées à Paris et en province. On dénombre 500 blessés.

François Mitterrand déclare : « Nous refusons le plébiscite » et Pierre Mendès France : « Un plébiscite, cela ne se discute pas, cela se combat. »

25-27 mai : Les négociations de Grenelle se terminent sur un accord rejeté par les grévistes. Aux usines Renault, le travail ne reprend pas malgré les mots d'ordre de la CGT. Grève à l'ORTF.

Les accords de Grenelle prévoient une augmentation du SMIG et des salaires réels de 7 à 10 %, la réduction des horaires de travail à 40 heures hebdomadaires, l'abaissement de l'âge de la retraite, la formation de commissions mixtes pour étudier l'emploi et la formation professionnelle, l'affirmation du droit syndical dans l'entreprise.

27 mai : A 17 h : meeting organisé par l'UNEF et le PSU au stade Charléty en présence de Pierre Mendès France et de François Mitterrand. Le PCF est très critiqué.

28 mai : Au cours d'une conférence de presse, François Mitterrand, estimant que le référendum donnera une réponse négative, annonce sa candidature à la présidence de la République.

Pierre Mendès France déclare « ne pas refuser les responsabilités qui pourraient lui être confiées par toute la gauche réunie ». Waldeck-Rochet exprime ses réserves.

Démission d'Alain Peyrefitte, ministre de l'Éducation nationale ; Georges Pompidou assure l'intérim.

Daniel Cohn-Bendit, revenu clandestinement en France, tient une conférence de presse à la Sorbonne.

29 mai : Les ministres apprennent que le général de Gaulle a quitté la capitale ; en fait, il s'est rendu à Baden-Baden auprès du général Massu, commandant des troupes françaises en Allemagne.

A l'appel de la CGT des milliers de manifestants défilent de la Bastille à la gare Saint-Lazare.

La « disparition » du chef de l'État provoque des réactions diverses. Pierre Mendès France se déclare prêt à assumer le « gouvernement provisoire de gestion » proposé par François Mitterrand. Jean Lecanuet apporte son soutien en ces termes : « Si M. Mendès France apporte la sauvegarde des libertés, s'il fait une politique européenne et sociale, nous n'avons pas à discuter les hommes qu'il choisira. »

LE « RETOUR » DU GÉNÉRAL DE GAULLE

30 mai : L'annonce est faite d'une allocution radiodiffusée du général de Gaulle. A 16 h 30, il déclare « je ne me retirerai pas... », et il annonce ses décisions : maintien du Premier ministre à la tête d'un gouvernement remanié ; dissolution de l'Assemblée nationale et ajournement du référendum ; organisation d'élections législatives. « La France, dit-il, est menacée de dictature. On veut la contraindre à se résigner à un pouvoir qui s'imposerait dans le désespoir national, lequel pouvoir serait alors évidemment essentiellement celui du vainqueur : c'est-à-dire du communisme totalitaire. »

François Mitterrand déclare alors : « C'est la voix de la dictature, c'est un appel à la guerre civile. » A l'Assemblée, Jacques Chaban-Delmas lit la lettre du chef de l'État annonçant la dissolution. Une manifestation de soutien au général de Gaulle réunit sur les Champs-Élysées près d'un million de personnes.

31 mai : Manifestations de soutien au général de Gaulle en province. Les élections législatives sont fixées aux 23 et 30 juin. Le contrôle des changes est rétabli. Le SMIG est revalorisé de 35 %.

1er juin : Le gouvernement Pompidou est remanié avec une rentrée remarquée de quatre gaullistes de gauche. René Capitant[1] est ministre de la Justice, Raymond Marcellin, ministre de l'Intérieur, François-Xavier Ortoli, ministre de l'Éducation nationale, Yves Guéna[2] ministre de l'Information, Michel Debré ministre des Affaires étrangères, Maurice Couve de Murville ministre de l'Économie.

2-7 juin : Tendance à la reprise du travail à l'EDF, aux Charbonnages de France, à la sidérurgie lorraine, à la SNCF, à la RATP et aux PTT.

7 juin : Violents incidents aux usines Renault à Flins ; un lycéen, Gilles Tautin, meurt noyé.

Le général de Gaulle s'entretient avec Michel Droit à la télévision, il dit notamment : « Oui, le 29 mai, j'ai eu la tentation de me retirer. Et puis, en même temps, j'ai pensé que si je partais la subversion menaçante allait déferler et emporter la République. »

8 juin : Georges Bidault rentre en France après un exil de 6 ans.

10 juin : Nouvelle soirée d'émeutes à Paris en souvenir du lycéen mort par noyade à Flins : 400 blessés, 1 500 interpellations, 72 barricades.

11 juin : Incidents violents dans les usines Peugeot à Montbé-

1. Capitant René (1901-1970). Fils d'Henri Capitant, juriste de renom, René est aussi juriste de formation. Agrégé de droit public, il commence sa carrière dans l'enseignement à Strasbourg, Alger et Paris. Il fut nommé ministre de l'Éducation nationale entre 1944 et 1945 et garde des Sceaux, ministre de la Justice de mai 1968 à avril 1969 dans le gouvernement Pompidou. René Capitant a été un gaulliste de gauche qui défendit l'idée de l'association du capital et du travail.

2. Guéna Yves, né en 1922. Énarque, Yves Guéna est contrôleur civil au Maroc en 1947 et maître des requêtes au Conseil d'État en 1957. Directeur de cabinet de Michel Debré en 1958 puis directeur adjoint du cabinet de Michel Debré, alors Premier ministre en 1959, il est lui-même ministre des Postes et Télécommunications en 1967-1968, et en 1968-1969. Entre-temps, il est ministre de l'Information en juin-juillet 1968. Il est à nouveau ministre des Transports entre 1973-1974, ministre de l'Industrie du Commerce et de l'Artisanat en mars-mai 1974. Il fait une carrière locale en Dordogne comme député de 1962 à 1981 puis en 1986-1988 et est maire de Périgueux depuis 1971. Il a également été secrétaire général de l'UDR en 1976 et trésorier national du RPR en 1978-1979.

liard. Un jeune manifestant est tué par balles, ce qui provoque de nouvelles manifestations violentes dans la nuit du 11 au 12.

Les manifestations sont interdites et les groupes révolutionnaires dissous.

15 juin : Le général Salan est gracié, ainsi que les membres de l'OAS, à l'occasion de la commémoration de l'appel du 18 juin.

16 juin : Évacuation de la Sorbonne à la suite d'une longue négociation entre le recteur Roche et le préfet de police, Maurice Grimaud.

On constate une reprise généralisée du travail et un essoufflement du mouvement universitaire. Le 18, plus de 100 000 métallurgistes dont Renault reprennent le travail.

LA CHAMBRE INTROUVABLE

23-30 juin : Les succès de la majorité dès le 1er tour se confirment au second tour. La majorité obtient 358 sièges sur 485 ; l'UNR à elle seule remporte 300 sièges, les candidats uniques de la gauche : 91 sièges.

10 juillet : A la surprise générale, Maurice Couve de Murville succède à Georges Pompidou comme Premier ministre. Sur les 31 membres du gouvernement, seuls 5 ministres sont nouveaux et tous secrétaires d'État. Edgar Faure, ministre de l'Agriculture dans le gouvernement Pompidou, succède à François-Xavier Ortoli au ministère de l'Éducation nationale. François-Xavier Ortoli devient ministre de l'Économie et des Finances.

11 juillet : Jacques Chaban-Delmas est réélu président de la nouvelle Assemblée.

12 juillet : Fin de la grève à l'ORTF après sept semaines d'arrêt de travail. Joël Le Theule, qui a succédé à Yves Guéna au ministère de l'Information, prépare la réorganisation de l'ORTF.

24-25 juillet : Débat sur la réforme de l'enseignement à l'Assemblée nationale. Edgar Faure, ministre de l'Éducation nationale, annonce « une révision déchirante » et propose une loi-cadre qui permette « une démocratisation de l'enseignement de la maternelle à l'Université ».

29 juillet : Publication de l'encyclique « Humanae vitae » qui condamne les méthodes artificielles de contraception et l'avortement.

31 juillet : Démission de Wladimir d'Ormesson, président du conseil d'administration de l'Office. Le Conseil des ministres adopte la réorganisation de l'ORTF ; elle est marquée par la suppression d'un tiers des postes de journalistes jugés indésirables, la réorganisation du conseil d'administration avec une représentation plus importante à la fois de l'État et du personnel (Pierre de Leusse succède à Wladimir d'Ormesson), une « revalorisation » du Journal télévisé, une plus grande souplesse de l'administration de l'Office.

24 août : Première explosion de la bombe H française dans le Pacifique.

9 septembre : Conférence de presse du général de Gaulle qui déclare, à propos de Georges Pompidou : « Il était bon qu'il fût, sans aller jusqu'à l'épuisement, placé en réserve de la République. C'est ce qu'il souhaitait. C'est ce que j'ai décidé en l'invitant, comme on sait, à se préparer à tout mandat qu'un jour la nation pourrait lui confier. » Il propose également une réforme du Sénat et la régionalisation.

11 septembre : Accident de la Caravelle Ajaccio-Nice au large du cap d'Antibes ; 95 morts, dont le général René Cogny, commandant au Nord-Viêt-nam en 1953.

LA LOI EDGAR FAURE

19 septembre : Le gouvernement adopte la loi d'orientation de l'enseignement supérieur d'Edgar Faure après l'arbitrage du général de Gaulle en faveur du ministre de l'Éducation nationale. Ouverture et autonomie sont les grands principes du texte. On crée des Unités d'enseignement et de recherche, UER, regroupées en universités pluridisciplinaires qui acquièrent une plus grande autonomie financière et de gestion. Les universités ne sont plus dirigées par un recteur représentant du pouvoir central et nommé en Conseil des ministres, mais par un président élu aidé par des comités paritaires où siègent les enseignants-chercheurs, les étudiants, le personnel administratif. Concernant la pédagogie, on introduit le contrôle continu dans le cadre de travaux dirigés. Toute forme de sélection à l'entrée de l'Université est écartée. La loi définit une orientation, comme son nom l'indique, et les dispositions précises sont donc peu nombreuses car elles doivent faire l'objet de décrets et de statuts. La loi fixe également un calendrier pour la mise en place des nouvelles structures.

22 septembre : Élections sénatoriales qui concernent 103 sièges sur 280. Progrès du centre et du PCF.

27 septembre : Gaston Monnerville annonce qu'il renonce à la présidence du Sénat pour être « libre de ses mouvements, de sa parole, et de ses actes ».

3 octobre : Alain Poher[3] est élu président du Sénat au troisième tour par 135 voix contre 107 à Pierre Garet (indépendant) et 22 à Georges Cogniot (PCF). La candidature d'Alain Poher est intervenue au troisième tour.

3. Poher Alain, né en 1909. Ingénieur civil des Mines, diplômé en droit et de l'École libre des sciences politiques, Alain Poher entame une carrière ministérielle comme secrétaire d'État aux Finances en 1948 puis au budget. Sénateur de Seine-et-Oise, il préside le groupe sénatorial du MRP de 1954 à 1957 et de 1959 à 1960. Il préside le groupe Démocrate chrétien de l'Assemblée parlementaire européenne entre 1958 et 1966, et il préside le Parlement européen de 1966 à 1969. Il est président du Sénat depuis 1968 et à ce titre exerce les fonctions du président de la République au moment du départ du général de Gaulle en avril-juin 1969 et à la mort de Georges Pompidou en 1974. Il se présente aux élections présidentielles de 1969 mais il n'est pas élu.

1968

L'AFFAIRE MARCOVIC

4 octobre : Stevan Marcovic, Yougoslave repris de justice, est découvert assassiné. Le juge d'instruction René Patard est chargé de cette enquête délicate ; la victime est également le gorille du couple Alain et Nathalie Delon. Milos, le frère de Stevan Marcovic, qui avait été également au service d'Alain Delon, est mort en février 1966 dans des conditions non éclaircies. Stevan, play-boy impliqué dans plusieurs affaires de trafics, aurait organisé des spectacles spéciaux. L'arrestation de François Marcantoni, ancien truand et proche des Delon, ne fait pas avancer l'enquête. Marcantoni est remis en liberté provisoire non sans avoir provoqué un coup de théâtre en demandant l'audition du couple Pompidou qui aurait été reçu chez les Delon.

9 octobre : Prix Nobel de la paix attribué au professeur René Cassin.

11 octobre : L'Assemblée nationale adopte la loi d'orientation de l'enseignement supérieur, dite loi Edgar Faure, par 441 voix.

20-21 octobre : Le comité central du PCF repousse le point de vue de Jeannette Thorez-Vermeersch favorable à l'intervention soviétique en Tchécoslovaquie, mais adresse un blâme à Roger Garaudy.

24 octobre : Retour en France de Jacques Soustelle après 6 ans d'exil.

31 octobre : Dissolution du mouvement Occident.

13 novembre : Les Comités d'action lycéens, CAL, organisent une journée d'action plus ou moins suivie. Raymond Marcellin, ministre de l'Intérieur, dénonce le « complot permanent contre la société ».

24 novembre : Contrairement à ce qu'avait annoncé la presse le 23, le général de Gaulle déclare qu'il n'y aura pas de dévaluation du franc.

26 novembre : Incidents à Nanterre ; M. Beaujeu, doyen par intérim de la faculté des lettres, est retenu de force pendant deux heures, ainsi que des membres d'un jury de thèse.

29 novembre : Edgar Faure dénonce à Europe 1 : « Les révolutionnaires en peau de lapin ».

6-7 décembre : Deux attentats sont commis à Paris contre des établissements bancaires ; on déplore aussi trois attentats dans la nuit du 7 au 8 décembre. Des enquêtes sont menées dans les milieux gauchistes.

11-14 décembre : Discussion de la réforme régionale et du Sénat à l'Assemblée ; le débat s'engage au Sénat les 16-18 décembre.

12 décembre : Nouvelle agitation à Nanterre ; grève des cours dans plusieurs universités de province. Les cours reprennent à Nanterre le 19 après le retrait des forces de police.

17 décembre : Le comité directeur de la fédération nationale des Républicains indépendants s'oppose au projet de référendum sur les réformes régionales et du Sénat.

18 décembre : Adoption du plan Mansholt qui prévoit la modernisation de l'agriculture européenne.

20-22 décembre : Devant le congrès de la SFIO à Puteaux, Guy Mollet déclare qu'il n'assumera pas la direction du nouveau parti socialiste.

1968

RUBRIQUE ARTISTIQUE

LITTÉRATURE

Les prix

Goncourt	Bernard Clavel	*Les Fruits de l'hiver*
Renaudot	Yambo Ouologuem	*Le Devoir de violence*
Femina	Marguerite Yourcenar	*L'Œuvre au noir*
Interallié	Christine de Rivoyre	*Le Petit Matin*
Médicis	Elie Wiesel	*Le Mendiant de Jérusalem*
Académie française	Albert Cohen	*Belle du Seigneur*
Nobel	Yasunari Kawabata (Japon)	

Les succès

Yves Courrière	*Les Fils de la Toussaint*
François Nourissier	*Le Maître de maison*
Roger Peyrefitte	*Les Américains*
Alexandre Soljenitsyne	*Le Premier Cercle*
	Le Pavillon des cancéreux

Mort de Jean Paulhan, de Joseph Peyre.

CINÉMA

Les prix

Lion d'or (Venise)	Alexander Klouge	*Les Artistes sous le chapiteau*
Louis-Delluc	François Truffaut	*Baisers volés*

Le festival de Cannes fut interrompu le 18 mai par François Truffaut, Jean-Luc Godard, Claude Lelouch, Claude Berri, Louis Malle par solidarité avec les événements de Mai.

Les succès

Claude Chabrol	*Les Biches*
Sergio Leone	*Le Bon, la Brute et le Truand*
Arthur Penn	*Bonnie and Clyde*
Roman Polanski	*Le Bal des vampires*
	Rosemary's Baby

THÉÂTRE

février	John Murray, Allen Boretz	*Adieu Berthe !* (Bouffes-parisiens)
septembre	Françoise Dorin	*La Facture* (Palais-Royal)
décembre	Jean-Louis Barrault	*Rabelais* (Élysée-Montmartre)
	Jean Anouilh	*Le Boulanger, la Boulangère et le Petit Mitron* (Champs-Élysées)

Ouverture du Théâtre de la Ville dirigé par J. Mercure.

CHANSONS

France Gall chante *les Sucettes* de Serge Gainsbourg.
Nicoletta *Il est mort le soleil*.
Jacques Dutronc *Il est cinq heures... Paris s'éveille*.
Sylvie Vartan triomphe à l'Olympia avec *Comme un garçon*.
Serge Lama reçoit le prix Charles Cros avec *le Temps de la rengaine*.

Mort de Dario Moreno, d'une hémorragie cérébrale.

PRESSE, TÉLÉVISION

9 251 555 récepteurs en France contre 1 406 242 en 1959.

EXPOSITIONS

Grand-Palais	L'art des Mayas du Guatemala
Petit-Palais	Baudelaire

RUBRIQUE SPORTIVE

J.O. d'hiver à Grenoble : 6-18 février. Ski : 3 médailles d'or pour Jean-Claude Killy (descente, slalom, slalom géant), une pour Marielle Goitschel (slalom).

J.O. d'été de Mexico : 12-27 octobre. Une médaille d'or en athlétisme pour

1968

Colette Besson (400 m dames en 52 s) ; 4 en cyclisme : Morelon (vitesse), Trentin (km contre la montre), tandem Morelon-Trentin (2 000 m), Rebillard (poursuite individuelle) ; une en équitation pour Guyon (concours complet) ; une en escrime (messieurs, fleuret par équipe).

BASKET-BALL

Championnat de France	Villeurbanne

FOOTBALL

Coupe et championnat de France	AS Saint-Étienne

RUGBY

Tournoi des Cinq Nations	Grand Chelem tricolore
Championnat de France	FC Lourdes bat RC Toulon

TENNIS

Roland-Garros	Simple messieurs : Rosewall bat Laver 6-3, 6-6, 6-1, 2-6, 6-2 Simple dames : Richey bat Jones 5-7, 6-4, 6-1

1969

PERMANENCE DE LA CONTESTATION ET PROBLÈME DE SUCCESSION

3 janvier : Le gouvernement décide de l'embargo sur les livraisons de matériel français à Israël ; une fois connue, cette mesure suscite de vives protestations.

9 janvier : Au cours d'une conférence de presse, Valéry Giscard d'Estaing critique la politique économique du gouvernement qui se résume selon lui par « des charges publiques excessives, un compte extérieur en déséquilibre, l'insuffisante netteté des objectifs proposés à la nation ».

8-16 janvier : 39 personnes impliquées dans des attentats commis depuis le 11 mars 1966 du Front de libération de la Bretagne FLB sont déférées devant la cour de sûreté de l'État.

17 janvier : Georges Pompidou déclare à Rome devant des journalistes : « Si le général de Gaulle venait à se retirer, je me porterais candidat à sa succession... Ce n'est, je crois, un mystère pour personne... mais je ne suis pas du tout pressé. »

22 janvier : En Conseil des ministres, le général de Gaulle déclare : « J'ai été le 19 décembre 1965 réélu président de la

République pour sept ans par le peuple français. J'ai le devoir et l'intention de remplir ce mandat jusqu'à son terme. »

23 janvier : Occupation du rectorat de Paris par une centaine d'étudiants. Le lendemain, des incidents violents ont lieu dans le Quartier latin. 158 manifestants sont appréhendés.

LE RÉFÉRENDUM SUR LES RÉGIONS ET LE SÉNAT

2 février : Le général de Gaulle, en visite à Quimper, annonce que le référendum sur les régions et la réforme du Sénat aura lieu au printemps.

3 février : Alain Poher, président du Sénat, dans l'émission télévisée « Face à la presse », critique la confusion qui naît à la demande d'une seule réponse à deux questions au référendum.

5 février : Exclusion de 34 étudiants qui avaient occupé le rectorat de Paris le 23 janvier.

8 février : Procédure disciplinaire engagée contre 181 étudiants qui avaient occupé le centre de Vincennes le 23 janvier.

13 février : L'Union pour les libertés démocratiques et constitutionnelles, qui regroupe plusieurs sénateurs, se déclare hostile à la procédure du référendum. François Mitterrand et Jean Lecanuet critiquent également le projet de référendum.

Déclaration de Georges Pompidou à la télévision suisse : « J'aurai, peut-être, si Dieu le veut, un destin national, mais c'est autre chose. J'ai dit le premier que le général de Gaulle est à l'Élysée et que son mandat expire en 1972. Il n'y a donc pas de problème de succession. Ceci étant, il y aura bien un jour une élection à la présidence de la République. »

Le comité central du PCF se prononce pour le NON au référendum.

19 février : Le Conseil des ministres décide de fixer la date du référendum au 27 avril.

27 février : Transfert des Halles à Rungis.

2 mars : L'avion supersonique Concorde 001 effectue son premier vol à Toulouse.

4 mars : Le LIIe congrès de l'Association nationale des maires de France « désapprouve le recours au référendum pour régler des problèmes aussi complexes que ceux de la région et du Sénat, qui ne peuvent l'être par un "oui" ou un "non", mais qui relèvent de la compétence du Parlement ».

11 mars : Grève générale de 24 heures organisée par la CGT, la CFDT, FO et la FEN pour protester contre l'augmentation du coût de la vie et contre la distorsion entre les salaires du secteur public et privé. Cet arrêt national est plus suivi dans le secteur nationalisé.

Dans une allocution radiotélévisée, le général de Gaulle ouvre la campagne du référendum qui est selon lui un « remède aux maux dont souffre la France ».

14-16 mars : Au congrès du PSU, Michel Rocard[1], secrétaire national, et Marc Heurgon préconisent l'abstention au référendum et refusent tout rapprochement avec la FGDS ; ils sont mis en minorité.

15 mars : A Cherbourg, mise à flot du *Redoutable*, premier sous-marin atomique français.

17 mars : Le Conseil d'État, saisi du projet de loi référendaire,

1. Rocard Michel, né en 1930. Énarque, inspecteur des Finances, Michel Rocard fait une carrière de haut fonctionnaire, mais il s'est fait connaître comme secrétaire national du parti socialiste unifié PSU de 1967 à 1973. Il est le candidat de ce parti non élu aux élections présidentielles de 1969 ; il est élu député des Yvelines de 1969 à 1973. Il est maire de Conflans-Sainte-Honorine depuis 1977, et il est réélu député des Yvelines en 1978, 1981, 1986-1988, mais cette fois sous l'étiquette du PS qu'il a rejoint en 1975. Pendant le premier septennat de François Mitterrand il est nommé ministre du Plan (1981-1983) puis de l'Agriculture (1983-1985), mais il démissionne car il est en désaccord avec la réforme qui introduit le scrutin à la proportionnelle. Leader du courant rocardien au sein du PS, il est parfois considéré comme le rival de François Mitterrand. Celui-ci, réélu en 1988, le nomme Premier ministre en 1988. Il est l'auteur de plusieurs ouvrages dont *Parler vrai* (1979), *A l'épreuve des faits 1979-1985, le Cœur à l'ouvrage* (1987).

demande des amendements en ce qui concerne les régions et déclare inconstitutionnel le projet sur la réforme du Sénat.

24 mars : Maurice Couve de Murville déclare au Journal télévisé de 20 heures : « Qui pourrait douter qu'il s'agit de quelque chose d'essentiel dès lors que l'on a recours au référendum ? »

Jean-Marcel Jeanneney, ministre d'État chargé de la Réforme des régions et du Sénat présente le projet de loi à la presse.

1er avril : Alain Poher déclare : « Le Sénat ne signera pas lui-même sa propre déchéance au profit d'une Assemblée donneuse d'avis qui n'a plus, en fait, aucun pouvoir. »

9 avril : « Opération feu follet » à La Tour-du-Pin. Mise à sac de l'Inspection des contributions par 400 commerçants du CIDUNATI de Gérard Nicoud et Maurice Mesny.

10 avril : A la question de Michel Droit qui lui demande « jusqu'où ira votre engagement personnel le 27 avril ? », le général de Gaulle répond : « Il ne peut y avoir le moindre doute à ce sujet. De la réponse que fera le pays à ce que je lui demande va dépendre évidemment, soit la continuation de mon mandat, soit aussitôt mon départ. »

14 avril : Valéry Giscard d'Estaing se prononce pour le NON mais les élus Républicains indépendants font campagne pour le OUI.

LE DÉPART DU GÉNÉRAL DE GAULLE

27 avril : Les résultats du référendum sont les suivants : 53,17 % des suffrages exprimés (41,67 % des inscrits) se prononcent pour le NON, 46,83 % des suffrages exprimés (36,69 % des inscrits) pour le OUI. Il y a 36,69 % d'abstentions.

28 avril : Publication du communiqué du général de Gaulle : « Je cesse d'exercer mes fonctions de président de la République. Cette décision prend effet aujourd'hui à midi. » Alain Poher assure l'intérim conformément à la Constitution.

III

LE POMPIDOLISME

avril 1969 – avril 1974

Georges Pompidou succède au général de Gaulle à la tête de l'État, le 24 mai 1969. Son élection symbolise le changement dans la continuité. Il nomme Jacques Chaban-Delmas Premier ministre, et celui-ci se veut instigateur de « la nouvelle société ». Avec la mort du général de Gaulle, le 9 novembre 1970, la Vᵉ République est orpheline de son père spirituel, mais ses institutions ont permis la succession sans crise majeure.

Le pompidolisme inaugure un autre style présidentiel. Sous Georges Pompidou, la priorité est donnée à l'industrialisation de la France fondée sur « l'économie d'échelles ». Des divergences apparaissent entre le Premier ministre et le président de la République qui ne partage pas les idées de Jacques Chaban-Delmas sur la « nouvelle société ». Il est remplacé par Pierre Messmer, plus en harmonie avec Georges Pompidou, et qui ne lui porte pas ombrage.

Dans l'opposition, François Mitterrand réussit à réaliser l'unité du parti socialiste autour de sa personne au congrès d'Épinay le 11 juin 1971, mais la gauche ne parvient pas à gagner les élections législatives de mars 1973.

La présidence de Georges Pompidou est marquée à la fois par la croissance économique et par des difficultés sociales ; lycées et universités poursuivent leur agitation, l'affaire Lip, les problèmes des prisons sont autant de signes d'insatisfaction, alors que débute la crise économique au moment où le président de la

République est atteint par la maladie. La mort de Georges Pompidou, le 2 avril 1974, intervient sans qu'il ait préparé sa succession.

1969

L'ÉLECTION PRÉSIDENTIELLE

29 avril : Déclaration de Georges Pompidou : « Dans l'incertitude que connaît actuellement le pays, j'ai résolu de me présenter aux suffrages des Français. En le faisant, j'ai le sentiment d'obéir à mon devoir, la volonté de maintenir une continuité et une stabilité nécessaires, l'espoir de préparer l'avenir. »

Gaston Defferre, président du groupe FGDS de l'Assemblée nationale, annonce sa candidature. Les dirigeants de la Convention, du PSU et du PCF critiquent cette candidature, « procédure arrêtée unilatéralement ».

Les groupes UDR et Républicains indépendants de l'Assemblée nationale appuient la candidature de Georges Pompidou.

4 mai : Réuni à Alfortville, le congrès constitutif du nouveau parti socialiste investit Gaston Defferre ; le parti communiste désigne Jacques Duclos, le PSU Michel Rocard. Alain Krivine est le candidat de la Ligue communiste. Louis Ducatel, ancien conseiller municipal de Paris, annonce sa candidature.

10 mai : Départ du général de Gaulle pour l'Irlande.

12 mai : Alain Poher, président du Sénat, assurant l'intérim de la présidence de la République, annonce sa candidature voulant représenter l'alternative entre le communisme et le gaullisme ; il est soutenu par les centristes et les radicaux. Jacques Duclos déclare : « Pompidou et Poher, c'est bonnet blanc et blanc bonnet. »

12 mai : François Mitterrand déclare : « M. Defferre est lancé dans la campagne présidentielle. Il a des qualités, il représente un certain choix politique et ce choix est hostile à l'union de la gauche, sans quoi il ne serait pas candidat et il y aurait un candidat unique de la gauche. M. Defferre est même l'auteur principal ou tout au moins l'un des acteurs principaux de la rupture de l'union de la gauche. »

15 mai : Gaston Defferre annonce que, s'il est élu président de la République, il nommera Pierre Mendès France Premier ministre.

23-24 mai : Deux sondages successifs publiés par l'IFOP donnent les résultats suivants :

	24 mai	29 mai
Georges Pompidou	41 %	41 %
Alain Poher	27 % (en régression)	25 %
Jacques Duclos	16 %	18 %
Gaston Defferre	8 %	9 %
Michel Rocard	4 %	5 %
Alain Krivine	2 %	1 %

1er juin : Résultats du 1er tour de l'élection présidentielle.

Pompidou	43,95 % des suffrages exprimés.
Poher	23,42 %
Duclos	21,52 %
Defferre	5,07 %
Rocard	3,66 %
Ducatel	1,28 %
Krivine	1,06 %
Abstentions	21,80 %

Georges Pompidou obtient un meilleur résultat en pourcentage que le général de Gaulle en 1965.

Jacques Duclos retrouve les voix communistes des élections législatives de 1967.

La gauche, avec 31,33 %, régresse par rapport aux gains obtenus par François Mitterrand en 1965. Le second tour va opposer Georges Pompidou à Alain Poher. Louis Ducatel se rallie à Georges Pompidou pendant que Gaston Defferre conseille de voter pour Alain Poher. Jacques Duclos, Michel Rocard et Alain Krivine préconisent l'abstention.

15 juin : Second tour des élections présidentielles.

Pompidou	57,58 % des suffrages exprimés	37,17 % des inscrits
Poher	42,41 %	27,37 %
Abstentions	30,94 %	

Par rapport au général de Gaulle en 1965, Georges Pompidou obtient un meilleur pourcentage des suffrages exprimés (de Gaulle : 54,49 %), un moins bon pourcentage des inscrits (de Gaulle : 44,77 %).

LE GOUVERNEMENT DE JACQUES CHABAN-DELMAS

21 juin : Jacques Chaban-Delmas est nommé Premier ministre. Antoine Pinay est pressenti pour entrer au gouvernement ; il refusera, invoquant son âge. *Combat* parle de « M. Pinay, la potion magique ».

22 juin : Dans le gouvernement de Jacques Chaban-Delmas, Maurice Schumann[1] est aux Affaires étrangères, ce qui offre une garantie aux partisans de la relance de l'Europe, Michel Debré est

1. Schumann Maurice, né en 1911. Maurice Schumann commence une carrière de journaliste puis rejoint le général de Gaulle en 1940. A la Libération, il est l'un des fondateurs du MRP dont il devient le président entre 1945 et 1949 puis président d'honneur depuis. Il est élu député du Nord de 1945 à 1958, de 1958 à 1967, en 1968 puis sénateur depuis 1974, inscrit au groupe du RPR. Il a présidé la commission des Affaires étrangères à l'Assemblée nationale de 1959 à 1962 et de 1962 à 1967, il a été vice-président du Sénat de 1977 à 1983 et président de la commission des affaires culturelles du Sénat en 1986. Maurice Schumann a occupé plusieurs fonctions ministérielles comme secrétaire d'État aux Affaires étrangères de 1951 à 1954, ministre chargé de l'Aménagement du territoire en 1962, ministre d'État chargé de la Recherche

à la Défense nationale symbolisant la continuité, Raymond Marcellin (RI) est à l'Intérieur, Valéry Giscard d'Estaing (RI) est aux Finances, Olivier Guichard[2] est à l'Éducation nationale. Ce gouvernement se veut marqué par « le changement dans la continuité ».

25 juin : Achille Peretti (UDR) est élu par 319 voix contre 34 à Mme Vaillant-Couturier, communiste, à la présidence de l'Assemblée nationale pour succéder à Jacques Chaban-Delmas.

26 juin : Déclaration de Jacques Chaban-Delmas devant l'Assemblée nationale ; elle est marquée par la volonté de réaliser un changement sur les thèmes de la relance européenne, l'industrialisation, l'action sociale et la défense du projet de régionalisation, mais par la voie parlementaire.

4 juillet : Jacques Duhamel et Joseph Fontanet, qui ont soutenu Georges Pompidou, créent le Centre démocratie et progrès.

7 juillet : Une tempête en Bretagne fait une vingtaine de morts et de disparus.

---

scientifique et des Questions atomiques et spatiales en 1967-1968, chargé des Affaires sociales en 1968-1969, ministre des Affaires étrangères de 1969 à 1973. Il est membre de l'Académie française, élu en 1974 au fauteuil de Wladimir d'Ormesson.

2. Guichard Olivier, né en 1920. Licencié ès lettres et en droit, diplômé de l'École libre des sciences politiques, Olivier Guichard est chargé de mission au RPF de 1947 à 1951 puis chef de cabinet du général de Gaulle jusqu'en 1958. Lorsque le général de Gaulle revient au pouvoir, il est directeur adjoint de son cabinet en juin 1958 puis conseiller technique au secrétariat général de la présidence de la République de 1959 à 1960. Il est ensuite nommé délégué général de l'organisation commune des régions sahariennes entre 1960 et 1962 et chargé de mission dans le cabinet de Georges Pompidou de 1962 à 1967. Il occupe ensuite des fonctions ministérielles comme ministre de l'Industrie de 1967 à 1968, ministre délégué chargé du Plan et de l'Aménagement du territoire jusqu'en 1969, ministre de l'Éducation nationale de 1969 à 1972, ministre de l'Aménagement du territoire de 1972 à 1974. Sous la présidence de Valéry Giscard d'Estaing, il est ministre de la Justice de 1976 à 1977. Il a également des mandats locaux comme maire de Néac en Gironde de 1962 à 1971, maire de La Baule depuis 1971, député de la Loire-Atlantique en 1967, en mars-mai 1973, puis de septembre 1974 à septembre 1976 ; enfin, il préside le conseil régional des Pays de la Loire depuis 1974. Olivier Guichard est l'auteur de plusieurs ouvrages dont *Aménager la France* publié en 1965, *l'Éducation nouvelle* en 1970 et surtout un livre consacré au général de Gaulle *Mon Général* qui obtient le prix des Ambassadeurs en 1980.

10 juillet : Conférence de presse de Georges Pompidou qui se réjouit de la pérennité de la Ve République, manifeste sa volonté de poursuivre la politique étrangère dans la continuité, exprime une certaine prudence sur l'Europe.

11-13 juillet : Au congrès d'Issy-les-Moulineaux, la SFIO prend le nom de parti socialiste, PS, et élit Alain Savary[3] comme premier secrétaire par 31 voix contre 29 à Pierre Mauroy. Alain Savary est partisan d'un dialogue avec le PCF, mais les opinions des socialistes divergent. Ce congrès marque la disparition de Guy Mollet de la vie politique.

15 juillet : Accident ferroviaire à la gare du Montparnasse ; un train détruit les butoirs : 66 blessés.

24 juillet : Découverte de 3 000 pains de régime contenant de la mort-aux-rats à Paris.

---

3. Savary Alain (1918-1988). Après des études de droit, Alain Savary est à l'École des sciences politiques au moment où la guerre éclate ; il est affecté aux forces navales et devient enseigne de vaisseau à Cherbourg. Refusant l'armistice, il part pour l'Angleterre le 18 juin et devient chef de cabinet de l'amiral Muselier. Il part alors pour Saint-Pierre et Miquelon en décembre 1941 avec l'amiral et expulse le gouverneur resté fidèle à Vichy alors que la population opte pour la France libre. En 1943, il rejoint la première division de la France libre et participe aux campagnes d'Italie et de France. En 1945, le général de Gaulle le nomme commissaire de la République à Angers où il succède à Michel Debré. Il s'éloigne du général de Gaulle avec le retour de la paix, car ses idées sont proches des socialistes. En 1951, il est élu député de Saint-Pierre et Miquelon et se préoccupe du problème de la décolonisation. Il noue des relations avec Bourguiba et Mendès France, fait appel à lui dans le traitement du problème de la Tunisie. Il entre dans le gouvernement Guy Mollet comme secrétaire d'État aux Affaires étrangères pour les Affaires marocaines et tunisiennes. Il en démissionne le 31 octobre 1956 pour protester contre l'arraisonnement de l'avion qui transportait Ben Bella. Il vote contre le retour du général de Gaulle le 1er juin 1958, quitte la SFIO et devient secrétaire général adjoint du PSA. Il est membre du bureau national du PSU puis se rapproche de la FGDS. En 1969, il devient premier secrétaire du parti socialiste qui entend se rénover. Mais au congrès d'Épinay, ce n'est pas lui qui devient le premier personnage du parti socialiste rénové, mais François Mitterrand. En 1973, il est élu député de Haute-Garonne et l'année suivante préside le conseil régional de Midi-Pyrénées. En 1981, il est nommé ministre de l'Éducation nationale, mais il doit démissionner après les manifestations importantes de « l'école libre » face à son projet.

DÉVALUATION DU FRANC ET « NOUVELLE SOCIÉTÉ »

8 août : Le Conseil des ministres décide une dévaluation du franc de 12,5 % alors que Valéry Giscard d'Estaing avait annoncé le contraire fin juillet. Cette mesure suscite les critiques, de la gauche aux gaullistes orthodoxes. Le franc vaut 160 mg d'or fin, le dollar 5,55 F au lieu de 4,93.

1er septembre : Suicide de Gabrielle Russier, professeur de lettres au lycée d'Aix-en-Provence. Elle avait été condamnée pour « détournement de mineurs » à la suite de sa liaison avec Christian Rossi, l'un de ses élèves.

3 septembre : Valéry Giscard d'Estaing présente à la presse le plan d'accompagnement de la dévaluation qui est marqué par des mesures d'austérité. Les principales mesures portent sur la limitation du crédit aux particuliers et l'encadrement du crédit, l'encadrement des prix, une réforme de l'impôt sur le revenu des commerçants et des petits contribuables, la reconduction des majorations d'impôts décidées en 1968, l'allègement de l'impôt sur les revenus. En effet, malgré une conjoncture qui reste favorable, le déséquilibre des échanges extérieurs est préoccupant ; il est dû à l'augmentation des importations et à la croissance de la consommation intérieure.

8-9 septembre : Entretiens Georges Pompidou-Kurt Kiesinger à Bonn.

9-11 septembre : Grèves à la SNCF qui touchent notamment 90 % des roulants.

13 septembre : Georges Seguy, secrétaire général de la CGT, qui s'oppose au plan d'accompagnement déclare : « L'action que nous entreprenons va user davantage le pouvoir ; nous pouvons à plus ou moins brève échéance, connaître à nouveau une situation propre à l'alternative démocratique. »

16 septembre : Devant l'Assemblée nationale, Jacques Chaban-Delmas présente son projet de « nouvelle société », « prospère, jeune, généreuse et libérée ». Le Premier ministre dénonce les rigidités sociales et l'emprise de l'État. Il propose notamment une meilleure information du citoyen et une plus large concertation dans les entreprises et un renforcement des conventions collectives. Ce texte, qui n'avait pas été soumis à Georges Pompidou, est l'une des causes des dissensions qui vont opposer les deux hommes par la suite.

17 septembre : Grèves à la RATP et à Air Inter. Le mouvement s'étend en province.

18 septembre : L'Assemblée nationale vote l'amendement Souchal relatif à la levée du secret bancaire pour les transferts de capitaux à l'étranger.

22 septembre : Dans une deuxième conférence de presse, Georges Pompidou adresse un appel aux Français pour soutenir les efforts du gouvernement dans le domaine économique : « Dans les cinq ou dix années qui viennent, il faut que la France parvienne réellement à la vraie puissance économique. »

AGITATION SOCIALE DONT CELLE DES COMMERÇANTS

25 septembre : Raymond Jacquet (UDR), maire de La Tour-du-Pin, est pris comme otage avec deux fonctionnaires à l'issue d'une réunion à Montalieu (Isère) organisée par le Comité d'information et de défense CID. Alors que les otages sont libérés, Gérard Nicoud entre dans la clandestinité.

1er octobre : Le SMIG est fixé à 3,27 F de l'heure, les familles de trois enfants ne payant pas l'impôt sur le revenu reçoivent une allocation spéciale de 100 F.

8 octobre : La Banque de France relève son taux d'escompte de 7 à 8 %.

13 octobre : Des incidents éclatent entre manifestants et policiers au meeting des artisans et commerçants au Parc des Princes.

15 octobre : Albin Chalandon[4], ministre de l'Équipement, critique la politique économique de Valéry Giscard d'Estaing. Il lui est demandé de respecter le principe de la solidarité ministérielle.

17-19 octobre : Réuni à Nantes, le congrès du parti radical élit Maurice Faure à la présidence à l'unanimité moins 5 voix et une abstention. Le 29, Jean-Jacques Servan-Schreiber[5] est élu secrétaire général pour préparer une « plate-forme politique moderne et réformiste ».

26 octobre : Michel Rocard bat Maurice Couve de Murville aux élections partielles dans les Yvelines.

28 octobre : Le bureau politique du groupe UDR exclut Louis Vallon pour avoir publié *l'Anti-de Gaulle,* ouvrage critique sur Georges Pompidou. Louis Vallon déclare : « Je ne vois pas pourquoi je serais exclu du gaullisme... par M. Pompidou. M. Pompidou ne me paraît pas compétent pour exclure quelqu'un du gaullisme. Seul le général de Gaulle le serait. »

---

4. Chalandon Albin, né en 1920. Inspecteur des Finances, Albin Chalandon est attaché au cabinet de Léon Blum en 1946-1947. Industriel, il occupe des postes importants d'administrateur ou de PDG dans plusieurs sociétés : par exemple il est PDG de la banque commerciale de Paris entre 1964 et 1968, président d'ERAP entre 1977 et 1980 et d'Elf Aquitaine entre 1977 et 1983. Il est élu député des Hauts-de-Seine en 1967-1968 et entre 1973 et 1976. Il est secrétaire général adjoint de l'UDR entre 1974 et 1975. Il est plusieurs fois ministre, à l'Industrie en mai-juillet 1968, à l'Équipement de 1968 à 1972 et enfin à la Justice pendant la « cohabitation » entre 1986 et 1988.

5. Servan-Schreiber Jean-Jacques, né en 1924. Ancien élève de Polytechnique, Jean-Jacques Servan-Schreiber s'est fait connaître comme journaliste, cofondateur de *l'Express* en 1953, puis directeur et PDG du groupe Express jusqu'en 1977. L'hebdomadaire a soutenu Pierre Mendès France en 1954 puis la candidature de Gaston Defferre en 1965. Jean-Jacques Servan-Schreiber a tenté la rénovation du parti radical socialiste dont il est le secrétaire général en 1969 puis président de 1971 à 1979. Il fonde ensuite avec Jean Lecanuet le Mouvement réformateur. Député de Meurthe-et-Moselle en 1970, réélu en mars 1973 et en mars 1979, il n'a pas pu battre Jacques Chaban-Delmas à Bordeaux en septembre 1970. Nommé ministre des Réformes par Valéry Giscard d'Estaing le 29 mai 1974, il est relevé de ses fonctions le 9 juin. Jean-Jacques Servan-Schreiber est président du conseil régional de Lorraine entre 1976 et 1978. Il fonde Paris Groupe en 1980, et il préside le Centre mondial pour l'Informatique et les Ressources humaines entre 1982 et 1985.

6 novembre : L'UNEF appelle à une grève illimitée dans toutes les facultés de médecine.

26 novembre : Arrestation de Gérard Nicoud, la veille de son procès près de Bourgoin. Il est condamné à six mois de prison avec sursis.

27 novembre : A la télévision, Jacques Chaban-Delmas accuse la CGT d'en appeler « à la subversion par tous les moyens ».

1er décembre : Ouverture à La Haye d'une conférence au sommet des Six à l'initiative de la France. Georges Pompidou s'est associé à la déclaration de principe sur l'élargissement de la Communauté.

2 décembre : Mort de Didier Daurat, ancien de l'Aéropostale, et l'un des pionniers de l'aviation de ligne.

10 décembre : L'Assemblée nationale adopte par 285 voix contre 91 le projet sur le SMIC, salaire minimal interprofessionnel de croissance (réforme du SMIG).

12 décembre : Mise à flot du *Terrible*, le second sous-marin atomique français.

14 décembre : Inauguration du premier tronçon du RER de Nation à Boissy-Saint-Léger.

15 décembre : Allocution radiotélévisée de Georges Pompidou qui dresse un bilan positif : « Notre monnaie est redevenue solide, notre commerce extérieur s'améliore, les devises qui avaient fui depuis mai 1968 commencent à rentrer. La hausse des prix reste modérée. Encore quelques mois et nous pourrons desserrer les contraintes [...] Que l'État maintienne la discipline financière qu'il s'est imposée, et que tous les Français comprennent que le bien-être et la sécurité ne s'acquièrent que par l'effort. » Il adresse une mise en garde aux étudiants : « Que pour commencer, tous nos étudiants admettent que le pays qui consent pour eux des sacrifices financiers énormes, exige que l'Université soit un centre d'étude et de travail et non pas de désordre et de bavardages infantiles. »

18 décembre : Début du dialogue entre communistes et socialistes pour réaliser l'union de la gauche.

24 décembre : Malgré l'embargo, cinq canonnières commandées par Israël quittent Cherbourg pour Haïfa.

1969

RUBRIQUE ARTISTIQUE

LITTÉRATURE

Les prix		
Goncourt	Félicien Marceau	*Creezy*
Renaudot	Max-Olivier Lacamp	*Les Feux de la colère*
Femina	Jorge Semprun	*La Deuxième Mort de Ramon Mercader*
Interallié	Pierre Schoendoerffer	*L'Adieu au roi*
Médicis	Hélène Cixous	*Dedans*
Académie française	Pierre Moustiers	*La Paroi*
Nobel	Samuel Beckett (Angleterre)	

Les succès	
Henri Charrière	*Papillon*
Yves Courrière	*Le Temps des Léopards*
Patrick Modiano	*La Ronde de nuit*
Robert Sabatier	*Les Allumettes suédoises*

juin	mort d'Emmanuel d'Astier de La Vigerie.
décembre	mort de Louise de Vilmorin.

CINÉMA

Les prix		
Cannes	Lindsay Anderson	*If* (GB)
Lion d'or (Venise)	Suppression du palmarès	
Louis-Delluc	Claude Sautet	*Les Choses de la vie*

Les succès	
Claude Chabrol	*La Femme infidèle*
Costa Gavras	*Z*
Sergio Leone	*Il était une fois dans l'Ouest*
Jean-Pierre Melville	*L'Armée des ombres*
Pier Paolo Pasolini	*Théorème*
Jacques Rivette	*L'Amour fou*
Éric Rohmer	*Ma Nuit chez Maud*
John Schlesinger	*Macadam cow-boy*
Peter Yates	*Bullit*

THÉÂTRE

mars	Marc-Gilbert Sauvajon	*Tchao* (Saint-Georges)

mai	Jérôme Ragni, James Rado	*Hair* (Porte Saint-Martin)
septembre	Harold Pinter	*Le Gardien* (Théâtre Moderne)
octobre	Jean Anouilh	*Cher Antoine* (Comédie des Champs-Élysées)
	Arrabal	*Le Jardin des délices* (Antoine)

DANSE ET MUSIQUE

Centenaire d'Hector Berlioz ; présentation des *Troyens* de Berlioz à la réouverture de l'Opéra de Paris.
décembre : le Bolchoï à l'Opéra de Paris.

CHANSONS

Barbara à l'Olympia.
Les Beatles chantent *Yellow Submarine.*
Léo Ferré chante *les Anarchistes, C'est extra.*
Jacques Dutronc, *Et moi, et moi, et moi....*
Georges Moustaki, *le Métèque.*
Johnny Halliday, *Que je t'aime.*

MODE

Après le mini, mode du maxi pour les manteaux.

PRESSE, TÉLÉVISION

3 février : 1er numéro d'*Hara-Kiri hebdo,* supplément hebdomadaire au mensuel *Hara-Kiri* : « le point de vue bête et méchant sur des événements dont la fugacité s'accommode mal d'une périodicité mensuelle ».
19 décembre : 1er numéro de *l'Idiot international.*

21 juillet : reportage en direct de l'alunissage des cosmonautes américains d'Apollo XI suivi par 600 millions de spectateurs dans le monde. Neil Armstrong est le premier homme à fouler le sol lunaire.

EXPOSITIONS

Art moderne	Paul Klee
Orangerie	Degas
Bibliothèque nationale	Berlioz

1969

RUBRIQUE SPORTIVE

ATHLÉTISME

Championnats d'Europe à Athènes. 400 m femmes : Nicole Duclos 1re ; Colette Besson 2e ; l'équipe masculine remporte les relais 4 × 100 m et 4 × 400 m.

BASKET-BALL

Championnat de France Villeurbanne.

CANOÉ-KAYAK

Championnats du monde à Bourg-Saint-Maurice, les Français remportent 7 médailles d'or, 4 d'argent et 5 de bronze.

CYCLISME

Tour de France	Eddy Merckx, 1er Roger Pingeon, 2e Raymond Poulidor, 3e

FOOTBALL

Coupe de France	Marseille bat Bordeaux 2-0
Championnat de France	Saint-Étienne

GOLF

Catherine Lacoste championne de Grande-Bretagne, États-Unis et France.

SKI

Michèle Jacot gagne le slalom spécial en coupe du monde.

RUGBY A XV

Tournoi des Cinq Nations	France 5e, 1 pt
Championnat de France	CA Bègles bat le Stade toulousain 11-9

TENNIS

Roland-Garros	Simple messieurs : Laver bat Rosewall 6-4, 6-3, 6-4 Simple dames : Smith-Court bat Jones 6-1, 4-6, 6-3

1970

1er janvier : A l'occasion de la présentation des vœux, Georges Pompidou dresse un bilan de son action à la présidence. Sur les institutions il déclare : « Lorsque, à la suite du référendum du 27 avril 1969, le général de Gaulle résilia volontairement ses fonctions, nul ne pouvait être sûr que ce grand départ et le désarroi qui s'ensuivrait n'entraîneraient pas, une fois encore, des bouleversements, Eh bien, les faits sont là ! L'élection du président de la République au suffrage universel qui avait été approuvée par le peuple en 1962, mais dont on avait pu se demander si elle n'était pas liée à la personne même du général de Gaulle, a fait la preuve de son efficacité. »

8 janvier : Le bureau politique du parti communiste propose au parti socialiste, à la Convention des institutions républicaines, au PSU et au parti radical une « réunion commune de toutes les formations de gauche ».

POLÉMIQUE AUTOUR DES VENTES D'ARMES

9 janvier : Le gouvernement annonce la vente de 50 Mirages IV à la Libye.

10 janvier : Occupation du siège du CNPF suite à la mort par intoxication de cinq travailleurs africains dans un foyer d'Aubervilliers.

11 janvier : Affrontement entre étudiants de gauche et de droite à Nanterre.

16 janvier : Mgr Gérard Huyghe, évêque d'Arras, dénonce le problème des ventes d'armes en général et celui des ventes à la Libye en particulier.

18 et 21 janvier : Immolation par le feu de deux jeunes lycéens contestant la société dans laquelle ils vivent.

21 janvier : Le lycée Michelet est le théâtre de violents affrontements entre lycéens et policiers.

23 janvier : Accident de ski mortel pour le skieur Michel Bozon dans la descente de Megève.

26 janvier : Paul Ricœur, doyen de la faculté des lettres de Nanterre, est frappé par les étudiants. Fermeture de Nanterre-droit jusqu'au 2 février.

28 janvier : Publication de *Ciel et Terre* de Jean-Jacques Servan-Schreiber ; le secrétaire général du parti radical, qui emprunte à Mao Tsé-toung le titre de son ouvrage, propose un programme contesté qui veut « mettre notre pays à l'aise dans le monde de la croissance ».

1er février : Michel Poniatowski[1], secrétaire général de la fédéra-

1. Poniatowski, prince Michel, né en 1922. Issu d'une vieille famille d'origine polonaise et italienne, Michel Poniatowski, après avoir été élève de l'ENA, est affecté au ministère des Finances en 1948. Il est notamment conseiller technique au cabinet de Pierre Pflimlin, ministre des Finances en 1955, puis attaché financier à Washington en 1956, nouveau directeur adjoint au cabinet de Pierre Pflimlin, ministre des Finances, en 1957 et directeur adjoint du cabinet de Pierre Pflimlin alors président du Conseil en 1958. Il est le directeur de cabinet de Valéry Giscard d'Estaing entre 1959 et 1962 et reste alors son fidèle collaborateur. Député républicain indépendant du Val-d'Oise entre 1967 et 1973, il est secrétaire général puis président en 1975 de la confédération des Indépendants. Il est maire de l'Isle-Adam depuis 1971 et sénateur du Val-d'Oise depuis 1989. Il est plusieurs fois ministre, à la Santé

tion nationale des Républicains indépendants, critique la politique de Michel Debré, ministre de la Défense nationale, et notamment la livraison de « Mirage » à la Libye ; il compare Michel Debré au « marchand de canons » Basil Zaharoff. Cette prise de position est jugée intolérable par Jacques Chaban-Delmas qui reçoit Valéry Giscard d'Estaing ; celui-ci affirme sa solidarité gouvernementale mais ne désavoue pas explicitement Michel Poniatowski. Cet incident traduit le malaise de la majorité concernant la politique française au Moyen-Orient.

4-8 février : Congrès du parti communiste à Nanterre. Roger Garaudy développe ses thèses et s'oppose à Étienne Fajon. Il est exclu du bureau politique et du comité central, notamment pour son article paru dans la revue franciscaine *Évangile d'aujourd'hui*. Il est accusé de révisionnisme. Roger Garaudy conclut : « En parlant pour la dernière fois à cette tribune, je tiens à dire, avec tristesse mais sans amertume, que si les méthodes du passé ont pesé lourdement pour fausser un véritable débat, rien ne peut arracher de moi la confiance que j'ai dans l'avenir de notre parti. Notre cause est juste, notre objectif sera atteint. Il le sera d'autant plus vite que nos méthodes seront plus rapidement et plus profondément changées. Et elles le seront, car même si l'on écarte quelques-uns de ceux qui les posent, les problèmes continueront à se poser dans la vie. »

Waldeck-Rochet est réélu secrétaire général. Georges Marchais devient secrétaire général-adjoint.

10 février : Une avalanche à Val-d'Isère détruit le chalet de l'UCPA et fait 42 morts.

10-11 février : Fermeture du centre Assas à Paris.

14-15 février : Congrès extraordinaire du parti radical qui adopte le « Manifeste » de Jean-Jacques Servan-Schreiber malgré des oppositions dont celle de Félix Gaillard. Les représentants de

---

publique entre 1973 et 1974, à l'Intérieur sous le septennat de Valéry Giscard d'Estaing entre 1974 et 1977, représentant personnel du président de la République jusqu'en 1981. Il est parlementaire européen de 1979 à 1989. Michel Poniatowski est l'auteur de plusieurs ouvrages politiques dont *Cartes sur table* (1972), *le Socialisme à la française* (1985) et historiques tels que plusieurs livres consacrés à Talleyrand, le dernier ayant paru en 1989.

fédérations départementales du Centre républicain réunis sous la présidence d'André Morice approuvent le Manifeste radical.

23 février-3 mars : Voyage de Georges Pompidou aux États-Unis.

CONTESTATION ÉTUDIANTE ET COMMERÇANTE

3 mars : Incidents violents à Nanterre entre étudiants et policiers, suite à la décision de placer le campus de Nanterre sous la protection de la police à la demande du doyen Paul Ricœur ; les cours sont suspendus.

8 et 15 mars : Élections cantonales dans la moitié des cantons. On constate des progrès dans la majorité, le PSU et le PCF.

9 mars : Meeting de quelque 30 000 commerçants et artisans au Parc des Princes ; Gérard Nicoud propose la grève de l'impôt.

12 mars : Devant un journaliste de *France-Soir*, Georges Pompidou ne fait aucune allusion au Premier ministre et à la nouvelle société. Les journalistes en concluent à un conflit entre les deux personnalités. Par ailleurs, Georges Pompidou dénonce « l'action d'un certain nombre de groupes révolutionnaires » dans l'Université : « Il n'est pas admissible, dit-il, il n'est pas tolérable que l'on continue, comme c'est le cas à l'heure actuelle dans un certain nombre d'universités, à empêcher tout le monde de travailler, à bafouer les professeurs et les doyens, à détruire le matériel et les équipements. Ce n'est pas tolérable, et ce ne sera pas longtemps toléré, croyez-m'en ! »

14 mars : Paul Ricœur, doyen de la faculté de lettres de Nanterre, remet sa démission. Le conseil de gestion de l'université propose René Rémond qui refuse cette charge tant qu'il n'y aura pas un nouveau règlement intérieur.

20 mars : Jean-Jacques Susini et six complices sont transférés à Marseille ; ils sont accusés de hold-up et soupçonnés d'avoir participé à l'enlèvement de Raymond Gorel ex-trésorier de l'OAS.

23-24 mars : Manifestations de commerçants en province, qui bloquent la circulation. Gérard Nicoud et 33 autres commerçants sont gardés à vue et condamnés.

26 mars : Un premier accord sur la mensualisation est signé à la régie Renault. Le 20 avril, patronat et syndicats signent une déclaration commune sur la mensualisation.

7 avril : Jacques Chaban-Delmas déclare à propos de l'agitation sociale : « Il est nécessaire que les casseurs soient les payeurs. »

8 avril : Grève des commerçants pour réclamer la libération de Gérard Nicoud. Manifestation de maires à Matignon pour protester contre la situation financière des communes et pour demander une réforme.

12 avril : Jacques Soustelle crée le mouvement « Progrès et liberté ».

16 avril : Glissement de terrain au plateau d'Assy en Haute-Savoie qui emporte le sanatorium et fait 71 morts dont 56 enfants.

28 avril : Jean-Paul Sartre assume la « direction-gérance » de *la Cause du peuple*, journal maoïste, après les arrestations de Jean-Pierre Le Dantec et Michel Le Bris.

29 avril : L'École polytechnique devient un établissement public autonome dont le concours est ouvert aux femmes.

29-30 avril : Le projet de la loi « anticasseurs » suscite des critiques au sein même de la majorité à l'Assemblée nationale. Le projet est voté en première lecture.

UN NOUVEAU MAI 68 ?

1er mai : Pour la première fois depuis 1947, syndicats et partis politiques de gauche défilent ensemble.

2-3 mai : Grenoble est secoué par une série d'attentats par explosifs.

8 mai : L'épicerie de luxe Fauchon est attaquée par un groupe maoïste qui redistribue les produits volés dans les bidonvilles.

10 mai : Manifestation à Vincennes pour la paix au Viêt-nam avec le PCF, la CGT, la CFDT, l'UNEF, le PSU ; le PS n'y participe pas, estimant « avoir été invité à la dernière minute ».

16 mai : A Murat, dans le Cantal, Georges Pompidou déclare : « Restons calmes et ne croyons pas que la révolution soit à nos portes. »

21 mai : Le Sénat modifie profondément la loi anticasseurs en adoptant par 175 voix contre 97 l'amendement Caillavet, radical. Le champ de la loi est réduit à la seule répression des « actions à force ouverte ». René Pleven, ministre de la Justice et l'instigateur du projet, déclare que son texte « est ruiné ».

22 mai : Raymond Marcellin, ministre de l'Intérieur, dresse un premier bilan du renforcement du maintien de l'ordre devant l'Assemblée nationale.

23 mai : Mort de René Capitant, ancien garde des Sceaux.

27-28 mai : Manifestations au Quartier latin à l'occasion du procès de Jean-Pierre Le Dantec et Michel Le Bris, directeurs du journal maoïste *la Cause du Peuple*. Le 27, la gauche prolétarienne est dissoute par un décret paru au *JO*. La 17e chambre correctionnelle de Paris condamne Le Dantec et Le Bris respectivement à 1 an et 8 mois de prison.

3 juin : Le gouvernement décide l'intéressement de 45 000 salariés chez Renault.

4 juin : L'Assemblée nationale vote définitivement la loi anticasseurs par 370 voix contre 94 et 9 abstentions. Le texte de compromis élaboré par la commission mixte paritaire avait réintroduit les dispositions concernant les manifestations.

Vote d'une loi sur l'autorité parentale : l'autorité paternelle sur les enfants est désormais partagée à égalité par chacun des parents.

14 juin : Le général de Bénouville, qui a le soutien UDR, est élu au second tour par 56,33 % des suffrages exprimés à l'issue d'une élection partielle à Paris. Charles Heckli, candidat communiste qui a le soutien des partis de gauche, remporte 43,66 % des suffrages exprimés.

15 juin : Mort d'Henri Queuille[2], ancien président du Conseil.

25 juin : Arrestation d'Alain Geismar alors qu'il vendait *la Cause du peuple* ; il est relâché le lendemain.

25-27 juin : Au Conseil national de l'UDR, Pierre Messmer déclare : « Le général de Gaulle était pour nous l'âme et l'esprit : nous nous étions un peu endormis pour les efforts de réflexion. Aujourd'hui, le gouvernement n'est pas homogène et nos alliés ne se privent pas de suggérer, de proposer et même, de temps en temps, d'assumer. Tout en apportant au gouvernement notre soutien loyal, nous n'avons aucune raison de nous confondre avec lui, et encore moins avec les autres partis de la majorité. »

JEAN-JACQUES SERVAN-SCHREIBER : DE NANCY A BORDEAUX

28 juin : Jean-Jacques Servan-Schreiber est élu à Nancy au second tour avec plus de 55 % des voix. Sa candidature avait suscité un intérêt national. L'élection partielle est consécutive à la décision de Roger Souchal, député UDR de la 1re circonscription de Nancy de remettre son mandat à la disposition des électeurs suite au choix du tracé nord de l'autoroute Paris-Strasbourg qui passe par Metz et non par Nancy. Le 25 mai, une opération « ville morte » paralysait le centre de Nancy.

2 juillet : Conférence de presse de Georges Pompidou : « Il n'y a

2. Queuille Henri (1884-1970). Cf biographie dans *la France contemporaine*, T 1, *op. cit.*, p. 66.

pas de crise », dit-il, et il ajoute « Il n'y a pas de risque de crise entre le chef de l'État et son Premier ministre... Je dirai peut-être que j'attache plus d'importance à l'homme dans la société qu'à la société elle-même. »

3-4 juillet : A Bonn, Georges Pompidou soutient Willy Brandt et son Ostpolitik, soit la politique de négociation avec l'URSS et les pays de l'Est.

3 juillet : Charles Tillon, ancien ministre, est exclu de la cellule communiste d'Aix-en-Provence. Charles Tillon conteste alors violemment la direction du parti et l'attitude de Georges Marchais pendant la guerre.

7 juillet : La Cour des comptes remet au Premier ministre un rapport sur le marché de la viande et propose la fermeture des abattoirs de la Villette et leur transfert à Rungis.

9 juillet : Mort de Félix Gaillard, ancien président du Conseil, dans un accident de bateau au large des côtes de Bretagne.

17 juillet : 20 000 estivants évacués à cause d'incendies volontaires dans le Var. Arrestation d'Ernest Bolo, professeur de psychologie, remis en liberté provisoire le 22.

4 août : Tornade dans les Landes, la Gironde et les Pyrénées-Atlantique faisant 10 morts, une vingtaine de disparus et 150 blessés.

12 août : Mort de Mme Chaban-Delmas des suites d'un accident de voiture.

21 août : Dévastation des Antilles françaises par le cyclone Dorothy qui fait 43 morts, 14 disparus et des centaines de blessés.

26 août : Première manifestation du Mouvement de libération de la femme MLF. Deux banderoles sont déposées sur la tombe du soldat inconnu avec comme inscriptions : « Un homme sur deux est une femme. » « Il y a plus inconnu que le soldat inconnu : sa femme. »

30 août : Jean-Jacques Servan-Schreiber se déclare candidat à l'élection législative partielle de Bordeaux consécutive au décès de Jacques Chabrat, député UDR de la Gironde et suppléant de Jacques Chaban-Delmas.

1er septembre : 29 gauchistes emprisonnés entament une grève de la faim pour obtenir le régime politique.

6 septembre : Jean-Jacques Servan-Schreiber annonce qu'il démissionnera du secrétariat du parti radical s'il obtient moins de 30 % aux élections de Bordeaux.

20 septembre : Jacques Chaban-Delmas est élu dès le 1er tour avec 63,55 % des suffrages. Jean-Jacques Servan-Schreiber n'a que 16,59 % des suffrages.

22 septembre : Jean-Jacques Servan-Schreiber conserve ses fonctions de secrétaire général du parti radical.

27 septembre : Attentats à la bombe à Orly.

1er octobre : Incendies de forêts dans le Midi, 11 morts, 30 blessés.

7 octobre : Parution chez Plon du premier volume des *Mémoires d'espoir* du général de Gaulle intitulé *le Renouveau (1958-1962)*. Le premier tirage (250 000 exemplaires) est épuisé en quelques jours.

9 octobre : Mort d'Edmond Michelet, ministre d'État chargé des Affaires culturelles.

10 octobre : Mort d'Édouard Daladier, ancien président du Conseil de la IIIe République et ancien président du parti radical.

11 octobre : 11 soldats français tués et 10 blessés dans un engagement avec les rebelles du Tchad. Le rapatriement des troupes est prévu pour 1971.

20-22 octobre : Alain Geismar, ancien animateur de la Gauche prolétarienne, dissoute, est condamné à 18 mois de prison.

21 octobre : L'autoroute A6, Lille-Marseille, permet de traverser la France du nord au sud « sans être arrêté par un seul feu rouge ».

1er novembre : Incendie du dancing Cinq-Sept à Saint-Laurent-du-Pont dans l'Isère faisant 146 morts. L'enquête révèle des anomalies importantes.

4 novembre : Concorde 001 vole à Mach 2 pendant 53'.

MORT DU GÉNÉRAL DE GAULLE

9 novembre : Mort du général de Gaulle à Colombey-les-Deux-Églises à 79 ans. Les obsèques auront lieu le 12 novembre à Colombey en présence de la famille et des Compagnons de la Libération. Le Conseil des ministres décide des cérémonies officielles qui seront organisées le 12, journée de deuil national, à Notre-Dame, en présence de 80 chefs d'État et de gouvernement. Georges Pompidou s'adresse aux Français et conclut : « Et que dans l'âme nationale, de Gaulle vive éternellement ». Le 12 au soir, hommage de 300 000 Parisiens à l'Arc de triomphe.

15 novembre : Interdiction d'*Hara Kiri* aux mineurs ; le 20 novembre naît *Charlie Hebdo* avec le titre « Il n'y a pas de censure en France ».

20 novembre : Nouveaux incidents à Nanterre. Les cours sont suspendus les 23-30 novembre.

11 décembre : Polémique autour de la place de l'Étoile ; le conseil de Paris remet en cause la décision prise par le Conseil des ministres de la rebaptiser place Charles de Gaulle. Puis il revient sur sa décision.

17 décembre : La réforme communale est définitivement votée. L'âge d'éligibilité aux conseils municipaux et régionaux est abaissé à 21 ans.

22 décembre : Une polémique s'engage à la télévision entre

Georges Marchais[3] et François Mitterrand sur l'interprétation des événements de Mai 68 et ceux de Tchécoslovaquie.

27 décembre : Une tempête de neige en Ardèche et dans la Drôme immobilise des centaines de voitures sur l'autoroute A7.

3. Marchais Georges, né en 1920. Mécanicien ajusteur à la société nationale de construction aéronautique du Centre en 1940, Georges Marchais milite très tôt à la CGT et ensuite au parti communiste français où il entre en 1947. Il devient secrétaire de la fédération Seine-Sud en 1956, membre titulaire du comité central du PCF en 1959. Il est ensuite secrétaire général adjoint en 1970 puis secrétaire général en 1972 du PCF. Il participe à l'élaboration du programme commun avec les socialistes et les radicaux signé en 1972, et il se présente aux élections présidentielles de 1981 (non élu). Il est élu député communiste du Val-de-Marne en 1973 réélu en 1978, 1981, 1986 et 1988 et député européen de 1979 à 1989.

RUBRIQUE ARTISTIQUE

LITTÉRATURE

Les prix

Goncourt	Michel Tournier	*Le Roi des aulnes*
Renaudot	Jean Freustié	*Isabelle ou l'arrière-saison*
Femina	François Nourissier	*La Crève*
Interallié	Michel Déon	*Les Poneys sauvages*
Médicis	Camille Bourniquel	*Sélinonte ou la chambre impériale*
Médicis étranger	Luigi Malerba	*Saut de la mort*
Nobel	Alexandre Soljenitsyne (URSS)	

Les succès

Simone de Beauvoir	*La Vieillesse*
Romain Gary	*Chien blanc*
Mario Puzo	*Le Parrain*
Éric Segal	*Love story*

Mort d'Elsa Triolet, de François Mauriac, de Jean Giono.

CINÉMA

Les prix

Cannes	Robert Altman	*Mash* (USA)
Lion d'or (Venise)	pas de prix ni de jury depuis 1969	
Louis-Delluc	Éric Rohmer	*Le Genou de Claire*

Les succès

Jacques Deray	*Borsalino*
Michel Drach	*Élise ou la vraie vie*
Costa Gavras	*L'Aveu*
Jean-Pierre Melville	*Le Cercle rouge*
Sidney Pollack	*On achève bien les chevaux*
Claude Sautet	*Les Choses de la vie*
Luchino Visconti	*Les Damnés*

Mort de Luis Mariano, d'André Bourvil.

THÉÂTRE

janvier	Jean Anouilh	*Les Poissons rouges* (Œuvre)

septembre	Ionesco	*Jeux de massacre* (Montparnasse Gaston-Baty)
décembre	Ariane Mnouchkine	*1789* (Théâtre du Soleil, cartoucherie de Vincennes)

Succès du café-théâtre, inventé par Maurice Alezra en 1961 à la Vieille Grille, pendant longtemps le seul café-théâtre de Paris. En 1970, succès de Romain Bouteille et son Café de la Gare avec *Maman, j'ai peur* et *Des boulons dans mon yaourt*.

DANSE ET MUSIQUE

Le grand prix national est décerné à Maurice Béjart.

CHANSONS

28-29 mars : premier festival de rock en France organisé au Bourget.
Succès de *Hair*, comédie musicale au Théâtre de la porte Saint-Martin ; débuts de la carrière de Julien Clerc, Michel Fugain et Daniel Balavoine.
Les Quatre Barbus qui ont abandonné la scène en 1969 obtiennent le grand prix du disque 70 pour leurs *Chansons de la Commune*.

PRESSE, RADIO, TÉLÉVISION

21 octobre : 1er numéro d'*Actuel* (nouvelle série).
février : 1re émission « A armes égales » qui oppose Michel Debré à Jacques Duclos.
juillet : Alain Decaux raconte.
Succès du feuilleton *la Dynastie des Forsyte*.
juin : 600 millions de spectateurs dans le monde suivent la coupe du monde de football à Mexico.

EXPOSITIONS

Orangerie	Goya
Louvre	Rembrandt

RUBRIQUE SPORTIVE

CYCLISME

Tour de France et Paris-Roubaix remportés par Eddy Merckx.

ÉQUITATION

Janou Lefebvre remporte le championnat du monde féminin de jumping à Copenhague.

FOOTBALL

Coupe de France et championnat de France Saint-Etienne.

RUGBY A XV

Tournoi des Cinq Nations	1res France et Pays Galles, 6 pts
Championnat de France	La Voulte SP bat AS Montferrand 3-0

TENNIS

Roland-Garros	Simple messieurs : Kodes bat Franulovic 6-2, 6-4, 6-0 Simple dames : Smith-Court bat Jones 6-1, 4-6, 6-3

1971

7 janvier : Des chutes de neige bloquent « l'autoroute du Sud » pendant les vacances de Noël. Création d'un nouveau ministère « de la protection de la nature et de l'environnement » confié à Robert Poujade. René Tomasini lui succède au secrétariat général de l'UDR.

8 janvier : Le paquebot *Antilles* prend feu dans la mer des Caraïbes ; les 1 000 passagers et marins sont sauvés.

10 janvier : Mort de Coco Chanel.

14 janvier : Plusieurs détenus gauchistes commencent une grève de la faim pour obtenir le régime politique.

24 janvier : Le conseil national du PSU rompt les négociations avec le PCF.

26 janvier : 30e sommet franco-allemand à Paris avec Willy Brandt.

27-28 janvier : Le comité central du PCF lance un avertissement aux partis de gauche : « Il ne peut, dit Georges Marchais, y avoir de perspectives démocratiques en France sans les communistes. »

3 février : Début du voyage de Georges Pompidou en Afrique noire.

8 février : René Pleven, ministre de la Justice, annonce des mesures d'adoucissement en faveur des grévistes de la faim réclamant le statut de régime politique.

L'AFFAIRE GUIOT

9 février : Gilles Guiot, élève de mathématiques supérieures au lycée Chaptal, est interpellé au cours de la manifestation interdite organisée par le Secours Rouge. Il est condamné à 6 mois de prison dont 3 mois fermes.

12 février : Manifestation silencieuse de professeurs et d'élèves devant le lycée Chaptal pour protester contre la condamnation de Gilles Guiot. Le conseil des parents d'élèves dénonce les conditions dans lesquelles « un lycéen mineur a pu être traduit en flagrant délit devant les tribunaux répressifs sans que les parents en soient informés et sans être assisté d'un avocat pour sa défense ». René Tomasini, secrétaire général de l'UDR, déclare à propos de l'affaire Guiot : « Si des actes contraires aux lois ont été réprimés de façon regrettable, la faute en incombe non pas à ceux qui ont la charge de les réprimer mais à la lâcheté des magistrats ». Cette déclaration suscite des remous au sein de la majorité. Le lendemain, René Tomasini fait amende honorable.

18 février : Grandes manifestations à Paris et dans les grandes villes de province en faveur de Gilles Guiot. La cour d'appel rend un jugement de relaxe. Cette affaire fut une occasion de refaire l'unité de l'opposition.

24 février : Nationalisation des pipe-lines, gisements et exploitations de gaz naturel en Algérie ainsi que 51 % des avoirs des sociétés pétrolières françaises.

25 février : Paul Coste-Floret[1], ancien député MRP, François Goguel, secrétaire général du Sénat, et Henri Rey sont nommés au Conseil constitutionnel. Pierre Messmer, député de la Moselle, succède à Henri Rey au ministère d'État chargé des Départements et Territoires d'outre-mer.

REPRISE DE L'AGITATION

3 mars : Les cours sont suspendus à la faculté des lettres de Poitiers, à la suite de troubles ; plusieurs lycées sont en grève à Limoges et à La Rochelle.

4 mars : Journée d'action des policiers pour « dialoguer dans la rue » avec la population.

5 mars : Meeting de « Laissez-les vivre » pour protester contre l'avortement.

9 mars : A l'issue d'un meeting d'Ordre nouveau au Palais des Sports, de violents incidents opposent militants d'Ordre nouveau et militants gauchistes. 80 blessés parmi le service d'ordre.

12 mars : Le lycée Jean-Baptiste Say à Paris se met en grève pour protester contre l'interpellation de lycéens à l'intérieur du lycée suite à des bagarres entre gauchistes et Ordre nouveau.

14-21 mars : Élections municipales. La majorité se maintient tandis que la gauche ne gagne que lorsqu'elle est unie. Les centristes subissent des revers.

17 mars : Georges Pompidou déclare en Conseil des ministres : « Il est temps de mettre fin à la violence dans la rue. »

22-27 mars : L'Union nationale des Comités d'action lycéenne, UNCAL, organise une semaine de revendications qui se traduit par des sit-in et diverses manifestations.

1. Coste-Floret Paul (1911-1979). Cf biographie dans *la France contemporaine,* T 1, *op. cit.*, p. 76.

31 mars : Jean-Jacques Servan-Schreiber se « met en congé du parti radical ».

Réforme de la police parisienne. La compétence du préfet de Paris ne s'étend qu'au Paris intra-muros. Maurice Grimaud est limogé et nommé secrétaire général de l'aviation civile.

4 avril : Fermeture de l'École normale supérieure de la rue d'ULM ; son directeur, R. Flacelière, estimant que l'école était devenue une base gauchiste, avait démissionné.

5 avril : Appel en faveur de l'avortement publié par *le Nouvel Observateur* et signé par 343 femmes écrivains, artistes qui affirment : « Un million de femmes se font avorter chaque année en France... Je déclare que je suis l'une d'elles. Je déclare avoir avorté. »

21 avril : Condamnation à des peines de prison fermes de 13 jeunes gens ayant occupé le Sacré-Cœur en février. Mgr Marty juge les condamnations sévères et il est vivement critiqué par Me Tixier-Vignancour.

22 avril : Le Sénat rend public le rapport sur La Villette rédigé par la commission d'enquête présidée par Pierre Marcilhacy. Le rapport révèle les irrégularités et les pressions sur les ministères de tutelle concernant la reconstruction des abattoirs de La Villette. L'affaire avait éclaté pendant l'hiver 1969.

1er mai : Les manifestations pour la fête du Travail se font en ordre dispersé, gauchistes d'une part, communistes d'autre part. Les seconds accusent les premiers d'avoir profané les tombes de Marcel Cachin et Maurice Thorez.

6 mai : Grève chez Renault où se poursuit un conflit qui va durer près d'un mois et qui touche la grande majorité des OS.

7 mai : En visite à Toulouse, Georges Pompidou effectue un premier voyage en Concorde.

9 mai : A Millau, une manifestation rassemblant un millier de personnes proteste contre l'extension du champ de manœuvres militaires sur le plateau du Larzac.

13 mai : L'Assemblée nationale examine un projet concernant la mensualisation de l'impôt sur le revenu.

1er juin : L'Assemblée nationale discute du projet de la fusion des communes ; de nombreux élus y voient la marque d'une centralisation excessive et l'atteinte à l'autonomie communale.

2 juin : Manifestation à Paris de 300 journalistes qui protestent contre le traitement subi par l'un des leurs, Alain Jaubert, dans un car de police alors qu'il voulait accompagner un blessé à l'hôpital.

5 juin : Le Quartier latin connaît de nouveaux troubles qui occasionnent des dégâts matériels.

L'UNITÉ SOCIALISTE A EPINAY

11 juin : Congrès d'Épinay où se réunissent 800 délégués socialistes, 97 conventionnels et 60 « inorganisés ». Le congrès confirme l'appellation de parti socialiste et surtout constitue son unité sous la direction de François Mitterrand élu premier secrétaire après la démission d'Alain Savary mis en minorité.

27-28 juin : Michel Rocard est réélu secrétaire général du PSU. Il entend marquer ses distances avec les gauchistes.

1er juillet : Instauration du stationnement payant à Paris.

3 juillet : Début du scandale de la « Garantie foncière ». Le ministère des Finances accuse la Garantie foncière, société immobilière, de « publicité mensongère » sur son régime fiscal, de nature à tromper ses souscripteurs. Par ailleurs, la Commission des opérations de Bourse, COB, ouvre une enquête. Robert Frenkel, responsable de la Garantie foncière, est arrêté le 8 pour malversations. Rives-Henrys de Lavaysse, militant gaulliste, député UDR de Paris, ancien président de la société et M. Roulland, son gérant, également ancien député, sont mis en cause.

7 juillet : Une délégation socialiste conduite par François Mitterrand rencontre les dirigeants du PCF.

13 juillet : Les dirigeants du groupe Agache-Willot sont inculpés pour leur participation aux opérations effectuées par la Garantie foncière.

L'opposition dénonce les liens entre le pouvoir et la spéculation.

15 juillet : Publication de l'ouvrage d'Edgar Faure : *Ce que je crois*. Edgar Faure tente de rassembler des gaullistes de gauche dans le cadre de son mouvement « Le comité d'études pour un nouveau contrat social ».

16 juillet : Le Conseil constitutionnel saisi par Alain Poher, président du Sénat, estime que le texte de loi sur le régime des associations voté le 24 juin à 4 h du matin est non conforme à la Constitution. Ce jugement peu habituel jusqu'ici suscite la surprise ; c'est un échec pour Raymond Marcellin, ministre de l'Intérieur, et René Pleven, ministre de la Justice, qui avaient proposé le projet.

21 juillet : L'affaire de la Garantie foncière est débattue en Conseil des ministres qui décide d'un renforcement des mesures sur la réglementation des incompatibilités parlementaires.

29-30 juillet : Le Dr Olievenstein ouvre le centre expérimental d'accueil des jeunes drogués à Marmottan.

30 août : Mort de Louis Armand.

1er septembre : Edmond Maire succède à Eugène Descamps au secrétariat général de la CFDT.

LE MALAISE DE LA POLICE ET DES DÉTENUS

6 septembre : Raymond Marcellin présente un plan de modernisation de la police portant sur une augmentation des effectifs et l'amélioration des conditions matérielles.

9 septembre : A Évian, réunie en congrès, la police juge la réforme de Raymond Marcellin insuffisante et évoque la possibilité de faire grève.

Jean-Jacques Servan-Schreiber décide de reprendre une place au parti radical. Maurice Faure se met alors en congé du parti.

14 septembre : Révocation de 5 dirigeants syndicaux de la police.

20 septembre : A la prison de Clairvaux, prise en otage de l'infirmière Nicole Comte et du gardien Guy Girardot par Claude Buffet, condamné à perpétuité, et Roger Bontemps, condamné à vingt ans de réclusion. La police donne l'assaut le 22 ; les otages sont égorgés.

26 septembre : Élections sénatoriales : 40 nouveaux élus pour 85 sièges à pourvoir. La majorité progresse.

6 octobre : Démission de l'UDR de Jean-Marcel Jeanneney, « le père de la réforme régionale ».

15-17 octobre : Congrès radical qui élit Jean-Jacques Servan-Schreiber, président du parti, contre Maurice Faure.

25-30 octobre : Voyage officiel de Léonid Brejnev en France.

3 novembre : Réunion à Saint-Germain-en-Laye de représentants du parti radical, du Centre démocrate, du Centre républicain d'André Morice et du parti de la démocratie socialiste fondé par Muller. On décide de créer un vaste mouvement réformateur. Au parti radical, Maurice Faure et ses amis sont partisans d'un rapprochement avec le groupe socialiste.

19 novembre : Édouard Dega, inspecteur central des impôts, est inculpé de fraude fiscale.

1er décembre : Débat sur la réévaluation des retraites de 25 % en trois ans.

2 décembre : Rives-Henrys, inculpé dans l'affaire de la Garantie foncière, est radié du groupe parlementaire de l'UDR.

4 décembre : Édouard Dega, inspecteur des impôts et dont le frère avait été membre du cabinet Chaban-Delmas alors président de l'Assemblée nationale, est écroué à Fresnes pour fraude fiscale.

9 décembre : Une mutinerie éclate à la prison centrale de Toul. Les rapports entre détenus et gardiens s'étaient dégradés depuis le meurtre d'un surveillant de la prison de Lyon au cours de la fouille d'un colis.

21 décembre : Une explosion au gaz à Argenteuil fait 14 morts et 85 blessés.

1971

RUBRIQUE ARTISTIQUE

LITTÉRATURE

Les prix

Goncourt	Jacques Laurent	*Les Bêtises*
Renaudot	Pierre-Jean Rémy	*Le Sac du palais d'été*
Femina	Angelo Rinaldi	*La Maison des Atlantes*
Interallié	Pierre Rouanet	*Castell*
Médicis	Pascal Lainé	*L'Irrévolution*
Médicis étranger	James Dickey	*Délivrance*
Académie française	Jean d'Ormesson	*La Gloire de l'empire*
Nobel	Pablo Neruda (Chili)	

Les succès

Edmonde Charles-Roux	*Elle, Adrienne*
Yves Courrière	*Les Feux du désespoir*
Didier Decoin	*Abraham de Brooklyn*
Geneviève Dormann	*Je t'apporterai des orages*
Pascal Jardin	*La Guerre à neuf ans*
Dominique Lapierre et Larry Collins	*O Jérusalem*
André Malraux	*Les Chênes qu'on abat*

Mort d'Alexandre Vialatte, de Philippe Hériat.

CINÉMA

Les prix

Cannes	Joseph Losey	*Le Messager* (GB)
Louis-Delluc	André Delvaux	*Rendez-vous à Bray*

Les succès

Bernardo Bertolucci	*Le Conformiste*
Arthur Hiller	*Love story*
Max Ophuls	*Le Chagrin et la Pitié*
Louis Malle	*Le Souffle au cœur*
Giulano Montaldo	*Sacco et Vanzetti*
Robert Mulligan	*Un été 42*
Arthur Penn	*Little Big Man*

Février : mort de Fernandel.

THÉÂTRE

mai	William Douglas Home	*Le Canard à l'orange* (Gymnase)
octobre	Jean Anouilh	*Becket ou l'honneur de Dieu* (Comédie-Française)

Mort de Jean Vilar « le pape d'Avignon ».

DANSE ET MUSIQUE

Rolf Liebermann prend la direction de l'Opéra de Paris.
Pierre Boulez avec Sviatoslav Richter au festival de Tours en juin.

CHANSONS

Jesus-Christ Superstar, opéra rock à Paris.
Marcel Mouloudji chante *Allons z'enfants*, texte de Boris Vian, qui remporte le prix Charles Cros en 1974.
Julien Clerc chante *Niagara*.
Nicoletta *Mamy blue*.
Michel Sardou *Et mourir de plaisir, J'habite en France*.

EXPOSITIONS

Louvre	Picasso
Marmottan	Monet
Grand-Palais	Fernand Léger
	L'art en Yougoslavie
Orangerie	Max Ernst

RUBRIQUE SPORTIVE

ATHLÉTISME

Championnat d'Europe à Helsinki. Jean-Claude Nallet, médaille d'or sur 400 m haies, et Jean-Paul Villain, 3 000 steeple.

1971

AUTOMOBILE

François Cevert vainqueur de Formule 1 dans le Grand Prix des États-Unis. Premier Français à remporter cette course.

BASKET-BALL

Championnat de France	**Villeurbanne**

CYCLISME

Tour de France	**Eddy Merckx**

FOOTBALL

Championnat de France	**L'Olympique de Marseille**
Coupe de France	**Rennes bat Lyon 1-0**

RUGBY A XV

Tournoi des Cinq Nations	**France 2e, 4 pts**
Championnat de France	**AS Béziers bat RC Toulon : 15-9**

SKI

Michèle Jacot gagne le slalom spécial et le slalom géant à Oberstaufen.

TENNIS

Roland-Garros	Simple messieurs : Kodes bat Nastase 8-6, 6-2, 2-6, 7-5 Simple dames : Goolagong bat Gourlay 6-3, 7-5

1972

10 janvier : Remise du rapport de la commission d'enquête présidée par Robert Schmelck, avocat général à la Cour de cassation, sur la mutinerie dans la prison de Toul ; le système pénitentiaire français est remis en cause indirectement. De nouvelles mutineries éclatent à Loos-lès-Lille et à Amiens.

11 janvier : Publication du programme de gouvernement du parti socialiste qui comporte des points communs avec celui du PCF présenté par Georges Marchais le 12 octobre 1971.

15 janvier : Incidents dans les prisons de Nancy, Fleury-Mérogis et Écouvres.

LA FEUILLE D'IMPÔTS DE JACQUES CHABAN-DELMAS

19 janvier : *Le Canard enchaîné* publie la déclaration de revenus de Jacques Chaban-Delmas pour les années 1966, 1967, 1968 et 1969 et démontre que ce dernier, grâce à « l'avoir fiscal », a bénéficié d'une réduction d'impôts. L'affaire prend une dimension politique.

24-28 janvier : Voyage de Georges Pompidou au Niger et au Tchad.

1er février : *Paris-Jour* cesse de paraître : grève des journalistes.

2 février : Une campagne contre l'avoir fiscal est engagée, notamment par les députés communistes qui publient leurs relevés d'impôts.

René Tomasini déclare au nom du bureau exécutif de l'UDR « nous sommes solidaires de M. Chaban-Delmas, objet d'une campagne infâme ».

Valéry Giscard d'Estaing défend un projet de modernisation du système des impôts.

10-11 février : Georges Pompidou et Willy Brandt s'entretiennent sur les problèmes d'unification monétaire et économique de l'Europe ; un désaccord oppose Paris à Bonn après la décision prise par le gouvernement de Willy Brandt de faire flotter le mark en mai 1971. Le Serpent monétaire européen est créé le 24 avril dans le but de réduire le flottement des monnaies européennes entre elles.

11 février : Devant le comité central de l'UDR, Jacques Chaban-Delmas se dit « décidé à ne pas se laisser atteindre par la calomnie ». Le comité l'assure de « sa confiante amitié ».

15 février : Rachat par Israël de 50 Mirages sous embargo depuis 1957.

18 février : Création de Médecins sans Frontière.

21 février : Mort de Mgr Eugène Tisserant, doyen du Sacré Collège.

25 février : Pierre Clémenti, acteur français, condamné à 2 ans de prison et 200 000 lires d'amende par la cour de Rome pour détention de stupéfiants. Il sera acquitté le 6 décembre en appel et expulsé.

LA MORT DE PIERRE OVERNEY

26 février : Un militant maoïste, Pierre Overney, est tué d'une balle de revolver par un employé de surveillance aux usines Renault-Billancourt.

28 février : Une manifestation est organisée du métro Charonne à la place Stalingrad pour commémorer les morts de la station de métro le 25 février 1962 et pour protester contre le meurtre de Pierre Overney.

2 mars : A Marseille, la police découvre une importante quantité d'héroïne dans un bateau de pêche, le *Caprice des temps*. Arrestation de son propriétaire, Marcel Boucau.

4 mars : Obsèques de Pierre Overney en présence de près de 200 000 personnes.

9 mars : Robert Nogrette, chef des relations sociales chez Renault, est gardé en otage par un commando maoïste : « le groupe Overney de la nouvelle résistance populaire ». Il est relâché le lendemain. Georges Pompidou parle d'un acte « inqualifiable et digne d'un pays de sauvages ».

10 mars : Début de la grève à Saint-Brieuc du Joint français qui va durer jusqu'au 8 mai et susciter un intérêt particulier parce qu'elle symbolise le malaise breton.

14 mars : Accident du turbotrain Paris-Caen qui fait 4 morts et 41 blessés.

LE RÉFÉRENDUM SUR L'EUROPE

16 mars : Conférence de presse de Georges Pompidou qui, à la surprise générale, annonce un référendum sur l'élargissement de l'Europe pour le mois d'avril. Se référant à plusieurs reprises aux idées du général de Gaulle, il insiste sur le caractère essentiel de l'élargissement de l'Europe et il conclut : « Ayant pris moi-même des responsabilités personnelles à La Haye d'abord, dans mes entretiens avec M. Heath ensuite, en autorisant enfin la signature du traité, j'estime qu'il est de mon devoir et qu'il est fondamentalement démocratique d'appeler les Français qui m'ont élu directement à se prononcer directement sur cette politique en faveur de l'Europe. » Le référendum est fixé au 23 avril. La majorité fait campagne pour un OUI prudent, l'opposition est embarrassée. Finalement, les communistes préconisent le NON, les socialistes l'abstention, les radicaux le OUI.

16 mars : Découverte d'un laboratoire de transformation d'héroïne à Aubagne. Arrestation du trafiquant Jo Césari qui se pend ensuite dans sa cellule le 23.

29 mars : Mort de Joseph Paul-Boncour, ancien président du Conseil.

7 avril : Assassinat de Brigitte Dewèvre dans un terrain vague de Bruay-en-Artois ; c'est le deuxième en quelques semaines. Le 14, Me Pierre Leroy, notaire à Bruay-en-Artois, est soupçonné du meurtre de Brigitte. Monique Béghin-Mayeur, qui avait une liaison avec Pierre Leroy, est elle aussi inculpée. Une affaire qui va occuper la presse pendant des mois.

11 avril : Évelyne Segard libère son mari et Christian Jubin au Palais de justice à Paris. Le juge Magnan, une secrétaire et le greffier sont pris en otages. Le trio est repris le lendemain.

21 avril : Mort de Pierre Lazareff, directeur général de *France-Soir*.

23 avril : Résultats du référendum sur l'entrée de la Grande-Bretagne dans la CEE.

Fortes abstentions	39,64 %
Bulletins blancs et nuls	7,07 %
OUI	67,70 % des suffrages exprimés mais seulement 36,11 % des inscrits.
NON	32,29 % des suffrages exprimés, 17,22 % des inscrits.

L'opinion n'a pas été mobilisée.

4 mai : Philippe Malaud, secrétaire d'État à la Fonction publique, est chargé de la préparation d'une réforme de l'ORTF suite à la mise en cause du monopole accordé à l'ORTF, mais Georges Pompidou s'est déclaré attaché à ce privilège qui est selon lui la garantie du respect de la mission du service public de l'ORTF.

13 mai : Jean-Jacques de Bresson, hostile au morcellement de l'ORTF, démissionne.

17 mai : Jacques Chaban-Delmas engage la responsabilité de son gouvernement dans le débat de la politique générale pour arrêter la dégradation du climat politique. La confiance est votée par 368 voix contre 96 et 6 abstentions.

4 juin : La grâce de Paul Touvier, ancien chef de la Milice à Lyon, révélée par *l'Express*, provoque des manifestations des organisations de résistants et de déportés.

12 juin : Élection de Mme de Hauteclocque à la présidence du conseil municipal de Paris.

14 juin : Michel Poniatowski réclame la démission de Jacques Chaban-Delmas et prône l'ouverture.

15-16 juin : La réforme de l'ORTF proposée par Philippe Malaud est adoptée par l'Assemblée nationale ; il s'agit de « décentraliser et responsabiliser », mais on réaffirme le monopole de l'ORTF ainsi que sa vocation à caractère public.

18 juin : Inauguration du mémorial Charles de Gaulle à Colombey-les-Deux-Églises.

LE PROGRAMME COMMUN

26 juin : Conclusion de l'accord du programme commun entre socialistes et communistes. François Mitterrand conduit la délégation socialiste et Georges Marchais la délégation communiste. Ce programme entend « ouvrir la voie au socialisme par l'union de la gauche et le rassemblement de toutes les forces du peuple ». La 1re partie qui s'intitule « vivre mieux, changer la vie » propose une série de mesures sociales. La 2e partie traite des nationalisations moins nombreuses que celles qui avaient été proposées par le parti communiste au départ. La 3e partie, « démocratiser les institutions », reconnaît implicitement l'élection du président de la République au suffrage universel, prévoit la suppression de l'article 16 et de nouveaux rapports entre le gouvernement et l'Assemblée nationale conçus en terme de contrat de législature. La 4e partie propose un programme de paix.

Les radicaux de gauche se rallient au programme commun.

29 juin : Claude Buffet et Roger Bontemps condamnés à mort pour le double crime à Clairvaux, commis le 20 septembre 1971.

5 juillet : Alors que Jacques Chaban-Delmas venait d'obtenir la confiance parlementaire, il démissionne ; Pierre Messmer est nommé Premier ministre. Pour les commentateurs, il s'agit ici d'une décision du président de la République qui, en portant son choix sur Pierre Messmer, entend revenir aux sources du gaullisme.

6 juillet : Constitution du gouvernement de Pierre Messmer. La continuité est marquée par le maintien de Michel Debré à la Défense nationale, René Pleven à la Justice, Maurice Schumann aux Affaires étrangères, Raymond Marcellin à l'Intérieur et Valéry Giscard d'Estaing aux Finances. Des gaullistes « historiques » entrent au gouvernement avec Jean Charbonnel, ministre du développement industriel et scientifique, Jean Foyer à la Santé publique ou Hubert Germain aux PTT. Edgar Faure revient avec le ministère des Affaires sociales. L'Éducation nationale est confiée à Joseph Fontanet.

14 juillet : Arthur Conte est nommé PDG de l'ORTF.

18 juillet : Dans l'affaire de Bruay-en-Artois, mise en liberté de Me Leroy ; le 20, le juge Pascal est dessaisi du dossier.

2 août : Anne Chopinet est reçue première au concours d'entrée à Polytechnique ; en tout, sept Françaises et une Vietnamienne reçues.

11 août : Mandat de dépôt contre Jeanne Cohen, propriétaire des « Écuries du Roy », qui révèle une affaire de proxénétisme à Lyon.

27 août : Saisie de tous les stocks de talc Morhange suite au décès suspect de 21 enfants.

5 septembre : Alain Peyreffitte est élu secrétaire général de l'UDR.

6 septembre : La relance du plan d'action sociale se traduit par une augmentation du SMIC de 4,65 % et des pensions.

14 septembre : Début de « l'affaire Aranda ». Gabriel Aranda, ancien chargé de mission au cabinet d'Albin Chalandon, alors ministre de l'Équipement, menace de publier des documents compromettants si le gouvernement continue de livrer des Mirages à la Libye. Il s'agirait de révélations sur les responsabilités des autorités dans la catastrophe de Val-d'Isère le 10 février 1970. Gabriel Aranda est inculpé de vol et recel, mais cette nouvelle affaire contribue à la dégradation du climat politique.

21 septembre : Affaire de proxénétisme à Lyon ; inculpation d'Andrée Maître, gérante d'une « maison » et ex-amie du commissaire Louis Tonnot, ancien chef de la brigade des mœurs, également inculpé.

MOBILISATION DE L'OPPOSITION

26 septembre : Au cours d'une conférence de presse, Jean-Jacques Servan-Schreiber et Jean Lecanuet affirment leur identité de vues pour lancer dans la campagne des législatives le mouvement réformateur constitué en novembre 1971.

27 septembre : Incendie du Publicis-Champs-Élysées ; mort d'une employée.

4 octobre : Robert Fabre constitue avec les radicaux hostiles à Jean-Jacques Servan-Schreiber le mouvement de la gauche radicale-socialiste.

8 octobre : Valéry Giscard d'Estaing devant la fédération des

Républicains indépendants pense que « la France souhaite être gouvernée au centre ».

9 octobre : L'ETA, mouvement nationaliste basque, est interdit en France.

11 octobre : Procès de l'avortement à Bobigny. Marie-Claire, une jeune fille de 17 ans, défendue par Me Gisèle Halimi, est relaxée.

27 octobre : 80 Basques entament une grève de la faim dans la cathédrale de Bayonne pour protester contre les mesures d'éloignement prises à l'encontre des réfugiés politiques espagnols.

2 novembre : Attentat contre le consulat de France à Saragosse. Roger Tur, agent consulaire, meurt de ses brûlures.

27 novembre : Paul Teitgen, ancien secrétaire général de la police à Alger, intente un procès en diffamation contre le général Massu pour son livre *la Vraie Bataille d'Alger*.

28 novembre : Exécution à la Santé de Claude Buffet et Roger Bontemps.

1er décembre : Au Palais des Sports, « Rassemblement national pour le soutien du programme commun » ; son succès témoigne des progrès de l'unité de la gauche. Robert Fabre, François Mitterrand et Georges Marchais sont les héros de ce rassemblement.

7 décembre : Le Conseil des ministres adopte un plan de lutte contre l'inflation (lancement d'un emprunt de 5 milliards de F, baisse ou suppression temporaire de la TVA).

8 décembre : Attentat meurtrier contre Mahmoud Hamchari, représentant de l'OLP à Paris.

12 décembre : Présentation des listes de la majorité. Il n'y aura d'élections primaires que dans 77 circonscriptions ; les RI y étaient les plus favorables.

13-17 décembre : Georges Marchais est promu au poste de

secrétaire général du PCF en remplacement de Waldeck-Rochet, élu président d'honneur.

14 décembre : Mort de René Mayer[1], ancien président du Conseil.

19 décembre : François Ceyrac est élu président du CNPF par 361 voix sur 400.

1. Mayer René (1895-1972). Cf biographie dans *la France contemporaine*, T. 1, *op. cit.*, p. 52.

1972

RUBRIQUE ARTISTIQUE

LITTÉRATURE

Les prix

Goncourt	Jean Carrière	*L'Épervier de Maheux*
Renaudot	Christopher Frank	*La Nuit américaine*
Femina	Roger Grenier	*Ciné-Roman*
Interallié	Georges Walter	*Des vols de Vanessa*
Médicis	Maurice Clavel	*Le Tiers des étoiles*
Médicis étranger	Severo Sarduy	*Cobra*
Académie française	Patrick Modiano	*Les Boulevards de ceinture*
Nobel	Heinrich Böll (RFA)	

Les succès

Hervé Bazin	*Le Cri de la chouette*
Benoîte Groult	*La Part des choses*
Robert Merle	*Malevil*
Robert Sabatier	*Trois Sucettes à la menthe*

Mort de Violette Leduc, de Jules Romain, de Lucien Rebatet, d'Henry de Montherlant, de Pierre-Henri Simon.

CINÉMA

Les prix

Cannes	Francesco Rosi	*L'Affaire Mattei* (Italie)
Louis-Delluc	Costa Gavras	*État de siège*

Les succès

Woody Allen	*Bananas*
Bernardo Bertolucci	*Le Dernier Tango à Paris*
Luis Buñuel	*Le Charme discret de la bourgeoisie*
Gilles Carle	*La Vraie Nature de Bernadette*
Francis F. Coppola	*Le Parrain*
Federico Fellini	*Fellini Roma*
Stanley Kubrick	*Orange mécanique*
Alan J. Pakula	*Klute*
Yves Robert	*Le Grand Blond avec une chaussure noire*
Claude Sautet	*César et Rosalie*
Claude Zidi	*Les Bidasses en folie*, avec les Charlots

janvier : mort de Maurice Chevalier.

La France contemporaine

THÉÂTRE

janvier	Jean Anouilh	*Tu étais si gentil quand tu étais petit* (Antoine)
février	Tebelak-Schwarz	*Godspell* (Porte Saint-Martin)
avril	Shakespeare	*Richard III* (Comédie-Française)
septembre	Mnouchkine	*1793* (Cartoucherie de Vincennes)
octobre	André Roussin	*La Claque* (La Michodière)

Grand prix national de théâtre : Madeleine Renaud.
Mort de Pierre Brasseur.

DANSE ET MUSIQUE

Grand Prix national de musique : André Jolivet.

CHANSONS

Georges Brassens, Serge Reggiani, Maxime Le Forestier à Bobino.

PRESSE, TÉLÉVISION

25 septembre : premier numéro du *Point*.
31 décembre : premières émissions de la troisième chaîne.
Émission de Claude Santelli, « André Malraux ou la légende du siècle ».
Les Rois maudits, de Maurice Druon, premier feuilleton en couleur.
La Famille Boussardel de Maurice Druon.

Mort de Raymond Souplex, héros des *Cinq Dernières Minutes*.

EXPOSITIONS

Orangerie	La Tour
	Van Gogh
Grand-Palais	École de Fontainebleau
	Douze ans d'art contemporain en France

2 février : inauguration du musée des Arts et Traditions populaires.

1972

RUBRIQUE SPORTIVE

J.O. d'hiver à Sapporo : médailles françaises : 1 argent, 2 bronze.
J.O. de Munich marqués par le premier acte de terrorisme international avec l'assassinat de 11 Israéliens par un commando palestinien Septembre noir, les 5-6 septembre.
Médailles d'or françaises aux J.O. de Munich : en cyclisme, Morelon (vitesse) ; en yachting, Maury (monotypes individuels).

AUTOMOBILE

Grand prix de Monaco	Jean-Pierre Beltoise
24 heures du Mans	Pescarolo-Hill sur Matra-Simca

CYCLISME

Tour de France Eddy Merckx, pour la 4e fois consécutive.

FOOTBALL

Championnat et coupe de France Marseille.

JUDO-KARATÉ

Équipe de France, championne du monde de karaté.
Jean-Paul Coche, champion d'Europe des moyens au judo.
Jean-Jacques Mounier, champion d'Europe des légers.

RUGBY A XV

Tournoi des Cinq Nations	pas de classement car les matches Irlande-Écosse et Irlande-Galles n'ont pas eu lieu.
Championnat de France	AS Béziers bat CA Brive : 9-0 (3-0).

TENNIS

Roland-Garros	Simple messieurs : Gimeno bat Proisy 4-6, 6-3, 6-1, 6-1 Simple dames : Jean-King bat Goolagon 6-3, 6-3

VOILE

Alain Colas sur *Pen Duick IV* remporte la 4e Transatlantique en solitaire.

1973

LA MAJORITÉ RESTE LA MAJORITÉ

1er janvier : Dans la présentation traditionnelle des vœux, devant les corps constitués, Georges Pompidou rappelle aux fonctionnaires leur devoir de réserve et en appelle à leur neutralité politique.

7 janvier : A Provins, devant les candidats de la majorité réunis sous l'étiquette Union des républicains de progrès, URP, Pierre Messmer s'affirme comme le leader de la campagne électorale et critique le « programme commun du gouvernement de la gauche ».

10-16 janvier : Un sondage SOFRES donne 46 % des intentions de vote favorables à la gauche, 38 % à la majorité, 14 % aux Réformateurs.

11-12 janvier : Voyage du président Pompidou en URSS.

18 janvier : Valéry Giscard d'Estaing, devant les candidats républicains indépendants, propose l'ouverture vers le centre gauche.

20 janvier : Grève des contrôleurs aériens.

24 janvier : Antoine Pinay est nommé médiateur, fonction créée à la fin de l'année précédente pour assurer la défense des citoyens face à l'Administration.

27 janvier : Accords de Paris sur le Viêt-nam qui portent notamment sur la « cessation des hostilités et le retrait des troupes » la « réalisation du droit d'autodétermination de la population sud-vietnamienne » la « réunification du Viêt-nam et les relations entre les deux zones Nord et Sud Viêt-nam ».

1er février : L'épouse d'Édouard Dega, l'inspecteur des impôts inculpé de corruption et emprisonné depuis décembre 1971, met en cause 8 personnalités de la majorité.

5 février : 331 médecins signent un manifeste en faveur de la liberté de l'avortement. Une « charte de l'avortement » est proposée par 206 personnalités.

6 février : Le CES de la rue Édouard Pailleron à Paris est entièrement détruit dans un incendie qui fait 21 morts. Les normes de sécurité des bâtiments scolaires sont mises en cause.

8 février : Georges Pompidou critique le programme commun de la gauche et met son mandat présidentiel en jeu : « Mon rôle essentiel est de défendre les institutions... qu'on ne compte pas sur moi pour renier tout ce à quoi je crois. »

20 février : Grève des aiguilleurs du ciel qui va durer un mois.

22 février : Réinhumation du maréchal Pétain à l'île d'Yeu, après que quelques admirateurs eurent enlevé la dépouille le 19, retrouvée près de Paris.

27 février : Manifestations dans les lycées pour protester contre la « loi Debré » qui réforme le régime des sursis d'incorporation et qui avait été votée le 10 juin 1970.

3 mars : Création du Diplôme d'études universitaires générales, DEUG, qui sanctionne les deux années du premier cycle.

4 mars : Premier tour des élections législatives. Malgré un recul par rapport à 1968, la majorité obtient 38 % des voix (43,65 % en 1968, 37,73 % en 1967). Progrès de la gauche unie qui profite surtout au parti socialiste qui passe de 16,53 % des suffrages en 1967 à 20 % ; le PCF demeure le premier parti de gauche, mais son pourcentage reste sensiblement le même qu'en 1967 (21,3 % des suffrages exprimés).

11 mars : Second tour des élections législatives. La majorité obtient 275 sièges sur 473 (contre 372 en 1968). L'UDR a subi un recul tout en restant le parti dominant (183 sièges au lieu de 273), les Républicains indépendants 54 sièges, le Centre démocratie et progrès 23 sièges. La gauche conforte ses positions avec 176 députés contre 91 en 1968.

15 mars : Nouvelles manifestations lycéennes contre la « loi Debré », la suppression des sursis longs est particulièrement contestée. L'agitation dans les lycées se double d'une contestation étudiante suite aux projets de réforme du 1er cycle avec la création de nouveaux diplômes DEUG.

20 mars : Grève des cours dans les lycées parisiens et un grand nombre de lycées en province ainsi que dans les universités.

21-22 mars : Manifestations lycéennes et étudiantes à l'appel de l'UNCAL, des jeunesses communistes et socialistes. L'agitation se poursuit jusqu'aux vacances de Pâques.

23 mars : Jacques Chaban-Delmas renonce à se présenter à la présidence de l'Assemblée nationale à cause des chances d'Edgar Faure soutenu par l'Élysée.

2 avril : Edgar Faure est élu président de l'Assemblée nationale au premier tour par 274 voix contre Pierre Mauroy, candidat de la gauche.

LE DEUXIÈME GOUVERNEMENT MESSMER

3 avril : Constitution du deuxième gouvernement Messmer. Michel Debré est démissionnaire et ne revient pas au gouvernement. Michel Jobert[1], proche de Georges Pompidou, est nommé ministre des Affaires étrangères, Maurice Druon, académicien, obtient les Affaires culturelles, Michel Poniatowski est à la Santé publique et Jean Royer[2] au Commerce et à l'Artisanat.

12 avril : Le gouvernement engage la responsabilité sur son programme ; la confiance est votée par 254 voix contre 206.

25 avril : Pierre Messmer inaugure le périphérique parisien.

2 mai : Devant le bureau de l'Assemblée, Georges Pompidou confirme son désir de faire voter une réforme constitutionnelle réduisant le mandat présidentiel à cinq ans.

LA LOI NEUWIRTH[3]

5 mai : Manifestations en faveur de la liberté de l'avortement. Congrès de l'association « Laissez-les vivre ».

1. Jobert Michel, né en 1921. Énarque, auditeur puis conseiller référendaire à la Cour des comptes en 1953, Michel Jobert est membre de plusieurs cabinets ministériels sous la IVe République. Il est ensuite directeur de cabinet de Robert Lecourt en 1959-1961, directeur adjoint puis directeur du cabinet de Georges Pompidou jusqu'en 1968, secrétaire général à la présidence de la République entre 1969 et 1973. Georges Pompidou le nomme alors ministre des Affaires étrangères jusqu'en 1974, date à laquelle il est réintégré à la Cour des comptes jusqu'en 1981. Il est alors ministre du Commerce extérieur entre 1981 et 1983 sous la présidence de François Mitterrand. En 1974, il a fondé le Mouvement des démocrates. Il est l'auteur de plusieurs ouvrages politiques et littéraires tels que *Mémoires d'avenir* en 1974, *l'Autre Regard* en 1976, *la Rivière aux grenades* en 1982, *Maghreb, à l'ombre de ses mains*, 1985 et *Journal immédiat... et pour une petite éternité*, 1987.

2. Royer Jean, né en 1920. Jean Royer est instituteur de 1945 à 1954 puis professeur au cours complémentaire Michelet à Tours de 1954 à 1958 tout en étant l'élu de sa région. Délégué du RPF d'Indre-et-Loire entre 1947 et 1951, il est élu député non inscrit d'Indre-et-Loire en 1958, réélu en 1962, 1967, 1968 et 1973, date à laquelle il entre au gouvernement Messmer comme ministre du Commerce et de l'Artisanat jusqu'en 1974. Il se fait alors le défenseur des commerçants indépendants face à la concurrence des grandes surfaces. Il est également ministre des Postes en 1974 puis réélu député de Tours en 1976, 1978, 1981, 1986 et 1988.

3. Neuwirth Lucien, né en 1924. D'origine stéphanoise, Lucien Neuwirth est conseiller municipal RPF puis UDR de sa ville entre 1947 et 1965. En 1958, il

8 mai : Arrestation du Dr Annie Ferrey-Martin inculpée d'avortement d'une lycéenne de 17 ans.

11 mai : Débat au Parlement sur la loi Neuwirth ; il suscite les passions des partisans et opposants à l'avortement et la division de la majorité.

21 mai : Valéry Giscard d'Estaing abandonne la présidence des Républicains indépendants sur la demande de Georges Pompidou.

Échec à Kourou en Guyane de la fusée Diamant B chargée de la mise en orbite des satellites Castor et Pollux.

31 mai-1er juin : Entretiens Georges Pompidou-Richard Nixon à Reykjavik.

3 juin : Au salon de l'Aéronautique du Bourget, accident d'un appareil soviétique sur la commune de Goussainville : 6 aviateurs et 7 civils tués.

5 juin : Georges Pompidou fait savoir qu'il réduit ses activités suite à une série de refroidissements. Son état de santé suscite rumeurs et démentis.

6 juin : Le gouvernement adopte le projet de loi sur l'interruption de grossesse présenté par Lucien Neuwirth (UDR). Le projet autorise l'interruption de grossesse lorsqu'il y a menace pour la santé physique, morale ou psychique de la mère. Le projet ne fait pas l'unanimité au sein de l'UDR.

14 juin : Jacques Dominati, président du conseil de Paris.

---

a été membre du comité de salut public d'Algérie et du Sahara et représentant permanent en Algérie de Jacques Soustelle, ministre de l'Information, de juin à novembre 1958. Ses responsabilités parlementaires sont multiples. Député de la Loire entre 1958 et 1981, il est secrétaire général du groupe UDR à l'Assemblée nationale de 1959 à 1962 puis questeur de cette même assemblée jusqu'en 1975. Il préside également l'Amicale parlementaire des PME depuis 1976. Il est élu sénateur de la Loire depuis 1983. Auteur de la loi sur la régulation des naissances, il est membre depuis 1974 du conseil supérieur de l'information sexuelle, de la régulation des naissances et de l'éducation familiale.

L'USINE LIP

18 juin : Les ouvriers grévistes de l'usine Lip à Besançon s'organisent pour s'autogérer. Christian Piaget, responsable CFDT, devient un « PDG sauvage ».

22-24 juin : Au congrès du parti socialiste, François Mitterrand déclare : « Ayons notre langage propre. Nous ne disons pas que le parti socialiste doit passer avant la liberté, la démocratie ou même l'union populaire, mais, en ce qui concerne les organisations politiques, nous devons faire du parti socialiste le premier parti de France. » Il est réélu premier secrétaire à l'unanimité moins 7 abstentions.

28 juin : Suite à des incidents violents le 21, le gouvernement dissout Ordre nouveau et la Ligue communiste.

Augmentation du SMIG (1 000 francs par mois).

4 juillet : Accord Unidata signé entre la CII (France), Siemens et Philips (RFA), ce qui inaugure une politique européenne de l'informatique.

10 juillet : Dans un article publié par *la Nation*, Michel Debré critique la politique économique du gouvernement en dénonçant notamment la « surinflation ».

11 juillet : Accident près d'Orly d'un Boeing brésilien : 122 morts.

23 juillet : Une circulaire ministérielle introduit l'éducation sexuelle dans l'enseignement secondaire.

31 juillet : Le tribunal de commerce de Besançon ordonne la liquidation de Lip.

1er août : Le ministre Jean Charbonnel[4] propose un plan de

4. Charbonnel Jean, né en 1927. Normalien, agrégé d'histoire, énarque, Jean Charbonnel devient auditeur à la Cour des comptes en 1956 et maître de conférences à l'Institut d'études politiques de Paris. Il entre ensuite dans des cabinets ministériels comme conseiller technique puis se fait élire député UNR de la Corrèze entre 1962 et 1966, 1968-1972. Il est à nouveau député RPR, cette fois de la Corrèze, en mars 1986, réélu en juin 1988. Il est maire de Brive depuis

redémarrage qui suscite l'hostilité des syndicats car il prévoit des licenciements. Henri Giraud est chargé de négocier la mise en œuvre d'un plan.

14 août : Évacuation par la police de l'usine Lip au moment où Henri Giraud, désigné par le gouvernement, poursuit les négociations ; des affrontements nocturnes auront lieu les 15, 16 et 17.

15 août : Arrestation à proximité de l'usine Lip de trois journalistes de l'AFP et du *Progrès de Lyon*. Protestation du syndicat des journalistes.

20 août : Arrêt de travail à l'AFP consécutive à l'affaire Lip.

25 août : A Marseille, Salah Bougrine, travailleur algérien, assassine un conducteur d'autobus dans un accès de folie. Ce meurtre déclenche une campagne raciste ; le gouvernement d'Alger suspend l'émigration vers la France.

25-26 août : 50 à 60 000 personnes manifestent sur le plateau du Larzac.

29 août : Découverte d'une fraude sur les vins de Bordeaux.

5 septembre : Georges Séguy, secrétaire général de la CGT et membre du bureau politique du PCF déclare : « Il n'est pas exclu que le développement des luttes ouvrières crée une situation propice aux changements politiques pour lesquels nous combattons, et que, sans attendre une échéance électorale décisive, une volonté majoritaire de notre peuple porte légalement la gauche au pouvoir. »

5 septembre : 5 Palestiniens prennent 11 otages à l'ambassade d'Arabie saoudite à Paris ; ils quittent la France le 6 après avoir libéré les otages français, le 8 ils libèrent les autres otages et se rendent aux autorités du Koweit.

1966. Il a occupé des fonctions importantes au sein des partis politiques : entre 1968 et 1971, il est secrétaire général adjoint de l'UDR. En 1976, il préside la Fédération des républicains de progrès. Entre 1980 et 1981, il est délégué général du RPR. Il occupe des fonctions ministérielles comme secrétaire d'État aux Affaires étrangères entre 1966 et 1967, ministre du Développement industriel et scientifique entre 1972 et 1974.

11-17 septembre : Voyage de Georges Pompidou en Chine.

23-30 septembre : Les résultats des élections cantonales confirment la tendance des élections législatives : maintien de la majorité et progression de la gauche ; fort taux d'abstentions, près de 45 %.

L'ÉTAT DE SANTÉ DU PRÉSIDENT

27 septembre : De retour de Chine, Georges Pompidou tient une conférence de presse très attendue à cause des rumeurs sur son état de santé. « Je suis prêt, dit-il, à mettre mes capacités au service du peuple français aussi longtemps qu'il le voudra bien et que je le pourrai. »

6 octobre : Début de la guerre du Kippour ; le nouveau conflit israélo-arabe suscite des réactions telles que celle de Michel Jobert qui déclare : « Est-ce que tenter de remettre les pieds chez soi constitue forcément une agression imprévue ? » Cette phrase suscite des remous, et le gouvernement affirme sa neutralité dans le conflit qui débouche sur une crise pétrolière de longue durée.

Alexandre Sanguinetti est élu secrétaire général de l'UDR.

9 octobre : Rupture des négociations dans l'usine Lip.

16 octobre : L'Assemblée puis le Sénat votent la réduction à cinq ans du mandat présidentiel, mais Georges Pompidou veut se donner le temps de la réflexion avant de convoquer le Parlement qui doit voter cette réforme constitutionnelle à la majorité des 3/5.

19 octobre : L'Assemblée nationale vote la loi Royer à l'unanimité des votants, mais 188 députés s'abstiennent. Jean Royer, ministre du Commerce et de l'Artisanat, propose un nouvel équilibre entre le petit commerce et les grandes surfaces. Il prévoit à terme l'alignement du régime fiscal des travailleurs indépendants et des salariés, une réforme de la patente et une réglementation de la concurrence. Pendant l'été, il a fait un tour de France pour expliquer ses projets aux petits commerçants auprès desquels il a reçu un accueil favorable. On parle même du « royérisme ».

Les discussions à l'Assemblée ont porté sur la composition des commissions départementales d'urbanisme commercial ; l'amendement Poperen, adopté le 11 octobre, diminue la représentation des petits commerçants, ce qui suscite la colère de Jean Royer mais aussi des commerçants du CIDUNATI. Finalement, un compromis est trouvé, calme les esprits et emporte le vote.

23 octobre : Remaniement ministériel ; Philippe Malaud est à la Fonction publique, Jean-Philippe Lecat[5] lui succède à l'Information.

Arthur Conte est limogé de son poste de PDG de l'ORTF ; Marceau Long lui succède.

8 novembre : Grève des détaillants des fruits et légumes suivie d'une grève générale des commerçants le 15.

22 novembre : Valéry Giscard d'Estaing aménage la taxation des prix alimentaires.

23-25 novembre : Séjour en France du colonel Kadhafi.

3 décembre : Une pose de micros est découverte au *Canard enchaîné*, « Watergaffe » titre le journal.

L'Assemblée nationale débat du problème des écoutes téléphoniques le 7. La presse réagit avec vigueur contre les pratiques gouvernementales.

5 décembre : Pierre Messmer déclare à la télévision : « En 1974, nous risquons d'avoir à nous battre contre un monstre à deux têtes... Le chômage et la vie chère. »

6 décembre : Grève générale en France.

---

5. Lecat Jean-Philippe, né en 1935. Énarque, Jean-Philippe Lecat entre au Conseil d'État comme auditeur en 1963. Il est chargé de mission au cabinet de Georges Pompidou entre 1966 et 1968, porte-parole du gouvernement entre 1972 et 1973, secrétaire d'État à l'Économie et aux Finances, ministre de l'Information en mars-mai 1974, chargé de mission auprès de Valéry Giscard d'Estaing, président de la République, entre 1976 et 1978 et ministre de la Culture et de la Communication entre 1978 et 1981. Lorsqu'il n'occupe pas des fonctions ministérielles, Jean-Philippe Lecat est député de la Côte-d'Or.

14 décembre : Un attentat au consulat d'Algérie à Marseille fait 4 morts et 22 blessés.

17 décembre : A Europe 1, Pierre Messmer minimise les conséquences de la crise pétrolière ; le 16 octobre, l'OPEP avait augmenté unilatéralement le prix du brut de 70 %.

20 décembre : Dans un entretien télévisé avec Jean-Marie Cavada, Georges Pompidou déclare : « Ce ne sera pas non plus une année catastrophique comme un certain nombre de gens le prédisent », et il renouvelle sa confiance en Pierre Messmer.

L'Assemblée nationale vote définitivement la « loi Royer ».

RUBRIQUE ARTISTIQUE

LITTÉRATURE

Les prix

Goncourt	Jacques Chessex	*L'Ogre*
Renaudot	Susanne Prou	*La Terrasse des Bernardini*
Femina	Michel Dard	*Juan Maldonne*
Interallié	Lucien Bodard	*Monsieur le consul*
Médicis	Tony Duvert	*Paysage de fantaisie*
Médicis étranger	Milan Kundera	*La Vie est ailleurs*
Académie française	Michel Déon	*Un taxi mauve*
Nobel	Patrick White (Australie)	

Les succès

Guy des Cars	*Le Donneur*
Jean Carrière	*L'Épervier de Maheu*
Christine de Rivoyre	*Boy*

CINÉMA

Les prix

Cannes	Alain Bridges	*La Méprise*
	Jerry Schatzberg	*L'Épouvantail*
Louis-Delluc	Bertrand Tavernier	*L'Horloger de Saint-Paul*

Les succès

Ingmar Bergman	*Cris et Chuchotements*
Gérard Oury	*Les Aventures de Rabi Jacob*
Norman Jewison	*Jésus-Christ superstar*
François Truffaut	*La Nuit américaine*
Jean Yanne	*Moi y en a vouloir des sous*

THÉÂTRE

juillet	Jacques Audiberti	*Cavalier seul* (festival d'Avignon)
novembre	Jean Anouilh	*La Valse des toréadors* (Comédie des Champs-Élysées)

1973

DANSE ET MUSIQUE

Succès d'*Orphée et Eurydice* de C.W. Glück dirigé par le chorégraphe G. Balanchine.
La Traviata de Verdi mise en scène par Maurice Béjart aux Champs-Élysées.
28 février : Rolf Liebermann, directeur de l'Opéra de Paris.

CHANSONS ET VARIÉTÉS

Succès de Georges Brassens à Bobino.
Michel Polnareff, Michel Fugain et le Big Bazar à l'Olympia.
Michel Sardou chante *la Maladie d'amour*.
Serge Lama chante *les Petites Femmes de Pigalle*.
Premiers succès d'Alain Souchon avec *l'Amour 1830*.

Mort de Fernand Raynaud.

PRESSE, TÉLÉVISION

Philippe Gavi, Serge July, Jean-Paul Sartre présentent *Libération* à la presse.
Succès des *Thibault* de Roger Martin du Gard, réalisation d'Alain Boudet.

EXPOSITIONS

Orangerie	Soutine
	Braque
Petit-Palais	Pompéi
	Trésors d'art chinois

RUBRIQUE SPORTIVE

AUTOMOBILE

Vingt-Quatre Heures du Mans Henri Pescarolo et Gérard Larousse sur Matra.

CYCLISME

Tour de France	Luis Ocana.

ESCRIME

Christian Noël, champion du monde de fleuret individuel.

FOOTBALL

Championnat de France	Nantes
Coupe de France	Lyon bat Nantes 2-1

NATATION

Michel Rousseau, vice-champion du monde.

RUGBY A XV

Tournoi des Cinq Nations	Angleterre, Écosse, France, Galles et Irlande ex-æquo avec 4 pts
Coupe de France	ST Tarbes bat US Dax 18-12 (9-3)

SKI

8 décembre : Maurice Martel, président de la Fédération française de ski, annonce l'exclusion de plusieurs skieurs, Henri Duvillard, Patrick Russel, Jean-Noël Auger, Roger Rossat-Mignot, Ingrid et Britt Lafforgue ; cette mesure est consécutive aux mauvais résultats du ski français.

Mort accidentelle de François Bonlieu, ex-champion de ski.

TENNIS

Roland-Garros	Simple messieurs : Nastase bat Pilic 6-3, 6-3, 6-0 Simple dames : Smith-Court bat Evert

1974

MOROSITÉ ET INCERTITUDES

4 janvier : A la cérémonie des vœux du corps diplomatique, Georges Pompidou déclare : « Nous sommes entrés dans l'ère des incertitudes. »

7 janvier : Antoine Pinay, dans une interview à *France-Soir*, déclare : « On n'est pas gouverné... Les révolutions viennent toujours des excès de l'Administration. » Le médiateur nuance ses propos le soir même : « J'ai dit que, dans la situation actuelle, il était nécessaire que le gouvernement fasse preuve d'énergie et de fermeté. » Le lendemain, il ajoute : « Je n'attaque pas le gouvernement pas plus que je ne le juge. Ce serait une infamie sans nom. »

9 janvier : Jean Lecanuet, dans un article au *Monde*, lance un appel en faveur « d'un programme minimum et un gouvernement de salut public ».

19 janvier : Le Conseil des ministres décide du flottement du franc pendant six mois ; le 24 janvier, à Poitiers, Georges Pompidou explique que cette mesure est prise pour « devancer l'événement » et en appelle à l'effort général.

La presse s'interroge sur les traits tirés du président de la République.

25 janvier : Une motion de censure contre la politique économique déposée par les partis de gauche obtient 208 voix grâce au ralliement de 28 des 34 députés réformateurs.

30 janvier : Dissolution de quatre mouvements autonomistes : le mouvement basque Enbata, le Front de libération de la Bretagne et un autre mouvement breton, et le Front paysan corse de libération.

1er février : Suite à la parution de *l'Archipel du Goulag* de Soljenitsyne, le bureau du PCF dénonce « les professionnels de l'antisoviétisme ».

4 février : *L'Express* annonce le successeur de Pierre Messmer en la personne de Valéry Giscard d'Estaing qui apporte un démenti.

7 février : Un communiqué de l'Élysée parle d'une « infection grippale » qui toucherait le président de la République.

11 février : Conférence de Washington qui réunit les représentants des pays industriels consommateurs, dont la France avec Michel Jobert, ministre des Affaires étrangères.

14 février : Dans la nuit du 13 au 14, le Front de libération de la Bretagne fait sauter le pylône de l'émetteur de l'ORTF à Roc-Trédudon (Finistère).

14-15 février : Troubles en Martinique entre grévistes et forces de l'ordre ; un ouvrier agricole est tué.

27 février : Constitution du 3e gouvernement Messmer. Denis Baudoin, délégué général à l'Information, déclare : « La décision de la démission puis de la renomination de M. Messmer a été voulue par le président de la République pour mettre fin à toute une série de bruits, qui, il faut bien le dire, finissaient par empoisonner la vie politique française. » Pierre Messmer était en effet contesté ; la presse comprend mal cette renomination.

1er mars : Composition du gouvernement Pierre Messmer. Aucune personnalité nouvelle et cinq départs : Jean Charbonnel, Maurice Druon, Philippe Malaud, Robert Poujade et Bernard Stasi[1].

Jean Royer quitte le Commerce et l'Artisanat pour les PTT, Jacques Chirac quitte l'Agriculture pour l'Intérieur et Raymond Marcellin prend l'Agriculture et laisse l'Intérieur.

3 mars : Un DC 10 de la compagnie Turkish Airlines s'écrase dans la forêt d'Ermenonville et provoque la mort de 345 personnes. La fermeture de la porte de soute était défectueuse.

19 mars : Jugement du procès de la Garantie foncière : Robert Frenkel est condamné à 7 ans de prison dont 30 mois avec sursis, André Rives-Henrys à 30 mois dont 20 avec sursis.

LA MORT D'UN PRÉSIDENT

25 mars : Le voyage de Georges Pompidou au Japon est ajourné ; déjà, au cours de son voyage en URSS, un dîner officiel avait été annulé le 12 ; il en est de même de plusieurs autres dîners officiels en France. La presse tout entière s'interroge, et l'état de santé du président de la République devient le sujet de préoccupations des milieux politiques.

27 mars : Tout en se défendant de porter un désaveu à son prédécesseur, Raymond Marcellin, Jacques Chirac opère une réorganisation du ministère de l'Intérieur.

2 avril : Une dépêche de l'AFP annonce à 21 h 58 : « Le président de la République est décédé le 2 avril 1974 à 21 heures. »

1. Stasi Bernard, né en 1930. Après l'ENA, Bernard Stasi est chef de cabinet du préfet d'Alger en 1959, puis il entre dans les cabinets ministériels. Il est nommé ministre des Départements et Territoires d'outre-mer en 1973-1974. Il est élu député de la Marne depuis 1968, réélu depuis en juin 1988 sous l'étiquette UDF. Il est maire d'Épernay entre 1970 et 1977 et depuis 1983. Entre 1969 et 1975, il a été vice-président du CDP, premier vice-président du Centre des démocrates sociaux depuis 1984.

3 avril : Conformément à la Constitution, Alain Poher, président du Sénat, assure l'intérim. Après un hommage unanime rendu à Georges Pompidou, les raisons de son maintien à la présidence alors qu'il se savait malade suscitent des interrogations.

IV

LE GISCARDISME

avril 1974 - mai 1981

Élu troisième président de la Ve République avec 50,8 % des suffrages exprimés, Valéry Giscard d'Estaing déclare le jour de son installation à l'Élysée : « De ce jour date une ère nouvelle de la politique française... » Ce nouveau septennat se veut en effet celui du changement et de la modernité.

La campagne électorale, déjà, fut marquée par une médiatisation importante symbolisée par le débat télévisé du 10 mai, à 20 h 30, qui opposa les deux adversaires du second tour, Valéry Giscard d'Estaing qui, à droite, avait supplanté Jacques Chaban-Delmas, et François Mitterrand, candidat unique de la gauche.

L'arrivée au pouvoir de Valéry Giscard d'Estaing marque aussi l'échec des gaullistes orthodoxes qui ont dû se rallier à l'auteur du « oui mais » au général de Gaulle. Jeune Président, Valéry Giscard d'Estaing incarne également un nouveau style qui se veut plus accessible et moins protocolaire. En témoignent ses visites aux éboueurs de Paris ou chez une famille de Français moyens, démarches qui ont pu prêter à sourire. Les séminaires de réflexion du gouvernement à Rambouillet, les émissions télévisées « Une heure avec le président de la République », les écrits de Valéry Giscard d'Estaing contribuent à donner de lui l'image d'un Président d'une grande intelligence qui veut « décrisper la politique ».

Mais la politique a ses impératifs et il lui sera difficile de passer outre à ses contingences. Si l'UDF bénéficie de la dynamique présidentielle, le RPR, dirigé par Jacques Chirac, son Premier ministre, lui mène la vie dure. En mars 1977, Jacques Chirac conquiert la mairie de Paris en battant le candidat présidentiel Michel d'Ornano[1]. L'opposition, par contre, paraît moins dangereuse ; la rupture de l'union de la gauche consommée en septembre 1977, l'échec de la gauche aux législatives de mars 1978 et les tentatives malheureuses de Michel Rocard sont autant d'exemples de ses difficultés après l'échec de François Mitterrand en 1974. Malgré cela, le candidat socialiste profite des échecs du giscardisme ébranlé par la crise économique consécutive aux chocs pétroliers de 1973 et que ne peut résoudre le Pr Barre[2], Premier ministre à partir de 1976, et lézardé par les coups que lui porte le RPR. La fin du septennat est marquée par la contestation croissante et par des scandales politico-financiers qui font oublier les réformes sociales.

1. Ornano, comte Michel d', né en 1924. Michel d'Ornano fait une carrière locale en Normandie : il est élu député du Calvados entre 1967 et 1974, puis en 1978, en 1981, 1986, 1988, maire de Deauville de 1962 à 1977, président du conseil général du Calvados, président du conseil régional de Basse-Normandie en 1974, en 1983 et 1986. Il a présidé le groupe des Républicains indépendants à l'Assemblée nationale de 1973 à 1974. Il occupe également plusieurs fonctions ministérielles comme ministre de l'Industrie et de la Recherche de 1974 à 1977, ministre de la Culture de 1977 à 1978 et ministre de l'Environnement de 1978 à 1981.

2. Barre Raymond, né en 1924. Agrégé de droit et diplômé de l'Institut d'études politiques de Paris, Raymond Barre commence une carrière de professeur à l'université de Caen en 1950 puis de Paris en 1963, ainsi qu'à l'Institut d'études politiques. Jean-Marcel Jeanneney, ministre de l'Industrie, l'appelle comme directeur de cabinet entre 1959 et 1962. Après avoir occupé des postes au Plan et dans le Marché commun, Raymond Barre est nommé ministre du Commerce extérieur de janvier à août 1976. Valéry Giscard d'Estaing le nomme Premier ministre ; il y reste jusqu'en 1981. Il se présente aux élections présidentielles de 1988 mais il n'est pas élu. Il fait également une carrière locale dans la région du Rhône : il est député du Rhône apparenté UDF en 1978, 1981, 1986 et 1988. Raymond Barre est l'auteur de plusieurs ouvrages : *Économie politique* est un ouvrage de référence dans l'enseignement supérieur, *Une politique pour l'avenir* en 1982, *Réflexions pour demain* en 1984, *Question de confiance* en 1987 et *Au tournant du siècle* en 1988.

1974

L'ÉLECTION PRÉSIDENTIELLE

4 avril : Alors que Georges Pompidou est inhumé à Orvilliers, Jacques Chaban-Delmas annonce sa candidature. Cette précipitation a pour but de devancer les candidatures d'Edgar Faure et de Pierre Messmer.

5 avril : Edgar Faure annonce sa candidature, estimant pouvoir rassembler une majorité allant d'une partie de l'UDR au parti radical.

6 avril : Deuil national et cérémonie à Notre-Dame à laquelle participent 50 chefs d'État et de gouvernement.

8 avril : A Chamalières, Valéry Giscard d'Estaing annonce sa candidature.

François Mitterrand s'impose comme le candidat unique de la gauche communiste, socialiste et radicale. La majorité du PSU se rallie à sa candidature. Alain Krivine est le candidat du Front communiste révolutionnaire (Rouge).

9 avril : Pierre Messmer déclare : « Je suis résolu à me présenter aux suffrages des Français si ces candidats se retirent. Je le leur demande. »

Edgar Faure, qui ne bénéficie pas des soutiens qu'il escomptait, retire sa candidature.

A 17 h 45 : Pierre Messmer déclare : « Les conditions posées n'étant pas réunies, j'ai décidé de ne pas poser ma candidature à la présidence de la République. Ma décision est irrévocable. »

René Dumont est le candidat des écologistes.

10 avril : Dislocation du Mouvement réformateur sur une candidature centriste. Jean Lecanuet apporte son soutien à Valéry Giscard d'Estaing. Le Mouvement socialiste et démocrate de France décide de présenter son candidat, Émile Muller, député maire de Mulhouse.

11 avril : Jean Royer décide de poser sa candidature.

13 avril : 39 députés UDR conduits par Jacques Chirac se prononcent pour l'union de la majorité.

18 avril : Le Conseil constitutionnel fait état de douze candidatures recevables : Jacques Chaban-Delmas, René Dumont, Valéry Giscard d'Estaing, Guy Héraud (fédéraliste européen), Alain Krivine, Arlette Laguillier, Jean-Marie Le Pen (président du Front national, Jean-Marie Le Pen est le candidat de la droite « nationale et populaire »), François Mitterrand, Émile Muller, Bertrand Renouvin, Jean Royer, Jean-Claude Sebag (fédéraliste européen).

29 avril : Après une campagne animée marquée par l'opposition entre Jacques Chaban-Delmas et Valéry Giscard d'Estaing, les sondages confirment une avance de plus en plus forte du second sur le premier. Jacques Chirac et une quarantaine de députés UDR se prononcent en faveur de Giscard d'Estaing. La campagne se termine par l'émision Face à Face sur Europe 1 qui oppose Valéry Giscard d'Estaing à François Mitterrand, le 25 avril.

5 mai : Premier tour de l'élection présidentielle :

Abstentions	15,77 %
F. Mitterrand	43,24 %
V. Giscard d'Estaing	32,60 %
J. Chaban-Delmas	15,10 %
J. Royer	3,17 %

A. Laguillier 2,33 %
R. Dumont 1,32 %
J.-M. Le Pen 0,74 %
E. Muller 0,69 %
A. Krivine 0,36 %

La gauche réalise son meilleur score de la Ve République (47,5 % des suffrages exprimés). Alain Krivine et Arlette Laguillier font voter non à Valéry Giscard d'Estaing ; celui-ci obtient le ralliement très réservé de Jacques Chaban-Delmas et très net de Jean Royer, Jean-Marie Le Pen et Émile Muller.

10 mai : Débat télévisé à 20 h 30 qui oppose les deux candidats du second tour, Valéry Giscard d'Estaing et François Mitterrand, et qui est suivi par environ 30 millions de téléspectateurs.

19 mai : Résultats du second tour.
Abstentions : 12,7 %
Blancs ou nuls : 1,2 %

	voix	suffr. expr.	inscrits
Valéry Giscard d'Estaing	13 396 203	50,8 %	43,8 %
François Mitterrand	12 971 604	49,2 %	42,4 %

27 mai : Installation officielle de Valéry Giscard d'Estaing qui déclare : « De ce jour date une ère nouvelle de la politique française... C'est moi qui conduirai le changement. Mais je ne le conduirai pas seul. »

Le protocole est allégé ; le président de la République remonte les Champs-Élysées à pied et non en voiture.

LE GOUVERNEMENT CHIRAC

27 mai : Jacques Chirac est nommé Premier ministre. L'UDR est bien moins représentée que sous le gouvernement précédent à l'avantage des centristes. Jean-Jacques Servan-Schreiber entre au gouvernement comme ministre des Réformes, Jean Lecanuet est garde des Sceaux, Pierre Abelin ministre de la Coopération, Michel Durafour du Travail. Les Républicains indépendants sont également bien représentés avec Michel Poniatowski à l'Intérieur. Présence également de « techniciens » : Jean-Pierre Fourcade[1] aux Finances, René Haby[2] à l'Éducation nationale, Jean Sauvagnargues aux Affaires étrangères. Simone Veil[3] à la Santé est la première femme ministre de la Ve République.

6 juin : L'Assemblée nationale approuve par 297 voix contre 181 la déclaration de politique générale du gouvernement.

9 juin : Jean-Jacques Servan-Schreiber quitte le gouvernement suite à son désaccord sur les expériences nucléaires dans le Pacifique.

10 juin : Adoption par le Conseil des ministres d'un projet de loi avançant le droit de vote à 18 ans. Le vote est acquis par l'Assemblée nationale le 25 et par le Sénat le 28 juin.

12 juin : Valéry Giscard d'Estaing présente à la télévision une politique économique d'assainissement dit « plan de refroidisse-

---

1. Fourcade Jean-Pierre, né en 1929. Énarque, inspecteur des Finances, Jean-Pierre Fourcade est chargé de mission dans le cabinet de Valéry Giscard d'Estaing entre 1959 et 1962, puis il sera son directeur-adjoint de cabinet entre 1964 et 1966. Entre 1968 et 1970, il est directeur général du commerce intérieur et des prix, puis il administre plusieurs sociétés avant de devenir ministre de l'Économie et des Finances de 1974 à 1976, puis ministre de l'Équipement en 1976. Maire de Saint-Cloud depuis 1971, sénateur républicain puis UREI des Hauts-de-Seine depuis 1977, il préside la commission des Affaires sociales du Sénat depuis 1983. Il est vice-président de l'UDF de 1978 à 1986.

2. Haby René, né en 1919. Agrégé de géographie, René Haby commence sa carrière comme professeur d'histoire-géographie à Lons-le-Saunier, Toul, Nancy puis comme proviseur de lycées. Il est nommé directeur de l'enseignement au ministère de l'Éducation nationale (1962-1964) et inspecteur général de l'Instruction publique depuis 1963. François Missoffe, ministre de la Jeunesse, le prend comme directeur de son cabinet en 1966-1968 ; il est ensuite nommé recteur de l'académie de Clermont-Ferrand entre 1972 et 1974 avant d'être ministre de l'Éducation nationale entre 1974 et 1978. Il a également été élu député UDF de Meurthe-et-Moselle entre 1978 et 1986.

3. Veil Simone, née en 1927. Licenciée en droit et diplômée de l'Institut d'études politiques de Paris, Simone Veil commence sa carrière au ministère de la Justice avant d'être conseiller technique au cabinet de René Pleven, ministre de la Justice en 1969. Elle est secrétaire général du conseil supérieur de la magistrature en 1970 et membre du conseil d'administration de l'ORTF en 1972 lorsqu'elle devient la première femme ministre de la Ve République en 1974 avec le ministère de la Santé. Elle le demeurera jusqu'en 1979 et donnera son nom à la loi sur l'IVG. A partir de 1979, elle privilégie ses fonctions européennes. Élue au Parlement européen en juin 1979 puis réélue en juin 1984 et juin 1989, elle préside cette assemblée de 1979 à 1982.

ment ». En effet, Jean-Pierre Fourcade, ministre des Finances, donne priorité à la lutte contre l'inflation (hausse des prix + 15,2 % en 1974) consécutive de la hausse du prix du pétrole. Pour lutter contre la « surchauffe », les mesures prises, qui devraient être ponctuelles, sont classiques telles que les restrictions de crédit, le relèvement du taux d'escompte à 13 %, le contrôle renforcé des prix industriels et l'augmentation de la fiscalité pesant sur les entreprises ; le plan eut un succès mitigé et fut suivi par une politique de relance pendant l'année 1975 pour pondérer les effets du plan de refroidissement qui avait en fait révélé l'effondrement de la production et l'augmentation du chômage.

Mort d'André Marie[4], ancien président du Conseil.

19 juin : Le Conseil des ministres adopte un plan social (augmentation du SMIC, des allocations familiales, des pensions et retraites, mesures sur l'emploi des jeunes, les conditions de travail).

21 juin : Grève générale des techniciens de l'ORTF qui s'étend au personnel le 24.

24-26 juin : Visite du shah d'Iran en France : achat de 5 centrales nucléaires et d'un métro pour Téhéran.

25 juin : Le comité directeur des Républicains indépendants se prononce sur un renforcement des liens avec les centristes.

28 juin : Reprise du travail des fondeurs d'Usinor-Dunkerque après une grève consécutive à la mort d'un ouvrier le 17 juin dans un accident de travail et au *lock-out* touchant 1 700 personnes.

3 juillet : Le Conseil des ministres adopte une réforme de l'ORTF qui établit un régime concurrentiel entre trois chaînes qui se substituent à l'Office centralisé. Un établissement public d'État est chargé du service technique de la diffusion et une société nationale indépendante de la radiodiffusion. La 3e chaîne a une vocation régionale. Cette réforme suscite les critiques des partis d'opposition et des syndicats de l'Office. Le projet est discuté à l'Assemblée nationale le 23 juillet et au Sénat le 25.

---

4. Marie André (1897-1974). Cf biographie dans *la France contemporaine*, t. 1, *op. cit.*, p. 52.

9 juillet : Le paquebot *France* serait désarmé en octobre, provoquant le licenciement de 2 000 personnes.

11 juillet : Loi sur le divorce par consentement mutuel.

16 juillet : Françoise Giroud[5] est nommée secrétaire d'État à la Condition féminine.

18 juillet : Début de manifestations paysannes.

19 juillet : Une mutinerie à la prison de Clairvaux a fait deux morts et 15 blessés ; l'agitation s'étend dans la plupart des prisons.

28 juillet : Le Parlement adopte le projet de loi qui supprime l'ORTF.

4 août : Série d'incendies criminels en Corse.

Déraillement de l'express Caen-Rennes à Dol-de-Bretagne, qui fait 9 morts et 30 blessés.

7 août : Adoption de réformes pénales et pénitentiaires ; le 10, visite surprise du président de la République dans deux prisons lyonnaises.

10 septembre : Manifestation de soutien de 200 appelés d'un régiment d'artillerie de Draguignan. Les signataires de l'appel des « 100 du 12 juillet » demandant une amélioration des conditions de vie du contingent avaient été mutés ou mis aux arrêts.

11 septembre : Pour la première fois, le Conseil des ministres se réunit en province, à Lyon.

---

5. Giroud Françoise, née en 1916. Après des débuts au cinéma comme script et assistante, Françoise Giroud est directrice de la rédaction de *Elle* (1945-1953). Avec Jean-Jacques Servan-Schreiber, elle fonde *l'Express* dont elle devient directrice de la rédaction et de la publication. Depuis 1983 elle est éditorialiste au *Nouvel Observateur*, mais, entre-temps, elle a été secrétaire d'État à la Condition féminine de juillet 1974 à août 1976 et secrétaire d'État à la Culture d'août 1976 à mars 1977. Elle est l'auteur de plusieurs ouvrages politiques et de romans dont : *Si je mens* en 1972, *la Comédie du pouvoir* en 1977, *Ce que je crois* en 1978, *le Bon Plaisir* en 1982, *Alma Mahler ou l'art d'être aimée* en 1988 qui a remporté le grand prix littéraire de la Femme.

12 septembre : Occupation du paquebot *France* par l'équipage.

15 septembre : Attentat dirigé contre le drugstore Publicis à Saint-Germain-des-Prés : 2 morts, 34 blessés.

16 septembre : Poursuite des manifestations paysannes en France et en Europe pour réclamer une augmentation des prix de vente.

17 septembre : Dans une note transmise au président de la République et aux principaux ministres intéressés, le général Paul Stehlin, chef d'état-major écrit : « Le choix de l'avion français sera un grand succès pour la firme Dassault, mais une fois de plus coûtera cher à l'argent public français. » Le général Stehlin avait présenté la supériorité des avions de combat américains YF 16 et YF 17. Le Conseil des ministres décide de la mise en retraite anticipée du général Stehlin.

22 septembre : Les élections sénatoriales sont marquées par un renouvellement, un rajeunissement des élus et une poussée de la gauche.

30 septembre-6 octobre : Des élections partielles consacrent l'échec de la majorité ; Pierre Messmer et Olivier Guichard sont élus, mais Henri Torre, Yves Guéna, Jean-Philippe Lecat et Joseph Fontanet sont battus.

1er octobre : Jean-Jacques Servan-Schreiber annonce la transformation du parti radical socialiste en « parti radical socialiste et réformateur ».

3 octobre : Alain Poher est réélu président du Sénat.

6 octobre : Gérard Devouassoux meurt dans une avalanche dans l'Everest ; la mission rentre en France.

10 octobre : Le « Conseil de défense », présidé par Valéry Giscard d'Estaing, maintient le service national à 12 mois et augmente le budget de la défense pour permettre une amélioration de la condition militaire.

21 octobre : Le congrès à Versailles vote l'élargissement du droit de saisine du Conseil constitutionnel à une soixantaine de parlementaires. Jusqu'ici, le Conseil constitutionnel ne pouvait être saisi que par le président de la République, le Premier ministre, le président de l'Assemblée nationale et le Sénat.

22 octobre : Extension de la grève aux PTT qui avait débuté le 6 ; elle dure jusqu'au 2 décembre.

30 octobre : Non-lieu pour les époux Leroy dans l'affaire de Bruay-en-Artois.

L'INTERRUPTION VOLONTAIRE DE GROSSESSE

13-29 novembre : Débat sur l'avortement à l'Assemblée nationale (et dans tout le pays) ; la loi Veil sur l'interruption volontaire de grossesse est votée par 284 voix contre 189 grâce à l'apport d'une partie de l'opposition.

19 novembre : La grève générale suscitée par l'aggravation de la situation économique et sociale est un demi-échec. La grève a été suivie à 52 % à l'EGF, 40 % à la RATP, entre 60 et 80 % dans l'enseignement.

25 novembre : Grève à l'ORTF.

4 décembre : Séjour de Léonid Brejnev à Paris.

9-10 décembre : A Paris, première réunion du conseil européen des chefs d'État.

12 décembre : A l'appel de la CGT et de la CFDT, journée d'action pour la défense de l'emploi. Les statistiques montrent une progression de 51 % en un an des demandes d'emploi non satisfaites.

12-13 décembre : Le président Giscard d'Estaing en Guadeloupe et Martinique ; il y rencontre Gerald Ford du 14 au 16.

14-15 décembre : Alexandre Sanguinetti provoque la surprise générale au conseil national de l'UDR en proposant – avec succès

– de céder le secrétariat général à Jacques Chirac. Jacques Chaban-Delmas, qui n'a pas pardonné le soutien apporté par Jacques Chirac à Valéry Giscard d'Estaing, parle d'un « coup de force ».

18 décembre : Affaire des vins de Bordeaux ; les frères Cruse, accusés de vendre des vins du Midi sous l'appellation Bordeaux, sont désavoués par les négociants bordelais. Inculpation du courtier Pierre Bert et de Lionel Cruse.

20 décembre : Vote par le Parlement de la loi sur l'interruption volontaire de grossesse.

22 décembre : L'archipel des Comores s'est prononcé à 95 % pour l'indépendance par référendum ; à Mayotte le NON l'emporte avec 63,82 % des voix.

27 décembre : A Liévin, la mine a tué 42 personnes et fait 5 blessés.

RUBRIQUE ARTISTIQUE

LITTÉRATURE

Les prix

Goncourt	Pascal Lainé	*La Dentellière*
Renaudot	Georges Borgeaud	*Le Voyage à l'étranger*
Femina	René-Victor Pilhes	*L'Imprécateur*
Interallié	René Mauries	*Le Cap de la gitane*
Médicis	Dominique Fernandez	*Porporino*
Médicis étranger	Julio Cortazar	*Livre de Manuel*
Académie française	Kléber Haedens	*Adios*
Nobel	Harry Martinson et Eyvind Johnson (Suède)	

Les succès

Edmonde Charles-Roux	*L'Irrégulière*
François de Closets	*Le Bonheur en plus*
Norman Mailer	*Marilyn*
André Malraux	*La Tête d'obsidienne*
Jean d'Ormesson	*Au plaisir de Dieu*
Soljénitsyne	*L'Archipel du goulag*

CINÉMA

Les prix

Cannes	Francis Ford Coppola	*Conversation secrète*
Louis-Delluc	Claude Pinoteau	*La Gifle*

Mort de Marcel Pagnol, de Marcel Achard, de Francis Blanche.

THÉÂTRE

janvier	Shakespeare	*Périclès* (Comédie-Française)
octobre	Françoise Dorin	*Le Tube* (Antoine)

Grand prix national du théâtre : Jean-Louis Barrault.

DANSE ET MUSIQUE

Les *Vêpres siciliennes* de Verdi à l'Opéra.

PRESSE, TÉLÉVISION

janvier premier festival de la bande dessinée à Angoulême

1974

4 avril premier numéro du *Quotidien de Paris*
30 août *Combat*, dernier numéro

EXPOSITIONS

Grand-Palais Rétrospective Miro
Centenaire de l'impressionnisme
Jean Paulhan à travers ses peintres
De David à Delacroix

RUBRIQUE SPORTIVE

ATHLÉTISME

Championnat d'Europe à Rome victoire de Guy Drut (110 m haies).

CYCLISME

Tour de France Eddy Merckx (5e victoire).

Raymond Poulidor, sportif français le plus populaire.

FOOTBALL

Championnat de France et coupe de France Saint-Étienne, qui se qualifie par ailleurs pour les quarts de finale de la coupe d'Europe.

RUGBY A XV

Tournoi des Cinq Nations France 2e, 4 pts
Championnat de France AS Béziers bat RC Narbonne 16-14 (10-7)

SKI

Fabienne Serrat, championne du monde de slalom.

TENNIS

Roland-Garros Simple messieurs : Borg bat Orantès
Simple dames : Evert bat Morozova

1975

13 janvier : Les soldats du contingent défilent à Karlsruhe pour protester contre leurs conditions de vie.

16 janvier : Le Conseil constitutionnel rejette la requête en annulation de la loi sur l'interruption volontaire de grossesse déposée par 81 députés essentiellement de la majorité.

19 janvier : Attentat manqué à Orly contre un Boeing d'El-Al.

21 janvier : Création du Mouvement des démocrates sociaux.

LE NOUVEAU STYLE PRÉSIDENTIEL

22 janvier : Valéry Giscard d'Estaing dîne chez un couple de « Français moyens ».

23 janvier : L'allocution télévisée de Valéry Giscard d'Estaing présentant une situation économique relativement optimiste est critiquée par les syndicats.

27 janvier : Visite officielle du président égyptien Sadate à Paris.

31 janvier : Remaniement ministériel : Yvon Bourges, UDR, succède à Jacques Soufflet à la Défense ; Aymar Achille-Fould est nommé secrétaire d'État aux PTT, le général Bigeard[1] à la Défense nationale.

31 janvier-2 février : Le congrès des Républicains indépendants développe le thème de l'autonomie par rapport à l'UDR.

Congrès du parti socialiste : François Mitterrand doit à nouveau composer avec le parti communiste.

3-4 février : Sommet franco-allemand présidé par Helmut Schmidt et Valéry Giscard d'Estaing.

5 février : Le Conseil des ministres propose des projets de loi pour rétablir une égalité professionnelle entre hommes et femmes.

10 février : Georges Marchais qualifie François Mitterrand de « sûr de lui et dominateur ».

12 février : La réforme Haby « pour une modernisation du système éducatif » est présentée en Conseil des ministres. Elle suscite les réactions hostiles des syndicats. L'enseignement à deux vitesses, qui est le principe général de la réforme, fait craindre une discrimination entre les élèves. Dans le détail, l'allégement de certaines matières comme l'histoire-géographie mécontente les enseignants de cette discipline.

17 février : Organisation d'une assemblée générale des appelés à Nancy ; mise aux arrêts de plusieurs militaires.
17 février : La CGT et la CFDT organisent une action pour l'égalité des droits des immigrés.

22-23 février : Entretien Valéry Giscard d'Estaing-Juan Carlos à Chambord.

23 février : Jacques Chirac réélu secrétaire général de l'UDR.

---

1. Bigeard Marcel, né en 1916. L'entrée au gouvernement de cet officier au franc-parler fut remarquée. L'homme de Diên Biên Phû, général de corps d'armée en 1974, est resté peu de temps secrétaire d'État auprès du ministre de la Défense puisqu'il est démissionnaire en août 1976. Il est l'auteur de plusieurs ouvrages dont *Pour une parcelle de gloire* en 1975.

26 février : Visite de la ville nouvelle d'Évry par le président de la République.

27 février : Visite de Valéry Giscard d'Estaing à des travailleurs immigrés à Marseille. Il est accueilli par le maire Gaston Defferre.

28 février : Signature de la convention de Lomé entre les pays d'Afrique, des Caraïbes et du Pacifique, et la Communauté européenne.

28 février-2 mars : Réunion à Bordeaux du congrès du Mouvement des radicaux de gauche sous la présidence de Robert Fabre avec la participation des « gaullistes de progrès » dirigés par Jean Charbonnel, des gaullistes de gauche avec Léo Hamon et les plus jeunes partisans de Jacques Chaban-Delmas du « Mouvement du 2 mai ».

L'ANNÉE DE LA FEMME

1er mars : Au Palais des Congrès, Françoise Giroud et Valéry Giscard d'Estaing ouvrent les Journées internationales de la femme.

3 mars : Début d'un grave conflit chez Renault suite à des réductions d'horaires.

4 mars : Augmentation de l'allocation quotidienne aux soldats et attribution d'un voyage mensuel gratuit.

5-6 mars : Jean Lecanuet et Jean-Jacques Servan-Schreiber tentent de lancer la « Fédération des réformateurs ».

5-9 mars : Séjour de Valéry Giscard d'Estaing en République centrafricaine.

13 mars : Manifestations de lycéens pour protester contre la réforme Haby.

15 mars : Manifestations en faveur du Larzac.

15-16 mars : Rassemblement du Mouvement des démocrates animé par Michel Jobert.

17 mars : L'ambassadeur de France et 150 ressortissants français quittent Pnom Penh qui tombe un mois après le 17 avril. Victoire des communistes au Sud-Viêt-nam. Saïgon devient la ville Hô Chi Minh le 30 avril.

23 mars : Enlèvement de l'ambassadeur de France à Mogadiscio par 4 membres du Front de libération de Djibouti. La France accepte les conditions des ravisseurs et obtient la libération de l'ambassadeur le 28.

28 mars : Suite à de violentes manifestations des milieux viticoles, le gouvernement décide de suspendre les importations des vins italiens jusqu'au 28 avril.

2 avril : Accident de car transportant des touristes du 3e âge sur la côte de Laffray près de Vizille : 27 morts.

4-6 avril : Séminaire de Rambouillet qui réunit tous les membres du gouvernement dans le château présidentiel et qui a pour objectif sept thèmes de réflexion : la participation des citoyens, la réduction des inégalités, la réforme de la condition des travailleurs, l'amélioration de la situation des personnes âgées, le développement des équipements collectifs, des transports en commun et la politique culturelle.

8 avril : Appel des 100 000 lancé par le comité de soutien à l'armée.

Mort de Joseph Laniel[2], ancien président du Conseil.

10-12 avril : Visite historique de Valéry Giscard d'Estaing en Algérie ; le président Boumedienne souligne : « Il est difficile de penser que les relations entre la France et l'Algérie puissent être banales... nécessairement elles seront ou médiocres ou exceptionnelles. »

16 avril : Fin du conflit chez Renault après deux mois de grève.

---

2. Laniel Joseph (1898-1975). Cf biographie dans *la France contemporaine*, T. 1, *op. cit.*, p. 152.

LES EFFETS SOCIAUX DE LA CRISE ÉCONOMIQUE

23 avril : Le gouvernement prend des mesures pour relancer l'investissement et défendre l'emploi.

25 avril : Mort de Jacques Duclos.

28 avril : Jean-Pierre Fourcade, ministre de l'Industrie, déclare : « Je n'exclus pas que le million de chômeurs soit atteint cette année, mais je ne le pense pas. »

3-4 mai : Convention du PS où s'opposent majorité et CERES sur le problème de l'alliance avec le PCF.

6 mai : La Sécurité sociale rembourse les contraceptifs.

8 mai : Valéry Giscard d'Estaing propose aux chefs d'État étrangers de renoncer à la célébration de la victoire sur l'Allemagne au profit d'une journée du souvenir européen fixée au 11 novembre. Cette proposition suscite l'hostilité des anciens combattants.

12-17 mai : Visite en France de Deng Xiaoping, vice-président de la République populaire de Chine.

20 mai : Lancement d'un emprunt de 5 milliards pour l'investissement de l'emploi.

28 mai : Violents incidents autour du Parc des Princes à l'occasion du match Bayern-Leeds.

LA RÉVOLTE DES PROSTITUÉES

2 juin : Occupation de l'église Saint-Nizier, à Lyon, par les prostituées pour protester contre les amendes ; le mouvement s'étend à Paris et dans d'autres villes de province.

4 juin : L'Assemblée nationale vote le projet de loi sur le divorce par consentement mutuel par 381 voix contre 34 : 33 députés de la majorité ont voté contre, comme pour la loi Neuwirth sur l'avortement ; la loi est votée par le Sénat le 19 juin.

13 juin : Attentats dirigés contre les domiciles de Bernard Cabanes de l'AFP, homonyme du directeur du *Parisien libéré*, et d'André Bergeron, secrétaire général de FO ; Bernard Cabanes meurt des suites de ses blessures.

14-15 juin : Aux Assises de l'UDR, Jacques Chirac renonce à son poste de secrétaire, André Bord lui succède et Jacques Chirac devient secrétaire général d'honneur.
14-15 juin : Assises de la fédération des Réformateurs qui comprend : le Centre démocrate (Jean Lecanuet), le parti radical (Jean-Jacques Servan-Schreiber), le Centre républicain (Michel Durafour), le Mouvement démocrate socialiste de France (Max Lejeune), le Centre démocratie et progrès (Jacques Duhamel), le Mouvement progrès et libertés (Jacques Soustelle) ; sont également conviés les membres du Mouvement de la gauche réformatrice MGR qui ont tenté de se regrouper autour de Michel Durafour en janvier 1975.

17-20 juin : En visite officielle en Pologne, Valéry Giscard d'Estaing se rend à Auschwitz.

20 juin : Vote du projet de loi sur la réforme de l'enseignement par l'Assemblée nationale.

27-29 juin : Au congrès de la CGC, Yvan Charpentier succède à André Malterre à la présidence.

LA DÉCRISPATION

30 juin : Valéry Giscard d'Estaing déclare « il faut décrisper la politique ».

1er juillet : A Lyon, réunion des « états généraux » de la prostitution.

3 juillet : Le juge Renaud (juge d'instruction au tribunal de grande instance de Lyon) est assassiné à Lyon.

3 juillet-25 août : Conférence d'Helsinki qui réunit 33 États européens, les États-Unis et le Canada. Y est affirmée une politique internationale des droits de l'homme. Valéry Giscard d'Estaing avait proposé dans le discours de clôture « un code international de la détente ».

4 juillet : Jean-Jacques Servan-Schreiber quitte la présidence du parti radical ; Gabriel Péronnet lui succède.

6 juillet : Proclamation unilatérale de l'indépendance des Comores. L'île de Mayotte, profrançaise, refuse de prendre part au vote.

9 juillet : Valéry Giscard d'Estaing envoie un calendrier de réformes à Jacques Chirac.

11-12 juillet : Le gouvernement prend des mesures en faveur de la Corse, notamment un crédit exceptionnel de 25 millions pour l'aménagement du territoire.

13 juillet : En Auvergne, Valéry Giscard d'Estaing développe le thème de l'écologie et de la politique familiale, et reprend la thèse de la « décrispation ».

14 juillet : Reprise des relations diplomatiques entre la France et la Guinée ; libération de 17 Français prisonniers à Conakry.

20 juillet : Rentrée officielle du franc dans le serpent monétaire.

24-28 juillet : Voyage de Jacques Chirac en Roumanie.

25 juillet : Mort d'André Malterre, président honoraire de la CGC.

4 août : Mort de Benoît Frachon.

6 août : Grève parisienne du livre.

6-9 août : Voyage de Valéry Giscard d'Estaing au Zaïre. Fin des livraisons d'armes à l'Afrique du Sud.

LES TROUBLES EN CORSE

21-23 août : Deux gendarmes mobiles sont tués par balle pendant l'assaut d'un bâtiment où s'étaient retranchés des membres de l'Action pour la renaissance de la Corse, ARC. Arrestation de Edmond Siméoni, leader de l'ARC. Dissolution de l'ARC.

28 août : Nuit d'émeute à Bastia.

1er septembre : Grève générale en Corse organisée par le Comité anti-répression.

3 septembre : La CGT et la CFDT organisent l'opération « île morte » en Corse.

4 septembre : Le Conseil des ministres adopte le plan de relance présenté par Valéry Giscard d'Estaing comportant des mesures de soutien à l'économie, notamment le report de l'impôt sur les revenus des entreprises, des crédits pour la relance de la consommation, des allégements fiscaux pour l'investissement. Ce plan est adopté par l'Assemblée nationale, le 12, par 300 voix contre 182.

L'AFFAIRE CLAUSTRE

10 septembre : Interview de Mme Claustre à la télévision française, enlevée depuis le 21 avril 1974 par les rebelles Toubous de Tibesti. Un journaliste avait annoncé l'assassinat d'un négociateur, le commandant Galopin. Le 13 avril, le président Tombalbaye est renversé, mais la négociation ne fait aucun progrès et la vie de Mme Claustre est menacée.

18-19 septembre : Série d'attentats en Corse.

29 septembre : Le directeur de l'usine Huiles, Goudrons et Dérivés, filiale des Charbonnages de France, est incarcéré par le juge Patrice de Charette suite à l'accident d'un ouvrier de l'usine. L'affaire se politise et on parle de « juge rouge ».

3 octobre : Mort de Guy Mollet, ancien président du Conseil et secrétaire général de la SFIO.

Vote du projet de loi Mazeaud sur le développement de l'Éducation physique à l'école.

12 octobre : Aux élections législatives partielles de Chatellerault, Pierre Abelin, ministre de la Coopération, est mis en ballottage (49,41 % des voix). Édith Cresson[3] obtient 22,50 % des voix et le candidat communiste 21,40 % ; Pierre Abelin est élu au second tour, le 19 octobre, avec 52,60 % contre 47,39 % des suffrages à Édith Cresson.

14-19 octobre : Visite officielle de Valéry Giscard d'Estaing en URSS.

24 octobre : Valéry Giscard d'Estaing prend l'initiative d'une conférence au sommet sur les problèmes énergétiques.

31 octobre : Le gouvernement français autorise l'Organisation de libération de la Palestine, l'OLP, à ouvrir un bureau d'information et de liaison à Paris.

PERSISTANCE DU MALAISE DU CONTINGENT

5 novembre : Les appelés du 19e régiment du génie de Besançon créent une section syndicale en accord avec la CFDT locale ; à gauche, seul le PSU approuve cette initiative. Yvon Bourges, ministre de la Défense, entend faire respecter la neutralité politique et syndicale.

---

3. Cresson Édith, née en 1934. Diplômée de HEC-JF, Édith Cresson est la collaboratrice de Bernard Lafay, fondateur du Centre républicain. Elle est chargée de l'organisation des jeunes au PS en 1975. Sous la présidence de François Mitterrand, elle est nommée successivement ministre de l'Agriculture de 1981 à 1983, du Commerce extérieur et du Tourisme de 1983 à 1984, du Redéploiement industriel et du Commerce extérieur de 1984 à 1986, des Affaires européennes depuis 1988. Elle est maire de Thuré en 1977 et de Chatellerault depuis 1983, député socialiste de la Vienne en 1986, réélue en 1988.

8 novembre : A RTL, François Mitterrand déclare que, en cas de victoire de la gauche aux prochaines législatives, celle-ci devrait tenter de gouverner avec le président Giscard d'Estaing.

15-17 novembre : Sommet de Rambouillet qui réunit, d'une manière informelle et sur l'initiative de Valéry Giscard d'Estaing, Gerald Ford, Helmut Schmidt, Wilson, Aldo Moro, Miki pour réfléchir sur la crise économique.

22 novembre : Un nouveau syndicat d'appelés du contingent est créé à Chaumont.

27 novembre : La cour de sûreté de l'État ouvre une information judiciaire relative aux entreprises de démoralisation de l'armée.

29 novembre : 15 soldats du contingent de Besançon et de Cazeaux sont inculpés pour tentative de démoralisation de l'armée.

1er décembre : En visite à Rome pour le Conseil européen, Valéry Giscard d'Estaing est reçu par le pape.

23 décembre : En visite au Tchad, Roger Galley s'enquiert du sort de Mme Claustre.

28 décembre : Le recensement comptabilise 52 658 253 de Français.

RUBRIQUE ARTISTIQUE

LITTÉRATURE

Les prix

Goncourt	Émile Ajar	*La Vie devant soi*
Renaudot	Jean Joubert	*L'Homme de sable*
Femina	Claude Farragi	*Le Maître d'heure*
Interallié	Voldemar Lestienne	*L'Amant de poche*
Médicis	Jacques Almira	*Le Voyage à Naucratis*
Académie française	Henri Quéffelec	
Nobel	Eugenio Montale (Italie)	

Les succès

Lucien Bodard	*Le Fils du Consul*
Marie Cardinal	*Les Mots pour le dire*
Michel Déon	*Le Jeune Homme vert*
Emmanuel Le Roy-Ladurie	*Montaillou, village occitan*
Patrick Modiano	*Villa triste*

Mort de Gaston Gallimard.

CINÉMA

Les prix

Cannes	Lakhdar Hamina	*Chronique des années de braise* (Algérie)
Louis-Delluc	J.-C. Tacchella	*Cousin, cousine*

Les succès

Robert Altman	*Nashville*
Ingmar Bergman	*Scènes de la vie conjugale*
Jacques Doillon	*Un Sac de billes*
Marguerite Duras	*India song*
Werner Herzog	*L'Énigme de Gaspar Hauser*
Dino Risi	*Parfum de femme*
François Truffaut	*Histoire d'Adèle H*

THÉÂTRE

Le Théâtre d'Orsay avec Jean-Louis Barrault et Madeleine Renaud monte *Des journées entières dans les arbres* de Marguerite Duras et *C'est beau* de Nathalie Sarraute.

1975

Robert Hossein monte *le Cuirassé Potemkine* et *Des souris et des hommes*.

Grand Prix national du théâtre à Samuel Beckett.
Mort de Michel Simon.

DANSE ET MUSIQUE

Don Giovanni de Mozart à l'Opéra de Paris.

Mort de Joséphine Baker.

PRESSE, TÉLÉVISION

Mort de Raymond Cartier, directeur de *Paris-Match* et de Louis-Gabriel Robinet, directeur honoraire du *Figaro*.

30 juin : Robert Hersant achète *le Figaro*.

10 janvier : « Apostrophes », nouvelle émission littéraire de Bernard Pivot sur Antenne 2.
Succès de Jacques Martin et de son émission « Le petit rapporteur ».

89,9 % des foyers équipés en postes de télévision : 15 millions de récepteurs en France dont 3 millions en couleur.

EXPOSITIONS

Petit-Palais	L'art albanais à travers les siècles
Grand-Palais	Rétrospective Max Ernst
	Millet
	L'or des scythes
Orangerie	Marquet
	Hommage à Corot

RUBRIQUE SPORTIVE

ATHLÉTISME

Guy Drut recordman du monde du 110 m haies en 13 secondes.

CYCLISME

Tour de France	Bernard Thévenet

ESCRIME

Christian Noël champion du monde du fleuret à Budapest.

FOOTBALL

Championnat de France	Saint-Étienne
Coupe de France	Saint-Étienne bat Lens 2-0

JUDO

A Vienne, Jean-Luc Rougé champion du monde des mi-lourds.

RUGBY A XV

Tournoi des Cinq Nations	France, 2e, 4 pts
Championnat de France	AS Béziers bat CA Brive 13-12 (6-3)

TENNIS

Roland-Garros	Simple messieurs : Borg bat Vilas 6-2, 6-3, 6-4 Simple dames : Evert bat Navratilova 2-6, 6-2, 6-1

VOILE

Les frères Pajot gagnent les championnats du monde en « Flying Dutchman » et les frères Laurent-Surmin en 420.
Accident pour Alain Colas à bord de son trimaran ; grièvement blessé au pied, il se rétablit après 7 mois d'hôpital et 21 opérations.

1976

2 janvier : Valéry Giscard d'Estaing présente plusieurs projets de réforme : réforme de l'entreprise, réforme de la taxation des plus-values, réforme de l'aide au logement et réforme des responsabilités communales.

6 janvier : Jean-Jacques Servan-Schreiber est élu président du conseil général de Lorraine.

LE PCF RENONCE A LA « DICTATURE DU PROLÉTARIAT »

7 janvier : A Antenne 2, Georges Marchais se déclare favorable à l'abandon de la notion de dictature du prolétariat.

8 janvier : Jean-Pierre Soisson[1] présente ses projets de réforme du second cycle universitaire au cours d'une conférence de presse.

---

1. Soisson Jean-Pierre, né en 1934. Énarque, Jean-Pierre Soisson est auditeur à la Cour des comptes en 1961 et maître de conférences à l'Institut d'études politiques de Paris, tout en étant conseiller technique dans différents cabinets. Il mène une carrière locale dans sa ville natale, Auxerre ; il est député républicain indépendant de l'Yonne de 1968 à 1978 puis en juin 1981, mars 1986 et juin 1988. Il est maire d'Auxerre depuis 1971. Sa carrière ministérielle

9 janvier : Naissance d'Elf-Aquitaine qui regroupe la société nationale des pétroles d'Aquitaine et l'ERAP.

11 janvier : Remaniement ministériel : départ de Pierre Abelin, ministre de la Coopération, d'André Jarrot, ministre de la Qualité de la vie, de Jean-François Deniau, secrétaire d'État à l'Agriculture, de Gérard Ducray, secrétaire d'État au Tourisme, d'Aymar Achille-Fould, secrétaire d'État aux PTT, d'Annie Lesur, secrétaire d'État à l'Éducation. On remarque l'entrée de Jean de Lipkowski, ministre de la Coopération, de Raymond Barre au Commerce, d'Alice Saunier-Seïté[2] au secrétariat d'État aux universités.

21 janvier-4 février : Premier vol commercial du Concorde sur la ligne Paris-Rio de Janeiro ; le 4 février, l'autorisation est accordée pour l'atterrissage à Washington pour une période probatoire de 16 mois, mais le 24 février, il est interdit dans l'État de New York.

1er février : Constitution de l'Association des patriotes corses, APC, qui se réclame de l'ARC.

3 février : 31 enfants français sont enlevés par le Front de libération de la côte des Somalis ; ils sont libérés le lendemain.

4 février : Le Conseil des ministres se prononce en faveur de l'adhésion de la Grèce au Marché commun.

4-8 février : XXIIe congrès du PCF à Saint-Ouen qui adopte l'expression de l'union du peuple de France et renonce à la notion de dictature du prolétariat.

8 février : Référendum à Mayotte où 99 % des votants se

---

commence avec le septennat de Valéry Giscard d'Estaing ; il est secrétaire d'État aux Universités de 1974 à 1976 puis secrétaire d'État à la Formation professionnelle en 1976, secrétaire d'État auprès du ministre de la Qualité de la vie puis secrétaire d'État à la Jeunesse et aux Sports en 1976-1977, ministre de la Jeunesse de 1978 à 1981. En 1988, Michel Rocard lui confie le ministère du Travail, de l'Emploi et de la Formation professionnelle.

2. Saunier-Seïté Alice, née en 1925. Après une carrière universitaire comme professeur de géographie, Alice Saunier-Seïté est nommée recteur de l'académie de Reims de 1973 à 1976. Elle est nommée ensuite secrétaire d'État puis ministre des Universités, poste qu'elle détient jusqu'en 1981 avant celui de la Famille et de la Condition féminine la même année.

prononcent pour le maintien de la souveraineté française, ce qui pose le problème de l'intégrité des Comores.

14-15 février : Conférence nationale du PS à Clichy qui traite de la nationalisation des industries pharmaceutiques et de la fonctionnarisation des médecins.

17 février : Le bureau exécutif de l'UDR se déclare hostile à l'élection du Parlement européen au suffrage universel.

POLÉMIQUE AUTOUR DE LA PEINE DE MORT

17 février : Découverte du corps du jeune Philippe Bertrand dans la chambre de son ravisseur Patrick Henry ; il avait été enlevé le 30 janvier à Troyes. Cette affaire soulève une polémique autour de la peine de mort. Jean Lecanuet, garde des Sceaux, et Michel Poniatowski, ministre de l'Intérieur, se prononcent pour une peine exemplaire, ce qui provoque une mise au point du président de la République le 25 février. Le meurtrier défendu par Robert Badinter sauvera sa tête.

22 février : Réactions en France suite à la déclaration du général Haig, commandant américain des forces alliées en Europe, qui estime que « la plus grave question qui se pose aujourd'hui à l'alliance est l'entrée de marxistes dans les gouvernements occidentaux ».

3-9 mars : Violentes manifestations paysannes à Narbonne et dans l'Hérault pour protester contre l'arrestation de deux viticulteurs accusés d'avoir participé à l'attaque de la cave des établissements Ramel à Maximieux dans l'Ain ; le 4, au pont de Montredon, les affrontements se soldent par la mort d'un policier et d'un agriculteur, et 40 blessés.

7-14 mars : Élections cantonales. Dès le premier tour, le parti socialiste et la Fédération nationale des Républicains indépendants progressent. En définitive, on constate une poussée socialiste (30,8 % des suffrages). L'UDR subit un échec (12 %). 15 présidences des conseils généraux passent de la majorité à l'opposition aux élections du 17.

9 mars : Grève générale des fonctionnaires, qui touche tous les services publics.

LES RÉFORMES DANS L'ÉDUCATION NATIONALE

11 mars : René Haby, ministre de l'Éducation nationale, rend public son avant-projet de décret pour l'école primaire, le 15 pour les collèges d'enseignement secondaire, le 17 pour les lycées et CET. Les projets introduisent une certaine souplesse dans les cycles. Les parents d'élèves participent à la communauté scolaire. Au collège, une formation identique est prévue dans un type unique d'établissement. Il est prévu une spécialisation accrue dans les lycées, qui doit se répercuter sur le baccalauréat.

Mme Alice Saunier-Seïté déclare ne pas vouloir « céder sur la réforme du second cycle universitaire » définie dans l'arrêté du 16 janvier et qui accentue le caractère professionnel des licences et maîtrises. Cette réforme avait provoqué une agitation dans les universités et les lycées. Des syndicats d'enseignants comme le SNES-Sup soutiennent le mouvement.

14 mars : Pour faire face aux difficultés du franc qui atteint son prix plancher dans le « serpent » européen, Jean-Pierre Fourcade demande une réunion d'urgence des ministres des finances de la CEE.

15 mars : Dépréciation du franc de 4 % à la suite de la sortie du serpent européen.

17 mars : Après son entretien avec Valéry Giscard d'Estaing, Alice Saunier-Seïté reçoit les organisations étudiantes. Les manifestations lycéennes et étudiantes des 16 et 18 juin ont été marquées par des incidents avec les forces de l'ordre.

20-22 mars : Voyage de Jacques Chirac en Libye.

24 mars : Allocution télévisée de Valéry Giscard d'Estaing qui reconnaît l'échec de la majorité aux élections cantonales.

28 mars : Adoption de l'heure d'été.

2 avril : La France et l'Algérie signent un contrat sur les livraisons de gaz.

7 avril : Jean-Pierre Fourcade reçoit les responsables viticoles du Midi. L'agitation avait repris après l'arrestation d'André Teyssèyre, viticulteur audois soupçonné d'avoir participé à la fusillade de Montredon. Le ministre annonce la création d'un Office des vins de table et une aide fiscale aux agriculteurs endettés.

8 avril : Peugeot prend le contrôle de Citroën.

10 avril : Grèves dans les universités pour protester contre la réforme du second cycle. Incidents entre étudiants et policiers à Paris et Clermont-Ferrand.

14 avril : Le Conseil des ministres adopte le projet de loi sur l'imposition des plus-values, texte présenté par Jean-Pierre Fourcade et qui sera profondément remanié par le Parlement.

15 avril : Le projet des réacteurs surrégénérateurs Super Phénix est accepté par le gouvernement.

21 avril : Adoption du VIIe Plan par le Conseil des ministres.
Reprise des cours dans les principales universités.

22 avril : Conférence de presse de Valéry Giscard d'Estaing qui veut faire de la France « une démocratie paisible et réfléchie ». Il entend poursuivre les réformes.

24 avril : Yves Guéna succède à André Bord au secrétariat général de l'UDR par 825 voix sur 865 votants. Il traite des législatives de 1978 et des rapports avec le gouvernement. L'UDR s'oppose au gouvernement, notamment sur le projet de l'imposition des plus-values.

29 avril : La région « Île-de-France » est créée.

3 mai : Mise en liquidation de la société Lip : manifestations à Besançon.

4 mai : Pierre Goldman est acquitté à l'issue de son second procès par la cour d'assises de la Somme. La cour d'assise de Paris l'avait condamné en 1974. Il avait avoué trois agressions à main armée mais s'était déclaré innocent du double meurtre commis bd Richard-Lenoir en 1969. Son jugement avait été cassé. Il est libéré le 5 octobre.

5 mai : Le nouveau mouvement le Front national de libération de la Corse revendique 16 attentats.

9 mai : Aux élections législatives partielles de la 1re circonscription d'Indre-et-Loire, Jean Royer retrouve son siège de député au premier tour avec 56 % des voix.

10 mai : Valéry Giscard d'Estaing préside le 3e sommet franco-africain.

11 mai : Affaire Ceccaldi. Maurice Ceccaldi, juge d'instruction à Marseille, était chargé d'un dossier sur les ententes illicites conclues entre des compagnies pétrolières. Or, il est promu procureur de la République à Hazebrouck, ce qui paraît être une mesure d'éloignement. Gaston Defferre accuse Jean Lecanuet, ministre de la Justice, de vouloir étouffer le scandale des pétroliers.

Assassinat à Paris du général Joachim Zenteno Anaya, ambassadeur de Bolivie.

14 mai : Jacques Chaine, PDG du Crédit lyonnais, est assassiné par Jean Bilski qui se suicide.

17 mai : Ouverture du procès d'Edmond Siméoni, leader de l'ancien mouvement autonomiste corse l'ARC.

17-22 mai : Voyage de Valéry Giscard d'Estaing aux États-Unis. Devant le Congrès américain, il propose l'aide de la France pour assurer le respect de la paix au Liban si la demande est faite par les pays concernés, et réaffirme la fidélité de la France aux États-Unis.

19 mai : Premier tirage du loto.

21 mai : François Mitterrand, Georges Marchais et Robert Fabre se réunissent pour la première fois depuis juin 1975 et proposent une mise à jour du programme commun.

21-23 mai : Création du Centre des démocrates sociaux, CDS, né de la fusion du Centre démocrate et du Centre démocratie et progrès ; Jean Lecanuet est président du nouveau mouvement et Jacques Barrot secrétaire. Jean Lecanuet se montre favorable à une alliance avec les RI.

24 mai : Ouverture de la ligne commerciale assurée par Concorde entre Paris et Washington.

24 mai-14 juin : Adoption du projet de loi constitutionnelle sur la procédure d'élection présidentielle en cas d'empêchement d'un candidat.

DIVERGENCES ENTRE L'ÉLYSÉE ET MATIGNON

25 mai : Allocution télévisée de Valéry Giscard d'Estaing qui garde ses distances vis-à-vis du Premier ministre.

31 mai : Mort de Jacques Monod, prix Nobel de médecine en 1965.

1er juin : Valéry Giscard d'Estaing présente devant l'Institut des hautes études de défense nationale les orientations de la politique de défense : il évoque l'article controversé du général Méry, chef d'état-major des armées, publié dans la revue *Défense nationale*. Le général Méry avait envisagé l'intervention de la France à la frontière des deux Allemagnes en cas de conflit généralisé et lié la défense européenne à l'alliance Atlantique. Le président de la République souligne la situation de la France, puissance moyenne, et son rôle en tant que 3e puissance nucléaire.

6 juin : Le président de la République reçoit M. et Mme Chirac au fort de Brégançon, ce qui suscite les commentaires de la presse sur les rapports entre les deux hommes.

22 juin : Les « Brigades rouges » revendiquent auprès du *Dauphiné libéré* l'enlèvement le 18 juin de deux jeunes Grenoblois, Muriel Trabelsi et Christian Leroy.

24 juin : Pour compenser la sécheresse dans l'ouest de la France, le gouvernement affecte une aide de 50 millions aux agriculteurs sinistrés. Record de chaleur à Paris : 33,4° C.

27 juin-4 juillet : Un commando se réclamant du Front populaire de libération de la Palestine détourne l'airbus d'Air France Paris-Tel Aviv ; le 4 juillet, une opération israélienne est menée pour libérer les otages à Entebbe en Ouganda. Cette action est condamnée par l'OLP à Paris.

1er-10 juillet : Débat sur l'imposition des plus-values très critiquée par la majorité et défendue assez mollement par Jacques Chirac. La loi est votée mais très édulcorée. Jean-Pierre Fourcade déclare : « le texte existe ».

5 juillet : Mutinerie à la centrale de Lisieux.

18 juillet : Des gangsters volent 60 millions de francs dans la salle des coffres d'une succursale de la Société générale à Nice en passant par les égoûts. Albert Spaggiari, ancien d'Indochine et ex-militant de l'OAS, sera arrêté le 26 octobre.

24 juillet : Le pape suspend Mgr Lefebvre pour avoir célébré à Lille une messe selon le rite de saint Pie V.

DE JACQUES CHIRAC A RAYMOND BARRE

26 juillet : Le président de la République reçoit une lettre de démission de Jacques Chirac qui précise : « Au cours de ces derniers mois, je me suis permis, à plusieurs reprises, de vous exposer les raisons politiques et économiques qui commandaient, selon moi, une reprise en main énergique du gouvernement afin de donner à son action dans ces deux domaines une impulsion vigoureuse et coordonnée. Cela supposait évidemment un renforcement sans équivoque de l'autorité du Premier ministre. J'ai cru comprendre que ce n'était ni votre sentiment ni votre intention. Dans ces conditions, je ne puis continuer à accomplir la tâche que vous m'avez confiée, et j'ai l'honneur de vous remettre aujourd'hui ma démission. Cette décision sera effective au plus tard le mardi 3 août, c'est-à-dire dès mon retour du voyage officiel au Japon que vous m'avez demandé de ne pas décommander. »

Après avoir pris acte de cette démission, Valéry Giscard d'Estaing demande d'en différer l'annonce pour permettre la constitution d'un nouveau gouvernement.

28 juillet : Exécution de Christian Ranucci dont Valéry Giscard d'Estaing a refusé la grâce. Il s'agit de la dernière exécution en France.

30 juillet : 29 départements sont déclarés sinistrés par la sécheresse ; le 7 août s'y ajoutent 7 autres départements.

13 août : Évacuation de 70 000 habitants de Basse-Terre devant les risques d'éruption de la Soufrière en Guadeloupe ; Haroun Tazieff nie le danger.

17-30 août : Conflit à *France-Soir* consécutif au rachat par Robert Hersant, député réformateur et magnat de la presse, d'une partie du capital de la société.

25 août : Raymond Barre est nommé Premier ministre.

27 août : Constitution du gouvernement de Raymond Barre : Raymond Barre prend également la charge de ministre de l'Économie et des Finances. Olivier Guichard (UDR) est garde des Sceaux, Michel Poniatowski (RI) ministre de l'Intérieur et Jean Lecanuet (CDS) ministre du Plan et de l'Aménagement du territoire. Robert Boulin[3] est chargé des relations avec le Parlement,

3. Boulin Robert (1920-1979). Dès 1940, il rejoint le Comité français de libération nationale à Londres, et, depuis, sa carrière politique est étroitement liée au gaullisme. En 1958, il est élu député UNR à Libourne en Gironde, son département natal ; de même, il est élu maire de Libourne en 1959 et le restera jusqu'à sa mort. Titulaire de neuf portefeuilles ministériels, il a une grande longévité ministérielle. Il commence par le secrétariat d'État aux rapatriés en 1961, il est notamment ministre de la Santé de 1969 à 1972, ministre du Travail et de la Participation en avril 1978. En 1974, il avait fait campagne en faveur de Jacques Chaban-Delmas et avait démissionné de l'UDR pour protester contre

Louis de Guiringaud est aux Affaires étrangères, Christian Beullac[4] au Travail. La place des gaullistes est réduite.

7 septembre : Entretiens Valéry Giscard d'Estaing-Henry Kissinger sur le problème de la non-prolifération nucléaire et la situation en Rhodésie.

9 septembre : Communiqué du président de la République sur la mort de Mao Tsé-toung : « Avec le président Mao Tsé-toung s'éteint un phare de la pensée mondiale. »

21 septembre : Nicole Pasquier est nommée déléguée à la Condition féminine.

LE PREMIER PLAN BARRE

22 septembre : Le plan Barre de lutte contre l'inflation est présenté au Conseil des ministres ; la visite que fait Antoine Pinay au nouveau Premier ministre est remarquée. Il s'agit d'un plan d'austérité financière pour diminuer l'inflation et relancer l'investissement productif.

Le plan Barre comporte : un blocage des prix sur la base de leur niveau au 15 septembre pendant trois mois et des tarifs publics jusqu'en avril 1977 ; la majoration de certains impôts (taxes indirectes comme la vignette auto et impôt sur les sociétés), majoration exceptionnelle de l'impôt sur le revenu ; le renforcement de l'encadrement du crédit et du contrôle des changes ; le taux de l'escompte est relevé de 9,5 à 10,5 % ; des économies d'énergie limitant à 55 milliards de francs les importations de pétrole en 1977 ; un fonds d'action conjoncturelle de 2,5 milliards sera inscrit au budget de l'État pour aider une relance éventuelle en 1977 ; le lancement d'un emprunt de 3 milliards à taux bonifié

---

l'accession de Jacques Chirac au secrétariat général. Il réintègre le RPR en janvier 1975. Les circonstances de sa mort n'ont jamais été élucidées.

4. Beullac Christian (1923-1986). Polytechnicien, il occupe plusieurs fonctions dans les cabinets successifs de la IVe République, notamment au ministère de l'Industrie. Lorsque Raymond Barre lui confie le ministère du Travail en 1976, il était directeur général de Renault. De 1978 à 1981, il est ministre de l'Éducation nationale.

en faveur des PME ; une progression maximum des salaires égale au taux d'inflation prévu de l'ordre de 6,5 %, sauf pour les salaires les plus faibles. Des aides de l'État sont prévues en faveur des agriculteurs victimes de la sécheresse, en faveur de la sécurité sociale.

29-30 septembre : Aux Journées de Rocamadour, l'UDR critique le plan Barre.

30 septembre : Accident dans les houillères de Lorraine, qui fait 16 morts.

4-8 octobre : Visite officielle de Valéry Giscard d'Estaing en Iran.

5-7 octobre : Déclaration de politique générale du gouvernement à l'Assemblée nationale et au Sénat. François Mitterrand estime que le plan Barre « est trop dur pour certains et trop faible pour d'autres et de toute façon trop court » et annonce une motion de censure.

7 octobre : Journée nationale de grève organisée par la CGT, la CFDT et la FEN contre le plan Barre. Les mois d'octobre et de novembre sont marqués par des grèves à la SNCF, EGF, Usinor Dunkerque, Caisse d'épargne de Paris.

11 octobre : Parution de *Démocratie française* de Valéry Giscard d'Estaing.

13 octobre : Arrêt de la centrale Phénix à Marcoule à cause d'une fuite du surrégénérateur.

16-17 octobre : Voyage de Valéry Giscard d'Estaing en Pologne.

19 octobre : Vote de la motion de censure qui ne recueille que 181 voix au lieu des 242 requises pour être votée.

20 octobre : L'enquête sur les enlèvements dans la région de Grenoble se poursuit avec l'arrestation de Joël Matencio.

2 novembre : Attentat à la bombe contre l'immeuble où habite Jean-Marie Le Pen.

7 novembre : Le syndicat des journalistes CFDT proteste contre « la confiscation de l'information par un monopole privé » ; cette réaction est consécutive à la décision de Robert Hersant de fusionner les quotidiens régionaux qu'il contrôle sous l'égide du *Figaro*.

12-15 novembre : Voyage de Raymond Barre en Égypte.
Michel d'Ornano, ministre de l'Industrie, annonce sa candidature à la mairie de Paris. Pour la première fois, Paris va se doter d'un maire élu au suffrage universel.

14-21 novembre : Sept consultations électorales consécutives au changement de gouvernement confirment une poussée socialiste et le maintien de l'UDR. Jacques Chirac triomphe en Corrèze dès le 1er tour avec 53,66 % des voix.

15 novembre : Après des péripéties, Michel d'Ornano conduit les listes de la majorité présidentielle aux élections municipales de Paris en 1977. Mais la candidature surprise de Jacques Chirac va bientôt brouiller les cartes.

24 novembre : Des mesures d'économie d'énergie sont renforcées.

25 novembre : Mort de Louis Pradel, maire de Lyon.

5 décembre : Les locaux du *Parisien libéré* en grève sont évacués par la police.

NAISSANCE DU RPR

5 décembre : Création du Rassemblement pour la République, RPR. Jacques Chirac, élu président, déclare vouloir ne pas se trouver « en situation conflictuelle avec le président de la République ».

6-7 décembre : Voyage de Valéry Giscard d'Estaing en Yougoslavie.

17 décembre : Participation de François Mitterrand à la conférence de l'Internationale socialiste à Tokyo.

24 décembre : Jean de Broglie, député de l'Eure, ancien ministre, est assassiné. 5 jours après, le ministre de l'Intérieur, Michel Poniatowski, annonce que l'assassin, Gérard Frèche, et ses commanditaires ont été arrêtés. A ses yeux, l'affaire est terminée.

RUBRIQUE ARTISTIQUE

LITTÉRATURE

Les prix

Goncourt	Patrick Grainville	*Les Flamboyants*
Renaudot	Michel Henry	*L'Amour, les yeux fermés*
Femina	Marie-Louise Haumont	*Le Trajet*
Interallié	Raphaële Billetdoux	*Prends garde à la douceur des choses*
Médicis	Marc Cholodenko	*Les États du désert*
Médicis étranger	Doris Lessing	*Le Carnet d'or*
Académie française	Pierre Schoendoerffer	*Le Crabe-tambour*
Nobel	Saül Bellow (États-Unis)	

Les succès

Yves Berger	*Le Fou d'Amérique*
Jeanne Cordelier	*La Dérobade*
Michel Klein	*Ces bêtes qui m'ont fait homme*
Simone Signoret	*La Nostalgie n'est plus ce qu'elle était*
Alexandre Soljenitsyne	*L'Archipel du Goulag* (tome 3)

Mort d'Henri Bosco, de Paul Morand, d'Emmanuel Berl, de Raymond Queneau, d'André Malraux.

CINÉMA

Les prix

Cannes	Martin Scorsese	*Taxi Driver*
Louis-Delluc	Jean-Charles Tachella	*Cousin, cousine*

Les succès

Stanley Kubrick	*Barry Lyndon*
Akira Kurosawa	*Dersou Ouzala*
Roman Polanski	*Le Locataire*
Carlos Saura	*Cria Cuervos*
Ettore Scola	*Nous nous sommes tant aimés*
Volker Schloendorff	*L'Honneur perdu de Katharina Blum*
Steven Spielberg	*Les Dents de la mer*

Mort de Jean Gabin.

1976

THÉÂTRE

janvier	Colin Higgins	*Harold et Maud* (Compagnie Renaud-Barrault)
mars	Shakespeare	*La Nuit des rois* (Comédie-Française)
mai	Victor Hugo	*Ruy Blas* (Tuileries)

Grand prix national du théâtre à Roger Blin.

DANSE ET MUSIQUE

La Tosca dirigée par Rostropovitch.
Notre Faust : création de Maurice Béjart.
L'Or du Rhin et *la Walkyrie* à l'Opéra de Paris.

CHANSONS

Gérard Lenorman chante *la Ballade des gens heureux*.
Michel Sardou chante *Je suis pour la peine de mort* et *le France*.

EXPOSITIONS

Orangerie	André Dunoyer de Segonzac
	Robert Delaunay
Grand-Palais	Ramsès le Grand
	Le symbolisme en Europe
Petit-Palais	Le siècle d'or de la peinture espagnole
Marmottan	Toulouse-Lautrec

RUBRIQUE SPORTIVE

4-15 février : J.O. d'hiver à Innsbruck.
17-27 juillet : J.O. d'été à Montréal marqués par un boycott de l'ensemble des pays africains à cause de la présence de l'Afrique du Sud.
Guy Drut médaille d'or française (110 m haies), mais il est radié de la fédération internationale pour ses propos sur l'athlétisme amateur ; médailles d'or pour Rozier, Parot, Roguet, Roche (équitation, équipe de saut d'obstacles) ; médaille de bronze pour Henri Boerio (gymnastique, barres parallèles) ; médaille de bronze pour Daniel Senet (haltérophilie).

AUTOMOBILE

Jacky Ickx, 3e victoire consécutive aux Vingt-quatre heures du Mans.

BASKET-BALL

Championnat de France messieurs	ASPO Tours
Championnat de France dames	Clermont université club

CYCLISME

Tour de France	Lucien van Impe

FOOTBALL

Saint-Étienne en finale de la coupe d'Europe des clubs champions, battus par le Bayern 1-0.
« Les verts » sont acclamés à leur retour sur les Champs-Élysées.

Coupe de France	Marseille
Championnat de France	Saint-Étienne

RUGBY A XV

Tournoi des Cinq Nations	France 2e, 6 pts
Championnat de France	SU Agen bat AS Béziers

TENNIS

Roland-Garros	Simple messieurs : Panatta bat Solomon 6-1, 6-4, 4-6, 7-6 Simple dames : Barker bat Tomanova 6-2, 0-6, 6-2

VOILE

Transatlantique	Tabarly, pour la 2e fois

1977

3 janvier : Raymond Barre présente à la télévision la deuxième phase de son plan antiinflation et annonce une baisse de la TVA de 20 à 17,60 %.

5 janvier : Au Conseil des ministres, Valéry Giscard d'Estaing dénonce la politisation de l'entreprise, ce qui suscite les réactions des syndicats.

7 janvier : Interpellation d'Abou Daoud, membre de la délégation de l'OLP venu assister aux obsèques de Mahmoud Ould Saleh, ancien représentant par intérim de l'OLP à Paris. Il était porteur d'un passeport falsifié. Abou Daoud avait participé à l'action contre les athlètes israéliens aux J.O. de Munich en septembre 1972. Protestation des États arabes contre cette arrestation. Le gouvernement dément avoir subi des pressions pour faire arrêter Abou Daoud. Il est finalement remis en liberté par la chambre d'accusation de Paris ; le gouvernement français est accusé d'atermoiements et d'avoir libéré un terroriste.

LES ÉLECTIONS MUNICIPALES : LA BATAILLE DE PARIS

11-29 janvier : La campagne des municipales à Paris est marquée par les divisions de la majorité symbolisées par la double candidature de Michel d'Ornano soutenu par l'Élysée et Matignon et celle de Jacques Chirac.

14 janvier : Edmond Siméoni, condamné à 5 ans de prison le 22 juin 1976 (fusillade d'Aléria le 25 août 1975), est remis en liberté.

26 janvier-2 février : Grèves dans le secteur public.

28 janvier : Valéry Giscard d'Estaing inaugure le palais de l'Europe à Strasbourg.

30-31 janvier : Le Front de libération nationale du Tchad, Frolinat, dirigé par Hissène Habré, chef des rebelles Toubous, annonce la libération de leurs otages, M. et Mme Claustre. Françoise Claustre était détenue depuis avril 1974.

31 janvier : Valéry Giscard d'Estaing inaugure le Centre Pompidou en présence de plusieurs chefs d'État et de gouvernements francophones. En 1977, le Centre a été plus visité que la tour Eiffel.

1er février : Sacilor-Sollac annonce la suppression de 4 000 emplois dans la sidérurgie lorraine.

5 février : Raymond Barre multiplie les voyages en province pour expliquer sa politique dans la perspective des élections.

7-8 février : Voyage en Bretagne de Valéry Giscard d'Estaing.

9 février : Naissance du Mouvement des sociaux libéraux d'Olivier Stirn.

13 février : Jacques Chirac présente ses listes « Union pour Paris ».

14 février : A Saint-Nazaire, Jacques Chirac dénonce « la candidature officielle », faisant allusion à celle de Michel d'Ornano.

20 février : Présentation des 109 candidats des listes d'union de la gauche à Paris.

27 février : L'Église Saint-Nicolas-du-Chardonnet est occupée par des catholiques intégristes dont le chef de file est Mgr Lefebvre.

2-3 mars : Rencontre à Madrid des dirigeants des partis communistes français, espagnol, italien ; on parle de « l'eurocommunisme ».

2-8 mars : Conférence à Paris sur le Territoire des Afars et des Issas. Olivier Stirn, secrétaire d'État aux DOM-TOM, en avait précisé le cadre le 28 février : soit l'accession à l'indépendance de Djibouti dans le cadre d'une coopération monétaire, culturelle et militaire avec la France. Le référendum est fixé au 8 mai.

7 mars : Le premier réacteur de la centrale nucléaire de Fessenheim est mis en service.

10 mars : La crise de la sidérurgie dans le Nord et la Lorraine est marquée par l'ouverture de négociations entre patronat et syndicats sur les problèmes de l'emploi.

13 mars : Premier tour des municipales. Fort taux de participation avec 78,8 % et forte poussée de la gauche. A Paris, les listes de Jacques Chirac devancent celles de Michel d'Ornano.

20 mars : Second tour des élections municipales. 77,6 % de taux de participation. La majorité subit un revers ; les ministres Michel Durafour, René Haby et Michel d'Ornano sont battus. On constate également un meilleur report des voix à gauche qu'à droite. Le PCF est le bénéficiaire de l'union car, grâce à elle, il est à la tête de 11 villes de plus de 30 000 habitants.

Le succès de Jacques Chirac à Paris est tout autant un succès personnel que celui du RPR. A Toulouse, succès de Pierre Baudis, apparenté Républicain indépendant. La majorité conserve 10 villes de plus de 100 000 habitants sur les 21 en ballottage après le 1er tour ; les grandes villes gagnées par la gauche le sont en général par les socialistes (Montpellier, Rennes, Nantes et Villeurbanne). A Saint-Étienne, Joseph Sanguedolce, communiste, l'emporte sur Michel Durafour.

DEUXIÈME GOUVERNEMENT BARRE

29 mars : Raymond Barre est renommé Premier ministre ; il constitue son second gouvernement. Il conserve la charge du ministère de l'Économie et des Finances. Christian Bonnet succède à l'Intérieur à Michel Poniatowski rendu en partie responsable de l'échec des municipales, Alain Peyrefitte remplace Olivier Guichard à la Justice, Jean-Pierre Fourcade remplace Jean Lecanuet au ministère de l'Aménagement du territoire. S'y ajoute son ancienne fonction de ministre de l'Équipement.

31 mars-1er avril : Le voyage de Louis de Guiringaud en Israël inaugure « une ère nouvelle dans les relations entre la France et Israël ».

1er avril : Sur TF 1, Raymond Barre présente les objectifs de son nouveau gouvernement dont la priorité est la lutte contre le chômage.

Usinor annonce la suppression de près de 4 000 emplois en Lorraine ; le 14 avril, Thionville organise une journée « ville morte ».

6 avril : Report d'un an de la taxe sur les plus-values.

10 avril : Manifestations antinucléaires à Flamanville (Manche) où est prévue l'installation d'une centrale nucléaire de l'EDF ; de même à Morestel (Isère) où est construit le surrégénérateur Super Phénix.

10-16 avril : La décision commune prise par Valéry Giscard d'Estaing et le roi du Maroc de porter assistance au général Mobutu, dirigeant du Zaïre, suscite des critiques nombreuses de la gauche qui y voit une forme de néo-colonialisme.

13 avril : Luchino Revelli-Beaumont, PDG de Fiat France, est enlevé à Paris ; il est libéré le 11 juillet après versement d'une rançon.

15 avril : La conférence des présidents d'universités demande le retrait du projet Haby. « Journée nationale de manifestation contre la réforme du deuxième cycle ».

19 avril : Devant l'Assemblée nationale, Raymond Barre ne cache pas que la crise sidérurgique va entraîner des suppressions d'emplois.

19-21 avril : 4e conférence franco-africaine à Dakar.

26-28 avril : Raymond Barre présente à l'Assemblée nationale le « plan Barre national pour l'emploi ». La confiance est votée par 271 voix contre 176 sur 474 votants.

Tout en poursuivant la lutte contre l'inflation, Raymond Barre engage une action sociale en faveur des plus défavorisés (augmentation de 10 % des allocations familiales, création du complément familial). Sont prévues l'augmentation du minimum vieillesse et l'amélioration des retraites de la Sécurité sociale. Le plan pour l'emploi est marqué par une volonté de collaborer avec le patronat en faveur de l'embauche moyennant l'ajournement de la taxe conjoncturelle, la suspension des charges sociales pour les travailleurs qui viennent d'être embauchés, l'octroi d'une prime de 10 000 francs aux immigrés qui acceptent le rapatriement. Le coût du plan est estimé à 8,3 milliards de francs. L'augmentation des impôts indirects et l'utilisation de l'emprunt n'empêchent pas l'apparition d'un déficit budgétaire, le premier depuis 1971. Il ne suffit pas à enrayer la montée du chômage qui dépasse le million en juillet.

1er-4 mai : 6 disparus français et 2 morts dans l'attaque du front Polisario à Zouérate en Mauritanie.

MAJORITÉ ET OPPOSITION SE DIVISENT

3 mai : Conflit entre le gouvernement et l'UDR s'opposant au réaménagement de la taxe professionnelle ; le projet est retiré le 10 mai.

10 mai : *L'Humanité* publie « Les comptes du programme commun » : 2,5 millions d'emplois sont demandés d'ici à 1980.

12 mai : Débat télévisé sur TF 1 entre Raymond Barre et François Mitterrand suivi par près de 28 millions de téléspectateurs. François Mitterrand refuse de cautionner le programme chiffré des communistes publié par *l'Humanité*.

13 mai : Michel Poniatowski est nommé « ambassadeur personnel » du Président.

15 mai : Jean-Jacques Servan-Schreiber est élu président du parti radical.

19-21 mai : A Fréjus, les « journées giscardiennes » désignent Jean-Pierre Soisson comme secrétaire général ; les Républicains indépendants deviennent le parti républicain, PR.

24 mai : Grève générale suivie dans le secteur public et nationalisé.

4-6 juin : Raymond Aron, le 4, puis Jean d'Ormesson le 6, démissionnent du *Figaro*.

7 juin : Débat sur le projet de loi sortant sur l'élection au suffrage universel du Parlement européen décidée par le Conseil européen le 20 septembre 1976 ; Edgar Faure, avant même que ne s'engage la discussion, indique que d'après l'article 128 il est interdit aux députés d'amender le texte de ratification d'un accord international. Or, les craintes de l'opposition et du RPR portent sur les garanties nationales ; on songe à l'ajournement ; le gouvernement décide alors d'engager sa responsabilité. Finalement, le texte sera voté, mais il témoigne des divisions de la majorité.

11-12 juin : Congrès du PS à Nantes ; le CERES est en recul ; finalement l'accord est réalisé entre la majorité et la minorité.

11 juin : A Lille, Jacques Chirac juge la politique économique du gouvernement trop prudente.

20-22 juin : Léonid Brejnev en visite en France rencontre Jacques Chirac à l'Hôtel de Ville de Paris, ce qui crée des problèmes entre l'Élysée et le maire de Paris.

21 juin : Georges Marchais a demandé le report de la réunion de la gauche sur la réactualisation du programme commun.

22 juin : Jacques Chirac déclare à Antenne 2 ne pas considérer Valéry Giscard d'Estaing comme le chef de la majorité ; il revient sur son propos le 24.

27 juin : Le Territoire des Afars et des Issas devient indépendant sous le nom de République de Djibouti.

7 juillet : De violents orages provoquent la mort de 19 personnes dans le sud-ouest de la France.

8 juillet : Discours de Valéry Giscard d'Estaing à Carpentras sur le thème du dialogue et de la coopération européenne.

11 juillet : Arrêt des inscriptions en 1re année dans les universités parisiennes ; l'UNEF ex-renouveau dénonce cette « sélection par le sprint ».

12 juillet : François Mitterrand tient une conférence de presse, sorte d'« anti-discours de Carpentras ».

14 juillet : 1 500 000 chômeurs recensés en France.

19 juillet : Réunion au sommet de la majorité avec Jacques Chirac président du RPR, Jean-Pierre Soisson secrétaire général du PR, Bertrand Motte président du CNI, Jean Lecanuet président des Démocrates sociaux, Max Lejeune président du Mouvement démocrate socialiste de France. On s'entend sur un accord électoral.

27 juillet : Réunion du bureau politique du PCF qui « s'inquiète » des positions du PS sur la dissuasion nucléaire.

5-27 août : Raymond Barre effectue un « tour de France de l'emploi ».

LES MANIFESTATIONS ANTINUCLÉAIRES

6-7 août : Procès des 12 manifestants arrêtés à Creys-Malville le 31 juillet où la manifestation antinucléaire avait tourné à l'émeute et fait un mort et une centaine de blessés.

13-14 août : Fête antinucléaire à Beaumont-Hague (Manche).

20 août : Manifestation antinucléaire à Belleville-sur-Loire (Cher).

22 août : L'usine électronucléaire de Fessenheim est remise en service.

23 août : En visite dans le parc national des Écrins, Valéry Giscard d'Estaing annonce la création d'un Conseil de l'information électronucléaire. La durable crise du pétrole a pour conséquence le développement de l'énergie nucléaire.

3 septembre : Mort du biologiste Jean Rostand (83 ans).

7 septembre : Jean-Jacques Servan-Schreiber, qui avait refusé l'invitation à la réunion au sommet de la majorité, propose un front « anti-RPR » aux centristes.

RUPTURE DE L'UNION DE LA GAUCHE

14 septembre : La réunion au sommet de la gauche est brusquement interrompue par Robert Fabre qui se déclare « opposé à toute évolution de la société française vers le collectivisme bureaucratique, vers l'emprise excessive de l'État ». La rupture de l'union de la gauche concrétise le refus du PS et des Radicaux de gauche d'accréditer les positions radicales du PCF concernant l'actualisation du programme commun ainsi que la polémique entre le PCF et le PS sur le problème de la dissuasion.

La majorité présente officiellement un manifeste voulant témoigner de sa cohésion.

22 septembre : Les négociations au sein de l'union de la gauche, qui avaient repris après la déclaration de Robert Fabre, sont à nouveau rompues.

25 septembre : Élections sénatoriales qui concernent 113 sièges ; tout en restant minoritaire, la gauche progresse en voix, 46,6 % contre 37 % en 1968.

29-30 septembre : Entretiens Léonid Brejnev-Raymond Barre.

3 octobre : Après la rupture de l'union de la gauche, le PS maintient sa cohésion avec l'appui apporté par Jean-Pierre Chevènement[1] (CERES) à François Mitterrand ; le PCF et le MRG restent sur leurs positions.

Débats à l'Assemblée nationale sur le projet de loi « Informatique et libertés » qui protège les individus contre les possibilités techniques de fichage. La loi est votée le 6.

24 octobre : Entretien Raymond Barre-Jacques Chirac sur la stratégie électorale.

La Compagnie générale maritime annonce la vente du paquebot *France* à une compagnie saoudienne.

28 octobre : Sacilor annonce la reconduction du chômage partiel pour 20 000 de ses salariés.

2-5 novembre : Visite à Paris de René Levesque, Premier ministre de la Province du Québec et leader du parti québécois indépendantiste.

3 novembre : Raymond Barre annonce des mesures de blocage

1. Chevènement Jean-Pierre, né en 1939. Énarque, Jean-Pierre Chevènement adhère au parti socialiste en 1964 et il devient secrétaire général du Centre d'études, de recherches et d'éducation socialistes CERES en 1965. Le CERES est l'un des courants importants du PS. Jean-Pierre Chevènement fut chargé de l'élaboration de projets socialistes tels que *Changer la vie* en 1972 ou *Projet socialiste* 1979-1980. A partir de 1981, il occupe des fonctions ministérielles comme ministre de la Recherche et de la Technologie en 1981-1982, ministre de la Recherche et de l'Industrie de 1982 à 1983, ministre de l'Éducation nationale de 1984 à 1986, ministre de la Défense depuis 1988. Il est élu du Territoire-de-Belfort en 1973, 1978, 1981, 1986 et 1988 et maire de Belfort depuis 1983.

des prix de plusieurs produits alimentaires et le renforcement de la concurrence des grandes surfaces.

7 novembre : François Mitterrand, attaqué par le PCF, déclare au *Nouvel Observateur* : « Ceux qui me disent, me croient ou m'espèrent abattu, se trompent. »

16 novembre : Klaus Croissant, avocat de la Bande à Baader, est extradé à la requête du gouvernement de Bonn.

21-26 novembre : Les mineurs du fer de Lorraine organisent une semaine d'action.

26 novembre : Inauguration du métro à Marseille.

1er décembre : Grèves dans les secteurs public et privé.

4 décembre : Jean Bedel Bokassa se fait couronner empereur à Bangui (Centrafrique) ; le gouvernement français lui accorde une aide alimentaire.

7 décembre : Rencontre entre Jacques Chirac et Valéry Giscard d'Estaing à l'Élysée ; les rapports entre le RPR et la majorité présidentielle se dégradent.

10 décembre : Le Front Polisario revendique la destruction d'un avion jaguar ; le ministère de la Défense apporte un démenti le 25 décembre.

10-11 décembre : A la convention nationale du PS, les courants majoritaire et minoritaire s'affrontent sur les problèmes de défense.

19 décembre : L'épicerie Fauchon est victime d'un attentat.

23-27 décembre : Les Français enlevés par le Polisario en janvier 1976 et en octobre 1977 sont libérés.

1977

RUBRIQUE ARTISTIQUE

LITTÉRATURE

Les prix

Goncourt	Didier Decoin	*John l'enfer*
Renaudot	Alphonse Boudard	*Les Combattants du petit bonheur*
Femina	Régis Debray	*La Neige brûle*
Interallié	Jean-Marie Rouart	*Les Feux du pouvoir*
Médicis	Michel Butel	*L'Autre Amour*
Médicis étranger	Hector Bianciotti	*Le Traité des saisons*
Académie française	Camille Bourniquel	*Tempo*
Nobel	Vincente Aleixandre	(Espagne)

Les succès

Jean-Louis Bory	*Le Pied*
Maurice Denuzière	*Louisiane*
Françoise Dolto	*Lorsque l'enfant paraît*
André Glucksmann	*Les Maîtres-penseurs*
Alex Haley	*Racines*
Bernard-Henri Lévy	*La Barbarie à visage humain*
Claude Olievenstein	*Il n'y a pas de drogués heureux*

Les livres de A. Glucksmann et B.-H. Lévy font naître l'expression « Nouveaux Philosophes ».

avril : mort de Jacques Prévert.
septembre : mort de Lucie Faure.
novembre : mort de René Goscinny, « père » d'*Astérix*.

CINÉMA

Les prix

Cannes	Paolo et Vittorio Taviani	*Padre padrone*
Louis-Delluc	Yves Boisset	*Le Juge Fayard dit le Shérif*

Les succès

Ettore Scola	*Une journée particulière*
Yves Boisset	*Un Taxi mauve*
Franco Brusati	*Pain et Chocolat*
Claude Goretta	*La Dentellière*
Martin Scorsese	*New York, New York*

Mort d'Henri-Georges Clouzot, d'Henri Langlois, d'Yvonne Printemps.

THÉÂTRE

janvier	Ionesco	*La Cantatrice chauve* (théâtre de Vincennes)
février	Cocteau	*Les Parents terribles* (Antoine)
mars	Tchékov	*Oncle Vania* (Odéon)

Grand prix national du théâtre : François Périer.

DANSE ET MUSIQUE

Rudolf Noureev au Palais des Sports.
Le Bolchoï à Paris en mars.
Pierre Boulez dirige *le Château de Barbe-bleue* (Bartok) et *les Soldats* (Zimmermann) à la tête de l'Orchestre de Paris.

Mort de Maria Callas.

CHANSONS

Jacques Brel chante *les Marquises*.
Gilbert Bécaud, Charles Dumont, Véronique Sanson à l'Olympia.

PRESSE, TÉLÉVISION

1er mars : Premier numéro du *Matin de Paris*.

EXPOSITIONS

Grand-Palais	Ramsès II (360 000 visiteurs en deux mois)
	Puvis de Chavannes
	André Derain
	Courbet
	Le siècle de Rubens
Centre Pompidou	Paris-New York

1977

RUBRIQUE SPORTIVE

BASKET

Championnat de France messieurs	Villeurbanne 14e titre
Championnat de France dames	Clermont université club pour la 9e fois

CYCLISME

Tour de France	Bernard Thévenet (2e fois)

Bernard Hinault, à 22 ans, remporte le Gand-Wevelgem et Liège-Bastogne-Liège.

FOOTBALL

Championnat de France	Nantes
Coupe de France	Saint-Étienne bat Reims 2-1

RUGBY A XV

Tournoi des Cinq Nations	Grand Chelem du XV de France
Championnat de France	AS Béziers bat USA Perpignan 12-4

TENNIS

Roland-Garros	Simple messieurs : Vilas bat Godfried 6-0, 6-3, 6-0 Simple dames : Jansovec bat Mihai 6-2, 6-7, 6-1

1978

LA CAMPAGNE ÉLECTORALE

3 janvier : Le PR, le CDS et les Radicaux valoisiens décident de présenter un candidat unique par circonscription.

4 janvier : Le président américain Jimmy Carter, en visite en France, se rend sur les plages du débarquement avec le chef de l'État ; le 6 il rencontre François Mitterrand et Robert Fabre.

Conférence de presse de François Mitterrand qui déclare : « Si le Président entrait en campagne, il deviendrait un citoyen comme les autres... il lui sera difficile d'apparaître comme un arbitre s'il s'emploie pendant deux mois à être un partisan. »

7 janvier : Raymond Barre présente « les objectifs d'action du gouvernement pour les libertés et la justice » à Blois.

8 janvier : Mort d'André François-Poncet, de l'Académie française, ancien ambassadeur.

10 janvier : Remaniement ministériel : Alice Saunier-Seïté devient ministre et non plus secrétaire d'État aux Universités, Monique Pelletier devient secrétaire d'État auprès du garde des Sceaux, Nicole Pasquier, déléguée à la Condition féminine auprès du Premier ministre devient secrétaire d'État chargée du Travail féminin auprès du ministre du Travail.

11 janvier : Voyage de Valéry Giscard d'Estaing en Côte-d'Ivoire ; il évoque le pacte de solidarité entre l'Europe et l'Afrique.

Constitution de l'association « Légitime défense » par François Romerio, ancien premier président de la cour de sûreté de l'État ; cette association milite, entre autres, pour le retour de la peine de mort.

Rupture de la majorité à la réunion du comité de liaison du comité de la majorité ; le RPR accuse ses partenaires d'avoir rompu la solidarité.

14 janvier : Le Front de libération nationale corse revendique l'attentat contre la base de Solenzara.

18 janvier : Enlèvement au Tchad d'un Français et d'un Suisse par les rebelles du Frolinat.

19-24 janvier : Visite de Raymond Barre en Chine.

21 janvier : Le conseil permanent de l'épiscopat français se prononce contre la peine de mort.

21-24 janvier : Le gouvernement algérien nationalise 5 entreprises françaises.

23 janvier : Le baron Édouard-Jean Empain est enlevé devant son domicile avenue Foch. Citoyen belge, membre important du CNPF, M. Empain est aussi PDG du groupe Empain-Schneider.

26 janvier : Visitant la Bourgogne, Valéry Giscard d'Estaing indique « le bon choix » pour la France, ce qui fait dire à François Mitterrand : « On ne peut être à la fois arbitre sur le terrain et capitaine d'une équipe. »

1er février : Présentation à la presse d'une nouvelle liste de 40 candidats CDS, PR et Radicaux valoisiens sous le sigle UDF, Union pour la démocratie française. Jacques Chirac dénonce la « magouille partisane ».

3 février : François Mitterrand déclare : « Il n'est pas... dans l'intention du PS de greffer une crise présidentielle sur le changement de majorité. »

Deux sondages de SOFRES montrent que de 57 à 62 % des Français croient à la « cohabitation ».

7 février : Tour de France de Raymond Barre. Affiches avec le slogan « Barre confiance ».

17 février : Une explosion de gaz due à la rupture d'une canalisation fait 12 morts dans le 16e arrondissement.

21 février : Raymond Barre salue la naissande de l'UDF mais se veut en dehors des partis.

22 février : Création d'un Commissariat à l'énergie solaire dirigé par Henri Durand.

23 février : René Andrieu écrit dans *l'Humanité* : « Le parti socialiste ne s'écarte pas seulement de nos positions, il rejoint tout naturellement celles du pouvoir et du patronat réunis. »

1er mars : Réunion à Dinan de 7 000 personnes à l'appel de l'Union nationale des parents d'élèves de l'enseignement libre UNAPEL ; son président, Henri Lefebvre, critique le programme commun.

3 mars : La France refuse les montants compensatoires décidés à Bruxelles ; en effet, ceux-ci ont pour conséquences des taxes à l'exportation et des subventions à l'importation dans les pays à monnaie faible ; or, la France comble une partie du déficit pétrolier avec ses excédents agricoles. Un compromis est trouvé le 7 mars.

ÉCHEC DE LA GAUCHE AUX LÉGISLATIVES

12 mars : Premier tour des élections législatives. Forte participation électorale : 83,37 % des inscrits, soit le chiffre le plus élevé des législatives depuis 1946. 63 sièges pourvus dont 59 pour la majorité (Raymond Barre est élu à Lyon) et 4 pour le PCF. 428 sièges sont en ballottage ; 48,6 % des suffrages exprimés pour le PS, le PCF, le MRG et l'extrême gauche ; 46,5 % pour la majorité, 2,1 % pour les écologistes et 2,8 % divers. Jacques Chaban-Delmas est élu à Bordeaux, Michel Debré à la Réunion, Jacques Chirac en Corrèze, Pierre Messmer en Moselle, Edgar Faure dans le Doubs. Sont battus Alice Saunier-Seïté, Robert Hersant, Gilles Martinet.

13 mars : Réunion des instances dirigeantes du PS, PCF et du MRG qui, devant les résultats décevants du 1er tour, se mettent d'accord sur le désistement systématique en faveur du candidat de gauche le mieux placé.

16 mars : Naufrage du pétrolier libérien l'*Amoco-Cadiz* sur les côtes bretonnes.

19 mars : Second tour des élections législatives.

PCF	86 sièges
PS	103 plus 1 apparenté
MRG	10
1 divers	
(soit 200 sièges)	
RPR	148
UDF et apparentés	137
	4 Soutien au président de la République
2 divers	
(soit 291 sièges)	

« Le succès de ce soir est celui du bon sens », déclare Raymond Barre. Michel Rocard déclare « refuser la fatalité de l'échec » et propose de « parler vrai même si ça ne fait pas plaisir à tout le monde ».

23 mars : Fort de son assise électorale, Valéry Giscard d'Estaing invite les principaux leaders politiques à s'entretenir avec lui ; il en est ainsi de François Mitterrand qui accepte l'invitation ; de même il s'entretient avec les représentants syndicaux dont la CFDT.

26 mars : Libération du baron Empain deux jours après l'arrestation d'Alain Caillot venu récupérer la rançon.

30 mars : Le groupe socialiste de l'Assemblée nationale réaffirme sa confiance en François Mitterrand dont certains avaient vu dans les résultats des élections un échec personnel.

Réunion des députés UDF dont la progression en fait un partenaire important de la majorité. Roger Chinaud est proposé comme président du groupe parlementaire. Le 23, Jean Lecanuet avait été désigné président du conseil de l'UDF, Françoise Giroud, Jean-Pierre Soisson et Jean-Pierre Fourcade vice-présidents.

LE TROISIÈME GOUVERNEMENT BARRE

31 mars : Démission de Raymond Barre conformément à la Constitution. Valéry Giscard d'Estaing le charge de constituer un nouveau gouvernement qui ressemble au précédent pour les ministères essentiels. Cependant, 5 nouveaux ministres entrent au gouvernement : Maurice Papon, Joël Le Theule, Jean-Pierre Soisson, Jean-Philippe Lecat et André Giraud.

3 avril : Jacques Chaban-Delmas est élu président de la nouvelle Assemblée au second tour par 276 suffrages ; Pierre Mauroy (PS) obtient 112 voix. Edgar Faure, qui avait recueilli 136 voix au premier tour (153 pour Chaban-Delmas), était le candidat officiel du RPR ; Jacques Chaban-Delmas, qui se présentait à titre individuel, était soutenu par la majorité présidentielle.

5 avril : Déclaration signée Louis Althusser, Étienne Balibar, Guy Bois, Georges Labica, Maurice Moissonnier, qui conteste la direction du PCF.

6 avril : Au Conseil des ministres, Valéry Giscard d'Estaing déclare : « Voici que s'ouvre une période favorable à l'action. Jusqu'en 1981, les élections à intervenir ne concerneront pas les grandes orientations nationales. »

17 avril : Crise au sein du MRG marquée par la démission de Robert Fabre à la présidence. Deux candidats vont s'affronter : Jacques Maroselli, maire de Luxeuil, est partisan d'une indépendance à l'égard du PS, Michel Crépeau, député maire de La Rochelle, veut maintenir des relations privilégiées.

19 avril : Débat sur la politique générale du gouvernement qui est approuvée par les députés par 260 voix contre 197 ; Raymond Barre propose le retour à la liberté des prix.
19 avril : Deux coopérants français ont été tués au Tchad.

26-28 avril : Au comité central du PCF, Georges Marchais dénonce les contestataires de « droite et de gauche » qui s'opposent aux orientations du XXIIe congrès.

28 avril : Valéry Giscard d'Estaing inaugure le métro à Lyon.

5 mai : François Mitterrand et Michel Rocard se rencontrent à Conflans-Sainte-Honorine.

8 mai : Jacques Mesrine, célèbre gangster, s'évade de la prison de la Santé. Pierre Aymard, le directeur de l'administration pénitenciaire, est relevé de ses fonctions le 11. Le 27 mai, Jacques Mesrine attaque le casino de Deauville.

Christian Beullac, ministre de l'Éducation nationale, annonce l'abandon du « dossier scolaire », projet de son prédécesseur Haby, qui avait suscité l'opposition générale.

9-12 mai : Valéry Giscard d'Estaing reçoit les délégations de l'UDF, du RPR, du PS et du PCF avant la présentation de son plan sur le désarmement à l'ONU.

11 mai : La déclaration de politique générale du gouvernement Barre est votée par 179 voix contre 99.

12 mai : Valéry Giscard d'Estaing reçoit les nouveaux députés UDF.

Jean François-Poncet[1], secrétaire général de la présidence de la République, est élu président du conseil général du Lot-et-Garonne.

---

1. François-Poncet Jean, né en 1928, fils d'André François-Poncet, ambassadeur de France. Énarque, Jean occupe différents postes au Quay d'Orsay depuis 1955. En 1971, il pantoufle puis réintègre le ministère en 1975. Il devient alors secrétaire d'État auprès de Jean Sauvagnargues puis secrétaire général de la présidence de la République de 1976 à 1978. Il est alors nommé ministre des Affaires étrangères et le demeure jusqu'en 1981. Il fait une carrière locale dans le Lot-et-Garonne comme sénateur. Il préside le conseil général du Lot-et-Garonne depuis 1978.

PRIORITÉ A L'ÉCONOMIE

16 mai : Valéry Giscard d'Estaing, dans une lettre adressée à Raymond Barre, définit les priorités : poursuite du développement économique, développement des responsabilités des entreprises, priorité aux industries de pointe, assainissement de la situation financière de l'État, politique active de plein emploi, amélioration de la justice fiscale, participation dans les entreprises et protection des plus défavorisés.

Édouard Bonnefous, ancien ministre, sénateur des Yvelines depuis 1959, vice-président du groupe la Gauche démocratique, est élu chancelier de l'Institut de France, poste laissé vacant par la mort de Jacques Rueff.

20-21 mai : Jacques Blanc est élu secrétaire général par la convention PR réunie à Fréjus.

20-23 mai : Michel Crépeau est élu à la présidence du MRG.

22-23 mai : 5e conférence franco-africaine à Paris.

30 mai : La commission du Vieux Paris proteste contre l'aménagement du quartier des Halles (1er et 4e arrondissements).

Mise en règlement judiciaire du groupe Boussac.

1er juin : Sous la présidence de Valéry Giscard d'Estaing, réunion d'un conseil restreint pour préparer une réforme des collectivités locales.

François Mitterrand déclare : « Le parti socialiste continue d'apparaître comme le parti du présent et de l'avenir. » Le PS se divise entre 4 courants : les proches de François Mitterrand issus de la Convention des institutions républicaines, ceux de Pierre Mauroy, député-maire de Lille, ceux de Jean-Pierre Chevènement, dans le cadre du CERES, et ceux de Michel Rocard, député des Yvelines.

3 juin : Georges Marchais déclare : « L'entreprise fractionnaire engagée par un petit groupe de membres du parti doit être battue et elle le sera. »

7-9 juin : Visite de Valéry Giscard d'Estaing en Corse où l'on a dénombré 146 attentats en 1978 dont 71 depuis le 1er mai.

8 juin : Alors que sa politique sociale est contestée, Raymond Barre déclare au micro de France Inter que le gouvernement agit « avec méthode et détermination et non pas dans l'agitation intellectuelle ou la fébrilité politicienne ».

Conférence de presse de Jacques Chirac qui critique la politique du gouvernement et la politique étrangère de Valéry Giscard d'Estaing.

14 juin : Conférence de presse de Valéry Giscard d'Estaing. Il entend « faire de la France une démocratie paisible et réfléchie » et estime « normal que le chef d'un État démocratique s'entretienne périodiquement avec les grands dirigeants des différentes formations politiques ». Dans le domaine économique il déclare : « Il n'y a qu'une politique et c'est celle que conduit le gouvernement de M. Raymond Barre. »

28 juin : Sur Antenne 2, Jeannette Thorez-Vermeersch dénonce l'Eurocommunisme, l'abandon de la notion de dictature du prolétariat.

3-4 juillet : 33 attentats par explosifs en Corse imputés au Front de libération nationale de la Corse.

5 juillet : Valéry Giscard d'Estaing reçoit François Mitterrand, Gaston Defferre et Robert Ballanger (PC).

8 juillet : Première convention nationale de l'Union pour la démocratie française, UDF.

19-21 juillet : En visite au Portugal, Valéry Giscard d'Estaing défend l'entrée des pays du Sud dans la CEE.

25 juillet : La cour de sûreté de l'État condamne à de lourdes peines de détention des autonomistes bretons FLB-ARB.

31 juillet : Fusillade à l'ambassade d'Irak à Paris attaquée par un commando palestinien ; mort de l'inspecteur de police Jacques Capela ; expulsion de « diplomates » irakiens.

3 août : Assassinat du chef du bureau de l'OLP à Paris, Ezzedine Kallak, et de son adjoint Adnan Hammad.

Valéry Giscard d'Estaing se rend en Bretagne pour contrôler le dispositif antipollution mis en place après la catastrophe de l'*Amoco-Cadiz*.

4 août : La visite que fait Robert Fabre à Valéry Giscard d'Estaing est considérée comme une trahison par la gauche.

10 août : Peugeot-Citroën rachète les filiales européennes de Chrysler.

4 septembre : Robert Fabre est à nouveau reçu par Valéry Giscard d'Estaing et accepte une mission sur les problèmes de l'emploi ; le 7, le bureau national du MRG déclare que « Robert Fabre s'est placé de lui-même en dehors du MRG ».

4-5 septembre : Entretiens à Paris entre Valéry Giscard d'Estaing et Anouar El Sadate, président égyptien.

11 septembre : Remaniement ministériel. Monique Pelletier est promue ministre déléguée à la Condition féminine.

14-15 septembre : 32e sommet franco-allemand à Aix-la-Chapelle consacré aux problèmes monétaires en Europe.

L'OFFENSIVE ROCARD

17 septembre : Invité du « club de la presse » d'Europe 1, Michel Rocard commente un sondage d'opinion récent où il obtient la même cote de popularité que François Mitterrand (celle-ci est en baisse) ; il déclare qu'« un certain style politique est condamné, qu'il faut probablement parler plus vrai, plus près des faits ». Il emploie le mot archéo qui fait mouche. On peut lire dans *le Monde* des 24-25 septembre : « M. Michel Rocard veut briguer l'Élysée en 1981. » François Mitterrand rétorque : « En 1933, une importante personnalité socialiste a dit de Léon Blum qu'elle le trouvait “archéo”. Trois ans après, c'était le Front populaire. »

17-24 septembre : Élections partielles en Meurthe-et-Moselle : Jean-Jacques Servan-Schreiber est battu au second tour par Yves Tondon, PS, militant syndical et ouvrier métallurgiste qui obtient 58,46 % des suffrages exprimés.

17-26 septembre : Jacques Chirac est en visite en Chine.

20 septembre : Adoption par le Conseil des ministres d'un projet de loi réformant le système d'exécution des peines d'emprisonnement « régime de sûreté » et « régime de droit commun ». Ce projet est contesté par l'Union syndicale des magistrats (USM), le Syndicat de la magistrature (SM) et l'association des juges de l'application des peines. Ils estiment qu'il y a subordination d'« une décision de justice » au pouvoir exécutif « puisque désormais 2 sur 3 des membres de la commission qui délivre les permissions sont hiérarchisés au pouvoir exécutif ».

21 septembre : Raymond Barre déclare sur TF 1 : « J'ai fait un pari sur le bon sens des Français », mais sa cote de popularité est au plus bas.

24 septembre-1er octobre : Élections législatives partielles dans la 16e circonscription de Paris (XIVe) : Edwige Avice (PS tendance CERES) bat Christian de la Malène soutenu par Jacques Chirac par 53,98 % des suffrages exprimés.

1er octobre : Raymond Barre déclare au club de la presse d'Europe n° 1 : « Je suis sans doute, parmi tous ceux qui tiennent des discours, le seul qui ne s'intéresse pas personnellement aux élections présidentielles de 1981. Cela me donne la liberté d'allure et la liberté d'expression auxquelles je suis attaché. »

9 octobre : Raymond Barre invite Jacques Chirac (RPR), Michel Crépeau (MRG), François Mitterrand (PS) et Georges Marchais (PCF) à un entretien sur le problème du cumul des mandats, le financement des partis et le mode de scrutin dans les grandes villes. Seul Georges Marchais décline l'invitation.

10 octobre : L'Assemblée nationale vote un plan de sauvetage de la sidérurgie, 10 milliards de francs sur 5 ans.

16 octobre : Louis de Guiringaud, ministre des Affaires étrangères, dénonce les responsabilités des milices chrétiennes libanaises de Chamoun dans la bataille de Beyrouth et celles d'Israël qui poursuit « un rêve alarmant de partage du pays », ce qui suscite des réactions passionnées, notamment au RPR.

16 octobre : Valéry Giscard d'Estaing répond aux questions de Jean-Louis Servan-Schreiber sur TF 1 ; son discours porte sur l'avenir de la France : « Notre but est de rejoindre l'Allemagne dans dix ans... Deux pays doivent donc être des pôles d'attraction, la France et l'Allemagne. »

25-26 octobre : Visite protocolaire de Valéry Giscard d'Estaing au Vatican ; il est reçu par Jean Paul II, premier pape polonais élu le 14 octobre pour succéder à Jean-Paul Ier.

L'AFFAIRE DARQUIER DE PELLEPOIX

28 octobre : *L'Express* publie un entretien avec Louis Darquier dit Darquier de Pellepoix, ancien commissaire général aux questions juives du gouvernement de Vichy. Il déclare notamment : « A Auschwitz, on n'a gazé que les poux. » Cette interview suscite les protestations des associations de déportés. Condamné à mort par contumace en 1947, Darquier de Pellepoix vit à Madrid.

3 novembre : A la demande du ministre de la Justice, une information judiciaire est ouverte contre Louis Darquier pour apologie de crimes de guerre.

12 novembre : V^{e} congrès du Front national qui réélit Jean-Marie Le Pen à la présidence.

15 novembre : Communiqué du ministère des Affaires étrangères qui indique qu'« aucune extension [des pouvoirs de l'Assemblée européenne] ne peut être décidée si le gouvernement et le Parlement français y sont opposés » ; cette mise au point répond aux déclarations d'Helmut Schmidt, chancelier de la RFA, de Willy Brandt et de Gaston Thorn, président du conseil luxembourgeois, qui se déclarent favorables à une extension des pouvoirs de l'Assemblée.

16 novembre : Robert Faurisson, professeur de lettres à l'université de Lyon, déclare à Claude Régent dans *le Matin de Paris* : « Il n'a pas existé une seule chambre à gaz dans un seul camp de concentration. » *Le Monde* lance le débat sur les affirmations de Faurisson en décembre. Vives protestations contre ce qu'on appelle désormais « le révisionnisme ».

POLÉMIQUE AUTOUR DE L'EUROPE

21 novembre : Conférence de presse de Valéry Giscard d'Estaing consacrée à l'Europe : « Je souhaite, dit-il, que l'organisation de l'Europe soit une organisation confédérale... s'il y avait une Europe de type fédéral, celle-ci serait soumise à l'influence des États-Unis. » Au sujet de l'extension des pouvoirs de l'Assemblée européenne, il déclare : « Pour qu'on puisse modifier le traité, il ne faut pas que sept partenaires soient d'accord, il faut qu'il y en ait neuf. » Sur la politique intérieure, il estime que « M. Raymond Barre est certainement un des meilleurs Premiers ministres que la France ait eu depuis longtemps. »

25 novembre : Convention nationale du PS marquée par l'opposition entre Michel Rocard et François Mitterrand.

26 novembre : Jacques Chirac est victime d'un grave accident d'automobile à Ussel.

28 novembre : Conférence de presse de Raymond Barre qui souhaite pour l'élection européenne de juin 1979 la constitution d'une liste unique majoritaire des « défenseurs d'une certaine idée de la France en Europe ».

Jean François-Poncet succède à Louis de Guiringaud au ministère des Affaires étrangères. Jean Wahl remplace Jean François-Poncet au secrétariat général de la présidence de la République.

29 novembre : Robert Hersant, qui contrôle *France-Soir*, *le Figaro* et ses suppléments du dimanche, *l'Aurore* et *Paris Turf* en plus des quotidiens régionaux, est inculpé d'effraction à l'ordonnance du 26 août 1944 relative à la propriété des journaux, « la même personne, stipule l'article 4, ne peut être directeur délégué ou directeur de plus d'un quotidien ».

L'OFFENSIVE RPR

2 décembre : Convention nationale des jeunes du RPR qui réclament la démission de Valéry Giscard d'Estaing et la présidence pour Jacques Chirac.

Attentat contre le Bazar de l'Hôtel-de-Ville à Paris, qui fait un mort.

5 décembre : Accord à Bruxelles sur la création d'une monnaie européenne ; 8 des 9 pays participent au nouveau système monétaire européen, SME, sauf la Grande-Bretagne.

6 décembre : Hospitalisé à Cochin suite à son accident de voiture, Jacques Chirac adresse un « appel aux Français ». « Il est des heures graves de l'histoire d'un peuple », dit-il en faisant allusion à la pression des autres pays européens pour élargir les compétences de l'Assemblée européenne. « Comme toujours quand il s'agit de l'abaissement de la France, le parti de l'étranger est à l'œuvre avec sa voix paisible et rassurante... »

9 décembre : Clôturant la semaine de la Jeunesse, Valéry Giscard d'Estaing déclare : « Je demande à la jeunesse française de m'aider à organiser l'Europe..., vous direz non à une France chagrine, repliée, frileuse. »

12 décembre : Le ministre de la Défense reçoit les parlementaires de l'Aveyron, défenseurs du Larzac. En effet, l'affaire remonte à 1970 lorsque Louis-Alexis Delmas, député de l'Aveyron, propose à Michel Debré l'extension du camp militaire établi sur le causse du Larzac depuis 1903. Les paysans installés sur les lieux refusent de partir et entament une action non violente soutenue par des syndicalistes, des membres du clergé, des partis politiques comme le PS, etc. La procédure préalable aux expropriations est entamée en septembre 1978.

13 décembre : Le PCF publie un manifeste très critique à l'encontre du Marché commun qui a pour but « d'organiser à l'échelle de l'Europe la domination sans entraves des travailleurs et des peuples ».

20 décembre : Daniel Cohn-Bendit, leader du Mouvement du 22 mars et interdit de séjour depuis 1968, est à nouveau autorisé à revenir en France.

31 décembre : En présentant ses vœux aux Français, Valéry Giscard d'Estaing estime que « depuis quatre ans, la crise frappe tous les pays du monde, mais cette crise commence à refluer lentement comme une inondation qui se retire ».

RUBRIQUE ARTISTIQUE

LITTÉRATURE

Les prix

Goncourt	Patrick Modiano	*Rue des Boutiques obscures*
Renaudot	Conrad Detrez	*L'Herbe à brûler*
Femina	François Sonkin	*Un amour de père*
Interallié	Jean-Didier Wolfromm	*Diane Lanster*
Médicis	Georges Pérec	*La Vie mode d'emploi*
Académie française	Pascal Jardin	*Le Nain jaune*
	Alain Bosquet	*Une mère russe*
Nobel	Isaac Bashevis Singer (États-Unis)	

Les succès

Émilie Carle	*Une soupe aux herbes sauvages*
John Le Carré	*Comme un collégien*
Frédérique Hébrard	*La Vie reprendra au printemps*
Gilles Perrault	*Le Pull-over rouge*

25e année du Livre de Poche ; *Kœnigsmark* de Pierre Benoit avait été le premier livre de poche en France lancé le 6 février 1953.

avril : mort de Jacques Rueff, de l'Académie française.
septembre : mort de Jean Guéhenno de l'Académie française.

CINÉMA

Les prix

Cannes	Ermanno Olmi	*L'Arbre aux sabots*
Césars	Alain Resnais	*Providence*
	Jean Rochefort	Meilleur acteur dans *le Crabe-tambour*
	Simone Signoret	Meilleure actrice dans *la Vie devant soi*

Les succès

Woody Allen	*Intérieurs*
Robert Altman	*Un mariage*
Yves Boisset	*La Clé sous la porte*
Ariane Mnouchkine	*Molière*
Ermanno Olmi	*L'Arbre aux sabots*
Alan Parker	*Midnight Express*

1978

Claude Sautet	*Une histoire simple*

THÉÂTRE

janvier	Tchékov	*La Mouette* (Atelier)
février	Goldoni	*Les Rustres* (La Michodière)
décembre	Hossein	*Notre-Dame de Paris* (Palais des Sports)

DANSE ET MUSIQUE

Les *Kindertötenlieder* de Mahler par l'Orchestre de Paris.
Jessye Norman au Théâtre de la Ville.
Porgy and Bess de Gershwin au Palais des congrès.

CHANSONS

Renaud chante *Laisse béton*.
Julien Clerc chante *Ma préférence*.
Bernard Lavilliers à l'Olympia.

30 janvier : mort de Damia.
11 mars : mort de Claude François, à 39 ans, électrocuté dans sa baignoire.
9 octobre : mort de Jacques Brel.

PRESSE, TÉLÉVISION

7 octobre : 1er numéro du *Figaro Magazine*.

EXPOSITIONS

Orangerie	La collection de dessins de Louis XIV
Grand-Palais	Cézanne, les dix dernières années
	De Renoir à Matisse
	Les frères Le Nain
Centre Pompidou	Paris-Berlin 1900-1933
Louvre	Le XVIIe flamand
Art moderne	La collection Thyssen
Marais	Hommage à Dürer

RUBRIQUE SPORTIVE

ALPINISME

Pour la première fois, une expédition française, dirigée par Pierre Mazeaud (49 ans), atteint l'Everest.

AUTOMOBILE

Vingt-quatre heures du Mans : victoire Renault ; record de la distance parcourue 5 044,530 km pour Jaussaud et Pironi sur Renault Alpine n° 2.

CYCLISME

Tour de France	Bernard Hinault

FOOTBALL

Coupe de France	Nancy bat Nice : 1-0
Championnat de France	Monaco

RUGBY A XV

Tournoi des Cinq Nations	France 2e, 6 pts
Championnat de France	Béziers bat Montferrand, 31-9 (10-0)

SKI DE FOND

Victoire de Jean-Paul Pierrat, un Vosgien, au marathon de la Vasaloppet entre la Suède et la Norvège.

TENNIS

Roland-Garros	Simple messieurs : Borg bat Vilas, 6-1, 6-1, 6-3 Simple dames : Ruzici bat Jausovec, 6-2, 6-2

VOILE

Disparition d'Alain Colas dans la Route du Rhum.

1979

2 janvier : Vague de froid en France : 18 000 personnes isolées.

JACQUES MESRINE : « L'ENNEMI PUBLIC N° 1 »

3-4 janvier : *Libération* publie deux entretiens avec Jacques Mesrine, évadé depuis le 8 mai 1978 de la prison de la Santé ; inculpation du journaliste Gilles Millet et de la directrice de publication du journal. Déjà, le 13 juillet 1978, *Paris-Match* avait publié une interview de Jacques Mesrine.

4 janvier : Sommet en Guadeloupe qui réunit Valéry Giscard d'Estaing, Jimmy Carter (USA), James Callaghan (GB) et Helmut Schmidt (RFA) pour un échange de vues sur les relations internationales, notamment la place de l'Europe dans les négociations SALT.

10 janvier : René Monory[1], ministre des Finances, annonce la libération totale des prix pour 1979.

1. Monory René, né en 1923. Commerçant en automobiles, René Monory devient un élu local comme maire de Loudun depuis 1959 et président du conseil général de la Vienne depuis 1979, sénateur Union centriste des démocrates de

13 janvier : Des raids des « Autonomes » dans le quartier de la gare Saint-Lazare se traduisent par la destruction de vitrines.

17 janvier : Marcel Boiteux est nommé à la direction d'EDF ; il succède à Paul Delouvrier.

20 janvier : Manifestations de policiers contre l'insuffisance de moyens.

25 janvier : Appel de l'Ayatollah Khomeiny de sa résidence française de Neauphle-le-Château en faveur d'une « République islamique ». Cet appel fait suite au départ du shah pour Assouan le 16 janvier et à l'installation d'un conseil de régence pour assurer l'intérim. L'Ayatollah Khomeiny rentre en Iran le 1er février.

29 janvier : Visite à Paris de Moshé Dayan, ministre israélien des Affaires étrangères.

30 janvier : Alain Peyrefitte, ministre de la Justice, répond aux questions des téléspectateurs dans l'émission « les dossiers de l'écran ». Il estime que la sévérité de la justice est plus grande et que le régime des permissions de sorties a réduit les récidives ; il déclare aussi : « Je ne crois pas tellement à l'exemplarité d'une peine de mort très répandue... Mais il n'est pas très raisonnable de vouloir l'abolir tant qu'il y aura en France un sentiment d'insécurité tel que celui qui est actuellement. »

1er février : Un policier est tué dans le métro à la station Montparnasse au cours d'un contrôle d'identité.

3 février : Au micro de RTL, Michel Rocard déclare : « Je ne suis le dauphin de personne. » Dans le même temps, le PS traverse une crise qui se traduit notamment par la remise en cause de l'autorité de François Mitterrand.

15 février : 150 parachutistes arrivent au Tchad pour assurer la

progrès de la Vienne de 1968 à 1977 puis de 1981 à 1986. Raymond Barre lui confie le ministère de l'Industrie de 1977 à 1978 puis celui de l'Économie en 1978. Au moment de la cohabitation, Jacques Chirac fait appel à lui pour l'Éducation nationale de 1986 à 1988.

protection des Français pendant la guerre civile qui oppose le président Malloum à Hissene Habré.

16 février : Un an après sa constitution le 1er février 1978, l'UDF réunit 2 000 délégués, porte Maillot, à l'occasion de son premier congrès. Jacques Blanc, secrétaire général, affirme « nous sommes tous giscardiens ».

17 février : Résultat d'un référendum municipal à Millau : 8 819 personnes se sont prononcées contre l'extension du camp militaire du Larzac, 1 152 pour.

LA CRISE DE LA SIDÉRURGIE

21 février : Occupation par les sidérurgistes du centre émetteur de télévision à Longwy et du Crédit lyonnais. Incidents et affrontements.

23 février : André Giraud, ministre de l'Industrie, rencontre les représentants des syndicats de la sidérurgie ; on prévoit la création de sociétés de reconversion.

27 février : Publication de la liste des candidats français de l'Eurodroite : en font partie Jean-Louis Tixier-Vignancourt et Joseph Ortiz.

7-8 mars : Tension sociale des sidérurgistes à Denain ; on relève des blessés de part et d'autre : 7 CRS sont touchés par balle.

7 mars : A TF 1 et Antenne 2, Valéry Giscard d'Estaing déclare : « Ce n'est pas moi qui ai une majorité, c'est la France. »

Jacques Chaban-Delmas reçoit 315 lettres de députés demandant la convocation d'une session extraordinaire du Parlement. Jacques Chirac demande la constitution de deux commissions parlementaires consacrées à la situation de l'emploi et à l'information publique ; les partis de gauche veulent déposer une motion de censure sur l'action du gouvernement. Valéry Giscard d'Estaing ne s'y oppose pas et fixe l'ouverture de la session au 14 mars.

10 mars : Le Front de libération national en Corse revendique 32 attentats contre des banques.

13 mars : L'European Currency Unit, ECU, devient la nouvelle unité de compte des Européens.

15 mars : Échec des députés qui avaient demandé la convocation de la session extraordinaire. Le PS et le PC ne s'entendent pas pour déposer une motion de censure commune et le RPR est contraint de rejoindre les rangs des députés de l'UDF.

16 mars : Mort de Jean Monnet.

18-25 mars : Élections cantonales. 34,5 % d'abstentions au 1er tour et succès du parti socialiste. Au second tour, l'opposition gagne 189 sièges dont 154 pour le PS.

20 mars : Retrait des troupes françaises du Tchad.

23 mars : La manifestation organisée par la CGT et soutenue par le PS en faveur des sidérurgistes est marquée par de violents incidents à Paris ; une centaine de blessés du côté des manifestants et des policiers.

26-27 mars : A Genève, l'OPEP augmente de 20 % le prix du pétrole : « deuxième choc pétrolier ».

27 mars : Dans une lettre adressée aux adhérents du RPR, Jacques Chirac qualifie le giscardisme de « machine à laminer le gaullisme ».

31 mars : Assises nationales du RPR qui réélisent Jacques Chirac président avec 97 % des suffrages.
31 mars : Alice Saunier-Seïté, ministre des Universités, déclare devant les cercles universitaires : « Il y a trois ans encore, l'Université étouffait sous l'emprise de l'utopie totalitaire. »

LES LISTES EUROPÉENNES

1er avril : Sur Europe 1, Raymond Barre assure de son soutien Simone Veil, tête de la liste « Union pour la France en Europe » aux élections européennes.

6-8 avril : Congrès du PS à Metz où s'affrontent François Mitterrand et Michel Rocard ; la motion de François Mitterrand recueille 46,97 % des suffrages, Pierre Mauroy 16,80 %, Michel Rocard 21,25 % et le CERES 14,98 %. François Mitterrand s'allie au CERES pour constituer une majorité ; il est réélu premier secrétaire. Quatre représentants du CERES entrent au secrétariat national.

10 avril : Constitution de la liste de l'UDF aux élections européennes. Simone Veil est tête de liste, suivie de Jean Lecanuet, Edgar Faure et Jean-François Deniau.

19 avril : François Guillaume devient président de la FNSEA succédant à Michel Debatisse.

26-28 avril : Visite officielle de Valéry Giscard d'Estaing en URSS.

26 avril : Christian Beullac, ministre de l'Éducation nationale, présente la réforme de la formation des instituteurs.
26 avril : Liste des candidats du PS aux élections européennes ; un tiers de la liste est représenté par des femmes ; François Mitterrand est en tête de liste, puis viennent Pierre Mauroy, Édith Cresson, Gilles Martinet, Didier Mochtane et Maurice Faure (MRG).

27 avril : L'Assemblée nationale vote une limitation du droit de grève à la radio et à la télévision.

28 avril : Jean Menu succède à Yvan Charpentier à la tête de la CGC.

29 avril : Attentat contre *le Monde*.

30 avril : Yves Guéna estime que « l'opinion est lasse de ces querelles entre les partis qui se sont battus pour la même cause en mars 1978 » ; il n'est pas le seul au RPR à penser que les critiques de Jacques Chirac contre le président de la République sont exagérées.

1er mai : Revendication par les Autonomes de plusieurs attentats à Paris et à Toulouse.

9-13 mai : XXIIIe congrès du PCF, « congrès d'ouverture » déclare Georges Marchais, qui ajoute dans le discours final : « Nous n'avons nullement renoncé à l'union de la gauche. » Georges Marchais est réélu secrétaire général, et on constate un renouvellement partiel des instances dirigeantes.

14-15 mai : Voyage de Valéry Giscard d'Estaing en Alsace ; à Hoerdt, il défend la cause de l'Europe : « Quand on est à la tête, on conduit, dit-il. Quand on est à la traîne, on subit. »

16 mai : Flambée de l'or à Paris ; le lingot atteint 38 900 F ; il atteint 40 000 le 22.

17 mai : A TF 1 et sur RTL, François Mitterrand déclare : « Il y a aujourd'hui une propagande officielle, une propagande du pouvoir, massive, excessive, qui manque gravement aux règles élémentaires de notre droit public... un véritable matraquage par le fait du président de la République, du Premier ministre, des membres du gouvernement et tout cela par le moyen des radios et des télévisions qui sont sans doute contraintes d'exécuter. » Il est approuvé par Jacques Chirac qui participe à l'émission avec Simone Veil et Georges Marchais.

18 mai : Affrontement à Longwy autour du poste radio libre CGT « Lorraine cœur d'acier ».

21 mai : Jean-Jacques Servan-Schreiber, écarté de la liste UDF, présente la liste « Emploi-Égalité-Europe ».

Conférence franco-africaine ; Valéry Giscard d'Estaing ne serre pas la main de l'empereur Bokassa après le massacre d'écoliers arrêtés le 18 avril.

Lancement de l'opération « Gaspi » pour faire des économies d'énergie.

25 mai : Le PSU présente sa liste aux européennes ; elle est présidée par Huguette Bouchardeau, pendant que Lutte ouvrière et la Ligue communiste révolutionnaire, LCR, présentent une liste commune pour les « États unis socialistes d'Europe » avec en tête Arlette Laguillier et Alain Krivine.

28 mai : En présence de Valéry Giscard d'Estaing, président en exercice de la Communauté européenne, est signé à Athènes le traité faisant de la Grèce le 10e État membre de la Communauté.

29 mai : Simone Veil, qui refuse la polémique avec Jacques Chirac, déclare : « La différence entre notre liste et celle de M. Chirac est beaucoup plus psychologique que juridique. »

LES ÉLECTIONS EUROPÉENNES : SUCCÈS DE SIMONE VEIL

10 juin : Les résultats des élections européennes sont marqués par un faible taux de participation, soit 45 %. La liste de Simone Veil (27,39 % des voix) progresse, et celle du RPR subit un échec (16,09 %) ; le PS obtient 23,73 % des suffrages et le PCF 20,59 %. Simone Veil donne sa démission de ministre de la Santé pour se consacrer aux problèmes européens ; elle est élue présidente du Parlement européen le 17 juillet au second tour avec 192 voix, soit 3 voix de plus que la majorité.

11 juin : Jacques Chirac est contesté au RPR. Jean-Paul Mourot, secrétaire d'État auprès du garde des Sceaux, déclare : « Au sein du RPR il y a le gaullisme, le chiraquisme et le chiraquisme ce n'est pas le gaullisme. »

14 juin : La commission des lois de l'Assemblée nationale adopte le rapport de Philippe Séguin[2], député RPR des Vosges, sur

---

2. Séguin Philippe, né en 1943. Énarque, Philippe Séguin est auditeur à la Cour des comptes en 1970, maître de conférences à l'Institut d'études politiques

l'abolition de la peine de mort ; le rapport n'est pas inscrit à l'ordre du jour par la conférence des présidents.

14 juin-11 juillet : Procès de 21 militants nationalistes du Front national de libération de la Corse, FLNC, devant la cour de sûreté de l'État ; jugement qui condamne les trois principaux accusés, Filidori, Lorenzi et Roesch à 13 ans de réclusion criminelle.

24 juin : Débat sur la peine de mort à l'Assemblée nationale.

25 juin : Conférence de presse de Christian Beullac, ministre de l'Éducation nationale, qui présente les applications de la réforme Haby, la formation des maîtres et la coopération de l'école et des entreprises ; il annonce le report de la réforme Pelletier sur les langues vivantes qui avait suscité des réactions hostiles ; en effet, la seconde langue ne devait être enseignée qu'à partir de la seconde, ce qui fit craindre aux professeurs de langue non anglicistes un monopole de l'anglais.

27 juin : Publication par *le Canard enchaîné* des revenus du chef de l'État.

4 juillet : Jacques Barrot (Centre des démocrates sociaux) est nommé ministre de la Santé en remplacement de Simone Veil. Il est notamment chargé du dossier de la Sécurité sociale dont le déficit s'était élevé à 10 milliards de francs pour 1978.

15-21 juillet : Voyage de Valéry Giscard d'Estaing dans le Pacifique Sud. A Nouméa, la première étape, le Rassemblement

---

de Paris, chargé de cours à celui d'Aix-en-Provence où il a fait ses études. Il est ensuite chargé de mission au secrétariat général de la présidence de la République entre 1973 et 1974, adjoint au directeur de l'éducation physique et directeur de cabinet du secrétaire d'État chargé des Relations avec le Parlement avril-septembre 1977, chargé de mission au cabinet Raymond Barre, Premier ministre de 1977 à 1978. Il entreprend une carrière locale en se faisant élire député des Vosges de 1976 à 1986 puis réélu en 1988 (étiquette RPR). Il est maire d'Épinal depuis 1983. De 1986 à 1988, il est ministre des Affaires sociales et de l'Emploi. Secrétaire national du RPR de 1984 à 1986, Philippe Séguin conserve son franc-parler au sein de son parti et a tenté de le rénover en s'alliant à Charles Pasqua contre Alain Juppé en 1989.

pour la Calédonie dans la République, RPCR, et la Fédération pour une nouvelle société calédonienne, FNSC, ont gagné les élections du 1er juillet avec 58,06 % des voix contre 34,12 % au Front indépendantiste.

25 juillet : Adoption par le Conseil des ministres de mesures destinées à résorber le déficit de la Sécurité sociale : majoration exceptionnelle de 1 % pendant 18 mois des cotisations maladie de tous les salariés, suppression de l'augmentation prévue des honoraires médicaux, contrôle des dépenses hospitalières et aide de l'État. Ces mesures suscitent des critiques des syndicats et des partis de gauche.

27 juillet : Valéry Giscard d'Estaing participe à l'émission de Bernard Pivot « Apostrophes » consacrée à Guy de Maupassant, auteur favori du président de la République.

L'IMPOPULARITÉ DU PREMIER MINISTRE

4 août : Augmentation des prix des produits pétroliers de 10 centimes pour le super, l'ordinaire et le fuel domestique. Cette augmentation est suivie de celle des tarifs de l'EDF et du tabac.

8 août : Face à l'augmentation des prix et du chômage (augmentation de 15 % en un an), Raymond Barre reconnaît que « les difficultés sont éclatantes ».

9 août : Georges Marchais déclare à TF 1 : « Moi, je suis toujours prêt à m'unir avec le diable pour faire échec à la politique Giscard-Barre. »

17 août : Après le massacre des écoliers de Bangui, un communiqué du ministère de la Coopération annonce la suspension de l'aide de la France à la République centrafricaine.

24 août : François Mitterrand et 10 membres du PS sont inculpés pour avoir porté atteinte au monopole en participant aux émissions de « Radio riposte », émission pirate de radiodiffusion organisée le 28 juin par la fédération de Paris du PS pour protester contre « les atteintes aux libertés ».

29 août : La Guadeloupe et la Martinique sont ravagées par le cyclone David.

1er septembre : Les joueurs de rugby sud-africains se sont vus refuser leurs visas d'entrée en France.

4 septembre : Le président tchadien Goukouni Oueddei demande au gouvernement français de suspendre le retrait de ses troupes.

6 septembre : Valéry Giscard d'Estaing déclare à *Paris-Match* : « Nous devons nous adapter à un monde qui va venir et ne pas chercher à rester adaptés à un monde qui s'en va. »

Jacques Chirac inaugure le Forum des Halles à Paris.

17 septembre : Au cours de l'émission « Une heure avec le président de la République », Valéry Giscard d'Estaing, faisant allusion à l'impopularité du Premier ministre, déclare : « Il faut être équitable. Les critiques sont naturelles mais il faut être juste dans sa critique. M. Barre est un homme d'une honnêteté à toute épreuve. C'est quelqu'un qui n'a, à ma connaissance, aucune ambition personnelle. »

20 septembre : Assassinat de Pierre Goldman, revendiqué par un groupe, « Honneur de la police ». Son avocat, Me Kiejman, dénonce « un acte de terrorisme fasciste n'ayant rien à voir ni de près ni de loin avec un acte policier ».

24 septembre : Le président Dacko, qui vient de renverser dans la nuit du 20 au 21 l'empereur Bokassa Ier, explique qu'il est revenu en Centrafrique dans un avion militaire français. L'envoi d'un détachement militaire à Bangui « pour assurer à la demande des autorités la sécurité des populations » suscite des réactions.

27 septembre : A Londres, la hausse du cours de l'or atteint 386 dollars l'once ; sur le marché parisien, le dollar est en forte baisse à 4,095 F.

4 octobre : Bernard Pons[3] succède à Alain Devaquet[4] au secrétariat général du RPR.

4-6 octobre : Voyage de Valéry Giscard d'Estaing dans le Sud-Ouest pour lancer « le plan du Grand Sud-Ouest ».

6 octobre : Déclaration de Jean-Pierre Chevènement, leader du CERES, à *Ouest-France* : « François Mitterrand est le meilleur socialiste à la présidence de la République. Tout autre que lui diviserait le parti socialiste. Michel Rocard et Pierre Mauroy sont de mauvais candidats qui diviseraient le parti et le conduiraient à la déconfiture comme en 1969. »

L'AFFAIRE DES DIAMANTS

10 octobre : *Le Canard enchaîné* publie la photocopie d'une lettre de 1973 de Bokassa, alors président de la République centrafricaine ; cette lettre évoque la remise en cadeau d'une plaquette de diamants de 30 carats à Valéry Giscard d'Estaing, alors ministre de l'Économie et des Finances. La presse d'opposition va en faire une « affaire ».

---

3. Pons Bernard, né en 1926. Médecin à Cahors, Bernard Pons entreprend une carrière politique locale en se faisant élire député du Lot entre 1967-1969, puis 1973-1978. Entre 1978-1981 il est élu député RPR, cette fois dans l'Essonne, puis à Paris entre 1981 et 1986, (17e arr.), puis dans la 16e circ. en 1988. Bernard Pons a des charges importantes au sein du RPR dont il est le secrétaire général entre 1979 et 1984 et président du groupe parlementaire depuis 1988. Il a été également secrétaire d'État auprès du ministre de l'Agriculture entre 1969 et 1973, ministre des Départements et Territoires d'outre-mer en 1986-1988, au moment de la crise en Nouvelle-Calédonie.

4. Devaquet Alain, né en 1942. Agrégé et docteur ès sciences, élève de l'ENS Saint-Cloud, Alain Devaquet fait une carrière d'universitaire au CNRS puis à l'université de Paris VI avant d'être nommé chargé de mission au secrétariat d'État aux Universités en 1976 puis ministre délégué auprès du ministre de l'Éducation nationale en 1986. Il est aussi député de Paris 9e cir. et maire du 11e arrondissement de Paris. Son projet de réforme universitaire a suscité une forte contestation qui l'a conduit à la démission. Il a relaté son expérience ministérielle dans l'ouvrage *l'Amibe et l'Étudiant, université et recherche : l'état d'urgence*, publié en 1988.

15 octobre : Visite en France de Hua Guo Feng, le chef du gouvernement chinois.

22 octobre : Michel Debatisse, ancien président de la FNSEA, est nommé secrétaire d'État chargé des Industries agro-alimentaires.

24 octobre : A propos des « diamants », Michel Poniatowski déclare, au cours de l'émission « Face au public » de France Inter : « Un président de la République ne peut pas se défendre car il ne peut pas débattre avec un journal satirique. »

L'AFFAIRE BOULIN

30 octobre : Le corps du ministre Robert Boulin, dont on parlait comme d'un possible Premier ministre, est trouvé noyé dans les étangs de Hollande en forêt de Rambouillet. Après *le Canard enchaîné* et *Minute*, *le Monde*, dans un article publié le 26 octobre, avait posé la question de l'honnêteté de Robert Boulin en ces termes : « Le ministre du Travail et de la Participation s'est-il prêté à une opération immobilière douteuse ou s'est-il laissé circonvenir par un ou plusieurs amateurs de « bonnes affaires » ayant besoin de la caution de son nom ? » Robert Boulin avait acheté un terrain à Ramatuelle à son ami Henri Tournet en juillet 1974. Celui-ci aurait vendu deux fois l'ensemble plus vaste dont faisait partie le terrain de Robert Boulin qui avait facilité à son ami la délivrance de permis de construire.

La responsabilité de la presse est mise en cause et Christian Bonnet déclare au Sénat : « On peut tuer avec une plume. » Cependant, la lettre posthume que Robert Boulin avait envoyée à l'AFP avant de se suicider accuse « la collusion évidente d'un escroc paranoïaque, d'un juge ambitieux et de certains milieux politiques, où, hélas ! mes propres amis ne sont pas exclus, aboutit à la suspicion... et le dévoiement dans la révélation du secret de l'instruction [qui] laisse froid un garde des Sceaux plus préoccupé de sa carrière que du bon fonctionnement de la justice ».

2 novembre : Jacques Mesrine, « l'ennemi public n° 1 » est tué par des policiers porte de Clignancourt.

7 novembre : A l'Assemblée nationale, Laurent Fabius[5], député PS de Seine-Maritime, demande au Premier ministre : « Êtes-vous réellement prêt à rechercher la vérité ? Qui nous garantit qu'une fois de plus elle ne sera pas étouffée ? » Raymond Barre répond : « Il n'y a pas d'affaire Boulin, il y a une affaire Groult-Tournet. » Sa propre famille, des journalistes et des opposants insinuent que Robert Boulin ne s'est pas suicidé.

8 novembre : Jean Mattéoli est nommé ministre du Travail suite à la mort de Robert Boulin.

Mort d'Yvonne de Gaulle.

11 novembre : Pascal Gauchon, secrétaire général du PFN, et Jean-Marie Le Pen, Front national, sont candidats aux élections présidentielles.

17 novembre : D'après un sondage Harris-L'Express, 74 % des Français considèrent l'affaire Boulin comme grave ou assez grave ; 54 % estiment que l'affaire des diamants affaiblit l'autorité du président de la République.

18 novembre : Le conseil national du PSU désigne Huguette Bouchardeau, comme candidate aux élections présidentielles.

François Mitterrand reconnaît « des points de rencontre » entre le PS et le RPR. L'entretien particulier Chirac-Mitterrand à la mairie de Paris, pendant le congrès des maires de France, est remarqué.

28 novembre : L'ensemble du réseau téléphonique français est

---

5. Fabius Laurent, né en 1946. Normalien, énarque, membre du Conseil d'État, Laurent Fabius fait une carrière politique précoce et brillante. Député socialiste de Seine-Maritime en mars 1978, réélu en 1981, 1986, 1988, président du conseil régional de Haute-Normandie entre 1981 et 1982, il occupe très tôt des fonctions ministérielles : il est ministre délégué auprès du ministre de l'Économie, chargé du Budget en 1981-1983, ministre de l'Industrie et de la Recherche en 1983-1984 avant d'être nommé Premier ministre par François Mitterrand dont il est le protégé. Il devient ainsi le plus jeune des Premiers ministres et reste dans cette fonction de 1984 à 1986. L'affaire du *Rainbow-Warrior* ternit pour un temps son image de marque. Par ailleurs, il ne fait pas l'unanimité au sein du PS comme en témoigne le congrès de Rennes en 1990. Mais il a conduit la liste Majorité de progrès pour l'Europe aux élections du Parlement européen en juin 1989, et il préside l'Assemblée nationale depuis 1988.

informatisé ; on dénombre 14 millions de téléphones en France contre 4 millions en 1969.

30 novembre : Vote du renouvellement de la loi sur l'interruption volontaire de grossesse par 271 voix contre 201. Le texte diffère peu de celui de 1975. Plusieurs manifestations pour ou contre le renouvellement ont eu lieu en novembre.

4 décembre : Le RPR refuse de voter le projet de loi sur la Sécurité sociale ; c'est là encore une marque de dissension entre ce parti et le gouvernement.

7 décembre : Assassinat à Paris du neveu de l'ex-shah d'Iran, le prince Chahryar Chafik.

12 décembre : Dans une interview à *Rhône-Alpes*, Raymond Barre déclare : « Je ne suis pas disposé à m'incliner, sous prétexte de concertation, devant la volonté d'une formation de la majorité parlementaire. »

18 décembre : Appel de 100 personnalités de gauche pour relancer l'union de la gauche.

24 décembre : Lancement de la fusée européenne Ariane à Kourou.

RUBRIQUE ARTISTIQUE

LITTÉRATURE

Les prix

Goncourt	Antonine Maillet	*Pélagie la Charrette*
Renaudot	Jean-Marc Roberts	*Affaires étrangères*
Femina	Pierre Moinot	*Le Guetteur d'ombre*
Interallié	François Cavanna	*Les Russkoffs*
Médicis	Claude Durand	*La Nuit zoologique*
Médicis étranger	Alejo Carpentier	*La Harpe et l'Ombre*
Académie française	Henri Coulonges	*L'Adieu à la femme sauvage*
Nobel	Odysseus Elytis (Grèce)	

Les succès

Jeanne Bourin	*La Chambre des dames*
Boileau-Narcejac	*Carte vermeille*

avril : mort de Maurice Clavel.
mai : mort de Pierre Viansson-Ponté.
juin : mort de Jean-Louis Bory.
juillet : mort de Joseph Kessel.
août : mort de Gilbert Cesbron.

CINÉMA

Les prix

Cannes	Volker Schloendorff	*Le Tambour*
Césars	Christian de Chalonge	*L'Argent des autres*
	Michel Serrault	Meilleur acteur dans *la Cage aux Folles*
	Romy Schneider	Meilleure actrice dans *Une histoire simple*

Les succès

Woody Allen	*Manhattan*
Bernardo Bertolucci	*La Luna*
Francis Ford Coppola	*Apocalypse now*
Joseph Losey	*Don Giovanni*
Roman Polanski	*Tess*
Ridley Scott	*Alien*
Volker Schloendorff	*Le Tambour*
Patrick Schulmann	*Et la tendresse, bordel ?*

Andrzej Wajda	*Les Demoiselles de Wilko*

Mort de Paul Meurisse, de Jean Renoir, de Jean Seberg.

THÉÂTRE

février	L'Étoile du nord, groupe Tsé (Montparnasse)	
avril	Jean-Claude Grumberg	*L'Atelier* (Odéon)
septembre	Antoine Vitez	*Dom Juan, le Misanthrope, le Tartuffe, l'École des femmes* (Théâtre de la Ville)
novembre	Robert Hossein	*Danton et Robespierre* (Palais des Congrès)

DANSE ET MUSIQUE

Kiri Te Kanawa dans *la Bohème*, opéra dirigé par Giuseppe Patane à l'Opéra de Paris.
Herbert von Karajan dirige l'Orchestre philharmonique de Berlin au Théâtre des Champs-Élysées.
Les Contes d'Hoffmann, mise en scène de Patrice Chéreau à l'Opéra.
Lulu, opéra dodécaphonique d'Alban Berg, présenté pour la première fois dans sa version intégrale à l'Opéra de Paris (Patrice Chéreau, Pierre Boulez).

CHANSONS

La Marseillaise, de Gainsbourg, version reggae, fait scandale.
Jacques Higelin chante *Champagne pour tout le monde, caviar pour les autres*.
Johnny Halliday chante *Ma gueule*.

EXPOSITIONS

Centre Pompidou	Magritte
	Paris-Moscou
Grand-Palais	Chardin
	Trésors du Kremlin
	Donation Picasso

1979

RUBRIQUE SPORTIVE

RALLYE

1er janvier : Premier départ du Paris-Dakar avec 200 participants.

ATHLÉTISME

Gérard Lelièvre, douanier, couvre sur la piste du stade d'Épinay 20 km en 1 h 22'19''4, record mondial de la marche athlétique.

ESCRIME

Médaille d'or pour Philippe Riboud à Melbourne à la pointe de son épée.

FOOTBALL

Coupe de France	FC Nantes bat Auxerre 4-1
Championnat de France	Monaco

RUGBY A XV

Tournoi des Cinq Nations	France 2e, 5 pts

Les Français vainqueurs des All Blacks pour la première fois sur le sol néo-zélandais à Auckland le 14 juillet 1979 (24-19).

SKI NAUTIQUE

Patrice Martin champion du monde des figures à Toronto.

TENNIS

Roland-Garros	Simple messieurs : Borg bat Pecci, 6-2, 6-1, 6-7, 6-4 Simple dames : Evert-Lloyd bat Turnbull, 6-2, 6-0

1980

2 janvier : Valéry Giscard d'Estaing propose à François Mitterrand et à Georges Marchais un entretien avec le ministre des Affaires étrangères, Jean François-Poncet, pour discuter de la situation internationale après l'intervention des troupes soviétiques en Afghanistan le 26 décembre 1979.

LA CORSE S'ENFLAMME

6 janvier : A Bastélica, en Corse du Sud, des membres de l'Union du peuple corse, UPC, dont le représentant est Edmond Siméoni, font prisonniers le commandant Pierre Bertolini et deux membres du Front d'action nouvelle contre l'indépendance et l'autonomie, Francia, mouvement clandestin qui avait commis plusieurs attentats contre les autonomistes.

8-10 janvier : La gendarmerie mobile investit Bastélica ; les autonomistes viennent d'en partir, les antiautonomistes occupent l'hôtel Fesch au centre d'Ajaccio. Un tireur isolé tue un CRS et en blesse un autre à Ajaccio ; 2 morts et 4 blessés lors d'un contrôle par les gardes mobiles ; les nationalistes évacuent l'hôtel Fesch.

11 janvier : Grève générale en Corse par solidarité avec les autonomistes, suivie de manifestations les 13 et 26 janvier.

En visite à Moscou, Georges Marchais justifie et explique l'intervention soviétique en Afghanistan ; la plupart des journaux français critiquent l'attitude du leader du PCF. Le 16, le Conseil de l'Europe à Strasbourg condamne l'intervention soviétique.

16 janvier : *Le Canard enchaîné* publie de nouveaux documents sur « l'affaire des diamants ».

27 janvier : Le cyclone Hyacinthe fait 25 morts en Réunion.

31 janvier-1er février : Joseph Fontanet, ancien ministre, est blessé par balles dans la nuit du 31 au 1er devant son domicile ; il meurt le 2 février ; le meurtrier n'est pas retrouvé.

3 février : Importante manifestation antinucléaire à Plogoff.

5 février : Un accord est conclu entre Yvon Bourges et Hans Apel, ministres de la Défense en France et en RFA, pour construire un char de combat franco-allemand, EPC, Engin principal de combat.

9-10 février : Réunion à Bobigny du conseil national du PCF consacrée aux intellectuels et à la culture pour répondre au malaise des intellectuels au sein du parti, qui s'est amplifié avec l'intervention de l'URSS en Afghanistan.

14 février : Mort de Marie Besnard, « la bonne dame » de Loudun, accusée d'empoisonnements en 1949 et acquittée le 12 décembre 1961.

22-24 février : IIIe congrès du Centre des démocrates sociaux qui réélit Jean Lecanuet à la présidence et nomme Bernard Stasi président délégué. Le CDS prend ses distances avec l'UDF.

27 février : Le Conseil des ministres rétablit les cérémonies officielles de célébration de la victoire de 1945.

1er-9 mars : Voyage de Valéry Giscard d'Estaing dans les États du Golfe pour concrétiser le rapprochement franco-arabe ; le problème de l'autodétermination des Palestiniens est évoqué.

7 mars : Naufrage du pétrolier malgache *Tanio* ; les côtes bretonnes sont à nouveau polluées.

CAMPAGNES DE PRESSE

8 mars : *L'Express* publie un article intitulé : « Georges Marchais en Allemagne 1942-1944. La preuve du mensonge » et reproduit le photostat d'un document allemand qui prouverait la présence de Georges Marchais en Allemagne en 1944 alors que celui-ci avait dit être revenu en France en 1943. Georges Marchais dénonce le « faux » et accepte la comparution devant une commission d'enquête « à condition que tous les hommes politiques actuellement en activité fassent de même ».

9-10 mars : 14 attentats commis à Ajaccio.

12 mars : Paul Dijoud, secrétaire d'État aux DOM-TOM, déclare : « La réforme oui, le dialogue oui, mais le désordre non ! » en faisant allusion aux groupes autonomistes et indépendantistes en Martinique.

16 mars : Rassemblement antinucléaire au cap Sizun pour protester contre la construction de la centrale nucléaire de Plogoff et contre l'arrestation de manifestants suite aux manifestations violentes des 29 février, 2 et 3 mars.

18 mars : Attentat contre le ministère de la Coopération à Paris, revendiqué par le groupe « Action directe ».

21 mars : Mort de Marcel Boussac.

26 mars : Ouverture des journées parlementaires du RPR à Saint-Raphaël ; Michel Debré quitte avec éclat la séance après que Claude Labbé, président du groupe parlementaire, eut présenté Jacques Chirac comme le meilleur candidat pour 1981.

28 mars : 30 terroristes italiens sont arrêtés à Toulon ; parmi eux, 3 assassins présumés d'Aldo Moro, l'ancien président du Conseil italien.

2 avril : Publication par *le Canard enchaîné* de documents qui indiqueraient que les projets d'assassinat de Jean de Broglie, décembre 1976, étaient connus des services de police, notamment de Jean Ducret, directeur de la PJ parisienne. La presse d'opposition insinue dès lors qu'on a laissé faire parce que Jean de Broglie, exclu du parti des Républicains indépendants quelques mois avant l'assassinat, était devenu gênant.

11 avril : Socialistes et communistes demandent la mise en accusation de Michel Poniatowski devant la Haute Cour de justice, à propos de l'affaire Broglie, et déposent à l'Assemblée nationale deux propositions de résolution en ce sens.

16 avril : *Le Canard enchaîné* publie une note d'Alain Peyrefitte, garde des Sceaux, adressée au président de la République le 9 janvier 1980, lui notifiant « comment séduire les gaullistes » pour « affaiblir » Jacques Chirac. Alain Peyrefitte « décline toute responsabilité », mais le malaise s'accroît.

20 avril : Pendant que ses amis critiquent l'attitude de Michel Rocard, François Mitterrand exprime sur Europe 1 sa volonté de « rassembler, de préserver l'unité ».

22 avril : Valéry Giscard d'Estaing reçoit les élus corses ; dans la nuit du 22 au 23, 12 attentats sont commis en France et en Corse par les autonomistes.

24 avril : Les représentants de la majorité dominent dans la composition de la commission spéciale chargée d'examiner la proposition de mise en accusation de Michel Poniatowski devant la Haute Cour.

Le 25, la cour d'appel de Paris ordonne un supplément d'information dans l'affaire de Broglie.

29 avril : La France et la RFA signent un accord pour la construction et le lancement communs de deux satellites de télévision.

2-4 mai : Réunis en congrès à Lyon, les écologistes ne parviennent pas à s'entendre sur un candidat. Brice Lalonde fait cependant acte de candidature pour les élections présidentielles.

3 mai : A Brest, Yvon Bourges, le ministre de la Défense, inaugure le lancement du 5e sous-marin lance-missiles à propulsion nucléaire.

4 mai : Mort de Tito ; Valéry Giscard d'Estaing n'assiste pas aux obsèques.

5 mai : Valéry Giscard d'Estaing consacre l'émission « Une heure avec le président de la République » aux questions économiques et sociales ; il déclare notamment que « le prix du pétrole ne baissera plus jamais ».

13 mai : Les membres du comité national olympique du sport français décident que la délégation française se rendra à Moscou mais sans *Marseillaise* ni drapeau. Le 20 janvier, le président américain Jimmy Carter avait décidé de boycotter les jeux Olympiques de Moscou pour protester contre l'intervention soviétique en Afghanistan.

Le ministre de l'Intérieur Christian Bonnet dénonce « l'agitationnite » dans les universités, qui s'est amplifiée après la parution du décret du 2 avril 1980 limitant l'inscription des étudiants étrangers dans les universités. Toujours le 13 mai, le centre universitaire Jussieu à Paris, secoué par une agitation sporadique, est investi par les forces de l'ordre. Alain Begrand, sans profession, trouve la mort en fuyant les policiers.

14 mai : Manifestations aux cris de « Flics, fascistes, assassins » à Paris et dans les grandes villes de province.

LA LOI SÉCURITÉ-LIBERTÉ

20 mai : La commission des lois de l'Assemblée nationale examine un projet très controversé « renforçant la sécurité et garantissant la liberté des personnes, sécurité et liberté » présenté par Alain Peyrefitte au Conseil des ministres du 30 avril. L'objectif, qui est de « dissuader le criminel et de rassurer le public », suscite des inquiétudes, car ce projet accroît plutôt la répression (restriction des possibilités d'octroi de sursis, de permissions de sortir, de circonstances atténuantes ou de réductions de peines) à côté de mesures plus « libérales » comme la suppression de la tutelle pénale. Y sont hostiles les partis d'opposition, mais aussi certaines formations de la majorité et les syndicats comme la Confédération syndicale des avocats, le Syndicat de la magistrature, le Syndicat des avocats de France, le barreau de Paris, la Fédération des unions de jeunes avocats, l'Union syndicale des magistrats, les juges d'instruction parisiens et des associations de juristes qui, dans l'ensemble, n'ont pas été consultés.

21 mai : Jean Ducret, directeur de la PJ parisienne, est entendu par la commission parlementaire chargée d'examiner la demande en comparution de Michel Poniatowski. Jean Ducret déclare avoir informé son supérieur hiérarchique, Maurice Bouvier, des menaces de mort sur le prince de Broglie le jour même de son assassinat.

22 mai : Raymond Barre reçoit Alice Saunier-Seïté et Christian Beullac, ainsi que les recteurs d'académie, pour traiter des problèmes d'éducation ; il félicite Alice Saunier-Seïté pour « son action courageuse ». Il assume la paternité des nouvelles mesures instaurant une sélection pour l'entrée des étudiants étrangers. Il défend la « réforme de la carte universitaire », soit la révision des autorisations que possèdent les universités de délivrer des diplômes de 3e cycle pour que l'université française « conserve son crédit intellectuel et moral ». Raymond Barre reçoit le lendemain une délégation conduite par François Mitterrand, inquiet de la situation des universités et des projets gouvernementaux qui tendent à remettre en cause les dispositions de la loi d'orientation d'Edgar Faure de 1968.

23 mai : Échec du deuxième essai de la fusée européenne Ariane à Kourou.

Déclaration commune contre le projet de loi « sécurité-liberté » de la CGT, la CFDT, la FEN, la Fédération autonome des syndicats de police, le Syndicat de la magistrature et le Syndicat des avocats de France.

27 mai : Manifestations d'avocats et de magistrats contre le projet de loi « sécurité-liberté ».

28 mai : Sur TF 1, Alain Peyrefitte justifie son projet de loi sécurité-liberté par « la montée préoccupante de la violence », mais assure la garantie des libertés. Ce texte suscite les réserves, même au sein de la majorité. Bernard Pons, secrétaire général du RPR, critique le projet le 3 juin, Simone Veil le 4 ; par contre, Claude Labbé, président du groupe RPR à l'Assemblée, approuve.

30 mai-2 juin : Visite du pape Jean-Paul II en France ; le 1er, célébration d'une messe au Bourget avec les évêques de France devant 350 000 fidèles.

7-8 juin : Le VIe congrès national du MRG investit Michel Crépeau comme leur candidat à l'élection présidentielle.

14 juin : Jacques Dominati, secrétaire d'État chargé des Rapatriés, suscite de violentes critiques en étant présent à l'inauguration d'un monument érigé « à la mémoire des martyrs de l'Algérie française ».

François Mitterrand devant le comité directeur du PS déclare qu'« il faut éviter d'avoir autant de partis que de courants ».

Les divisions entre les partisans du premier secrétaire et ceux de Michel Rocard s'accentuent.

22-23 juin : Réunion des 7 pays industrialisés à Venise. On décide de réduire la consommation de pétrole et on demande le retrait des troupes soviétiques d'Afghanistan.

28 juin : Enlèvement de Michel Maury-Laribière, vice-président du CNPF ; il est libéré le 9 juillet.

30 juin : A Amboise, Michel Debré annonce sa candidature aux élections présidentielles.

2 juillet : Mise en place dans les fédérations départementales du RPR des « comités d'appel » à la candidature de Jacques Chirac. Michel Debré dispose d'un comité de soutien sous la direction de Jean-Émile Vié, préfet de région.
2 juillet : Michel Rocard, qui effectue plusieurs voyages en France et à l'étranger, déclare à France Inter qu'il se présentera si François Mitterrand ne se présente pas.

7 juillet : Raymond Barre sur Antenne 2 prévoit des « années difficiles » et dresse un bilan positif de son action.

18 juillet : Chapour Bakhtiar, ancien Premier ministre d'Iran, échappe à un attentat à Paris.

21 juillet : Salah Eddin Bitar, ancien Premier ministre syrien opposant au président Hafez El-Assad, est assassiné à Paris. Protestations des syndicats de policiers contre les conditions de protection des personnalités étrangères.

23 juillet : Après les révélations de l'inspecteur Roux, auteur de deux rapports de police faisant mention d'un projet d'assassinat contre Jean de Broglie, Michel Poniatowski demande à être entendu par la commission parlementaire.

30 juillet : Le Conseil des ministres fixe la date de l'élection présidentielle au 26 avril 1981.

MONTÉE DES EXTRÉMISMES

6 août : Arrestation d'un militant d'extrême droite italien, Marco Affatigato, dans le cadre de l'enquête sur l'attentat néo-fasciste de la gare de Bologne qui avait tué 80 personnes le 2 août. Marco Affatigato serait lié aux milieux d'extrême droite français comme la fédération d'action nationale et européenne FANE créée en 1966 par Marc Fredriksen. Un inspecteur de police, Paul-Louis Durand, membre du bureau politique de la FANE, est suspendu de ses fonctions à titre provisoire le 8 août.

3 septembre : Le mouvement d'extrême droite la FANE est dissous.

13 septembre : Arrestation de Jean-Marc Rouillan et Nathalie Ménigon, dirigeants d'Action directe, groupe terroriste auteur de plusieurs attentats depuis mai 1979.

19 septembre : Visite de Margaret Thatcher en France.

21 septembre : Pluies torrentielles en Haute-Loire faisant 5 morts.

23-24 septembre : *Le Canard enchaîné* et *l'Humanité* sont inculpés pour diffamation à l'encontre de Michel Poniatowski.

25-28 septembre : Des attentats contre deux écoles israélites, deux synagogues et le Mémorial du martyr juif inconnu sont revendiqués par les Faisceaux nationalistes européens, ex-FANE.

28 septembre : Élections sénatoriales : le PCF maintient plusieurs de ses candidats au second tour, ce qui compromet les chances de la gauche. L'opposition gagne cependant des voix grâce à la progression du PS.

30 septembre : Arrestation à Paris et à Nice de militants d'extrême droite dont Jean-Gilles Malliarakis, leader du Mouvement nationaliste révolutionnaire, MNR, et Pierre Sidos, président de l'Œuvre française.

1er octobre : Le Conseil des ministres adopte le rapport sur le VIIIe Plan (1981-1985) axé sur les problèmes de l'emploi. Le chiffre de 1 500 000 demandeurs d'emploi est franchi.

2 octobre : Remaniement du gouvernement Barre après les élections sénatoriales. Jean-François Deniau est ministre de la Réforme administrative.

3 octobre : Un attentat dirigé contre la synagogue de la rue Copernic où étaient rassemblés 300 fidèles pour les fêtes de la Torah fait 4 morts et 20 blessés.

7 octobre : Une manifestation en faveur des victimes de la rue Copernic est organisée à l'appel du MRAP ; des élus RPR et UDF participent aux côtés des élus socialistes et communistes.

9 octobre : Mort d'Alexandre Sanguinetti, ancien ministre et ancien secrétaire général de l'UDR.

11-12 octobre : La conférence nationale du PCF désigne Georges Marchais comme candidat à l'élection présidentielle.

15-22 octobre : Visite de Valéry Giscard d'Estaing en Chine ; il est le second président français après Georges Pompidou à se rendre dans ce pays.

1980

LES CANDIDATURES SOCIALISTES AUX PRÉSIDENTIELLES

19 octobre : A Conflans-Sainte-Honorine, Michel Rocard propose aux socialistes « d'être leur candidat à la présidence de la République » dans le respect de ses engagements, aux Français de « conquérir ensemble le pouvoir pour devenir ensemble les responsables de la France ».

21 octobre : Jean-Pierre Chevènement confirme sa candidature si François Mitterrand ne se présente pas.

23 octobre : Marie-France Garaud annonce sa candidature à l'Élysée.

30 octobre : D'après *le Monde*, 26 conseils sur 76 refusent d'appliquer la réforme des conseils d'université qui attribue la moitié des sièges aux professeurs de rang magistral.

Coluche annonce qu'il se présente comme « le candidat des minorités ».

8 novembre : Réunion du comité directeur du PS ; François Mitterrand est candidat à l'élection présidentielle.

15 novembre : Henri Tournet, l'homme d'affaires de Robert Boulin, est condamné par contumace à 15 ans de réclusion criminelle.

24 novembre : Michel Rocard explique le retrait de sa candidature à Antenne 2 : « Je soutiens et je soutiendrai sans réserve le candidat du parti socialiste. »

5 décembre : A l'occasion de la remise du prix Tocqueville, Valéry Giscard d'Estaing déclare à Valognes : « Je suis un libéral inguérissable. »

14 décembre : Mort de Joël Le Theule, ministre de la Défense, à la suite d'une crise cardiaque ; Robert Galley lui succède le 22.

18-20 décembre : Adoption à l'Assemblée le 18, au Sénat le 20, des conclusions de la commission mixte paritaire sur les dispositions restant en discussion de la loi sécurité-liberté. Le texte définitif rejoint les préoccupations du Sénat, par exemple en matière de l'application des peines, mais est voté un amendement du gouvernement qui modifie le régime de l'extension de la durée de la garde à vue par les personnels de police des personnes impliquées dans des affaires particulièrement graves (24 h au lieu de 48 h sous le contrôle d'un magistrat du parquet).

21 décembre : Évacuation, avec l'accord de la mairie, de 300 travailleurs maliens d'un foyer insalubre de Saint-Maur-des-Fossés ; le 24, le maire communiste de Vitry-sur-Seine, Paul Mercieca, s'oppose par la force à l'installation des Maliens sur sa commune.

23-29 décembre : Série d'attentats revendiqués par le Groupe de libération armée, GLA, pendant le voyage privé de Valéry Giscard d'Estaing aux Antilles.

1980

RUBRIQUE ARTISTIQUE

1980 : année du Patrimoine.

LITTÉRATURE

Les prix		
Goncourt	Yves Navarre	*Le Jardin d'acclimatation*
Renaudot	Danièle Sallenave	*Les Portes de Gubbio*
Femina	Jocelyne François	*Joue-nous España*
Médicis	Jean-Luc Benoziglio	*Cabinet portrait*
	Jean Lahougue	*Comptine des Height* (refuse son prix)
Médicis étranger	André Brink	*Une Saison blanche et sèche*
Interallié	Christine Arnothy	*Toutes les chances plus une*
Académie	Louis Gardel	*Fort Saganne*
Nobel	Czeslaw Milosz (Pologne et États-Unis)	

6 mars : élection de Marguerite Yourcenar, première femme à l'Académie française.

26 mars : mort de Roland Barthes.
15 avril : mort de Jean-Paul Sartre.
8 septembre : mort de Maurice Genevoix, secrétaire perpétuel honoraire de l'Académie.

CINÉMA

Les prix		
Cannes	B. Fosse	*Que le spectacle commence*
	A. Kurosawa	*Kagemusha*
Césars	Roman Polanski	*Tess*
	Claude Brasseur	Meilleur acteur *(la Guerre des polices)*
	Miou-Miou	Meilleure actrice *(La Dérobade)*

Michel Guy, élu président de la Cinémathèque à Paris.

THÉÂTRE

janvier	Jean Poiret	*Joyeuses Pâques* (Palais-Royal)
	Tom Stoppard, André Prévin	*La Musique adoucit les mœurs* (Théâtre de la Ville)

	Nathalie Sarraute	*Elle est là* (Petit Orsay)
février	Andrzej Wajda	*Ils* (Amandiers)
mars	René Kalisky	*La Passion selon Pier Paolo Pasolini* (Chaillot)
avril	Franck Bertrand	*Pourquoi m'avez-vous appelé ?* (Marie Stuart)
juillet	Goldoni	*La Locandiera* (Comédie italienne)
novembre	Françoise Dorin	*L'Intoxe* (Variétés)

La Comédie-Française fête son tricentenaire en avril.

MUSIQUE ET DANSE

Pelléas et Mélisande avec Lorin Maazel et Teresa Stratas à l'Opéra de Paris.
Opéra de Pékin au Palais des Congrès.
Carmen de Bizet avec Placido Domingo, Ruggero Raimondi, Teresa Berganza, à l'Opéra-Comique.
IIe festival Berlioz à Lyon ; le premier avait eu lieu en 1979.

CHANSONS

Renaud à Bobino, les Frères Jacques aux Champs-Élysées pour leurs adieux.
Dalida chante *Il venait d'avoir 18 ans.*
France Gall chante *Il jouait du piano debout.*

Mort de Joe Dassin, de John Lennon assassiné à New York.

EXPOSITIONS

Grand-Palais	Claude Monet
	Viollet-le-Duc
	Cinq années d'enrichissement du Patrimoine
Centre Pompidou	Salvador Dali
Art Moderne	Henri Cartier-Bresson, le mois de la Photo

10 juin : inauguration de la restauration de la Chambre du Roi et de la Galerie des Glaces à Versailles.

1980

RUBRIQUE SPORTIVE

Jeux Olympiques d'hiver à Lake Placide (13-24 février) : médaille d'argent Perrine Pélen (ski, slalom géant dames).
Jeux Olympiques d'été à Moscou (19 juillet-3 août) : médailles françaises : 6 or, 5 argent, 3 bronze.

AUTOMOBILE

Formule 1 : René Arnoux remporte le Grand Prix du Brésil à bord d'une Renault Elf-Turbo le 27 janvier.
Victoire de Jacques Laffite au Grand Prix d'Allemagne à Hockenheim.
Mort de Patrick Depailler le 2 août pendant les essais privés.
Jabouille vainqueur au Grand Prix d'Autriche.
Vingt-Quatre Heures du Mans : victoire de Jean Rondeau assisté de Jean-Pierre Jaussaud.

FOOTBALL

Coupe d'Europe	Victoire de Saint-Étienne à Hambourg, 5-0
Coupe de France	Monaco bat Orléans, 3-1
Championnat de France	Nantes

RUGBY A XV

Tournoi des Cinq Nations	France 4e, 2 pts
Championnat de France	Béziers bat Toulouse, 10-6

TENNIS

Roland-Garros	Simple messieurs : Borg bat Gerulaitis 6-4, 6-1, 6-2 Simple dames : Evert-Lloyd bat Ruzici 6-0, 6-3

1981

3 janvier : Série d'accidents dans le 3e Paris-Dakar : 3 morts et 3 blessés.

8 janvier : Au forum de l'Expansion, Raymond Barre déclare : « L'année 1981 sera une année difficile... On ne peut s'attendre à une amélioration de l'activité économique dans le monde occidental avant le second semestre de 1981 et peut-être même avant le début de 1982. »

La cote de popularité du premier ministre est au plus bas ; selon un sondage SOFRES publié par *le Figaro magazine* du 10 janvier 1981, 31 % seulement des Français lui accordent leur confiance.
8 janvier : La France condamne le projet de fusion entre la Libye et le Tchad annoncé le 6 janvier à Tripoli à l'occasion de la visite du président tchadien Goukouni Oueddei.

10 janvier : Michel Debré, candidat à l'élection présidentielle, dénonce le « laisser-faire baptisé libéralisme ».

Georges Marchais et les députés du Val-de-Marne manifestent leur solidarité avec le maire communiste de Vitry-sur-Seine qui avait interdit l'installation de travailleurs immigrés sur sa commune.

16 janvier : Michel Crépeau, président du MRG, annonce son ralliement à la candidature Mitterrand au second tour.

20 janvier : La Commission parlementaire chargée d'examiner la comparution de Michel Poniatowski (affaire de Broglie) se sépare sur un non-lieu.

Au cours d'une conférence de presse, Georges Marchais déclare : « Assez de la République des châteaux et des cadeaux, de l'État, des cousins et des copains, du clan des chers parents et des princes. »

Accident du RER à la station Auber : un mort et 71 blessés.

24 janvier : Congrès extraordinaire du PS à Créteil. François Mitterrand se présente comme « le candidat de la France, pour tous les Français ».

2 février : Nomination de Jean-Marie Lustiger, archevêque de Paris.

5 février : Le « groupe du 30 octobre », arménien, revendique l'attentat contre les sièges d'Air France et TWA sur les Champs-Élysées.

6 février : Un mort et 5 blessés dans le télescopage de deux rames de métro sur la ligne 2.

7 février : Le congrès extraordinaire du RPR soutient par plus de 95 % des suffrages la candidature de Jacques Chirac aux présidentielles.

9 février : Voyage de François Mitterrand en Chine en tant que vice-président de l'Internationale socialiste.

12 février : Le président égyptien Anouar El-Sadate est reçu en visite privée à Paris au cours de sa tournée européenne.

26 février : Paribas prend le contrôle d'Empain-Schneider.

Le TGV bat le record du monde de vitesse sur rail sur la ligne Paris-Lyon (380 km/h).

27 février : Deux détenus de Fleury-Mérogis s'évadent en hélicoptère ; l'un d'eux, Gérard Dupré, est repris le 6 mars.

28 février : Michel Crépeau est candidat du MRG aux présidentielles.

2 mars : Valéry Giscard d'Estaing, dans une allocution radiotélévisée, annonce sa candidature en ces termes : « Je ne serai pas un président-candidat. »

4 mars : Deux diplomates turcs sont assassinés à Paris dans un attentat arménien.

7 mars : François Mitterrand commence sa campagne à Beauvais ; il déclare notamment : « Quand j'entends dire le désordre, ce sont les socialistes... Qu'appelle-t-on désordre, sinon 1 700 000 chômeurs, 10 000 entreprises industrielles et commerciales détruites, 100 000 exploitations agricoles disparues. »

9 mars : A l'émission « Cartes sur table », Jacques Chirac déclare : « Je serai présent au second tour, j'en suis persuadé. » Il critique l'action gouvernementale et celle du président de la République.

10 mars : Au cours de l'émission télévisée « Le grand débat », Valéry Giscard d'Estaing explique son silence sur l'affaire des diamants parce qu'« il y avait à la fois de la bassesse et de la lâcheté » et que la question ne lui avait pas été posée. Il déclare que les pierres précieuses ont été vendues au profit d'œuvres sociales centrafricaines.

13 mars : Un article favorable à Valéry Giscard d'Estaing publié dans *la Pravda* suscite des réactions.

17 mars : Un communiqué du secrétariat général à la Présidence confirme le versement à la Croix-Rouge centrafricaine, le 4 février 1981, d'un montant de 40 000 francs ; le montant des pierres offertes en 1973 a été restitué à des œuvres centrafricaines.

2 avril : Conférence de presse de Jacques Chirac qui mène une campagne sur le modèle américain ; la presse évoque le nom de Ronald Reagan à titre comparatif ; ses attaques sont surtout dirigées contre Valéry Giscard d'Estaing.

7 avril : L'équipe de football l'OM, de Marseille, est mise en liquidation.

13 avril : Un attentat à l'explosif dans l'aéroport d'Ajaccio fait

1 mort et 8 blessés ; il est revendiqué par les Francs-Tireurs et les partisans corses.
Début de la campagne officielle radiotélévisée.

« LA FORCE TRANQUILLE » A L'ÉLYSÉE

26 avril : Premier tour des élections présidentielles :

Valéry Giscard d'Estaing	28,31 % des suffrages exprimés
François Mitterrand	25,84 %
Jacques Chirac	17,89 %
Georges Marchais	15,34 %
Brice Lalonde	3,87 %
Arlette Laguillier	2,30 %
Michel Crépeau	2,21 %
Michel Debré	1,66 %
Marie-F. Garaud	1,33 %
Taux d'abstention	18,9 %

Le score de Valéry Giscard d'Estaing est inférieur à celui de 1974, 32,6 % ; recul « historique » du PCF au-dessous de la barre des 20 % au bénéfice du PS.

27 avril : Déclaration de Jacques Chirac : « Le 10 mai, chacun devra voter selon sa conscience. A titre personnel... je ne puis que voter pour M. Giscard d'Estaing. »

28 avril : Georges Marchais appelle « à voter pour François Mitterrand sur des bases bien précises : les 131 propositions que nous avons soumises » et d'ajouter « M'avez-vous déjà vu rouler gratuitement ? »
28 avril : Le MRG appelle à voter pour François Mitterrand ; il en est de même du PSU. La FEN et la CFDT se prononcent en faveur du candidat socialiste.

29 avril : Réunion du comité central du RPR dans une atmosphère tendue ; la motion précise : « Dans un scrutin à deux tours, on écarte au second tour celui des deux candidats restant en lice dont l'élection présenterait le plus d'inconvénients. »

3 mai : Pierre Mendès France appelle à voter pour le candidat socialiste ; il en est de même d'Arlette Laguillier. Michel Debré se prononce pour Valéry Giscard d'Estaing et Marie-France Garaud déclare voter blanc.

5 mai : Face-à-face télévisé entre Valéry Giscard d'Estaing et François Mitterrand.

10 mai : Second tour des présidentielles : François Mitterrand est élu président de la République avec 51,75 % des suffrages exprimés contre 48,24 % à Valéry Giscard d'Estaing.

Faible taux d'abstentions : 14,13 %.

11 mai : A la Bourse, les cotations sont suspendues pour 48 heures.

21 mai : Cérémonies de la passation des pouvoirs. François Mitterrand se rend à l'Arc de triomphe, à l'Hôtel de Ville puis au Panthéon où, seul, il s'incline devant les tombes de Jean Jaurès, Jean Moulin et Victor Schoelcher.

V

LES ANNÉES MITTERRAND

mai 1981 - décembre 1989

Les deux slogans, « la force tranquille » en 1981 et « la France unie » en 1988, symbolisent l'évolution de l'image présidentielle de François Mitterrand. En mai 1981, les Français ont voté sinon pour un parti, du moins pour une idéologie attachée à l'union de la gauche, en 1988 ils ont voté avant tout pour un homme.

Cette évolution est le résultat d'une certaine uniformisation de la vie politique. Au parti socialiste triomphant et vengeur du congrès de Valence succède un parti plus consensuel qui doit accepter la politique de rigueur préconisée par Jacques Delors dès 1983 et poursuivie par Michel Rocard en 1988. L'absence des ministres communistes dans le gouvernement Fabius de juillet 1984 permet au parti communiste de relancer les revendications sociales, ce qui n'empêche nullement son déclin. La cohabitation marquée par l'avènement du gouvernement Chirac en mars 1986 contribue à estomper les différences partisanes. Le choix de Michel Rocard comme Premier ministre du second septennat de François Mitterrand conforte la volonté de rassembler les Français autour d'une politique avant tout pragmatique.

Il existe encore des combats idéologiques : le débat autour des privatisations promulguées par Édouard Balladur[1] *et des nationalisations en témoigne. La politique en Nouvelle-Calédonie est différente en 1986 et en 1988. Mais les gouvernements successifs font face à des problèmes communs : la crise économique dont il est difficile de sortir avec l'œil rivé sur les trois clignotants du chômage, de l'inflation, et du déficit du commerce extérieur, le terrorisme aveugle et insaisissable. Ils sont également éclaboussés par des scandales politico-financiers qui alimentent l'antiparlementarisme et l'absentéisme électoral. Les déçus du socialisme sont probablement aussi nombreux que les déçus du libéralisme. Le Front national profite de ces défections et fait une percée spectaculaire et durable.*

1. Balladur Édouard, né en 1929. Énarque, auditeur au Conseil d'État en 1957, maître des requêtes en 1963, Édouard Balladur est conseiller du directeur général de l'ORTF en 1962-1963 puis entre au cabinet de Georges Pompidou comme chargé de mission en 1964 puis conseiller technique en 1966-1968. Lorsque Georges Pompidou est élu président de la République, Édouard Balladur est nommé secrétaire général de la Présidence de la République. Après avoir été PDG de la Générale de service informatique et président de la Compagnie européenne d'accumulateurs, il revient aux affaires politiques en 1986 où il est nommé ministre de l'Économie, des Finances, de la Privatisation dans le gouvernement Chirac. C'est lui en effet qui a conduit la politique de privatisation. Il est également élu député RPR de Paris en juin 1988.

1981

LES ÉLECTIONS LÉGISLATIVES ET LES GOUVERNEMENTS MAUROY

22 mai : Dissolution de l'Assemblée nationale ; les élections législatives sont fixées aux 14 et 21 juin.

Pierre Mauroy, nommé Premier ministre, constitue son gouvernement qui ne comporte aucun communiste et une très forte dominante socialiste, 28 ministres, deux MRG (Michel Crépeau, ministre de l'Environnement et Maurice Faure à la Justice) et un représentant du mouvement démocrate avec Michel Jobert au Commerce extérieur. Quatre femmes sont ministres. Gaston Defferre est ministre de l'Intérieur, Michel Rocard ministre du Plan et de l'Aménagement du territoire, Claude Cheysson[1] minis-

1. Cheysson Claude, né en 1920. Polytechnicien, énarque, Claude Cheysson, entre dans le cabinet de Pierre Mendès France en 1954 comme chef adjoint puis chef de cabinet, ensuite dans celui d'Alain Savary en 1956. Il est aussi ministre plénipotentiaire en 1965, ambassadeur en Indonésie de 1966 à 1969, PDG de la Compagnie des potasses du Congo en 1970-1973, membre de la commission des communautés européennes à Bruxelles de 1973 à 1981. Pendant le premier septennat de François Mitterrand, il est nommé ministre des Relations extérieures jusqu'en 1984. En juin 1989, il est élu au Parlement européen sur la liste socialiste « Majorité de progrès pour l'Europe ».

tre des Affaires étrangères, Jacques Delors[2] ministre de l'Économie et des Finances.

1er juin : Le SMIC est relevé de 10 %, le minimum vieillesse de 20 %, les allocations familiales et l'allocation logement de 25 %.

10 juin : Adoption par le Conseil des ministres d'une création de 54 290 emplois dans la fonction publique ; des mesures d'aide aux entreprises pour les inciter à embaucher sont décidées le 17 juin.

14 juin : Premier tour des élections législatives : succès des socialistes avec 37,77 % des suffrages (y compris les radicaux de gauche), nouvel échec des communistes avec 16,12 % contre 20,71 % en 1976. Du côté de l'opposition, le RPR obtient 20,91 % des suffrages en métropole, l'UDF 19,16 %.

21 juin : Second tour des élections législatives, qui confirme les résultats du premier tour : le PS et les élus apparentés disposent de 285 sièges soit la majorité absolue plus 39 sièges. Le PC passe de 86 à 44 sièges. Le RPR de 154 à 88 et l'UDF de 124 à 63.

22 juin : Pierre Mauroy est reconduit dans ses fonctions de Premier ministre. Le gouvernement comporte quatre ministres communistes : Charles Fiterman[3] est ministre d'État chargé des

---

2. Delors Jacques, né en 1925. Licencié en sciences économiques et diplômé du Centre d'études supérieures de banque, Jacques Delors a commencé sa carrière dans la banque et au commissariat général au Plan entre 1962 et 1969. Il entre au cabinet de Jacques Chaban-Delmas, Premier ministre, comme chargé de mission entre 1971 et 1972. Il fonde le club Échange et Projets en 1974. Il devient ensuite délégué national du parti socialiste pour les relations économiques internationales de 1976 à 1981, représentant socialiste et président de la commission économique et monétaire du Parlement européen lorsque François Mitterrand le nomme ministre de l'Économie et des Finances en 1981 puis de 1983 à 1984. Préconisant une politique de rigueur, il s'oppose parfois aux socialistes plus idéologues. Maire de Clichy de 1983 à 1984, Jacques Delors se consacre ensuite à l'Europe et il préside la commission des communautés européennes depuis 1985.

3. Fiterman Charles, né en 1933. Électricien stéphanois, Charles Fiterman milite aux Jeunesses communistes dont il est secrétaire départemental en 1952, à la CGT puis au PCF où il est élu au comité central en 1972, au bureau politique et au secrétariat du comité central en 1976. Il est nommé ministre des Transports en 1981 ; il est l'un des quatre ministres communistes du gouvernement Mauroy. Il demeure à ses fonctions jusqu'en 1984. Député communiste du Val-de-Marne entre 1978 et 1981, il est ensuite député du Rhône entre 1986 et 1988, et maire de Tavernes en 1989. Charles Fiterman a contesté le leadership de Georges Marchais au sein du PCF en 1990.

Transports, Jack Ralite à la Santé, Anicet Le Pors à la Fonction publique et aux Réformes administratives et Marcel Rigout à la Formation professionnelle ; Robert Badinter[4] (PS) succède à Maurice Faure (MRG) à la Justice et Pierre Dreyfus est à l'Industrie.

22-23 juin : Démissions successives de Maurice Ulrich, PDG d'Antenne 2, puis de Claude Contamine, président de FR 3, demandées par le nouveau pouvoir.

29-30 juin : A Luxembourg, devant le Conseil européen, François Mitterrand définit un « espace social européen » qui reçoit un accueil réservé d'Helmut Schmidt et de Margaret Thatcher.

1er juillet : Jean-Claude Gaudin est élu président du groupe parlementaire UDF ; Claude Labbé préside le groupe RPR, Pierre Joxe[5] le groupe socialiste, André Lajoinie le groupe communiste.

2 juillet : Louis Mermaz[6] est élu président de l'Assemblée

---

4. Badinter Robert, né en 1928. Avocat à la cour d'appel de Paris depuis 1951, professeur agrégé de droit dans les universités de Dijon, Besançon, Amiens et Paris I Sorbonne depuis 1974, Robert Badinter est ministre de la Justice de 1981 à 1986. Il contribue notamment à l'abolition de la peine de mort. Depuis 1986, il préside le Conseil constitutionnel. Il est l'auteur de plusieurs ouvrages dont *l'Exécution* en 1973, *Liberté, Libertés* en 1976, *Condorcet, un intellectuel en politique* écrit en collaboration avec sa femme Élisabeth Badinter en 1988. Il dirige également l'ouvrage intitulé *Une autre justice 1789-1799 : contributions à l'histoire de la justice sous la Révolution française* en 1989.

5. Joxe Pierre, né en 1934, fils de Louis Joxe, ambassadeur de France, ancien ministre. Énarque, auditeur puis conseiller référendaire à la Cour des comptes en 1968, Pierre Joxe est chargé de mission au ministère des Affaires étrangères en 1967-1970. En 1970, il est secrétaire général adjoint de la Convention des institutions républicaines avant d'être membre du bureau exécutif et du comité directeur du parti socialiste. Il est nommé ministre de l'Industrie de mai à juin 1981 puis ministre de l'Intérieur et de la Décentralisation entre 1984-1986. Il retrouve ce ministère après la réélection de François Mitterrand en 1988. Il est également élu député de Saône-et-Loire de 1973 à 1984, puis en mars 1986, réélu en 1988, président du Conseil régional de Bourgogne entre 1979 et 1982. Il préside le groupe parlementaire socialiste de 1981 à 1984 et de 1986 à 1988.

6. Mermaz Louis, né en 1931. Agrégé d'histoire, Louis Mermaz fait une carrière d'universitaire. Entre 1965 et 1969, il est secrétaire général de la Convention des institutions républicaines puis membre du comité directeur et membre du secrétariat national du parti socialiste entre 1974 et 1979 et depuis 1987. Il préside le groupe socialiste à l'Assemblée nationale en 1988. Maire de

nationale par 295 suffrages contre 149 à Jean-Paul de Rocca-Serra (RPR).

3 juillet : Condamnation de Robert Faurisson, qui nie les chambres à gaz, à 3 mois de prison avec sursis.

8 juillet : Déclaration de politique générale de Pierre Mauroy ; la question de confiance est votée par 302 députés (PS et PC) contre 147 (UDF et RPR).

12 juillet : François Mitterrand se rend à Bonn pour le 38e sommet franco-allemand ; points de convergence sur le problème des euromissiles mais divergences sur la politique économique, les Allemands accordant une priorité à la lutte contre l'inflation.

17 juillet : Protocole d'accord signé entre le CNPF et les syndicats de salariés sur la semaine des 39 heures, la 5e semaine de congés payés.

LA TUERIE D'AURIOL

18 juillet : La famille de l'inspecteur Jacques Massié est massacrée à Auriol dans les Bouches-du-Rhône ; il s'agit d'un règlement de comptes entre membres du Service d'action civique, SAC. Les milieux du SAC sont appréhendés. Jean-Bruno Finochetti, membre du commando de tueurs, est arrêté.

Pierre Debizet, secrétaire national du SAC, est placé en garde à vue. Le RPR rejette tout lien avec le SAC.

20 juillet : Un mort et 20 blessés dans le déraillement du Paris-Strasbourg à Marolle dans la Marne.

21 juillet : Démission de Jean-Louis Guillaud, PDG de TF 1.

Vienne depuis 1971, il est également député socialiste de l'Isère en 1967-1968 et depuis 1973. Il préside le conseil général de l'Isère entre 1976 et 1985. Louis Mermaz est élu président de l'Assemblée nationale en 1981. Il est nommé ministre des Transports en mai-juin 1988.

28 juillet : Jacqueline Baudrier fait savoir qu'elle ne quitte pas la présidence de Radio-France de son plein gré. Michelle Cotta, chef du service politique de RTL, prend sa succession le 30 juillet.

29 juillet : Abol Hassan Bani Sadr, chef de l'État iranien, s'exile en France ; malgré son engagement, il accorde des interviews à la presse internationale, d'où les manifestations antifrançaises en Iran.

10 août : Vote de la loi Lang instaurant le prix unique du livre ; l'application de cette loi suscite l'opposition de la FNAC ou des centres Leclerc.

12 août : Suite aux déclarations de Claude Cheysson sur un éventuel droit de vote aux immigrés, François Autain, secrétaire d'État chargé des Rapatriés, précise que les municipales de 1983 ne seront pas touchées par cette mesure.

1er septembre : Charles Hernu[7] inaugure le deuxième sous-marin français d'attaque à propulsion nucléaire.

4 septembre : Assassinat à Beyrouth de Louis Delamare, ambassadeur de France au Liban.

7 septembre : Pierre Debizet, secrétaire national du SAC, est libéré.

14 septembre : Pierre Mauroy annonce la poursuite de l'armement nucléaire et le maintien de la durée du service national.

15 septembre : Pierre Mauroy présente devant l'Assemblée nationale une déclaration de politique générale qui développe deux thèmes : « relever le défi du chômage » et « remettre la France tout entière au travail ».

---

7. Hernu Charles (1923-1990). Publiciste, directeur du journal *le Jacobin* en 1954 et président du Club des Jacobins, Charles Hernu se fait élire député radical-socialiste de la Seine entre 1956 et 1958. De 1965 à 1967, il est délégué général de la FGDS et participe aux côtés de François Mitterrand au renouveau du parti socialiste. Maire de Villeurbanne en 1977 et député du Rhône en 1978, réélu en 1981 puis en 1986, réélu en 1988. Il est nommé ministre de la Défense en 1981, mais il est obligé de démissionner en 1985 à la suite de l'affaire du *Rainbow-Warrior*.

17 septembre : Jack Ralite, ministre de la Santé, commence « un tour de France de la santé » pour présenter ses projets en la matière.

ABOLITION DE LA PEINE DE MORT

18 septembre : L'Assemblée nationale vote l'abolition de la peine de mort par 363 voix contre 117.

22 septembre : Le TGV Paris-Lyon est inauguré par François Mitterrand.

30 septembre : Le conseil des ministres adopte le projet de loi de finances pour 1982 avec notamment l'instauration d'un impôt sur les grandes fortunes.

2 octobre : La loi autorisant les radios privées locales est adoptée.

4 octobre : Le franc est dévalué de 3 %, ce qui met fin à la spéculation contre le franc.

Roger-Gérard Schwartzenberg est élu président du Mouvement des radicaux de gauche.

7-8 octobre : Helmut Schmidt est reçu par François Mitterrand.

18-19 octobre : François Mitterrand assiste au bicentenaire de la bataille de Yorktown ; il rencontre le président Reagan en Virginie.

21 octobre : Le juge d'instruction Pierre Michel est assassiné à Marseille ; il s'occupait des affaires de drogue et de fausse monnaie.

23-25 octobre : Congrès du PS à Valence ; Paul Quilès, secrétaire national, déclare : « Il ne faut pas non plus dire "des têtes vont tomber" comme Robespierre à la Convention mais il faut dire lesquelles et le dire rapidement. » Face à la radicalisation du parti, François Mitterrand répond : « Il faut savoir gérer la durée. »

NATIONALISATION ET IMPÔT SUR LES GRANDES FORTUNES

26 octobre : L'Assemblée nationale vote le projet de loi de nationalisations après un débat passionné qui a opposé deux visions contraires de la société et de l'économie et 1 438 amendements. Le texte voté par 332 voix contre 154 est soumis ensuite au Sénat. Les partisans des nationalisations arguent de l'augmentation du volume des investissements de 91 % entre 1974 et 1980 des entreprises publiques alors que l'investissement privé a reculé de 5 %. L'extension du secteur public permet donc une intervention plus efficace de l'État dans l'économie. Sont prévues les nationalisations de 5 grandes sociétés industrielles : (Compagnie générale d'électricité CGE, Péchiney-Ugine-Kuhlmann PUK, Rhône-Poulenc, Saint-Gobain-Pont à Mousson, Thomson-Brandt), 36 banques, 2 compagnies financières (Compagnie financière de Paris et des Pays-Bas – celle-ci a pu en partie détourner la loi au profit de ses filiales étrangères le 30 octobre –, Compagnie financière de Suez). Par ailleurs, des modalités sont définies pour d'autres groupes industriels comme Sacilor, Usinor, Dassault (accord du 8 octobre), Matra (accord du 12 octobre). Des négociations doivent s'engager avec les responsables des filiales françaises de trois sociétés : Roussel-Uclaf, CII-Honeywell Bull et ITT France.

27 octobre : Mgr Vilnet, évêque de Saint-Dié, succède à Mgr Etchegaray à la présidence de l'épiscopat français.
27 octobre : Adoption de l'article 2 du projet budgétaire qui institue l'impôt sur les grandes fortunes par 329 voix contre 153.

3 novembre : Sommet franco-africain à Paris consacré au Tchad.

4 novembre : Deux millions de chômeurs en France. Le Conseil des ministres approuve le projet de loi présenté par Jean Auroux, ministre du Travail, qui permet à l'État de conclure des contrats de solidarité avec les entreprises qui créeront des emplois en diminuant la durée de travail.

11 novembre : A Nouméa, manifestations indépendantistes.

12-14 novembre : Voyage d'Indira Gandhi en France.

19 novembre : Le Sénat adopte le projet de loi sur la décentralisation mais, le 23, rejettera celui sur la nationalisation.

29 novembre : Sur RTL, Jacques Delors, ministre de l'Économie, déclare : « Mon opinion est claire, il faut faire une pause dans l'annonce des réformes. Mais, en revanche, il faut mener à bien soigneusement celles qui ont été décidées. » Pierre Mauroy ne semble pas partager tout à fait cet avis ; il affirme que le gouvernement est résolu à mener les réformes « sans accélération ni précipitation mais de manière permanente et continue ».

Manifestations antinucléaires à Golfech (Tarn-et-Garonne), plus de 50 blessés.

4 décembre : Au comité central du PCF, Georges Marchais approuve la participation communiste au gouvernement : « Il existait suffisamment de positions convergentes entre le PS et notre parti pour parvenir à une orientation gouvernementale commune. »

14 décembre : Manifestations de solidarité avec les Polonais après la prise du pouvoir par l'armée dans la nuit du 12 et 13 décembre. Cet événement relance la polémique PS-PC.

15 décembre : Yvon Gattaz succède à François Ceyrac à la présidence du CNPF.

La loi anticasseurs est abrogée.

18 décembre : La loi sur les nationalisations est adoptée après bien des péripéties consécutives à l'opposition du Sénat et après le dépôt de 1 438 amendements. Le contrôle de l'État s'est considérablement accru ; il domine directement 30 % des ventes industrielles et 24 % des effectifs des entreprises. Dans l'immédiat, les nationalisations représentent une lourde charge estimée à 35 milliards de francs.

31 décembre : Vœux du président de la République qui déclare : « Seule l'histoire pourra dire, avec le recul du temps, la trace laissée par l'année qui s'achève. Mais chacun sait déjà que l'année 1981 aura été l'année du changement que la France a voulu et que son peuple, le 10 mai, m'a chargé de conduire avec le concours du gouvernement de la République et de l'Assemblée nationale issue des dernières élections. »

1981

RUBRIQUE ARTISTIQUE

LITTÉRATURE

Les prix

Goncourt	Lucien Bodard	*Anne-Marie*
Renaudot	Michel del Castillo	*La Nuit du décret*
Femina	Catherine Hermary-Vieille	*Le Grand Vizir de la nuit*
Interallié	Louis Nucéra	*Chemine de la Lanterne*
Médicis	François-Olivier Rousseau	*L'Enfant d'Édouard*
Médicis étranger	David Shahar	*Le Jour de la comtesse*
Nobel	Elias Canetti (Grande-Bretagne)	

Mort de Jacques Lacan, psychanalyste.

CINÉMA

Les prix

Cannes	Andrzej Wajda	*L'homme de fer*
Lion d'or (Venise)	Margarethe von Trotta	*Les Années de plomb*
Césars	François Truffaut	*Le Dernier Métro*
	Gérard Depardieu meilleur acteur	
	Catherine Deneuve meilleure actrice	

THÉÂTRE

janvier	François Marthouret	*La Tempête* (Théâtre Gérard-Philipe)
décembre	Ariane Mnouchkine	*Richard II* (Cartoucherie de Vincennes)

Antoine Vitez prend la direction du Théâtre de Chaillot.

CHANSONS

Yves Montand à l'Olympia.
Sylvie Vartan au Palais des Sports.

novembre : mort de Georges Brassens.

TÉLÉVISION

Dallas, feuilleton américain, première diffusion en français.
Diffusion du *Chagrin et la Pitié*, film de Marcel Ophüls sur l'Occupation en France.

MUSIQUE

Fidélio au Palais des Congrès sous la direction de Barenboïm.
Le Chant de la Terre à l'Opéra de Paris, direction Pierre Boulez.
Jessie Norman chante Mahler et Wagner au Palais des Congrès.
Récital Barbara Hendricks (Théâtre des Champs-Élysées).
Ruggero Raimondi au Théâtre du Châtelet.

21 juin : première fête de la musique.

EXPOSITIONS

Grand-Palais	Gainsborough
	Pissarro
	Les Chevaux de Saint-Marc de Venise
Beaubourg	Paris-Paris 1937-1957
	Jean Dubuffet

RUBRIQUE SPORTIVE

ATHLÉTISME

18 janvier : Thierry Vigneron franchit 5,70 m à la perche ; il obtient une médaille d'or aux championnats d'Europe en salle à Grenoble le 22 février.
Alex Gonzalès, médaille d'or pour le 3 000 m.
21 juin : Thierry Vigneron, record mondial avec 5,80 m.

AUTOMOBILE

Formule 1 : Alain Prost gagne à Zandvoort.

1981

CYCLISME

Tour de France	Bernard Hinault

FOOTBALL

Coupe de France	Bastia bat Saint-Étienne, 2-1

RUGBY A XV

Tournoi des Cinq Nations	Grand Chelem pour la France A Paris, France bat Écosse, 16-9 (16-3) A Dublin, France bat Irlande, 19-13 (12-9) A Paris, France bat Pays-de-Galles, 19-15 (9-9) A Twickenham, France bat Angleterre, 16-12 (16-0)
Championnat de France	Béziers bat Bagnères, 22-13 (15-9)

TENNIS

Roland-Garros	Simple messieurs : Borg bat Lendl 6-1, 4-6, 6-2, 3-6, 6-1 Simple dames : Mandlikova bat Hanika 6-2, 6-4

1982

8 janvier : Rencontre PS-PCF. Lionel Jospin[1] évoque deux points : « L'un parce qu'il nous unit, c'est notre action commune ; l'autre parce qu'il nous sépare, c'est la question polonaise. »

9 janvier : Les paysans manifestent à Bordeaux au cours de la visite d'Édith Cresson, ministre de l'Agriculture.

12 janvier : Débat sur la loi Quillot qui propose de nouveaux rapports entre bailleurs et locataires.

13 janvier : Ordonnance sur la semaine des 39 heures et la 5e semaine de congés payés.

15 janvier : Marcel Franscisci, conseiller RPR de Corse Sud-Est, assassiné à Paris ; la police le soupçonnait d'être impliqué dans une affaire de jeux et de trafic de stupéfiants.

---

1. Jospin Lionel, né en 1937. Énarque, secrétaire au ministère des Affaires étrangères de 1965 à 1970, professeur d'économie à l'Institut universitaire de technologie de Paris-Sceaux de 1970 à 1981, Lionel Jospin est également un militant socialiste qui accède au secrétariat national du parti socialiste en 1973. Il est élu premier secrétaire de ce parti de 1981 à 1987 puis il est nommé ministre de l'Éducation nationale, de la Jeunesse et des Sports dans le gouvernement Rocard de 1988. Lionel Jospin est également élu député socialiste de Paris en 1981, de Haute-Garonne en 1986, réélu en 1988.

16 janvier : Le doyen Georges Vedel rend le rapport du Conseil constitutionnel sur la loi de nationalisation ; si le principe n'est pas remis en cause, certaines dispositions concernant l'indemnisation des actionnaires des entreprises nationalisées sont contestées.

17 janvier : 4 candidats de l'opposition sont élus aux élections législatives partielles dans les 2e et 12e circonscriptions de Paris, dans la 4e circonscription de la Seine-et-Marne et la 3e circonscription de la Marne.

18 janvier : Assassinat du lieutenant-colonel Charles R. Ray, attaché militaire adjoint des États-Unis, revendiqué par les « Fractions armées révolutionnaires libanaises ».

23-24 janvier : Troisièmes assises nationales du RPR ; Jacques Chirac est élu à la présidence qu'il avait abandonnée pendant la campagne présidentielle, par 99,10 % des suffrages.

23 janvier : Signature d'un contrat franco-soviétique sur le gaz qui suscite des critiques en raison de la situation en Afghanistan.

24 janvier : Naissance d'Amandine, premier bébé éprouvette français, à l'hôpital Antoine-Béclère de Clamart.

26 janvier : Nouveau débat sur les nationalisations à l'Assemblée nationale suite à la décision du Conseil constitutionnel ; Pierre Mauroy fait jouer l'article 49-3 de la Constitution et s'oppose à la discussion des amendements de la majorité ; après l'échec de la motion de censure déposée par l'opposition, l'ensemble du projet est considéré comme adopté en première lecture.

27 janvier : L'UDF et le RPR concluent un « accord loyal » pour les cantonales.

28 janvier : L'Assemblée nationale adopte le projet de loi de décentralisation.

29 janvier : « Assises de la liberté » au Palais des Congrès de Lyon en présence de plusieurs personnalités de l'opposition. Michel Noir[2] déclare : « Nous voici, dans l'opposition, confrontés à un immense défi : celui de nous renouveler dans les idées, les hommes, les comportements, les structures et même les partis. »

3 février : Accord franco-algérien fixant le prix du gaz algérien et prévoyant la fourniture de 9,15 milliards de mètres cubes par an.

11 février : Le Conseil constitutionnel rejette le recours déposé par l'opposition et déclare la loi de nationalisation conforme à la Constitution.

11-12 février : Le FLNC commet 25 attentats en Corse, qui provoquent la mort d'un légionnaire ; deux sont grièvement blessés.

24 février : Sur Radio-Chamalières libre, Valéry Giscard d'Estaing annonce sa candidature aux élections cantonales dans le canton de Chamalières.

3 mars : Promulgation de la loi sur la décentralisation : les 22 régions deviennent des collectivités territoriales de plein exercice, les conseils régionaux seront élus au suffrage universel en 1986.

3-5 mars : Visite de François Mitterrand en Israël ; il est le premier président français à le faire. Le 4, devant la Knesset, il se déclare favorable au principe d'un État palestinien.

4 mars : René Lucet, directeur de la caisse d'assurance maladie des Bouches-du-Rhône se suicide. Nicole Questiaux, ministre de la

2. Noir Michel, né en 1944 à Lyon. Diplômé de l'Institut d'études politiques de Paris, Michel Noir est consultant d'entreprises. En 1977, il est élu au conseil municipal de Lyon, adjoint au maire de Lyon de 1983 à 1989 ; il est élu maire de Lyon en 1989 et bat ainsi la liste soutenue par l'UDF et dirigée par le maire sortant Francisque Collomb et sur laquelle figure le nom de Raymond Barre. Il est également élu député RPR du Rhône de 1978 à 1986 et en 1988. Il est nommé ministre délégué auprès du ministre de l'Économie chargé du Commerce extérieur dans le gouvernement de Jacques Chirac de 1986 à 1988. Michel Noir tente en 1989-1990 de lancer un mouvement qui a pour objectif la rénovation du RPR.

Solidarité nationale, lui avait notifié un retrait d'agrément suite au rapport de l'Inspection générale des affaires sociales, IGAS, qui mettait en cause sa gestion. Le suicide de René Lucet, qui est connu pour son opposition aux organisations syndicales, déclenche une polémique entre l'opposition qui y voit une marque de l'intolérance et la majorité. Gaston Defferre, ministre de l'Intérieur, dénonce « une utilisation électorale d'un drame très triste ».

10 mars : La cour d'assises des Hauts-de-Seine condamne à la réclusion à perpétuité les 4 terroristes qui avaient tenté d'assassiner Chapour Bakhtiar, ancien Premier ministre iranien.

11 mars : Destruction de 50 000 hl de vin importé d'Italie par les viticulteurs dans les chais du Comptoir agricole français à Sète.

14 et 21 mars : Élections cantonales. Succès de l'opposition, surtout pour le RPR qui gagne 149 sièges ; recul de la majorité, surtout pour le PCF qui perd 45 sièges.

19 mars : 2 CRS tués à Saint-Étienne-de-Baigorry au Pays basque français.

23 mars : Manifestations paysannes à Paris à l'appel de la FNSEA et du CNJA.

25 mars : Ordonnances sur la retraite à 60 ans, le cumul emploi-retraite et la retraite à 57 ans pour les fonctionnaires.

29 mars : Explosion d'une bombe dans le Capitole, le train Paris-Toulouse : 5 morts et 27 blessés.

3 avril : Yaakov Barsimantov, deuxième secrétaire de l'ambassade d'Israël, est tué par balles à Paris ; l'attentat est revendiqué par les Fractions armées révolutionnaires libanaises.

14 avril : Visite de François Mitterrand au Japon ; c'est la première visite d'un chef d'État français.

15 avril : Gaston Defferre et Robert Badinter s'opposent sur le problème du contrôle d'identité ; Gaston Defferre avait déclaré devant 250 chefs de la police nationale : « Je souhaite – et je l'ai demandé avec insistance au gouvernement, j'en ai parlé également au Premier ministre et au président de la République – que le texte qui va être voté sur les contrôles d'identité donne les mêmes possibilités aux policiers qu'aux gendarmes, qui ont ce droit depuis 1903, c'est-à-dire que les contrôles soient administratifs et non pas judiciaires, et qu'ils ne soient pas placés sous l'autorité de la Justice. » Pierre Mauroy arbitre en faveur de Robert Badinter.

18 avril : Jacques Delors déclare dans l'hebdomadaire *le Pèlerin* : « Je crie casse-cou aux organisations représentatives de travailleurs et ce pour une raison simple : l'expérience socialiste ne peut réussir sans l'appui des syndicats. Si ces derniers préfèrent le retour de la droite, ils n'ont qu'à continuer leurs agissements actuels : exaspération de leurs divisions, poussées corporatistes. »

20 avril : Création du Livret d'épargne populaire.

21 avril : Le Conseil des ministres adopte un projet de loi qui autorise les contrôles d'identité.

22 avril : Explosion d'une voiture piégée rue Marbeuf devant les locaux d'un hebdomadaire libanais de tendance pro-irakienne : 1 mort, 63 blessés.

24 avril : Manifestation à Paris en faveur de l'enseignement privé qui rassemble 100 000 personnes. Les APEL (Association des parents de l'enseignement libre) ont le sentiment que celui-ci est menacé par les socialistes.

29-30 avril : Arrêt du surrégénérateur Phoenix suite à des fuites dans un des trois générateurs de vapeur.

3 mai : Attentat non revendiqué qui détruit la mosquée de Romans dans la Drôme.

3-8 mai : La CFTC organise une semaine d'action « pour le libre choix de l'école ».

4 mai : Grève chez Citroën à Levallois ; le conflit dure jusqu'au 28 mai.

9 mai : Fête du centenaire de l'école publique au Bourget organisée par le Comité national d'action laïque, le CNAL, en réponse au rassemblement pour la défense de l'école privée par les APEL. Alain Savary, ministre de l'Éducation nationale, déclare : « Jamais nous n'abandonnerons le principe de la laïcité qui constitue la civilisation morale qui est le ressort de notre action. » Pierre Mauroy déclare : « La mise en œuvre progressive d'un véritable service public de l'éducation ne sera pas décrétée mais négociée. »

10 mai : Georges Marchais dans *l'Humanité* dément les bruits d'un départ des ministres communistes : « Ce serait tourner le dos aux travailleurs, les abandonner à leurs interrogations, à leurs difficultés face à la soif de revanche de la droite et du patronat ».

12 mai : Augmentation du taux national de TVA de 17,6 à 18,6 %.

LA PAUSE

20 mai : Déclaration de Jacques Delors qui se prononce une fois encore en faveur d'une « pause » : « Maintenant, nous devons passer à la phase suivante de notre politique qui consiste à mettre l'accent sur l'effort. »

29-31 mai : Pierre Méhaignerie[3], élu président du CDS.

5-6 juin : Au sommet des pays industrialisés à Versailles qui se solde par un échec, François Mitterrand propose des thèmes de réflexion « pour que le progrès constitue un moyen de paix et de prospérité, pour éviter qu'il ne produise d'abord et comme par le passé chômage et récession ».

---

3. Méhaignerie Pierre, né en 1939. Ingénieur agronome, ingénieur du génie rural des eaux et forêts de Bordeaux entre 1967 et 1969, Pierre Méhaignerie est conseiller technique au ministère de l'Agriculture de 1969 à 1971. Élu député d'Ille-et-Vilaine de 1973 à 1976, de 1981 à 1986 réélu en 1988, il est inscrit au groupe des réformateurs des centristes et des démocrates sociaux. Il est président des démocrates sociaux depuis 1982. Il est également maire de Vitré depuis 1977 et préside le conseil général d'Ille-et-Vilaine depuis 1980. Entre 1978 et 1981, il est nommé ministre de l'Agriculture. De 1986 à 1988, il occupe le ministère de l'Équipement, du Logement, de l'Aménagement du territoire et des Transports.

9 juin : François Mitterrand annonce « la deuxième phase du changement ». Il définit les trois objectifs de la politique menée depuis un an : croissance, solidarité et présence active de la France dans le monde.

10 juin : Adoption de la loi Quillot concernant les rapports entre propriétaires et locataires ; la loi protège les locataires et limite considérablement les augmentations de loyer.

12 juin : Le franc est dévalué de 5,75 %. Mesures d'accompagnement tel que le blocage des prix et des salaires, SMIC excepté.

12-13 juin : 5e congrès du parti républicain à Paris qui manifeste sa fidélité à Valéry Giscard d'Estaing.

13-18 juin : 41e congrès de la CGT à Lille ; Henri Krasucki succède à Georges Séguy.

23 juin : Dans une déclaration de politique générale, Pierre Mauroy demande « un effort de solidarité de l'ensemble des Français ». La confiance lui est accordée par 329 voix contre 157.

24 juin : Jean-Loup Chrétien est le premier spationaute français à embarquer à bord d'un vaisseau soviétique. Il revient sur la terre le 6 juillet.

25 juin : La cour d'assises du Val-d'Oise condamne Bernard Pesquet, reconnu coupable de 5 meurtres, à la réclusion perpétuelle.

29 juin : Remaniement ministériel : départ de Nicole Questiaux, ministre de la Solidarité nationale, et Pierre Dreyfus, ministre de l'Industrie. Jean-Pierre Chevènement est désormais ministre de la Recherche, de la Technologie et de l'Industrie. Pierre Bérégovoy[4],

---

4. Bérégovoy Pierre, né en 1925. Ajusteur-fraiseur de profession d'origine, Pierre Bérégovoy offre l'exemple d'une belle promotion sociale. Il est membre fondateur du PSA en 1958 puis membre du secrétariat du PSU de 1963 à 1967, membre du comité directeur du parti socialiste en 1969 et secrétaire national. Il est chargé de mission à Gaz de France et membre du Conseil économique et social lorsque François Mitterrand le nomme secrétaire général à la présidence de la République de 1981 à 1982. Il assume ensuite plusieurs fonctions ministérielles comme ministre des Affaires sociales de 1982 à 1984, puis

secrétaire général de l'Élysée, devient ministre des Affaires sociales et de la Solidarité nationale.

1er juillet : Conférence de presse de Jacques Chirac qui déclare : « La ville de Paris, capitale de la France, est menacée de dislocation et de dissolution. » Il évoque le projet de réforme du statut de Paris examiné au Conseil des ministres du 30 juin et qui consistait à transformer les 20 arrondissements en communes de plein exercice. Cette communauté urbaine serait placée sous la présidence du maire de Paris. L'hostilité déclarée de l'opposition amène Pierre Mauroy à apaiser le débat.

7-9 juillet : Premier voyage officiel de François Mitterrand en Hongrie.

12 juillet : Visite à Paris de Daniel Ortéga, coordinateur de la junte du Nicaragua.

15 juillet : Pierre Mauroy reçoit les partenaires sociaux pour discuter des conditions de la sortie du blocage et du problème du déficit de la Sécurité sociale.
17 radios privées sont autorisées à Paris.

21 juillet : L'ASALA, mouvement de libération arménien, revendique un attentat à Paris.

23 juillet : Assassinat à Paris de Fadl Dani, directeur adjoint du bureau de l'OLP.

28 juillet : Dissolution du Service d'action civique, SAC.

30 juillet : Création de la Haute Autorité qui a pour mission de veiller à l'indépendance de la radio et de la télévision.

31 juillet-1er août : Accident de deux cars d'enfants partant en colonies de vacances sur l'autoroute du Sud près de Beaune ;

---

ministre de l'Économie de 1984 à 1986 et à nouveau ministre de l'Économie en 1988 dans le gouvernement Rocard. Il est également maire de Nevers depuis 1983 et élu député socialiste de la Nièvre en 1988. Au ministère de l'Économie, il incarne une certaine rigueur.

43 victimes. François Mitterrand et Pierre Mauroy se rendent aux obsèques.

2 août : Jack Lang[5] dénonce l'impérialisme financier et culturel américain à la conférence mondiale sur les politiques culturelles à Mexico.

8 août : La Corse est la première région à se doter d'une Assemblée régionale élue au suffrage universel. 17 listes sont en présence : la liste de Jean-Paul de Rocca-Serra, qui rassemble des membres de l'UDF, RPR et bonapartistes arrive largement en tête avec 28,03 % des suffrages et obtient 19 sièges. Les autonomistes de l'Union pour le peuple corse d'Edmond Siméoni, UPC, 10,60 %. Le FLNC a boycotté les élections.

L'ATTENTAT DE LA RUE DES ROSIERS

9 août : Attentat contre le restaurant Jo Goldenberg, 7, rue des Rosiers, qui fait 6 morts et 20 blessés.

17 août : Sur TF 1, François Mitterrand déclare : « Ce qui compte, c'est la volonté de faire reculer le terrorisme partout où il se terre, de le traquer jusqu'à la racine, et les Français doivent savoir, comme je l'ai dit l'autre jour, alors que je me trouvais devant la synagogue où l'on pleurait les tristes victimes de la rue des Rosiers, oui, ce terrorisme-là, me trouvera devant lui. » Il annonce la nomination de Joseph Franceschi au poste nouvellement créé de secrétaire d'État auprès du ministre de l'Intérieur, chargé de la Sécurité publique. Christian Prouteau, patron du GIGN, est

5. Lang Jack, né en 1939. Diplômé de l'Institut d'études politiques de Paris, agrégé de droit public, Jack Lang dirige le Théâtre universitaire de Nancy de 1963 à 1972 puis le Théâtre de Chaillot jusqu'en 1974. Il poursuit également une carrière universitaire en étant doyen de l'Unité d'enseignement et de recherche de sciences juridiques et économiques de Nancy en 1977. Membre du parti socialiste, il en est le délégué national à l'action culturelle ce qui explique sa nomination comme ministre de la Culture de 1981 à 1986. Il retrouve ce poste dans le gouvernement de Michel Rocard en 1988. Dans l'intervalle il est professeur de droit à Paris-X Nanterre et se fait élire député socialiste du Loir-et-Cher en juin 1988.

chargé d'une mission de coordination, d'information et d'action contre le terrorisme.

20 août : Prosper Alfonsi (MRG), président du conseil général sortant, est élu président de l'assemblée régionale corse.

21 août-22 août : Des incendies dans le Var et en Corse détruisent plus de 800 ha et causent la mort de deux personnes.

22 août : Michèle Cotta préside la Haute Autorité audiovisuelle composée de 9 membres (3 nommés par le président de la République, 3 par le président de l'Assemblée nationale, 3 par le président du Sénat).

2 septembre : A Nouméa, Jacques Chirac critique la politique du gouvernement : « Erreur après erreur, le gouvernement sera dans l'incapacité de maîtriser la situation en France. »

MOBILISATION DE L'OPPOSITION

5 septembre : Invité du Club de la presse d'Europe 1, Pierre Mauroy présente sa politique en précisant : « Il n'est pas question de faire la pause. »

10 septembre : Accident de la fusée Ariane au cours du 5e lancement.

11-12 septembre : Réunion à Paris du comité directeur du PS. Lionel Jospin estime que la politique du gouvernement ne connaît pas « un tournant mais un réajustement ».

13 septembre : Manifestation à Paris de 15 000 petits patrons à l'appel du SNPMI.

14 septembre : Mort de la princesse Grace de Monaco dans un accident de voiture.

16 septembre : Valéry Giscard d'Estaing est l'invité de l'émission « L'heure de vérité » sur Antenne 2 : « L'idée de ce que je peux faire, déclare-t-il, c'est d'être une voix qui exprime un certain nombre de points de vue fondamentaux sur l'avenir de la France. » Il fait appel aux « déçus du socialisme ».

17 septembre : Explosion devant le lycée Carnot de la voiture d'un diplomate israélien : 51 blessés.

25 septembre : François Léotard[6] est élu secrétaire général du parti républicain.

27 septembre : En voyage dans le Midi-Pyrénées, François Mitterrand déclare, notamment, à ceux qui contestent sa légitimité : « Je suis, pour le temps qui m'a été confié par le peuple, le représentant de tous. Et, ni sur le plan intérieur ni sur le plan extérieur, je n'abandonnerai une once des responsabilités qui sont les miennes. »

4 octobre : François Mitterrand rencontre Helmut Kohl, chrétien démocrate, successeur d'Helmut Schmidt à la chancellerie en RFA.

8 octobre : Sommet franco-africain à Kinshasa auquel participe François Mitterrand.

14 octobre : François Mitterrand reçoit Mgr Jean Vilnet, président de la conférence épiscopale française, Mgr Albert Decourtray, archevêque de Lyon, vice-président de la conférence, et le père Gérard Defoy, secrétaire général de la conférence.

18 octobre : Mort de Pierre Mendès France. François Mitterrand, venu s'incliner devant la dépouille mortelle, déclare : « La France vient de perdre un des plus grands de ses fils. »

20 octobre : Mesures administratives pour enrayer le déficit du

---

6. Léotard François, né en 1942. Énarque, François Léotard est ensuite haut fonctionnaire dans la préfectorale. Maire de Fréjus depuis 1977, il est le leader du parti républicain dont il est le secrétaire général de 1982 à 1988 puis président depuis 1988. Député UDF-PR du Var, il cède son siège lorsqu'il est nommé ministre de la Culture dans le gouvernement Chirac en 1986. Il reste à ce ministère jusqu'en 1988. Il retrouve son siège de député, et il est élu au Parlement européen en juin 1989. Il a rejoint Michel Noir dans sa tentative de restructuration de l'opposition en 1990.

commerce extérieur qui s'élève à 73,5 milliards de francs pour les neuf premiers mois de 1982 contre 51 millions pour l'année 1981.

10 novembre : Robert Badinter, ministre de la Justice, présente une nouvelle politique d'extradition, notamment pour les délits politiques.

16-19 novembre : Affaire de la « caisse noire » du club de football stéphanois : inculpation de Roger Rocher et de 5 dirigeants du club.

18 novembre : Rejet par le Conseil constitutionnel d'un article du texte de loi modifiant le code électoral et le code des communes, et instituant un quota maximal de 75 % de candidats d'un même sexe.

22 novembre : 10,5 milliards d'économies sont décidés par le gouvernement pour équilibrer l'assurance chômage. Le patronat avait dénoncé la convention de l'UNEDIC.

24 novembre : Adoption du projet de loi relatif au règlement des séquelles de la guerre d'Algérie (réintégration des officiers condamnés dans les cadres de réserve). « Le pardon, dit Pierre Mauroy, n'est pas l'oubli. »
24 novembre : Déjeuner réunissant les deux principaux leaders de l'opposition, Jacques Chirac et Valéry Giscard d'Estaing.

24-26 novembre : Visite officielle de François Mitterrand en Égypte ; dans une interview publiée par les quotidiens égyptiens, il reconnaît « le droit des Palestiniens à avoir un État, à condition que l'OLP admette le principe d'une reconnaissance d'Israël ».

3 décembre : La loi de décentralisation dans les départements d'outre-mer est déclarée non conforme à la Constitution par le Conseil constitutionnel. Il était prévu l'institution d'une « assemblée unique » faisant fonction de conseil général et régional.

8 décembre : Jean-Pierre Cot, ministre délégué chargé de la Coopération et du Développement démissionne ; Christian Nucci lui succède.

14-26 décembre : Inondations qui touchent 40 départements d'Île-de-France et du Sud-Ouest.

17 décembre : Vote des deux lois relatives à l'organisation administrative et électorale de Paris, Lyon et Marseille. Création de conseils et de maires d'arrondissement.

18 décembre : Adoption de la 4e loi Auroux relative aux comités d'hygiène et de sécurité ; les lois Auroux ont fait l'objet de 7 ordonnances et de 4 lois votées pendant l'année. L'entreprise, considérée comme « une collectivité de travail », doit permettre la création « d'une citoyenneté économique » soit une participation plus active des travailleurs aux décisions. Les entreprises de plus de 50 salariés doivent conclure des conventions collectives sur les salaires, le temps de travail. Les compétences des comités d'entreprise, des comités d'hygiène et de sécurité sont renforcées. Le patron devra soumettre le règlement pour avis à ses employés. Le comité d'entreprise peut se faire aider par des experts dans les entreprises de plus de 300 salariés ; dans celles de plus de 1 000, le comité crée une commission économique assistée d'experts.

20 décembre : Alain Savary présente une réforme de l'enseignement autour des thèmes de « la rénovation, l'assouplissement et la généralisation de la carte scolaire, l'insertion du secteur privé d'enseignement au sein du service public sous une forme nouvelle : l'établissement d'intérêt public ».

1982

RUBRIQUE ARTISTIQUE

LITTÉRATURE

Les prix

Goncourt	Dominique Fernandez	*Dans la main de l'ange*
Renaudot	Georges-Olivier Chateaureynaud	*La Faculté des songes*
Femina	Anne Hébert	*Les Fous de Bassan*
Interallié	Éric Ollivier	*L'Orphelin de mer*
Médicis	Jean-François Josselin	*L'Enfer et Cie*
Médicis étranger	Umberto Ecco	*Le Nom de la rose*
Académie française	Vladimir Volkoff	*Le Montage*
Nobel	Gabriel Garcia Marquez	(Colombie)

Les succès

François de Closets	*Toujours plus*
Fanny Deschamps	*La Bougainvillée*
John Irving	*L'Hôtel New Hampshire*

Mort de Georges Pérec, d'Albert Soboul, historien, de Pierre Gaxotte, historien, de Clara Malraux, de Louis Aragon.

CINÉMA

Les prix

Cannes	Costa-Gavras	*Missing*
	Yilmaz Güney	*Yol*
Lion d'or (Venise)	Wim Wenders	*L'État des choses*
Louis-Delluc	Andrzej Wajda	*Danton*
Césars	Jean-Jacques Annaud, meilleur film et meilleur réalisateur pour *La Guerre du feu*	
	Michel Serrault, meilleur acteur dans *Garde à vue*	
	Isabelle Adjani, meilleure actrice dans *Possession*	

Les succès

Jacques Demy	*Une Chambre en ville*
Gérard Oury	*L'As des as*
Karl Reisz	*La Maîtresse du lieutenant français*
Jacques Rouffio	*La Passante du Sans-souci*
Pierre Schoendoerffer	*L'Honneur d'un capitaine*
Steven Spielberg	*E.T.*
Margarethe von Trotta	*Les Années de plomb*

Daniel Vigne	*Le Retour de Martin Guerre*

Mort de Raymond Bussière, de Romy Schneider, de Patrick Dewaere, de Jacques Tati et de Maurice Biraud.

DANSE ET MUSIQUE

L'Opéra de Paris joue *Roméo et Juliette* de Gounod.
Falstaff de Verdi mis en scène par Georges Wilson à l'Opéra de Paris.
21 juin : Sur l'initiative de Jack Lang, ministre de la Culture, fête de la musique dans toute la France.

Mort d'Arthur Rubinstein.

CHANSONS

Barbara à l'hippodrome de Pantin en octobre.
Plus de 50 000 personnes pour écouter les Rolling Stones à l'hippodrome d'Auteuil en juin.

TÉLÉVISION

Canal Plus, télévision payante.
En octobre, Régis Debray dénonce à Montréal la dictature de l'émission « Apostrophes ».

EXPOSITIONS

Petit-Palais	Maîtres anciens de la collection Thyssen-Bornemisza
	De Carthage à Kairouan
Grand-Palais	Naissance de l'écriture
	Fantin-Latour

Mort du sculpteur Paul Belmondo et du dessinateur Jean Effel.

1982

RUBRIQUE SPORTIVE

CYCLISME

Tour de France	Bernard Hinault

FOOTBALL

La France, battue par l'Allemagne de l'Ouest, termine à la 4e place au Mundial.

Championnat de France	AS Monaco
Coupe de France	Paris SG bat Saint-Étienne (aux pénalties)

KARATÉ

Sophie Berger, première Française championne du monde de Karaté.

RUGBY A XV

Tournoi des Cinq Nations	France : 3e
Championnat de France	Agen bat Bayonne 18-9

SKI

Marie-Cécile Gros-Gaudenier : coupe du monde de descente.

TENNIS

Roland-Garros	Simple messieurs : Wilander bat Vilas 1-6, 7-6, 6-0, 6-4 Simple dames : Navratilova bat Jaeger 7-6, 6-1

VOILE

Marc Pajot remporte la deuxième route du Rhum.

1983

5 janvier : Après plusieurs attentats en Corse, le Conseil des ministres adopte plusieurs mesures comme la dissolution « du groupement de fait dit Front de libération nationale de la Corse » et la création d'un poste de commissaire de la République des départements de la Corse confié à Robert Broussard, chef de la brigade antigang ; celui-ci déclare : « La Corse n'est pas l'Irlande ».

6-28 janvier : Grèves dans l'usine Renault de Flins et de Billancourt.

6 janvier : Le chanoine Paul Guiberteau, secrétaire général de l'enseignement catholique, apprécie « les paroles d'apaisement et l'appel au dialogue de M. François Mitterrand » lancés par celui-ci dans ses vœux du 1er janvier.

Le rapport Legrand « pour un collège démocratique » préconise la limitation des redoublements, l'homogénéisation des horaires pour les enseignants et la création d'un tutorat ; il est critiqué par la fédération des Parents d'élèves de l'enseignement public PEEP, le Syndicat national des lycées et collèges, SNALC.

10 janvier : Deux gendarmes mobiles tués en Nouvelle-Calédonie près du village de Koindé ; 18 Mélanésiens sont inculpés.

13 janvier : Alain Savary, qui a reçu la motion du comité national de l'enseignement catholique CNEC, constate : « les points pour lesquels le CNEC demande des garanties explicites sont l'objet même de la négociation proposée ».

Invité à « L'heure de vérité » sur Antenne 2, Raymond Barre critique la politique gouvernementale et déclare : « Ce que je n'aime pas, c'est le régime des partis et l'esprit de parti » ; sur la politique extérieure, il estime que l'installation des pershings en Allemagne relève de l'OTAN.

16 janvier : Philippe Augoyard, médecin français, est capturé par les troupes soviétiques en Afghanistan ; il sera libéré le 11 juin.

LE DÉBAT SUR LES EUROMISSILES

20 janvier : François Mitterrand prononce un discours devant le Bundestag allemand dans lequel il réaffirme les responsabilités de la France envers l'Allemagne mais refuse que la force nucléaire française soit prise en compte dans les négociations de Genève : « La France y perdrait un élément déterminant de sa capacité dissuasive et donc la garantie de sa sécurité qui n'existerait plus au-dessous d'un certain seuil. » Il estime par ailleurs : « La détermination et la solidarité des membres de l'OTAN doivent être clairement confirmées. »

20-23 janvier : Colloque des « acteurs du changement » qui réunit à Paris, sur l'initiative du parti socialiste, 7 chefs d'État ou de gouvernement socialistes : Felipe Gonzalez (Espagne), Bruno Kreisky (Autriche), Pierre Mauroy (France), Olof Palme (Suède), Andréas Papandréou (Grèce), Kalevi Sorsa (Finlande), Habib Thiam (Sénégal).

21 janvier : Le franc est dévalué de 2,5 % dans le cadre du réajustement des parités des 8 monnaies appartenant au SME ; le mark est réévalué de 5,5 %.

26 janvier : Mort de Georges Bidault, ancien président du Conseil.

31 janvier : François Mitterrand s'entretient avec Edmond

Maire ; celui-ci déclare à la sortie : « Si un deuxième plan de rigueur s'avère nécessaire – et cette hypothèse doit maintenant être envisagée – il devra contenir des options fermes en faveur des chômeurs, des bas salaires et une réforme fiscale qui pose les conditions d'une lutte contre les inégalités. » Cette déclaration suscite les réserves des syndicalistes au sein même de la CFDT.

2 février : Bagarres opposant grévistes et non-grévistes à l'usine Citroën d'Aulnay-sous-Bois.

4 février : Jean Auroux, ministre du Travail, critique l'attitude de la CGT dans *le Matin de Paris* et déclare ne pas accepter que « l'entreprise lieu de travail, devienne le champ clos d'affrontements ».

Accord entre le CNPF et les organisations syndicales sur la retraite à 60 ans.

5 février : Klaus Barbie, ancien chef de la Gestapo, extradé de Bolivie, est écroué à Lyon ; le 23 il est inculpé de crimes contre l'humanité.

11-15 février : Visite de Claude Cheysson à Amman, Bagdad et Damas ; la France soutien l'Irak dans le conflit qui l'oppose à l'Iran.

15 février : Mort de Waldeck-Rochet, ancien secrétaire général du PCF.

Jack Ralite, ministre de la Santé, présente le projet de statut des médecins hospitaliers qui suscite des réserves. Les étudiants protestent contre « l'examen classant et validant en fin de deuxième cycle des études médicales ».

16 février : Pierre Mauroy est l'invité de « l'heure de vérité » sur Antenne 2 ; il déclare notamment : « Si j'ai un devoir de rigueur, j'ai aussi un devoir plus grand encore, celui de justice sociale. C'est la marque de fabrique de mon gouvernement. » Il écarte l'idée d'un plan d'austérité pour 1983. Il considère la querelle scolaire « complètement anachronique ».

19 février : Dans *le Monde*, Valéry Giscard d'Estaing se prononce en faveur de « l'objectif zéro » soit « l'élimination finale des SS20 et des nouveaux lanceurs déployés à l'ouest ».

20 février : Élections des assemblées régionales en Guyane, Guadeloupe, Martinique et Réunion. La gauche est majoritaire en voix mais ne le reste en sièges qu'en Martinique ; l'opposition est majoritaire en Guadeloupe ; en Guyane et à la Réunion siègent 3 élus indépendantistes et centristes.

21 février : Daniel Mayer[1] est nommé président du Conseil constitutionnel par François Mitterrand.

23 février : Création d'un comité consultatif national d'éthique pour les sciences de la vie et de la santé.

LES ÉLECTIONS MUNICIPALES, LE TROISIÈME GOUVERNEMENT MAUROY

6-13 mars : Élections municipales : succès de l'opposition dès le premier tour dans 16 villes de plus de 30 000 habitants comme Brest, Avignon, Épinal, Grenoble, Nantes, Pessac, Roubaix, Tourcoing. A Paris, les listes de Jacques Chirac enlèvent 18 arrondissements sur 20. Lionel Jospin est battu dans le 18e.

Au second tour : la régression de la majorité se confirme. A Paris, les listes de Jacques Chirac enlèvent la totalité des arrondissements. Lionel Jospin reconnaît : « Malgré le redressement du second tour, nous n'avons pas su conserver ceux qui s'étaient rassemblés autour de nous le 10 mai 1981. »

15 mars : Manifestation nationale des étudiants en médecine, qui rassemble 15 000 personnes.

17 mars : Démission de Michel Jobert, ministre du Commerce extérieur : « Les fonctions qui m'ont été confiées n'ont jamais répondu aux nécessités d'une action cohérente et efficace », dit-il. L'avenir du franc est compromis.

18 mars : Les partenaires sociaux et l'État signent un accord qui

---

1. Mayer Daniel. Cf biographie dans *la France contemporaine*, T. 1, *op. cit.*, p. 41.

permet l'entrée en vigueur du droit à la retraite à 60 ans à partir du 1er avril.

21 mars : Réunion à Bruxelles des ministres des Finances européens ; le mark allemand, le florin néerlandais, la couronne danoise, les francs belges et luxembourgeois sont réévalués, la lire italienne et le franc français sont dévalués ; – 2,5 % pour le franc français.

22 mars : Grève illimitée des internes et chefs de clinique des hôpitaux contre les projets de réforme hospitalière.

Grèves pour protester contre le rapport Legrand, organisées par le Syndicat national des lycées et collèges, SNALC, la Confédération nationale des groupes autonomes, CNGA, le syndicat CFTC de l'Éducation nationale.

22 mars : Pierre Mauroy remet la démission de son gouvernement. Le troisième gouvernement Mauroy réduit le nombre des ministres de 34 à 15. Jacques Delors a le Budget en plus des Finances et de l'Économie, Pierre Bérégovoy, qui conserve les Affaires sociales et la Solidarité nationale, devient le n° 3 du gouvernement. Le départ de Jean-Pierre Chevènement, ancien ministre de la Recherche et de l'Industrie, est remarqué. Il est remplacé par Laurent Fabius. Édith Cresson succède à Michel Jobert au Commerce extérieur et au Tourisme.

23 mars : Allocution télévisée de François Mitterrand, qui est un appel à la mobilisation.

LE PLAN DE RIGUEUR ET LES GRÈVES

25 mars : Présentation à la presse du plan Delors : réduction du déficit budgétaire de 20 milliards de francs grâce à 15 milliards d'économie et 5 milliards obtenus par l'augmentation de la taxe sur les carburants ; diminution des besoins de financement des entreprises du secteur public de 11 milliards de francs, réduction du déficit de la Sécurité sociale par un prélèvement de 1 % sur les revenus imposables de 1982, mesures sur l'épargne, notamment création d'un emprunt obligatoire remboursable sur trois ans représentant 10 % de l'impôt sur le revenu de 1981, réduction de

2 000 francs des allocations de devises pour les touristes à l'étranger.

5 avril : Alain Savary, ministre de l'Éducation nationale, et Edmond Hervé, secrétaire d'État chargé de la Santé, reçoivent le comité de grève des étudiants en médecine, mais les négociations n'aboutissent pas et le mouvement se durcit le 8.

47 diplomates et résidents soviétiques accusés d'espionnage sont expulsés de France.

6 avril : Débat de politique générale à l'Assemblée nationale ; Pierre Mauroy indique qu'il envisage de recourir à la procédure des ordonnances. La confiance est finalement votée par 323 voix contre 155.

7-8 avril : Voyage de Claude Cheysson à Beyrouth ; la France a fait un prêt de 600 millions de francs au Liban concernant l'aide militaire.

14 avril : Mort d'Achille Péretti, membre du Conseil constitutionnel.

22 avril : Max Gallo, député socialiste des Alpes-Maritimes, est nommé porte-parole du gouvernement.

Professeurs et chefs de clinique soutiennent le mouvement de grève des étudiants en médecine.

LA RÉFORME SAVARY

25 avril : Mobilisation contre la réforme Savary de l'enseignement supérieur ; constitution d'une coordination nationale contre le projet Savary. Le 27, affrontements entre étudiants en droit et forces de l'ordre.

28 avril : Manifestation nationale des étudiants en médecine sur l'esplanade des Invalides à Paris.

2-7 mai : Visite officielle de François Mitterrand au Népal et en Chine.

16 mai : 41e sommet franco-allemand ; le même jour, un prêt de 4 milliards d'écu est octroyé à la France par la Communauté européenne.

19 mai : 41 fûts de dioxine de Sévéso sont retrouvés dans l'Aisne.

24 mai-10 juin : Débat sur la réforme de l'enseignement supérieur à l'Assemblée nationale. Alain Savary, ministre de l'Éducation nationale, déclare : « L'Université n'est pas actuellement en état d'apporter sa contribution au combat de notre pays pour son développement économique, social et culturel. » Le projet porte sur l'organisation du cursus en cycles, le 1er étant un cycle d'orientation, le second visant à compléter les connaissances ; sur le maintien des classes préparatoires aux grandes écoles ; sur la répartition des pouvoirs dans les universités entre le président élu pour cinq ans et le conseil d'administration composé à 60,70 % de représentants des personnels et des usagers, soit les étudiants, et 30 à 40 % de personnalités extérieures.

26 mai : A la veille du sommet des pays industrialisés qui doit se tenir à Williamsburg du 28 au 30 mai, François Mitterrand reçoit Valéry Giscard d'Estaing qui déclare : « Je trouve normal de donner mon avis et de faire part de mon expérience quand cela est utile. »
26 mai : Edmond Hervé rencontre les chefs de clinique et internes des CHU ; reconnaissance d'une large autonomie des CHU, maintien de l'examen de validation et de classement prévu à la fin du second cycle et principe unique du médecin hospitalier.

28 mai : Devant la convention nationale du PS réunie au Pré-Saint-Gervais, Jean-Pierre Chevènement déclare : « La conception sur laquelle est assise la politique économique actuelle n'est pas socialiste. »

31 mai : La loi sécurité-liberté d'Alain Peyrefitte est abrogée.

2 juin : RPR et UDF signent une déclaration commune en sept points : redresser l'économie pour remettre la France en situation de faire face aux défis internationaux ; ouvrir un véritable dialogue social fondé sur la nécessité du travail ; définir un budget social de la nation plus solidaire et garantissant l'avenir ; assurer la qualité et le pluralisme de l'enseignement ; améliorer le fonctionnement de la justice et garantir plus de sécurité ; libérer l'information ; donner à la France les moyens de son indépendance nationale.

3 juin : Manifestations de policiers après la mort de deux policiers avenue Trudaine le 31 mai et d'un policier à Levallois-Perret le 2 juin.

19 juin : « Fête pour la paix » à l'appel de plusieurs associations et personnalités à Vincennes pour protester contre le futur déploiement des missiles nucléaires américains en Europe.

5 juillet : François Mitterrand abandonne le projet d'Exposition universelle à Paris en 1989, « décision de sagesse » estime Jacques Chirac.

9 juillet : Mort du jeune Toufik Ouannes tué par un habitant du grand ensemble de La Courneuve (Seine-Saint-Denis), ce qui pose à nouveau le problème des grands ensembles. François Mitterrand visitera la « cité des 4 000 » à La Courneuve le 26.

12 juillet : Idriss Miskine, ministre tchadien des Affaires étrangères, demande l'intervention de la France après la prise de Faya Largeau par les troupes de Goukouni Oueddei le 24 juin. Ce dernier a le soutien de la Libye.

14 juillet : François Mitterrand déclare que « La France n'a aucune raison d'aller au-delà de ses engagements au Tchad. »

15 juillet : 8 morts et 54 blessés dans un attentat à l'aéroport d'Orly revendiqué par l'ASALA (Armée secrète arménienne pour la libération de l'Arménie) ; le 18, interpellations de 51 personnes dont Varadjian Garbidjan qui avoue être l'auteur de l'attentat. Le 28, il revient sur ses aveux.

17 juillet : Début de la grève des services de garde des pharmaciens pour protester contre l'abaissement des prix des médicaments de 1,5 %.

L'INTERVENTION AU TCHAD

1er août : Claude Cheysson, ministre des Relations extérieures, annonce l'envoi d'armes antiaériennes au gouvernement tchadien d'Hissène Habré et précise : « La France ne change pas de position sur le Tchad, [mais] adapte son soutien logistique aux conditions du conflit. »

9 août : Un communiqué du ministère de la Défense précise que 1 800 soldats français sont arrivés au Tchad en qualité d'instructeurs. Il rappelle les accords de 1976 et indique que ces soldats ne doivent pas « participer à des opérations de guerre... Ce n'est pas la France qui prend l'initiative d'un commencement d'internationalisation, les Libyens l'ont fait ». Par ailleurs, François Mitterrand précise dans *le Monde* du 25 août : « J'ai dit... non à une guerre préventive. Non à une guerre automatique. Et j'avais dit non auparavant à la participation directe de la France à la guerre civile. »

14-15 août : Voyage du pape Jean Paul II à Lourdes. Il est accueilli par François Mitterrand à l'aéroport de Tarbes.

31 août : Le Conseil des ministres adopte des mesures pour lutter contre l'immigration clandestine.

1er septembre : Le gouvernement français exprime « sa plus vive indignation » devant la destruction du Boeing 747 de la Korean Air Lines transportant 269 personnes par la chasse soviétique dans la nuit du 31 août au 1er septembre.

L'ÉLECTION DE DREUX

4 septembre : Premier tour de l'élection municipale partielle de Dreux. La liste de Jean Hieaux (gaulliste sans étiquette) recueille 42,67 % des voix, celle de Marcel Piquet, remplaçant François Gaspard en tête de liste (Union de la gauche) 40,62 %, et celle de Jean-Pierre Stirbois (Front national) 16,72 %. Les listes de Jean

Hieaux et de Jean-Pierre Stirbois fusionnent en vue du second tour. Le score du Front national inquiète les partis classiques.

5 septembre : A « L'heure de vérité » sur Antenne 2, Simone Veil, en évoquant l'élection de Dreux, déclare : « Je m'abstiendrais au second tour si je devais voter. » Pierre Méhaignerie, président du Centre des démocrates sociaux, déclare : « Les responsables nationaux du CDS en accord avec leurs responsables locaux d'Eure-et-Loir, refusent de s'associer au Front national. » Jean-Claude Gaudin, président du groupe UDF à l'Assemblée nationale, déclare : « Les Drouais ne doivent pas se tromper de combat. Il faut battre l'adversaire socialo-communiste. » De même Bernard Pons, secrétaire général du RPR, soutient Jean Hieaux.

11 septembre : La liste de Jean Hieaux remporte les élections à Dreux avec 55,33 % des voix.

13 septembre : Pierre-Jean Massimi, secrétaire général du conseil général de Haute-Corse est assassiné. L'attentat est revendiqué par le Front de libération nationale de la Corse, FLNC, organisation dissoute ; le 27, la Consulte des comités nationalistes est dissoute.

15 septembre : Invité de « L'enjeu », émission de TF1, François Mitterrand déclare qu'il n'y a qu'une politique gouvernementale possible ; interrogé sur la lutte des classes il précise : « Mon rôle comme président de la République française est, sans rien oublier des différences qui existent, des privilèges et des oppositions qui sont souvent respectables, de parvenir à réduire cet antagonisme pour réaliser l'union ou le rassemblement des Français pour le redressement national. Donc, la lutte des classes n'est pas pour moi un objectif : je cherche à ce qu'elle cesse. Voilà pourquoi je pense qu'il faut plus de justice. »

Déclaration de Claude Cheysson après les tirs d'obus des batteries syriennes au Liban touchant les positions françaises : « Nous n'accepterons pas que [les États-Unis] prennent en main la protection des forces françaises à Beyrouth.

22 septembre : Raid de 8 Super-Étendard de l'aéronavale contre les positions syriennes.

25 septembre : Élections sénatoriales marquées par une progression de l'opposition qui obtient 75 sièges sur les 98 sièges à pourvoir.

2 octobre : Jean-Michel Baylet est élu président du MRG.

4 octobre : Paul Quilès succède à Roger Quilliot au ministère de l'Urbanisme et au Logement, Jean Gatel à François Autain au secrétariat d'État à la Défense nationale.

5 octobre : La découverte d'irrégularités du GIGN entraîne l'annulation de la procédure judiciaire engagée contre trois Irlandais présumés terroristes arrêtés à Vincennes le 28 août 1982.

6 octobre : *Le Monde* publie un entretien avec Laurent Schwartz qui dénonce la politique universitaire de gouvernement et « l'égalitarisme primaire » des syndicats d'enseignants.

12-14 octobre : A Bruxelles, François Mitterrand déclare : « Le pacifisme est à l'ouest, les euromissiles sont à l'est. » Le 22 novembre, le Bundestag allemand approuve l'implantation des missiles en RFA.

19 octobre : Premier lancement commercial de la fusée européenne Ariane.

22 octobre : Manifestation à Nantes en faveur de la liberté d'enseignement qui réunit 80 000 personnes.

23 octobre : Deux attentats dirigés contre le quartier général des forces américaines et le siège d'une compagnie de parachutistes français à Beyrouth font 239 morts chez les « marines » et 58 chez les soldats français. François Mitterrand et Claude Cheysson se rendent le lendemain à Beyrouth.

27 octobre : Les syndicats de médecins reçoivent du ministère les projets de décrets réformant les statuts de médecins hospitaliers et hospitalo-universitaires. Le SNES-Sup se montre dans l'ensemble favorable ; le syndicat des mono-appartenants des CHU et le Syndicat autonome des enseignants sont hostiles.

5-8 novembre : Publication par les évêques de France d'un document, « Gagner la paix », en faveur de la dissuasion nucléaire.

7-10 novembre : Visite officielle de Chadli Bendjedid, président de la République algérienne ; pour la première fois depuis l'indépendance, un chef d'État algérien est reçu en France.

16 novembre : François Mitterrand sur Antenne 2 estime que la crise des euromissiles est « la plus sérieuse depuis celles de Cuba et de Berlin ».

17 novembre : Un groupe de chasseurs Super-Étendard de l'aéronavale effectue un raid de représailles dans la région de Baalbek au Liban.

18-20 novembre : Le congrès du parti radical élit André Rossinot à la présidence.

3 décembre : 60 000 personnes défilent à Paris contre le racisme. Cette manifestation est l'aboutissement d'une marche commencée à Marseille par des « beurs ».

LE CONFLIT TALBOT

7 décembre : Grèves à l'usine Talbot-Poissy à l'appel de la CGT et de la CFDT pour protester contre l'annonce de 2 905 licenciements.

17 décembre : Accord entre les pouvoirs publics et le groupe PSA suite au conflit dans l'usine Talbot de Poissy : les licenciements sont ramenés à 1 905 au lieu de 2 905 prévus par la direction. Mais le conflit rebondit le 19, la CFDT refuse le compromis.

19 décembre : Roland Dumas[2] est nommé ministre chargé des Affaires européennes ; il succède à André Chandernagor, nommé président de la Cour des comptes.

21 décembre : Adoption définitive du projet de loi sur l'enseignement supérieur.

21 décembre : Le secrétaire d'État au Budget, Henri Emmanuelli, accuse de « forfaiture » Bernard Beck, ancien premier président de la Cour des comptes, accusé d'avoir détruit un rapport de la Cour sur le transfert à l'étranger de 500 millions de francs ; le rapport confidentiel avait été établi en 1980 à la demande de Raymond Barre. Les sommes étaient destinées à financer des recherches de gisements pétroliers par détection aérienne par Elf Erap entre 1976 et 1979. L'« affaire des avions renifleurs », soulevée par *le Canard enchaîné*, commence.

22 décembre : Sur Antenne 2, Valéry Giscard d'Estaing attaque : « Je suis venu moi-même. Je ne suis pas venu me défendre, parce que je n'ai pas à me défendre. Je suis venu dire aux Français que cela suffit, que la façon de faire du pouvoir, qui consiste à lancer des opérations, à répandre des rumeurs ou des calomnies de façon à atteindre les institutions de la France, cela suffit. Les Français ont droit à la vérité. »

27 décembre : Le tribunal de Versailles ordonne la libération des locaux des usines Talbot occupés par les grévistes. La direction prévoit une restructuration du capital qui aura pour effet la dissociation des marques Peugeot et Talbot.

---

2. Dumas Roland, né en 1922. Diplômé de l'École libre des sciences politiques et de la London School of Economics, Roland Dumas est avocat à la cour d'appel de Paris depuis 1950 et directeur politique de l'hebdomadaire la *Corrèze républicaine et socialiste* depuis 1967. Roland Dumas est élu député UDSR de la Haute-Vienne de 1956 à 1958 puis de la FGDS de 1967 à 1968 puis député du parti socialiste en Dordogne de 1981 à 1983, et en 1988. Sous le septennat de François Mitterrand, il est nommé ministre des Affaires européennes de 1983 à 1984, ministre des Relations extérieures de 1984 à 1986, à nouveau ministre des Affaires étrangères en 1988 dans le gouvernement Rocard.

1983

RUBRIQUE ARTISTIQUE

LITTÉRATURE

Les prix

Goncourt	Frédérick Tristan	*Les Égarés*
Renaudot	Jean-Michel Rouart	*Avant-guerre*
Femina	Florence Delay	*Riche et légère*
Médicis	Jean Echenoz	*Cherokee*
Interallié	Jacques Duquesne	*Maria Vondamme*
Nobel	William Golding (Grande-Bretagne)	

Les succès

Jean-Paul Sartre *Lettres au Castor et à quelques autres*

Mort d'Hergé, d'Armand Lanoux, d'Alfred Fabre-Luce, de Louise Weiss, de Jean Freustié, de René Fallet, de Raymond Aron et d'André Chamson.

CINÉMA

Les prix

Cannes	Shohei Imamura	*La Ballade de Narayama*
Lion d'or (Venise)	Jean-Luc Godard	*Prénom Carmen*
Louis-Delluc	Maurice Pialat	*A nos amours*
Jean Vigo	Gérard Mordillat	*Vive la sociale*
Césars	Bob Swaim	*La Balance*
	Philippe Léotard	Meilleur acteur dans *la Balance*
	Nathalie Baye	Meilleure actrice dans *la Balance*

Mort de Maurice Ronet.

DANSE ET MUSIQUE

L'Amour des trois oranges de Prokofiev à l'Opéra-Comique.
La Belle Hélène mise en scène de Jérôme Savary à l'Opéra-Comique.
Premier récital à Paris du pianiste yougoslave Ivo Pogorelich qui triomphe au Théâtre des Champs-Élysées.
Ballet *Roméo et Juliette*, chorégraphie de John Cranko à l'Opéra de Paris.
Première de *Moïse* de Rossini.
Saint François d'Assise d'Olivier Messiaen à l'Opéra de Paris.

Rudolf Noureev directeur de la danse à l'Opéra de Paris.

CHANSONS

1er mars : commercialisation en France du compact-disc par Polygram.
avril : premiers vidéo-clips.
8-9 juin : 100 000 personnes au concert de David Bowie à Auteuil.

Mort de Tino Rossi et de Lucienne Boyer.

PRESSE, TÉLÉVISION

Départ de Jean-François Kahn, rédacteur en chef du *Matin de Paris*.

Mort de Raymond Barillon, chef du service de politique intérieure du *Monde*.

EXPOSITIONS

Grand-Palais	Manet Claude Le Lorrain

RUBRIQUE SPORTIVE

BASKET

Championnat de France	Limoges

CYCLISME

Tour de France	Laurent Fignon

Mort de Louison Bobet.

FOOTBALL

Championnat de France	Paris SG
Coupe de France	Paris SG bat Nantes 3-2

1983

RALLYE

Paris-Dakar	vainqueurs autos : Jackie Ickx, Claude Brasseur sur Mercedes vainqueur motos : Henri Auriol sur BMW

RUGBY A XV

Tournoi des Cinq Nations	France 1ᵉ, 6 pts
Championnat de France	Béziers bat Nice 14-6

TENNIS

Roland-Garros	Simple messieurs : Noah bat Wilander 6-2, 7-5, 7-6 Simple dames : Evert-Lloyd bat Jansovec 6-1, 6-2

1984

2 janvier : « Affaire des avions renifleurs » : Pierre Mauroy rend public le rapport confidentiel de la Cour des comptes en affirmant que « tout a été tenté pour que ce dossier disparaisse à jamais des archives de l'État » ; Raymond Barre déclare : « Il y a des limites qu'on ne franchit pas. Jeter une grande entreprise nationale dans le ridicule et porter atteinte à l'honorabilité de la Cour des comptes témoignent d'une grande irresponsabilité. »

4 janvier : Malgré l'accord conclu entre les pouvoirs publics et le groupe PSA le 17 décembre 1983, le travail ne reprend pas à l'usine Talbot de Poissy ; des incidents opposent grévistes et non-grévistes et font 39 blessés.

7 janvier : Mort d'Alfred Kastler, prix Nobel de physique en 1966.

11 janvier : Au Journal télévisé de 20 heures sur Antenne 2, Valéry Giscard d'Estaing reprend les arguments de Raymond Barre et estime que « M. Mitterrand n'est plus qualifié pour représenter le pays ».

LE STATUT DE L'ENSEIGNEMENT PRIVÉ

13 janvier : Alain Savary, ministre de l'Éducation nationale, fait de nouvelles propositions ; la « titularisation des maîtres » du privé entraînant leur fonctionnarisation suscite l'opposition des responsables catholiques. Par ailleurs, les laïques s'inquiètent sur la logique des projets de loi qui est fondée sur la notion de contrats entre les établissements privés et la puissance publique.

Premiers restaurants Mac Donald (800 en 1986).

17 janvier : Reprise du travail à l'usine Talbot.

19-20 janvier : La sous-préfecture de Brest est mise à sac par les producteurs de porcs. Les 24-25, le trafic ferroviaire sera interrompu. Le 25, le Conseil des ministres prendra des mesures pour enrayer la chute des cours du porc.

25 janvier : Destruction d'un Jaguar français au Tchad.

29 janvier : Au cours de l'émission « Le grand jury RTL – *Le Monde* », Evan Galbraith, ambassadeur américain à Paris, qualifie Charles Fiterman, le ministre des Transports, de « pauvre Français qui a mal tourné ». Pierre Mauroy convoque l'ambassadeur le 1er février. Le département d'État américain parle de « malentendu ».

2 février : Le conseil national de l'UDF se prononce pour une liste unique aux élections européennes.

9 février : Les autonomistes basques manifestent à Hendaye à la suite de l'assassinat de deux membres présumés de l'ETA militaire le 8.

12 février : Invité de « 7 sur 7 » à TF1, François Mitterrand justifie l'intervention française au Tchad qui répond « à une demande absolument générale de l'Afrique francophone » ; sur le Liban, il estime que « le relais de la force multinationale par les Nations Unies est une nécessité si l'on veut éviter que reprennent les massacres ».

13 février : Jean-Marie Le Pen invité pour la première fois à « L'heure de vérité » sur Antenne 2.

Début des manifestations des transporteurs routiers pour protester contre la grève des douaniers français au tunnel du Mont-Blanc.

22 février : Pierre Arpaillange[1] est nommé procureur général près la Cour de cassation.

2 mars : Mgr Jean-Marie Lustiger, cardinal-archevêque de Paris, déclare dans *la Croix* souhaiter « que nous arrivions vraiment à cet événement historique qui verrait les Français actuellement divisés s'accepter dans leurs différences légitimes ».

3 mars : Congrès extraordinaire du RPR consacré aux questions européennes. Jacques Chirac se déclare favorable à la constitution d'une liste unique des deux grands courants de l'opposition avec à sa tête Simone Veil, proposition qui, rappelle-t-il, vient du RPR. Il ajoute : « La loyauté dont nous sommes résolus à faire preuve à l'égard de nos partenaires de la liste de l'opposition nationale ne doit pas nous détourner d'affirmer notre personnalité. L'union n'implique nullement l'effacement, rester ce que nous sommes, telle doit être notre ambition ».

4 mars : La manifestation de l'enseignement catholique à Versailles rassemble près de 550 000 personnes selon la police et 800 000 selon les organisateurs.

5 mars : Pierre Mauroy déclare sur France-Inter : « La paix scolaire n'est pas un rêve impossible », ce qui contredit les affirmations de Lionel Jospin parlant « des privilèges abusifs de l'école

1. Arpaillange Pierre, né en 1924. Magistrat, Pierre Arpaillange est nommé notamment secrétaire général du parquet de la cour d'appel de Paris et de la Cour de cassation en 1962. Il est ensuite conseiller technique en 1965 puis directeur de cabinet des ministres de la Justice Jean Foyer et Louis Joxe de 1967 à 1968. Il occupe le poste de directeur des affaires criminelles et des grâces au ministère de la Justice de 1968 à 1974 en même temps que membre du Haut Conseil de l'audiovisuel en 1973 et directeur de cabinet de Jean Taittinger, ministre de la Justice de 1973 à 1974. Conseiller à la Cour de cassation de 1974 à 1981 et procureur général près la Cour de cassation de 1984 à 1988, il est nommé alors ministre de la Justice dans le gouvernement Rocard en 1988.

privée » ou celles d'Alain Savary : « Il ne faut pas faire de concessions » le 6 mars.

7 mars : La marine nationale française ouvre le feu sur deux chalutiers espagnols qui pêchaient dans le golfe de Gascogne dans les eaux territoriales françaises ; on dénombre 9 blessés.

8 mars : Grève dans la fonction publique à l'appel de la FEN, de la CGT et des autonomes ; Edmond Maire est très critique.

25-31 mars : 1 250 soldats français stationnés à Beyrouth quittent le Liban.

29 mars : François Mitterrand apporte son arbitrage au plan acier défini par le gouvernement et qui prévoit la suppression de 20 à 25 000 emplois sur les 90 000 de l'ensemble du secteur. En Lorraine, grève générale décrétée par les sidérurgistes.

1er avril : Démission de trois députés socialistes de la Lorraine, Nicolas Schiffler (Metz), René Drouin (Thionville-Ouest), Robert Malgras (Thionville-Est) et d'un sénateur socialiste Jean-Pierre Masseret « tant que la Moselle n'aura pas reçu les signes concrets de son avenir ».

13 avril : Marche des sidérurgistes lorrains à Paris ; on remarque la présence de Georges Marchais.

18 avril : Le Conseil des ministres adopte le projet de loi Savary qui est un texte de compromis concernant l'enseignement catholique (carte scolaire, gestion prévisionnelle des postes). Il prévoit la substitution de l'État aux communes défaillantes pour assurer le fonctionnement des écoles privées. La titularisation des maîtres fera l'objet d'un décret ultérieur.

19 avril : Déclaration de politique générale de Pierre Mauroy devant l'Assemblée nationale ; le gouvernement l'avait autorisé la veille à engager sa responsabilité. Un incident oppose Guy Hermier, député communiste des Bouches-du-Rhône, au groupe socialiste ; les communistes votent la confiance tout en exprimant « leurs inquiétudes sur les grands problèmes du chômage, du pouvoir d'achat, de la politique industrielle ». La confiance est votée par 329 voix contre 156 et 1 abstention.

25 avril : A l'appel du Comité national d'action laïque, plus d'un million de personnes dont 150 000 à Paris manifestent en faveur de l'école laïque.

3 mai : Un réfugié espagnol, membre présumé de l'ETA, est assassiné au Pays basque ; l'action est revendiquée par le Groupe antiterroriste de libération, GAL.

10 mai : Dans une interview à *Libération*, François Mitterrand se déclare favorable à « une société d'économie mixte, un État plus proche des gens et un marché plus accueillant aux créateurs d'entreprises et plus sensible aux aspirations des travailleurs » ; il ajoute « Je suis très fier d'être le deuxième président socialiste de la République française, et le premier élu par le peuple ». Enfin, il met en garde le parti communiste : « Si les partis de la majorité votent la confiance tout en menant des campagnes hostiles dans le pays, ils s'exposent à ruiner leur crédit dans l'opinion », et ajoute « [que l'union de la gauche] se détruise elle-même, je n'y pourrais rien, mais le déplorerais. Le pays n'en serait pas moins gouverné. N'en doutez pas le moins du monde ».

A Nancy, Raymond Barre présente un plan pour l'Europe et se dit « européen » mais « réaliste ».

20 mai : Georges Marchais invité du « Club de la presse » sur Europe 1 souligne les désaccords avec le gouvernement mais ajoute que son parti « n'a aucune raison de quitter le gouvernement tant que la majorité restera fidèle aux engagements pris ».
20 mai : Pierre Mauroy défend la semaine des 35 heures.

5 juin : Jean-Marie Lustiger estime qu'il y a eu « manquement à la parole donnée » concernant la loi de l'enseignement privé parce que le gouvernement a accepté des amendements socialistes qui subordonnent l'aide des communes aux écoles privées sous contrat d'association au nombre de maîtres qui accepteront la titularisation.

7 juin : Jean-Marc Leccia, Salvatore Contini, auteurs présumés du meurtre de Guy Orsini, militant nationaliste corse en juin 1983, sont assassinés dans leur cellule à Ajaccio. La police procède à des arrestations dans les milieux nationalistes corses ex-FLNC à Marseille.

LES ÉLECTIONS EUROPÉENNES

17 juin : Fort taux d'abstentions : 43,27 %. La liste socialiste conduite par Lionel Jospin obtient 20,75 % des suffrages soit moins 3 % par rapport à 1979 ; la liste communiste conduite par Georges Marchais régresse, 11,20 % contre 20,75 % en 1979. La liste unique de l'opposition obtient 43 %, moins qu'elle ne l'espérait ; par contre, on remarque la percée du Front national avec 10,95 % des suffrages exprimés. Échec de la liste de l'Entente radicale écologique avec 3,32 % ; les Verts obtiennent 3,36 %.

Max Gallo étant élu au Parlement européen est remplacé par Roland Dumas comme porte-parole du gouvernement.

20-23 juin : Voyage de François Mitterrand en URSS ; il aborde le problème Sakharov, qui avait entamé une grève de la faim depuis le 2 mai et qui est assigné à résidence à Gorki depuis avril 1980.

LA QUERELLE SCOLAIRE S'ENVENIME

24 juin : Plus d'un million de partisans de l'école privée manifestent à Paris. Le nombre des manifestants impressionne l'opinion et le pouvoir.

2 juillet : Jacques Pommatau, secrétaire général de la FEN, met en garde Pierre Mauroy contre « de nouvelles concessions au détriment du principe fondamental de laïcité de la république et des institutions et services publics ».

3 juillet : Sur TF1, Pierre Mauroy déclare : « Le PC fait quelque chose et son contraire. Il est dans le gouvernement de la gauche et il critique les actions de ce gouvernement, où siègent ses ministres, dans des conditions telles que le message paraît créer le trouble. D'autre part, le PC subit l'ombre portée de l'Union soviétique, des démocraties populaires, de ce qui se passe en Pologne. »

Mort du général Salan.

5-6 juillet : En voyage en Auvergne, François Mitterrand déclare ne pas changer de politique ; sur le projet de loi scolaire il précise : « Il n'y a pas un seul élément dans cette loi qui justifie cette accusation d'autant plus insupportable qu'elle met en cause le sens de l'honneur, la loyauté de ceux qui gouvernent la France et de l'ensemble des enseignants laïcs. »

6 juillet : L'Assemblée nationale refuse le référendum sur l'enseignement privé demandé par le Sénat.

12 juillet : Allocution télévisée de François Mitterrand à 20 heures qui provoque un effet de surprise en proposant une révision constitutionnelle en faveur de l'élargissement du domaine du référendum, notamment aux libertés publiques ; cette annonce est une réponse au débat engagé sur l'école ; François Mitterrand précise à ce sujet : « Qu'il soit bien clair que je ne considère pas qu'il soit illégitime ou choquant qu'ici et là on ait songé à soumettre au référendum les nouvelles dispositions sur l'école voulues par le gouvernement. »

Par ailleurs, le projet de loi sur l'enseignement privé est retiré de l'ordre du jour de la session extraordinaire du Parlement. Alain Savary démissionne.

LE GOUVERNEMENT FABIUS ET LE DÉPART DES MINISTRES COMMUNISTES

17 juillet : Démission du gouvernement Mauroy. Laurent Fabius est nommé Premier ministre.

18 juillet : Laurent Fabius reçoit Georges Marchais, Charles Fiterman et André Lajoinie. Nuit de débats au parti communiste qui annonce qu'il ne participe plus au gouvernement « tout en restant entièrement disponible pour favoriser et soutenir toute mesure qui ira dans le sens des engagements pris en 1981 ».

19 juillet : Les services du Premier ministre publient la lettre adressée à Georges Marchais et dans laquelle on peut lire : « J'ai pris connaissance avec regret de votre réponse négative. » La composition du nouveau gouvernement est la suivante : Pierre

Joxe succède à Gaston Defferre au ministère de l'Intérieur et de la Décentralisation ; Gaston Defferre est ministre d'État chargé du Plan et de l'Aménagement du territoire ; Pierre Bérégovoy devient ministre de l'Économie à la place de Jacques Delors, candidat de la France à la présidence de la Commission européenne ; Jean-Pierre Chevènement est ministre de l'Éducation nationale ; Michel Delebarre[2] au ministère du Travail et Hubert Curien à la Recherche sont les deux nouvelles personnalités du ministère.

20 juillet : Jacques Delors est désigné à la présidence de la commission des communautés européennes.

24 juillet : Déclaration de politique générale de Laurent Fabius ; la confiance est votée par 279 voix contre 157 ; les 44 députés communistes s'abstiennent.

Quatre militants indépendantistes de Guadeloupe sont tués par les bombes qu'ils transportaient.

25 juillet : Pierre Pflimlin, ancien président du Conseil, membre du groupe démocrate-chrétien de l'Assemblée des communautés européennes, est élu président de cette assemblée.

29 juillet : Mort de Gilbert Renault, dit Rémy, compagnon de la Libération.

31 juillet : Le Parlement adopte le nouveau statut de la Nouvelle-Calédonie. Georges Lemoine, secrétaire d'État aux DOM-TOM, avait élaboré un statut qui prendrait effet avec le renouvellement de l'assemblée territoriale le 18 novembre et qui aboutirait en 1989 à un référendum sur l'autodétermination.

2 août : Le groupement dissous Action directe revendique un attentat contre le siège de l'Agence spatiale européenne.

---

2. Delebarre Michel, né en 1946. Après avoir été secrétaire général du Comité d'expansion du Nord-Pas-de-Calais entre 1971 et 1974, Michel Delebarre est directeur de cabinet du président du conseil régional. Lorsqu'il devient Premier ministre, Pierre Mauroy prend Michel Delebarre dans son cabinet. Il en devient le directeur entre 1981 et 1984. Il est ministre du Travail, de l'Emploi et de la Formation professionnelle entre 1984 et 1986 ; ministre des Transports et de la Mer en 1988, il est nommé ministre de la Ville en décembre 1990 ; également maire de Dunkerque depuis 1989.

Un Boeing d'Air France est détourné par des pirates de l'air sur Téhéran.

8 août : Le Sénat rejette le projet de révision de la Constitution sur l'extension du référendum (proposition de François Mitterrand du 12 juillet).

LES ÉLECTIONS EN CORSE

12 août : Élection de l'Assemblée régionale de Corse : l'opposition n'est majoritaire qu'avec l'appui du Front national : la liste unique RPR-UDF conduite par Jean-Paul de Rocca-Serra et celle de Joseph Chiarelli remportent 37,04 % des suffrages (24 élus), celle du Front national : 9,22 (6 élus) ; le PC maintient ses 7 élus, le PS et MRG passent de 14 à 18 élus. Les autonomistes de Max Siméoni perdent 4 sièges. Sur 61 sièges : opposition et Front national : 30 sièges ; gauche : 25 ; autonomistes : 3 ; nationalistes : 3.

24 août : Jean-Paul de Rocca-Serra (RPR) est élu au 3e tour avec les voix du Front national président de l'Assemblée régionale de Corse.

29 août : Jean-Pierre Chevènement annonce des « dispositions simples et pratiques » concernant l'enseignement privé. Maintien du contrat simple moins contraignant, mais la nomination des maîtres échappe à l'initiative des chefs d'établissements. Les collèges et lycées privés peuvent passer des contrats avec les départements et les régions. Ces mesures d'apaisement calment les esprits.

3 septembre : Mort de Gaston Palewski, ancien président du Conseil constitutionnel.

5 septembre : Invité de « L'heure de vérité » sur Antenne 2, Laurent Fabius évoque le néo-libéralisme en ces termes : « Je crois qu'il n'y a pas deux familles d'idées mais trois : il y a d'un côté les partisans du tout-État, l'État partout ; il y a de l'autre les gens qui, à chaque fois qu'ils voient l'État sortent leur revolver ; une espèce de libéralisme, d'ultra-libéralisme débridé par l'idéologie ; et il y a les gens, dont je suis, qui pensent que la société doit être organisée, qu'il faut agir avec efficacité, en cherchant à réduire les inégalités : c'est cela qu'est un socialisme moderne. »

12 septembre : L'Assemblée nationale adopte définitivement le projet de loi sur la presse visant à « limiter la concentration et à assurer la transparence financière et le pluralisme des entreprises de presse ».

23-26 septembre : Extradition de réfugiés basques en Espagne.

24 septembre : Dissolution du Front indépendantiste kanak et création du FLNKS qui regroupe le Palika, groupe marxiste, et l'Union calédonienne dirigée par Eloi Machoro. En effet, les indépendantistes estiment que le statut Lemoine ne leur offre pas suffisamment de garantie et peut être remis en cause par un changement de majorité en France.

25-27 septembre : Journées parlementaires de l'UDF à Cannes sur le thème de la cohabitation entre un président socialiste et une Assemblée dominée par l'opposition.

26 septembre : Le Conseil des ministres adopte des mesures en faveur de l'emploi des jeunes, notamment la création du « Travail d'utilité collective », TUC.

15-16 octobre : Visite officielle de Janos Kadar, chef de l'État hongrois.

DÉBUT DE L'AFFAIRE GRÉGORY

16 octobre : Découverte du corps de Grégory (4 ans) dans la Vologne (Vosges). La recherche du ou des criminels va capter l'attention pendant des années.

17 octobre : Laurent Fabius, à l'invitation de la chaîne TF1, intervient dans « Parlons France », nouvelle émission mensuelle qui rendrait compte de la politique du gouvernement. Cette participation est critiquée par la Haute Autorité qui décide d'accorder un droit de réplique de 7 minutes aux quatre groupes parlementaires et « désapprouvée » par la totalité des journalistes de TF1.

19 octobre : Visite de François Mitterrand en Algérie.

20-21 octobre : Le conseil national du parti républicain réélit François Léotard secrétaire général.

26-28 octobre : Congrès du centre des démocrates sociaux à Toulouse. Pierre Méhaignerie réélu président déclare notamment : « C'est à nous de juger les hommes par rapport à notre engagement... C'est dans cet esprit que nous partageons avec Raymond Barre un certain nombre de convictions et d'attitudes. »

27 octobre : Libération du journaliste d'Antenne 2, Jacques Abouchar, détenu en Afghanistan depuis le 17 septembre.

12 novembre : François Mitterrand vient s'incliner devant les dépouilles mortelles de deux Turcs tués à Chateaubriant par une personne « qui n'aime pas les étrangers ».

Assassinat de neuf vieilles dames dans le mois dont six dans le 18e arrondissement.

15 novembre : Rencontre entre François Mitterrand et le colonel Kadhafi en Crète en présence du Premier ministre grec Andréas Papandréou ; cette rencontre fait suite à l'accord de désengagement « simultané et concomitant » signé par la France et la Libye concernant le Tchad. Mais le président Hissène Habré affirme que les Libyens ne se retirent pas.

18 novembre : Claude Cheysson estime que le colonel Khadafi n'a pas tenu parole, ce qui jette un doute sur la politique suivie.

17-18 novembre : Assises nationales du RPR à Grenoble. Au secrétariat général, démission de Bernard Pons remplacé par Jacques Toubon, maire du 13e arrondissement de Paris depuis mars 1983. Jacques Chirac est réélu président avec 97,10 % des voix.

TROUBLES EN NOUVELLE-CALÉDONIE

18 novembre : Les élections de l'Assemblée territoriale de Nouvelle-Calédonie sont marquées par des incidents violents ; les indépendantistes du Front de libération nationale kanake et socialiste, FLNKS, ont lancé un mot d'ordre de boycottage. 50,45 % d'abstentions. La liste du Rassemblement pour la Calédonie dans la République, RPCR, obtient 70,98 % des suffrages exprimés et 34 sièges sur 42. La liste de Libération kanake socialiste, LKS, née d'une scission du Palika qui n'adhère pas au FLNKS, reçoit 7,29 % des suffrages et 6 sièges. Le Front national 6,02 % et 1 siège. La tension monte sur le « Caillou ». Les indépendantistes contestent le scrutin ; occupation d'une gendarmerie à Thio. Eloi Machoro, l'un des leaders FLNKS, appelle à la poursuite du mouvement jusqu'à l'annulation des élections.

23 novembre : A Mutzig, François Mitterrand déclare : « Je suis socialiste, c'est comme cela. A chacun son genre, je crois qu'on le savait quand j'ai été élu... Si je ne dis pas que je suis socialiste, on dit c'est un opportuniste, c'est un traître. Si je le dis, on dit alors, c'est un provocateur, un sectaire. »

24 novembre : Georges Lemoine, secrétaire d'état chargé des DOM-TOM, déclare que « le processus d'autodétermination va être accéléré » en Nouvelle-Calédonie.

25 novembre : Les 5 anciens Premiers ministres RPR adressent « un appel solennel » au président de la République : que celui-ci « ne s'engage pas en Nouvelle-Calédonie dans le processus qui mènerait à une indépendance rejetée par la majorité ».

30 novembre : Un broussard d'origine européenne et deux Mélanésiens meurent dans une fusillade près d'Ouegoa en Nouvelle-Calédonie.

1er décembre : Edgard Pisani, membre de la Commission européenne de Bruxelles, ancien ministre du général de Gaulle, est nommé délégué du gouvernement, haut-commissaire en Nouvelle-Calédonie. Devant la multiplication des incidents, il paraît être le mieux placé pour rallier la droite.

4 décembre : Débat à l'Assemblée nationale sur la Nouvelle-Calédonie. Laurent Fabius rappelle que le gouvernement entend « respecter les droits légitimes de chaque communauté » et se déclare favorable à une solution d'« indépendance pluri-ethnique ».

5 décembre : Edgard Pisani arrive en Nouvelle-Calédonie ; 10 Canaques sont tués dans une embuscade à Hienghène.

7 décembre : Claude Cheysson est remplacé par Roland Dumas au ministère des Relations extérieures ; ce remaniement est la conséquence des déclarations du ministre sur l'engagement franco-libyen au Tchad.

10 décembre : Nouvelle-Calédonie : évacuation en partie de la ville de Thio occupée par les indépendantistes.

11-13 décembre : 11e sommet franco-africain à Bujumbura capitale du Burundi ; l'absence de Félix Houphouët-Boigny est remarquée.

16 décembre : François Mitterrand traite de la politique étrangère sur TF1. Il déclare notamment : « Ma volonté est d'aboutir à la libération du Tchad par une pression constante, par les moyens que je décide, et non par ceux qu'on veut m'imposer. » Sur la Nouvelle-Calédonie : « Je suis de ceux qui croient que ce territoire est appelé à son émancipation sous une forme d'autonomie ou d'indépendance et qu'il doit le définir lui-même. »

Trois morts dont un gendarme mobile à Bourail par suite d'un incendie criminel. Jean-Marie Tjibaou, président du « gouvernement provisoire » kanak se prononce pour l'indépendance.

18 décembre : Les députés communistes votent contre le budget 1985.

20 décembre : De retour en France, Edgard Pisani déclare sur Antenne 2 que « l'indépendance, si elle doit être donnée », doit remplir trois conditions : « la reconnaissance de la souveraineté calédonienne, le respect des intérêts acquis par les populations non canaques et le respect des intérêts de la France dans cette région du monde ».

21 décembre : Déclaration de six anciens Premiers ministres de l'opposition et de Valéry Giscard d'Estaing au sujet du plan Pisani. « L'intérêt national impose aussi ses exigences : le fait de privilégier à tout prix l'indépendance est contraire aux intérêts économiques, culturels et stratégiques de la France et du monde libre. Toute démarche qui serait en contradiction avec ces données fondamentales ne peut qu'être rejetée par le peuple français comme contraire à ses lois, à ses traditions, à ses droits. »

RUBRIQUE ARTISTIQUE

LITTÉRATURE

Les prix

Goncourt	Marguerite Duras	*L'Amant*
Renaudot	Annie Ernaux	*La Place*
Femina	Bertrand Visage	*Tous les soleils*
Médicis	Bernard-Henri Lévy	*Le Diable en tête*
Médicis étranger	Elsa Morante	*Aracœli*
Interallié	Michèle Perrein	*Les Cotonniers de Bassalane*
Académie française	Jacques-Francis Rolland	*Un dimanche inoubliable*
Nobel	Jaroslav Seifert (Tchécoslovaquie)	

Mort de Philippe Ariès, historien, de Fernand Braudel, historien, de Michel Foucault.

CINÉMA

Les prix

Cannes	Wim Wenders	*Paris-Texas*
Césars	Maurice Pialat	*A nos amours*
	et Ettore Scola	*Le Bal*
	Coluche meilleur acteur dans *Tchao Pantin*	
	Adjani meilleure actrice dans *l'Été meurtrier*	
Louis-Delluc	Richard Dembo	*La Diagonale du fou*

Les succès

Woody Allen	*Broadway, Danny Rose*
Federico Fellini	*Et vogue le navire*
Milos Forman	*Amadeus*
Peter Greenaway	*Meurtre dans un jardin anglais*
Sergio Leone	*Il était une fois en Amérique*
Alain Resnais	*L'Amour à mort*
Éric Rohmer	*Les Nuits de la pleine lune*
Francesco Rosi	*Carmen*
Volker Schloendorff	*Un amour de Swann*
Bertrand Tavernier	*Un dimanche à la campagne*

Mort de François Truffaut.

THÉÂTRE

François Billetdoux, *Tchin-Tchin* (théâtre Montparnasse).

Arthur Schnitzler, *Terre étrangère* (Nanterre Amandiers).
James Saunders, *Guérison américaine*.

DANSE ET MUSIQUE

L'Enlèvement au sérail de Mozart mis en scène par Giorgio Strehler à l'Opéra de Paris.
La Khovanchtchina de Moussorgsky mise en scène par Luigi Pizzi au Théâtre musical de Paris.
Werther de Massenet chanté par Alfredo Kraus, l'un des meilleurs ténors, au palais Garnier.
Aïda à Bercy.

PRESSE, TÉLÉVISION

22 février : Yves Montand dans « Vive la crise » à Antenne 2 explique la crise à 20 millions de téléspectateurs.
4 novembre : première émission de Canal Plus, quatrième chaîne payante.

EXPOSITIONS

Pompidou	Bonnard
	dessins de Chagall
	Kandinsky
Grand-Palais et Louvre	Raphaël
Grand-Palais	L'art du paysage américain des XVIIIe-XIXe siècles
	Rousseau
	Watteau

28 décembre : réouverture du musée de l'Orangerie. Exposition gratuite des *Nymphéas* de Monet.

RUBRIQUE SPORTIVE

8-19 février : J.O. d'hiver à Sarajevo. Médaille de bronze Didier Bouvet (slalom), médaille d'argent et médaille de bronze Perrine Pélen (slalom, slalom géant).
28 juillet-2 août : J.O. d'été à Los Angeles. 5 médailles d'or, 7 médailles d'argent et 15 médailles de bronze.

FOOTBALL

Championnat de France	Bordeaux
Coupe de France	Metz bat Monaco, 2-0
Championnat d'Europe	Équipe de France en battant l'Espagne 2-0

RUGBY A XV

Tournoi des Cinq Nations	France, 2e, 6 pts
Championnat de France	Béziers bat Agen
Coupe de France	Toulouse bat Lourdes

TENNIS

Roland-Garros	Simple messieurs : Lendl bat Mac Enroe 3-6, 2-6, 6-4, 7-5, 7-5 Simple dames : Navratilova bat Evert-Lloyd 6-3, 6-1

VOILE

Philippe Poupon vainqueur de la transat en solitaire sur *Fleury-Michon VI*.

1985

3-18 janvier : Vague de froid en France.

7 janvier : Edgard Pisani présente à Nouméa son plan pour l'avenir du territoire ; il prévoit un calendrier et un scrutin en juillet : soit la Nouvelle-Calédonie conserve le statut du 6 septembre 1984, soit elle accède à l'indépendance le 1er janvier 1986 ; Edgard Pisani pense que la solution serait dans le statut « indépendance-association ». Ce plan est très critiqué à droite.

Jacques Delors préside la nouvelle commission européenne.

12 janvier : L'état d'urgence est décrété en Nouvelle-Calédonie après la mort d'Eloi Machoro, « ministre de la sécurité du gouvernement provisoire », leader des indépendantistes dans la nuit du 11 au 12, tué par des gendarmes du GIGN. Jean-Marie Tjibaou, porte-parole du FLNKS, déclare que la mort de Machoro « met fin à toutes les propositions Pisani ».

13 janvier : François Doubin est élu président du Mouvement des radicaux de gauche.

16 janvier : François Mitterrand à Antenne 2 annonce son départ pour la Nouvelle-Calédonie le lendemain ; il défend la proposition d'Edgard Pisani : « Donc on ne doit pas dire l'indépendance ; on doit dire indépendance-association avec la présence de la France. »

18 janvier : André Fontaine est élu directeur du journal *le Monde* ; il a pour mission l'assainissement de la situation financière.

21 janvier : Georges Besse, PDG de Péchiney, est nommé président de Renault. Les pertes du groupe seront évaluées le 23 avril à 12,5 milliards de francs pour 1984.

23-24 janvier : Session extraordinaire du Parlement pour examiner la situation en Nouvelle-Calédonie. Jean-Marie Tjibaou assiste aux débats dans la tribune du public, ce qui provoque des incidents. Le Sénat apporte des modifications au projet (prorogation de l'état d'urgence seulement jusqu'au 24 février). Dick Ukeiwé, sénateur RPR et président du gouvernement territorial de Nouvelle-Calédonie, présente un contre-plan Pisani. Le Sénat rejette le projet du gouvernement par 223 voix contre 79 (PS). Finalement, l'Assemblée nationale vote le 24 janvier l'état d'urgence jusqu'au 30 juin par 288 voix contre 200.

25 janvier : L'ingénieur-général René Audran, directeur des Affaires internationales au ministère de la Défense, est assassiné. Cet acte est revendiqué par Action directe.

28 janvier : Invité de « L'heure de vérité » sur Antenne 2, Jacques Chirac qualifie le plan Pisani de « supercherie » ; il critique également le scrutin à la proportionnelle défendu par François Mitterrand, « scrutin dangereux ».

6-10 février : 25e congrès du parti communiste à Saint-Ouen ; Georges Marchais qualifie la politique du gouvernement de « politique sociale-démocrate de gestion de la crise au profit du grand capital ». Les « rénovateurs », avec comme leader Pierre Juquin, peuvent présenter leur thèse, mais ils sont très critiqués.

7-8 février : François Mitterrand, en voyage officiel en Picardie, est confronté aux manifestations CGT à Beauvais.

12 février : *Libération* publie des témoignages d'anciens dirigeants du FLN accusant Jean-Marie Le Pen d'avoir pratiqué la torture en 1956 et 1957 lorsqu'il était officier parachutiste à Alger.

Le dollar franchit la barre des 10 francs.

17 février : Incidents à Thio entre gendarmes mobiles et Kanaks à la suite d'un pique-nique organisé par le Front calédonien.

19 février : Laurent Fabius précise que les élections des conseils régionaux au suffrage universel se dérouleront en même temps que les législatives selon le scrutin à la proportionnelle.

25 février : 22 morts et 103 blessés à Forbach dans les Houillères.

26 février : Un « défilé pour la liberté » à Nouméa réunit entre 15 et 30 000 personnes. Le sénateur RPCR Dick Ukeiwé refuse de rencontrer Edgard Pisani.

1er-8 mars : Multiplication des troubles en Nouvelle-Calédonie. Boycottage de la rentrée scolaire à Thio par le FLNKS. Le 8, journée de mobilisation et d'action organisée par le FLNKS ; les affrontements entre gendarmes et Mélanésiens font un mort, le major Roland Lecomte, tué d'un coup de sabre ; le 12, arrestation du Mélanésien présumé meurtrier du major Lecomte, Gérald Cana.

6 mars : François Mitterrand inaugure le Haut Conseil de la Francophonie créé en mars 1984.

7 mars : Lucette Michaux-Chevry, présidente du conseil général, est victime d'un attentat en Guadeloupe.

10 mars : Premier tour des élections cantonales. Échec pour la gauche ; elle remporte 41,44 % des suffrages exprimés ; le Front national confirme ses positions avec 8,67 % des suffrages exprimés.

13 mars : Jean-Marie Le Pen retire ses candidats « là où leur maintien pourrait faire élire un socialiste ou un communiste ».

François Mitterrand assiste aux obsèques de Constantin Tchernenko. Le 11, Mikhaïl Gorbatchev, à 54 ans, lui avait succédé au secrétariat général du PC soviétique.

17 mars : Second tour des élections cantonales : grâce à un assez bon report des voix, la gauche a 46,15 % des suffrages exprimés mais, en sièges, elle perd 248 cantons, la droite en gagne 381. Le

22, l'oppcsition obtiendra 69 présidences de conseils généraux sur 95.

22 mars : Marcel Carton et Marcel Fontaine sont enlevés à Beyrouth par le Jihad islamique.

LE SCRUTIN A LA PROPORTIONNELLE

27-28 mars : Journées parlementaires du PS à Rennes, qui montrent les divisions du parti sur le scrutin à la proportionnelle. Pierre Joxe déclare : « La finalité proportionnelle ne fait pas de doute pour les deux élections de 1986, les législatives et les régionales, la proportionnelle est de nature à garantir la possibilité de poursuivre ce que les socialistes ont entrepris. » Tous les sondages signalant une victoire de l'opposition aux législatives, la proportionnelle empêcherait l'amplification du succès propre au scrutin majoritaire.

3 avril : Pierre Joxe, ministre de l'Intérieur et de la Décentralisation, annonce que les élections législatives de 1986 auront lieu à la proportionnelle à un tour dans le cadre départemental.

4 avril : Démission de Michel Rocard, ministre de l'Agriculture, en désaccord avec le projet de scrutin à la proportionnelle ; il déclare : « Parce qu'il est normal qu'un gouvernement soit solidaire, parce que je ne pouvais être solidaire de cette décision-ci, j'ai choisi la démission. » Il est remplacé à l'Agriculture par Henri Nallet.

10 avril : RPF et UDF signent un accord pour « gouverner ensemble et seulement ensemble » ce qui exclut le Front national ; ils définissent quatre objectifs : le renforcement des libertés publiques, la reconstruction de l'État républicain, le redressement de l'économie française avec la « dénationalisation progressive », le rétablissement de l'indépendance de la France.

14 avril : Au Club de la presse d'Europe 1, Raymond Barre déclare : « En 1986, je ne voterai pas la confiance à un gouvernement de la cohabitation. » Le problème de la cohabitation suscite des divergences au sein de l'opposition.

22 avril : Jean-Pierre Chevènement, ministre de l'Éducation nationale, présente les programmes de l'école primaire avec le retour de l'instruction civique et la promotion de l'enseignement de l'informatique.

24-26 avril : L'Assemblée nationale vote le projet gouvernemental sur le scrutin à la proportionnelle après l'échec de la motion de censure qui n'avait recueilli que 160 voix (RPR, UDF et 9 non-inscrits) ; le scrutin à la proportionnelle est adopté par 274 voix (PS, 2 MRG, 1 app PC et 1 non-inscrit) contre 152 (RPR, UDF), abstention du MRG et du PC.

25 avril : Le Conseil des ministres extraordinaire repousse au 31 décembre 1987, soit après les législatives de 1986, le scrutin d'autodétermination en Nouvelle-Calédonie. Un statut de transition doit être élaboré.

26 avril : Huguette Bouchardeau, ministre de l'Environnement, démissionne du PSU.

LA LOI SUR L'ÉVOLUTION DE LA NOUVELLE-CALÉDONIE

30 avril : Le Conseil des ministres adopte le projet de loi sur l'évolution de la Nouvelle-Calédonie. Le haut-commissaire du gouvernement représentera l'exécutif, et l'on créera quatre régions aux pouvoirs étendus et qui éliront leurs représentants au suffrage universel à la proportionnelle :
Nouméa et le sud-ouest de la Grande Terre auront 18 représentants pour 59 % de la population ; Région nord, 9 sièges pour 15 %, centre et sud-est, 9 sièges pour 16 %, les îles Loyauté, 7 sièges pour 11 %. Jacques Lafleur, président du Rassemblement pour la Calédonie dans la République, et Jean-Marie Tjibaou critiquent le projet.

2-4 mai : 11e sommet des pays industrialisés qui porte essentiellement sur la réforme du système monétaire international. François Mitterrand annonce la non-participation de la France à « l'initiative de défense stratégique », IDS, proposée par Ronald Reagan.

5 mai : Des troubles à Fleury-Mérogis annoncent une agitation sporadique dans les prisons jusqu'au 19.

21 mai : Edgard Pisani est nommé ministre chargé de la Nouvelle-Calédonie. Fernand Wibaux, alors ambassadeur de France au Liban, lui succède comme délégué du gouvernement, haut-commissaire en Nouvelle-Calédonie. Yvette Roudy devient ministre chargée des Droits de la femme.

22 mai : Jean-Paul Kauffmann, journaliste, et Michel Seurat, chercheur, sont enlevés à Beyrouth.

25-26 mai : A Hienghène, le 3e congrès du FLNKS décide après des hésitations de participer aux élections des conseils régionaux de Nouvelle-Calédonie.

2 juin : S'opposant à la cohabitation, Raymond Barre déclare au cours de la « fête de la liberté » à Rambouillet : « Ce qui est important, c'est que l'opposition soit crédible et durablement crédible, car les états de grâce se changent en état de disgrâce. »

5 juin : Violents incidents entre militants de la CGT et du PCF et CRS devant l'usine SKF d'Ivry qui avait été évacuée par la police le 28 mai.

10-11 juin : Laurent Fabius se rend à Berlin-Est ; c'est la première visite d'un chef de gouvernement.

13 juin : Michel Rocard annonce sa candidature à l'élection présidentielle de 1988.

15 juin : SOS Racisme organise un concert gratuit place de la Concorde sur le thème « Touche pas à mon pote » ; 300 000 personnes y participent.

17 juin : Affaire Grégory : Christine Villemin, la mère de Grégory, est remise en liberté sous contrôle judiciaire et sort de la prison de Metz.

26 juin : L'Assemblée nationale vote le projet de réforme du scrutin à la proportionnelle.

L'AFFAIRE RAINBOW-WARRIOR

10 juillet : Le *Rainbow-Warrior*, navire du mouvement écologiste Greenpeace, est coulé dans le port d'Aukland en Nouvelle-Zélande. Un photographe est tué. Ce navire était chargé d'une mission d'enquête contre les essais nucléaires français dans le Pacifique. Il apparaît qu'il s'agit d'un sabotage commis par des nageurs de combat dépendant de la DGSE. Le commandant Maffart et le capitaine Prieur, « les faux époux Turenge », sont arrêtés le 12 et inculpés de meurtre le 23 par les autorités néo-zélandaises.

31 juillet : Le Conseil des ministres autorise la création de chaînes télévisées privées.

1er août : Mort de Jules Moch[1].

3 août : Catastrophe ferroviaire près de Flaujac dans le Lot.
Manifestations paysannes dans le Midi et le Sud-Ouest.

8 août : François Mitterrand demande à Laurent Fabius d'« ordonner une enquête rigoureuse » sur la destruction du *Rainbow-Warrior*. Bernard Tricot, conseiller d'État et secrétaire général de l'Élysée de 1967 à 1969, est chargé de l'enquête par Laurent Fabius.

12 août : David Lange, Premier ministre néo-zélandais, parle de « fous mercenaires criminels européens » auteurs de l'attentat contre le *Rainbow-Warrior*.

13-14 août : *L'Express, VSD, l'Événement du jeudi* et *France-Soir*

1. Moch Jules (1893-1985). Cf biographie dans *la France contemporaine*, T 1, *op. cit.*, p. 31.

mettent en cause les services de la DGSE qui auraient reçu l'accord du ministre de la Défense, voire celui du cabinet militaire de l'Élysée dans l'affaire du *Rainbow-Warrior*.

18 août : François Mitterrand « réitère l'ordre donné aux armées d'interdire, au besoin par la force, toute entrée non autorisée dans les eaux territoriales françaises et l'espace aérien français des atolls polynésiens de Mururoa et Fangatofa ».

26 août : Publication du rapport Tricot qui conclue : « Tout ce que j'ai entendu et vu me donne la certitude qu'au niveau gouvernemental il n'a été pris aucune décision tendant à ce que le *Rainbow-Warrior* soit endommagé. Les doutes que j'ai eus sur la façon dont les instructions données par le ministre de la Défense avaient pu être interprétées ont été levés lorsque je me suis assuré que la marge d'interprétation possible se situait au-dessous de ce que j'appellerai la zone dangereuse... Il n'y a aucune raison de penser (et il existe de fortes raisons de croire le contraire) que la DGSE ait donné aux agents en Nouvelle-Zélande des instructions autres que celles tendant à mettre correctement en œuvre les directives gouvernementales. Je crois, dans l'état actuel de mon information, à l'innocence du commandant Maffart, du capitaine Prieur, de l'adjudant-chef Verge, des adjudants Andries et Bartelo. Personnellement, je crois donc utile que ce rapport soit suivi en France d'un examen plus détaillé. » Cette dernière réserve laisse planer un doute.

31 août : Accident ferroviaire à Argenton-sur-Creuse : 43 morts. La multiplication des accidents ferroviaires entraîne la démission d'André Chadeau de la présidence de la SNCF, le 10 septembre.

4 septembre : Dans « L'heure de vérité » sur Antenne 2, Laurent Fabius déclare à propos des élections de 1986 : « Ou bien il y a un courant qui passe, ou bien il ne passe pas. Si le courant ne passe pas d'ici les élections, le parti socialiste sera battu. Ou bien s'il passe, il y aura une dynamique et d'autres gens qui, aujourd'hui, ne sont pas socialistes se rallieront à nous... Si le parti socialiste n'a pas assez de sièges ni assez d'alliés pour gouverner sur ses positions à partir des valeurs de la gauche, alors il sera dans l'opposition. »

6 septembre : Raymond Barre déclare dans le journal *l'Expan-*

sion : « Je me tiendrai à l'écart de toute expérience de cohabitation et j'observerai le spectacle. »

17 septembre : Charles Hernu, ministre de la Défense, estime « inacceptable que plusieurs officiers généraux français exerçant ou ayant exercé les plus hautes responsabilités dans notre appareil militaire français soient mis en cause. » Le lendemain, il déclare à la presse : « S'il était établi que des responsables avaient contrevenu à mes ordres ou m'avaient menti, je le ferais immédiatement savoir et demanderais au gouvernement d'en tirer toutes les conséquences. »

19 septembre : Dans une lettre de François Mitterrand adressée à Laurent Fabius et rendue publique, il est dit que « le moment est venu de procéder sans délai aux changements de personnes et, le cas échéant, de structures qu'appellent ces carences ».

20 septembre : Laurent Fabius présente la démission de Charles Hernu à François Mitterrand ; Paul Quilès succède à Charles Hernu. L'amiral Pierre Lacoste, directeur de la DGSE, est démis de ses fonctions. François Mitterrand écrit à Charles Hernu : « A l'heure de l'épreuve, je suis, comme toujours, votre ami. »

22 septembre : Laurent Fabius déclare : « Ce sont des agents de la DGSE qui ont coulé le *Rainbow-Warrior* ; ils ont agi sur ordre ; cette vérité a été cachée à M. Tricot. »

ÉLECTIONS EN NOUVELLE-CALÉDONIE

29 septembre : Aux élections régionales en Nouvelle-Calédonie, le taux de participation est de 80,63 %. RPCR (Rassemblement pour la Calédonie dans la République) obtient 51,99 % des suffrages exprimés ; FLNKS (front de libération nationale kanake et socialiste) 28,75 % ; Front national : 7,36 %. Mais l'attribution des sièges dans les quatre régions donnent le FLNKS majoritaire dans trois régions (Nord, Centre, îles Loyauté), le RPCR majoritaire dans le Sud (Nouméa). Le RPCR dénonce les effets du découpage territorial, et plus de 80 % des Kanaks continuent à revendiquer l'indépendance.

2-5 octobre : Visite officielle en France de Mikhaïl Gorbatchev qui insiste sur la détente : « Nous ne pratiquons pas une politique qui est celle de l'équilibre des forces à la Metternich, cherchant à monter des États contre les autres, à mettre sur pied des blocs et des contre-blocs, à créer des axes et des triangles, mais celle de détente globale, de renforcement de la sécurité mondiale et de promotion de la coopération internationale à l'échelle du monde entier. »

6 octobre : Henri Nallet, ministre de l'Agriculture, annonce des mesures en faveur des exploitants agricoles victimes de la sécheresse.

LE CONGRÈS SOCIALISTE DE TOULOUSE

11-13 octobre : Le congrès du parti socialiste est organisé sur le thème de l'union et se termine par l'adoption d'une motion de synthèse. Laurent Fabius déclare notamment : « Nous avons besoin d'abord de toi, Lionel, et nous irons côte à côte à la bataille. Nous avons besoin de toi, Pierre, de toi Jean-Pierre, de toi Michel, et nous irons tous ensemble à la bataille, responsables, militants, sympathisants. » On parle d'un « Bad-Godesberg », allusion au tournant idéologique pris par le parti social-démocrate allemand, SPD, en 1959.

18-20 octobre : Congrès radical valoisien qui élit à la présidence André Rossinot.

27 octobre : Laurent Fabius et Jacques Chirac participent à un débat télévisé sur TF1 qui a suscité un grand intérêt chez les téléspectateurs et qui a plutôt conforté l'image du maire de Paris.

6 novembre : Le Conseil des ministres adopte un projet limitant le cumul des mandats.

7-8 novembre : 46e sommet franco-allemand. La France, qui avait refusé le projet d'avion de combat européen, accepte sa participation pour 10 %.

12 novembre : Jean-Pierre Chevènement, ministre de l'Éducation nationale, présente une réforme des lycées tendant notamment à rééquilibrer les matières scientifiques et littéraires et à « répondre aux besoins du pays », soit 80 % des jeunes au niveau du baccalauréat d'ici quinze ans.

13 novembre : Edgard Pisani quitte le gouvernement le jour de la publication des ordonnances prises en Conseil des ministres sur le statut de la Nouvelle-Calédonie.

20 novembre : La concession du service public de la 5e chaîne, télévision privée, est attribuée à Jérôme Seydoux, Christophe Riboud et Silvio Berlusconi ; cette mesure suscite les protestations de l'opposition.

21 novembre : Conférence de presse de François Mitterrand qui traite de l'indépendance nationale, des acquis sociaux, du bilan économique et surtout de la 5e chaîne.

22 novembre : Le commandant Alain Maffart et le capitaine Dominique Prieur, les « faux époux Turenge », sont condamnés à 10 ans de réclusion par la justice néo-zélandaise.

29 novembre : Le Parlement vote la loi sur les télévisions privées ainsi que l'amendement déposé par le gouvernement lui donnant le pouvoir d'installer de nouveaux émetteurs sur la tour Eiffel, propriété de la ville de Paris. Cet amendement dit « tour Eiffel » sera annulé par le Conseil constitutionnel le 13 décembre. Le 21 décembre, le Parlement vote le nouveau projet.

4 décembre : François Mitterrand reçoit à l'Élysée à sa demande le général Wojciech Jaruzelski, chef de l'État polonais. Le 5 décembre, Laurent Fabius se dit « troublé » par cette visite.

7 décembre : 35 blessés dans deux attentats au Printemps et aux Galeries Lafayette.

11 décembre : Le gouvernement engage sa responsabilité pour faire adopter en première lecture le projet sur l'aménagement du temps de travail. Le débat s'était engagé le 4 décembre. Les députés communistes faisaient de l'obstruction en déposant 238 amendements et 127 sous-amendements. Il en sera de même au printemps 1986 au Sénat. La CGT, FO et le CNPF sont hostiles à la flexibilité des horaires.

12 décembre : Dans « Questions à domicile » sur TF1, Jacques Chaban-Delmas estime que, dans le cadre de la cohabitation, « le président présidera et le gouvernement gouvernera ».

17 décembre : Le nombre de chômeurs a régressé de 1,2 % en un an ; il est inférieur à 2,5 millions en novembre en données brutes.

21 décembre : Coluche ouvre le premier « Resto du cœur » dans un terrain vague du XIXe arrondissement. Le mouvement s'étend dans les grandes villes.

31 décembre : Vœux de François Mitterrand qui déclare : « Surtout ne lâchons pas la rampe ! Ce sera difficile encore... mais nous finirons par gagner. »

1985

RUBRIQUE ARTISTIQUE

LITTÉRATURE

Les prix

Goncourt	Yann Quéffelec	*Noces barbares*
Renaudot	Raphaële Billetdoux	*Mes nuits sont plus belles que vos jours*
Femina	Hector Bianciotti	*Sans la miséricorde du Christ*
Médicis	Michel Braudeau	*Naissance d'une passion*
Médicis étranger	Joseph Heller	*Dieu sait*
Académie française	Patrick Besson	*Dara*
Nobel	Claude Simon (France)	

Jack Lang annonce l'année Victor Hugo (centenaire de sa mort).

Mort de Jacques de Lacretelle, de l'Académie française, d'Henri Flammarion, de François Chatelet.

CINÉMA

Les prix

Cannes	Emir Kosturica	*Papa est en voyage d'affaires*
Césars	Claude Zidi	*Les Ripoux*
	Meilleur acteur Alain Delon dans *Notre Histoire*	
	Meilleure actrice Sabine Azéma dans *Un Dimanche à la campagne*	
Louis-Delluc	Claude Miller	*L'Effrontée*

Les succès

Claude Lanzmann	*Shoah*
Coline Serreau	*Trois hommes et un couffin*
Steven Spielberg	*Indiana Jones*
Agnès Varda	*Sans toit ni loi*

Mort de Simone Signoret.

THÉÂTRE

Création en anglais des *Possédés* de Dostoïevski, mise en scène Iouri Lioubimov à l'Odéon-Théâtre de l'Europe.

Au Théâtre du Rond-Point, *la Musica* de Marguerite Duras créée par Miou-Miou et Sami Frey.

DANSE ET MUSIQUE

Création mondiale à l'Opéra du *Docteur Faustus* de Konrad Boehmer sous la direction de Janos Kulka.
Wozzeck d'Alban Berg à l'Opéra de Paris, mis en scène par Ruth Berghaus.
Noureev interprète *Roméo et Juliette* de Tchaikovski au Palais des Congrès.
Jessye Norman joue le rôle de Marguerite dans *la Damnation de Faust* d'Hector Berlioz dirigée par Colin Davis.
Daniel Barenboïm dirige *la Missa solemnis* de Beethoven au Palais omnisport de Bercy.

CHANSONS

Triomphe de Thierry Le Luron au Gymnase (400 000 spectateurs).

TÉLÉVISION

28 avril : Chantal Nobel, héroïne du feuilleton *Chateauvallon*, est victime d'un grave accident d'automobile.
27 juillet : 500e émission d'« Apostrophes ».

EXPOSITIONS

Grand-Palais	Reynolds
	Hugo, centenaire de sa mort
	L'impressionnisme et le paysage français
Pompidou	Klee
Louvre	Hans Holbein le jeune

Inauguration du musée Picasso (hôtel de Sallé).

Mort de Marc Chagall et de Jean Dubuffet.

1985

RUBRIQUE SPORTIVE

BASKET

Championnat de France	Limoges, pour la 3e fois

CYCLISME

Tour de France	Bernard Hinault
Tour de France féminin	Maria Canins (Italie)

FOOTBALL

Championnat de France	Bordeaux
Coupe de France	Monaco bat Paris SG, 1-0

RUGBY A XV

Championnat de France	Toulouse bat Toulon 36-12

SKI NAUTIQUE

Patrice Martin, champion d'Europe au slalom, aux figures et au combiné.

TENNIS

Roland-Garros	Simple messieurs : Wilander bat Lendl 3-6, 6-4, 6-2, 6-2 Simple dames : Evert-Lloyd bat Navratilova 6-3, 6-7, 7-5

1986

3 janvier : Robert Hersant, président d'un groupe qui contrôle 38 % de la presse quotidienne nationale et 19 % de la presse quotidienne régionale, prend le contrôle du *Progrès de Lyon*.

LE DÉBAT SUR LA COHABITATION

6 janvier : Au cours de la cérémonie de présentation des vœux à la presse, François Mitterrand définit les pouvoirs du chef de l'État en cas de victoire de l'opposition.

8 janvier : Invité de « L'heure de vérité » sur Antenne 2, Laurent Fabius estime que la cohabitation « a très peu de chances de marcher ».

14 janvier : Valéry Giscard d'Estaing développe le thème de la cohabitation au cours d'une conférence de presse en donnant une interprétation restrictive des pouvoirs du président de la République.

Thierry Sabine et Daniel Balavoine se tuent dans un accident d'hélicoptère sur le Paris-Dakar.

15 janvier : 6e assassinat à Paris d'une personne âgée, cette fois dans le 5e arrondissement.

16 janvier : Signature d'« une plate-forme pour gouverner ensemble » entre Jacques Chirac et Jean Lecanuet. Le texte comprend 20 engagements fondamentaux.

20 janvier : Rencontre à Lille entre François Mitterrand et Margaret Thatcher ; ils décident de la construction de deux tunnels ferroviaires pour traverser la Manche.

22 janvier : Roger Fauroux, PDG de Saint-Gobain, succède à Simon Nora à la direction de l'ENA.

29 janvier : Invité de « L'heure de vérité », Valéry Giscard d'Estaing déclare à propos de la cohabitation : « Il faut respecter la règle. La France a une Constitution. Chacun devra la respecter. Celui qui ne la respectera pas prendra des risques. » Il invite Jacques Chirac, Raymond Barre et Jean Lecanuet à un « sommet de l'union » à Clermont-Ferrand.

Visite officielle en France du président égyptien Hosni Moubarak.

1er février : Quatre fonctionnaires soviétiques accusés d'espionnage sont expulsés de France.

2 février : Raymond Barre refuse de se rendre au « sommet de l'union » proposé par Valéry Giscard d'Estaing mais affirme qu'il apportera son soutien à de nombreux candidats de l'opposition. Le sommet est annulé.

LE TERRORISME

3 février : Explosion d'une bombe dans la galerie du Claridge sur les Champs-Élysées faisant 6 blessés.

4 février : Attentat dirigé contre la librairie Gibert Jeune faisant 3 blessés.

5 février : Attentat contre la FNAC sport blessant 10 personnes ; tous ces attentats sont revendiqués par le Comité de solidarité avec les prisonniers politiques arabes et du Proche-Orient, CSPPA, qui réclame la libération de 3 terroristes dont Georges Ibrahim Abdallah, chef présumé des Fractions armées révolutionnaires libanaises, FARL.

7 février : A Lille, François Mitterrand s'engage dans la campagne et justifie son intervention en ces termes : « Comment pourrait-on imaginer que le président de la République, élu en 1981 par une majorité populaire, pourrait se taire à l'heure du grand choix ? »

Jean-Claude Duvalier, ex-président de Haïti, obtient temporairement l'asile politique en France.

12 février : Arrestation de 64 personnes originaires du Proche-Orient ; 13 sont expulsées.

Signature à Canterbury du traité sur la liaison fixe trans-Manche entre François Mitterrand et Margaret Thatcher.

17-19 février : Premier sommet des « pays ayant en commun l'usage de la langue française » à Versailles puis à Paris.

19 février : Nomination de Robert Badinter à la présidence du Conseil constitutionnel. Michel Crépeau lui succède au ministère de la Justice ; Jean-Marie Bockel devient ministre du Commerce, de l'Artisanat et du Tourisme.

26 février : Invité à « L'heure de vérité » sur Antenne 2, Jacques Chirac pose quatre conditions à la cohabitation et rejette toute alliance avec le Front national.

28 février : Adoption en dernière lecture de la loi sur la flexibilité du temps de travail malgré l'obstruction des communistes à l'Assemblée nationale comme au Sénat ; le gouvernement a engagé sa responsabilité.

4 mars : Un pétrolier français touché par un missile iranien au large de Qatar.

5 mars : Le Jihad islamique annonce l'« exécution » de Michel Seurat, l'un des 4 otages détenus au Liban.

8 mars : 4 journalistes d'Antenne 2 sont enlevés dans le secteur musulman de Beyrouth : Philippe Rochot, Georges Hansen, Aurel Cornéa et Jean-Louis Normandin.

13 mars : François Mitterrand inaugure la Cité des sciences et de l'industrie de la Villette.

14 mars : Le Jihad islamique fait parvenir des messages de 3 otages français, Marcel Carton, Marcel Fontaine, Jean-Paul Kauffmann sur cassette vidéo.

ÉLECTIONS LÉGISLATIVES : L'OPPOSITION DEVIENT LA NOUVELLE MAJORITÉ

16 mars : Élections législatives avec une participation électorale de 78 %. Du côté de la majorité, le PS résiste (31,48 % des voix avec le MRG et 216 sièges) mais le PCF recule : 9,78 % (35 sièges). La coalition RPR-UDF devient la nouvelle majorité. L'UDF a 129 sièges, le RPR 148 et le parti républicain 60. Le Front national peut former un groupe parlementaire avec 9,72 % des voix et 35 députés.

Les élections régionales : les membres des conseils régionaux sont élus pour la première fois au suffrage universel ; la droite prend 6 conseils régionaux aux socialistes.

17 mars : Allocution de François Mitterrand sur les trois chaînes, qui déclare : « Vous avez élu dimanche une majorité nouvelle de députés à l'Assemblée nationale. Cette majorité est faible numériquement mais elle existe. C'est donc dans ses rangs que j'appellerai demain la personnalité que j'aurai choisie pour former le gouvernement, selon l'article 8 de la Constitution. »

17 mars : Explosion d'une bombe dans le TGV Paris-Lyon faisant 10 blessés ; le CSPPA revendique l'attentat.

LE GOUVERNEMENT CHIRAC

20 mars : Démission du gouvernement de Laurent Fabius ; nomination de Jacques Chirac Premier ministre. Édouard Balladur est ministre de l'Économie, des Finances et de la Privatisation ; Jean-Bernard Raimond, ministre des Affaires étrangères ; Charles Pasqua[1] ministre de l'Intérieur et Robert Pandraud, ministre délégué chargé de la Sécurité ; Bernard Pons ministre des Départements et Territoires d'outre-mer ; François Léotard, ministre de la Culture et de la Communication ; René Monory, ministre de l'Éducation nationale.

Un attentat dans la galerie marchande Point-Show des Champs-Élysées fait 2 morts et 28 blessés. Il est revendiqué par le CSPPA.

21 mars : Élection des présidents des conseils régionaux ; 20 des 22 conseils régionaux de la métropole appartiennent à la nouvelle majorité.

24-25 mars : Réunion du comité central du PCF. Pierre Juquin tente en vain de renforcer la position des « rénovateurs ».

27 mars : François Guillaume, devenu ministre de l'Agriculture, est remplacé par Raymond Lacombe à la présidence de la FNSEA.

28 mars : Arrestation d'André Olivier, responsable d'Action directe.

1er avril : La France décide de retirer ses observateurs qu'elle avait envoyés à Beyrouth en 1985 pour surveiller l'application du cessez-le-feu. Elle estime que « l'évolution de la situation sur place ne leur permet plus de remplir leur mission ».

1. Pasqua Charles, né en 1927. Charles Pasqua est commerçant, représentant à la société Ricard en 1952, directeur régional, directeur général des ventes France en 1962 puis PDG de la société Euralim entre 1967 et 1971. En 1968, il est élu député UDR des Hauts-de-Seine jusqu'en 1973, sénateur RPR des Hauts-de-Seine de 1977 à 1986 et depuis 1988. Gaulliste, il préside l'amicale parlementaire Présence et action du gaullisme de 1972 à 1973, il est secrétaire général adjoint de l'UDR de 1974 à 1976, préside ensuite le groupe RPR du Sénat de 1981 à 1986 puis en 1988. Jacques Chirac lui confie le ministère de l'Intérieur de 1986 à 1988.

2 avril : Jacques Chaban-Delmas est élu président de l'Assemblée nationale au second tour du scrutin par 282 voix ; les autres candidats étaient André Labarrère (PS), Guy Ducoloné (PC) et Yannick Piat, Front national.

6 avril : Dévaluation du franc de 6 % dans le cadre du réajustement des parités monétaires au sein du SME.

LES PREMIÈRES MESURES POLITIQUES ET ÉCONOMIQUES

9 avril : Déclaration de politique générale de Jacques Chirac à l'Assemblée nationale : « Notre nouvelle frontière, c'est l'emploi » dit-il. La confiance est votée par 292 voix contre 285.

Le Conseil des ministres approuve le projet de loi d'habilitation autorisant le gouvernement à légiférer par ordonnances la privatisation des entreprises publiques du secteur concurrentiel comme Havas, Elf-Aquitaine, les banques et les compagnies d'assurances nationalisées en 1982. François Mitterrand fait savoir qu'il ne signera pas les ordonnances. Le projet de loi d'habilitation est voté le 2 juin après l'échec de la motion de censure déposée par les socialistes le 16 avril.

De même, le rétablissement du scrutin majoritaire pour les élections législatives est adopté par l'Assemblée le 22 mai et par le Sénat le 4 juin.

11 avril : David Lange, Premier ministre néo-zélandais, accepte de négocier le transfert des « époux Turenge » dans un territoire français d'outre-mer.

Mort d'Aymar Achille-Fould, ancien ministre et député de la Gironde.

14 avril : René Monory annonce l'abrogation de la loi Savary ; le 22, celle de la réforme de Jean-Pierre Chevènement dans les lycées. Par contre, l'objectif de 80 % d'une classe d'âge au niveau du baccalauréat en l'an 2000 est maintenu.

15 avril : Guy Brana, vice-président du CNPF, est blessé au Vésinet. Action directe revendique l'attentat.

Communiqué du Quai d'Orsay qui déplore que « l'escalade intolérable du terrorisme ait conduit à une action de représailles qui relance elle-même l'enchaînement de la violence » ; ce communiqué vise le raid américain en Libye dans la nuit du 14 au 15 avril.

16 avril : Le Conseil des ministres approuve un projet de loi de finance rectificative rétablissant l'anonymat sur les transactions or et supprimant l'impôt sur les grandes fortunes.

17 avril : Mort de Marcel Dassault à 94 ans.

30 avril-2 mai : Voyage de Bernard Pons, nouveau ministre des Départements et Territoires d'outre-mer en Nouvelle-Calédonie ; Bernard Pons prépare un nouveau statut basé sur « une très large autonomie et une véritable régionalisation » ; le plan Pons est approuvé par l'Assemblée nationale le 9 juillet. François Mitterrand exprime ses réserves.

4-6 mai : Participation de François Mitterrand et de Jacques Chirac au sommet des pays industrialisés à Tokyo ; la présence des deux personnalités symbolise la cohabitation en politique étrangère.

7 mai : Mort de Gaston Defferre, ancien ministre, maire de Marseille.

9 mai : A la suite de la catastrophe nucléaire de Tchernobyl le 25 avril, le gouvernement français interdit l'importation des produits alimentaires des pays de l'Est.

14 mai : François Léotard, ministre de la Culture, présente un projet de loi sur la communication dont la privatisation de TF 1.

16 mai : Jean-Marie Tjibaou dénonce le projet de Bernard Pons et déclare : « Nous sommes venus à Paris pour crier casse-cou aux responsables politiques : s'il y a dérapage, ce sera de leur fait. »

17 mai : Robert Vigouroux est élu maire de Marseille. Un dur conflit a opposé au sein du PS ses partisans et ceux de Michel Pezet.

DÉBUT DE L'AFFAIRE DU CARREFOUR DU DÉVELOPPEMENT

9 juin : Michel Aurillac, ministre de la Coopération, dénonce « les malversations » dans la gestion du Carrefour du développement, association créée en juin 1983 et dépendant du ministère de la Coopération. Christian Nucci en était alors le ministre.

10 juin : Jacques Chirac déclare qu'« il serait souhaitable pour l'intérêt général et la vocation de la France de normaliser nos relations avec l'Iran ».

12 juin : René Monory, ministre de l'Éducation nationale, et Alain Devaquet, secrétaire d'État aux Universités, présentent les grandes lignes d'une réforme de l'enseignement supérieur qui sont adoptées en Conseil des ministres le 11 juillet. Elle prévoit des mesures portant sur l'entrée dans les universités que les associations d'étudiants (où domine la gauche) présenteront comme une sélection déguisée.

16 juin : Mort de Christian Beullac, ancien ministre de l'Éducation nationale.

18 juin : Naissance de Vincent et Camille, les deux premiers jumeaux français issus de deux embryons congelés à l'hôpital Antoine-Béclère de Clamart.

19 juin : Libéralisation de la presse : le texte autorise les concentrations jusqu'à 30 % pour la diffusion des quotidiens.

20 juin : Libération de Philippe Rochot et Georges Hansen, deux des quatre journalistes d'Antenne 2 enlevés au Liban.

24 juin : Michèle Barzach, ministre de la Santé, propose d'autoriser la publicité sur les préservatifs au moment où se tient à Paris une conférence internationale sur le SIDA.

25 juin : Pierre Méhaignerie présente une nouvelle loi sur le logement en Conseil des ministres.

Vote de la loi sur la suppression de l'autorisation administrative de licenciement. Les procédures de licenciement sont discutées par le patronat et les syndicats à partir du 9 juillet.

9 juillet : Accord entre la France et la Nouvelle-Zélande qui permet de libérer les « époux Turenge », Alain Maffart et Dominique Prieur.
9 juillet : Action directe revendique l'explosion d'une bombe dans un immeuble de la préfecture de police de Paris qui fait 2 morts et 28 blessés.
Un mandat d'arrêt international est lancé contre Yves Chalier, ancien directeur de cabinet de Christian Nucci (affaire du Carrefour du développement).

10 juillet : Condamnation de Georges Ibrahim Abdallah à 4 ans de prison pour usage de faux papiers et détention d'armes.

LES DÉSACCORDS ENTRE L'ÉLYSÉE ET MATIGNON

14 juillet : Interrogé par Yves Mourousi au Journal de 13 heures sur TF 1, François Mitterrand explique son refus de signer les ordonnances sur les privatisations : « Que la majorité parlementaire décide des responsabilités qu'elle entend prendre mais qu'elle ne me les impose pas, qu'elle ne demande pas en plus, ma participation. » Édouard Balladur déclare le soir même que « la privatisation est indispensable pour redonner la liberté à notre économie ». Transformée en projet de loi, l'ordonnance sur les privatisations est adoptée le 31 juillet.

21 juillet : Conférence de presse de Jacques Chirac qui déclare : « Avant la fin de l'année, la France aura un autre système de valeurs que celui sur lequel elle vivait précédemment. »

23 juillet : Le Conseil des ministres nomme Jean Montpezat, haut-commissaire en Nouvelle-Calédonie ; il succède à Fernand Wibaux.

8 août : 60 députés socialistes saisissent le Conseil constitutionnel sur trois textes : la loi relative à la lutte contre le terrorisme, la loi relative à l'application des peines, la loi relative à la lutte contre la criminalité et la délinquance. La procédure lance le débat sur le rôle du Conseil constitutionnel ou « gouvernement des juges » selon l'expression de Jacques Chirac.

28 août : Jacques Chirac visite la Nouvelle-Calédonie. « Aucune [communauté], dit-il, ne peut revendiquer pour elle-même le droit de déterminer le destin de tous. »

René Monory annonce la création d'un statut des directeurs d'école élémentaire et d'école maternelle.

RECRUDESCENCE DES ATTENTATS

1er septembre : Le comité de solidarité avec les prisonniers politiques arabes et du Proche-Orient, CSPPA, demande la libération de trois terroristes détenus en France : Georges Ibrahim Abdallah, chef des Fractions armées révolutionnaires libanaises, FARL, Varadjian Garbidjan et Anis Naccache.

4 septembre : Échec d'un attentat dans une rame du RER.

8 septembre : Explosion d'une bombe dans le bureau de poste de l'Hôtel-de-Ville de Paris qui fait 1 mort et 18 blessés. Jacques Chirac déclare : « Nous devons sans merci engager contre le terrorisme une véritable guerre. »

9 septembre : Les autorités administratives peuvent expulser tout étranger ne remplissant pas les conditions de séjour.

11 septembre : Après deux ans d'instruction de l'affaire Villemin, le juge Jean-Michel Lambert refuse le non-lieu à la mère de Grégory et transmet le dossier à la chambre d'accusation de Nancy.

12-14 septembre : Attentats revendiqués par les Partisans du droit et de la liberté dans la cafétéria Casino, aux Quatre temps (dans le quartier de la Défense) et au Pub Renault sur les Champs-Élysées le 14, tuant deux gardiens de la paix.

15 septembre : Explosion d'une bombe dans la préfecture de police de l'île de la Cité : 1 mort et 51 blessés. Les photos de Maurice et Robert Abdallah, frères de Georges Ibrahim, sont affichées dans les lieux publics.

17 septembre : Attentat devant le magasin Tati, rue de Rennes : 7 morts et 51 blessés. Émile, le 3e frère de Georges Ibrahim Abdallah, est soupçonné d'avoir participé à l'attentat.

18 septembre : Jacques Chirac en appelle à l'unité nationale contre le terrorisme. Obligation d'un visa pour tous les étrangers à l'exception des ressortissants de la CEE et de la Suisse.

28 septembre : Élections sénatoriales : le RPR devient le 1er groupe avec 77 sièges, la majorité remporte 89 des 120 sièges. En Haute-Garonne, l'élection législative partielle est suivie de près à cause du combat entre Lionel Jospin qui conduit la liste du PS et celle de Dominique Baudis, maire de Toulouse. La liste unique de la majorité conduite par Dominique Baudis remporte 45,93 % des suffrages exprimés, celle de Lionel Jospin 37,38 %.

2 octobre : François Mitterrand refuse de signer les ordonnances sur le découpage électoral.

Alain Poher est élu président du Sénat pour la 7e fois.

4-7 octobre : Visite du pape Jean-Paul II dans la région lyonnaise ; il est accueilli par François Mitterrand et Mgr Albert Decourtray.

8 octobre : Débat sur le terrorisme à l'Assemblée nationale ; Jacques Chirac déclare : « Aucun compromis n'est possible avec les terroristes. » Cependant, la presse parle de contacts avec Damas, ce qui suscite des interrogations sur la politique gouvernementale.

15 octobre : Valéry Giscard d'Estaing et Raymond Barre se rencontrent pour la première fois depuis 1981.

18 octobre : Expulsion vers Bamako de 101 ressortissants maliens « en situation irrégulière ». Cet acte suscite les critiques de l'opposition. Claude Malhuret, ministre chargé des Droits de l'homme, regrette de ne pas avoir été informé.

4 novembre : Gabriel de Broglie, ancien membre de la Haute Autorité de la communication audiovisuelle, est élu président de la Commission nationale de la communication et des libertés CNCL ; la CNCL, créée par la loi sur la liberté de la communication adoptée le 13 août, se substitue à la Haute Autorité.

A Montpellier, François Mitterrand marque ses distances avec le gouvernement Chirac.

6 novembre : Jacques Chirac rencontre le roi Juan Carlos et le président Felipe Gonzalez à Madrid.

7-9 novembre : Congrès du Centre des démocrates sociaux à Metz qui réaffirme son soutien à Raymond Barre. Pierre Méhaignerie est réélu président, Jacques Barrot secrétaire général.

9 novembre : Jacques Chirac rencontre Helmut Kohl, le chancelier allemand, dans sa résidence privée près de Ludwigshafen.

10 novembre : Libération de deux otages français par l'Organisation de la justice révolutionnaire OJR : Marcel Coudari et Camille Sontag.

12 novembre : Adoption par le Conseil des ministres du projet de réforme du code de la nationalité : les enfants nés en France de parents étrangers ne seraient plus automatiquement français à leur majorité. François Mitterrand exprime son désaccord.

16 novembre : Yves Chalier, ancien chef de cabinet de Christian Nucci, est arrêté (affaire du Carrefour du développement). Le 13 décembre, *le Monde* accuse Charles Pasqua d'avoir autorisé la délivrance d'un « vrai-faux passeport » provenant de la DST à Yves Chalier.

17 novembre : Georges Besse, PDG de Renault, est assassiné devant son domicile, boulevard Edgar-Quinet. Les photographies de Nathalie Ménigon et Joëlle Aubron, membres d'Action directe, sont affichées dans les lieux publics.

CONTESTATION ÉTUDIANTE

17-22 novembre : Agitation étudiante contre le projet de réforme des universités d'Alain Devaquet.

23 novembre : Défilé de plus de 100 000 personnes à Paris contre le projet Devaquet à l'appel du PS et de la FEN.

25 novembre : Première « coordination étudiante » et première coordination lycéenne.

27 novembre : Près de 200 000 étudiants et lycéens manifestent au Quartier latin à la veille du débat du projet Devaquet à l'Assemblée nationale. La contestation porte sur la liberté laissée aux universités de « déterminer les conditions d'accès aux différentes formations » et la possibilité d'augmenter les droits d'inscriptions.

28 novembre : A l'Assemblée nationale, René Monory accepte de renvoyer le projet de loi.

30 novembre : Jacques Chirac, invité de « Questions à domicile » sur TF 1, prône la conciliation : « Si le texte que j'ai retenu n'est pas clair sur tel ou tel point, il faut, naturellement, le modifier. »

1er décembre : Inauguration du musée d'Orsay par François Mitterrand.

2 décembre : Nomination des présidents des chaînes de télévision ; seul Yvon Bourges, dont la chaîne doit être privatisée en 1987, reste président de TF 1, Claude Contamine est président d'Antenne 2, René Han de FR 3, Roland Faure succède à Jean-Noël Jeanneney à Radio France.

4 décembre : Manifestations à Paris et en province contre le projet de réforme universitaire ; René Monory et Alain Devaquet reçoivent une délégation étudiante conduite par David Assouline.

5-6 décembre : Mort de Malik Oussekine, jeune étudiant de 22 ans, au cours d'affrontements avec le peloton voltigeur motocycliste PVM. Vive émotion ; organisation d'une marche silencieuse le lendemain, le jugement des deux policiers mis en cause a lieu en janvier 1990.

6-7 décembre : Le 10e anniversaire du RPR est dominé par les problèmes universitaires. Jacques Chirac déplore « la mort injuste et douloureuse d'un étudiant » ; Charles Pasqua estime que « les lycéens et étudiants, inquiets et généreux, ont été abusés et débordés par des professionnels de la déstabilisation, gauchistes et anarchistes de tous poils et de toutes nationalités ».

8 décembre : Jacques Chirac annonce le retrait du projet de réforme de l'enseignement supérieur et rend publique la démission d'Alain Devaquet qu'il avait présentée le 6.

10 décembre : Manifestation à Paris rassemblant près de 300 000 personnes sur le slogan « Plus jamais ça » ; la coordination nationale se dissout le lendemain.

LA LOI MÉHAIGNERIE ET L'ORDONNANCE SÉGUIN

11 décembre : Vote de la loi Méhaignerie relative à l'investissement locatif et à l'accession à la propriété de logements sociaux. Qualifiée de « texte libéral, courageux, mais aussi réaliste » par le ministre, cette loi abroge la loi Quillot. Elle tend à un équilibre fragile entre propriétaires et locataires : par exemple, des baux de moins de trois ans pourront être conclus en fonction d'un événement professionnel ou familial spécifié dans le contrat.

15 décembre : Alain Peyrefitte échappe à un attentat à Provins.

16 décembre : François Périgot est élu président du CNPF avec 354 voix contre 130 à Yvon Chotard.

17 décembre : François Mitterrand refuse de signer l'ordonnance sur le temps de travail. Philippe Séguin, ministre des Affaires sociales et de l'Emploi, projetait de compléter la loi Delebarre du 28 février par une ordonnance sur l'aménagement du temps de travail. Le projet du ministre permet la négociation d'accords au sein des entreprises. Les syndicats y sont hostiles, craignant les ententes entre patronat et « syndicats maison ». La décision du président de la République fait dire à Philippe Seguin : « Non seulement on veut empêcher le gouvernement de gouverner, mais on veut aussi empêcher le Parlement de légiférer. » Le projet est voté selon une procédure qui sera condamnée par le Conseil constitutionnel le 23 janvier 1987 (reprendre dans un amendement à un projet portant diverses dispositions sociales le texte même de l'ordonnance).

18 décembre : Début de la grève des agents de conduite de la SNCF.

22-24 décembre : Grèves à la RATP.

24 décembre : Libération d'Aurel Cornéa, l'un des otages français.

1986

RUBRIQUE ARTISTIQUE

LITTÉRATURE

Les prix

Goncourt	Michel Host	*Valet de nuit*
Renaudot	Christian Giudicelli	*Station balnéaire*
Femina	René Belletto	*L'Enfer*
Médicis	Pierre Combescot	*Les Funérailles de la sardine*
Interallié	Philippe Labro	*L'Étudiant étranger*
Académie française	Pierre-Jean Rémy	*Une vie immortelle*
Nobel	Wole Soyinka (Nigeria)	

Mort de Simone de Beauvoir, de Jean Genet et de Georges Dumezil.

CINÉMA

Les prix

Cannes	Roland Joffé	*Missing*
Lion d'or (Venise)	Éric Rohmer	*Le Rayon vert*
Louis-Delluc	Léo Carax	*Mauvais Sang*
Césars	Coline Serreau	*Trois Hommes et un couffin*
	Christophe Lambert, meilleur acteur dans *Subway*	
	Sandrine Bonnaire, meilleure actrice dans *Sans toit ni loi*	

Les succès

Jean-Jacques Beineix	*37,2° le matin*
Claude Berri	*Jean de Florette*
	Manon des sources
Bertrand Blier	*Tenue de soirée*
Alain Cavalier	*Thérèse*
Michel Deville	*Le Paltoquet*
Alain Resnais	*Mélo*

THÉÂTRE

Roger Planchon monte *l'Avare* avec Michel Serrault et Annie Girardot au TNP.
La Compagnie Renaud-Barrault fête ses 40 ans.
Jean Le Poulain est nommé administrateur général de la Comédie-Française.
Réouverture officielle du Théâtre du Vieux Colombier fermé depuis 15 ans.

Jean-Claude Brialy succède à Nicky Lancel à la direction des Bouffes parisiens.

DANSE ET MUSIQUE

Première de *la Traviata* de Verdi, décorée et mise en scène par Franco Zeffirelli au palais Garnier.
Premiers concerts de l'Orchestre national de jazz au théâtre des Champs-Élysées.
Création du *Corsaire* de Verdi à Nîmes.

Mort de Serge Lifar, danseur et chorégraphe.

CHANSONS

Mort de Coluche dans un accident de moto et de Thierry Le Luron.

PRESSE, TÉLÉVISION

20 février : la 5ᵉ chaîne, TV privée non cryptée, commence à émettre ; de même TV6, chaîne musicale privée, deux jours après.

EXPOSITIONS

Grand-Palais	De Rembrandt à Vermeer
	Boucher
Pompidou	Vienne, 1880-1938

1ᵉʳ décembre : ouverture du musée d'Orsay consacré à la deuxième moitié du XIXᵉ siècle.

RUBRIQUE SPORTIVE

ALPINISME

17 mars : Jean-Marc Boivin fait l'ascension des quatre faces nord les plus difficiles du Mont-Blanc en 18 heures, en enchaînant l'Aiguille verte, les Droites, les Courtes et le Linceul aux Grandes Jorasses. Il accomplit les liaisons entre les sommets et les bas des versants en parapente ou en aile volante.

1986

ATHLÉTISME

Championnat d'Europe : Stéphane Caristan remporte le 110 m haies, Christine Cazier est 2ᵉ au 200 m, Philippe Collet 3ᵉ à la perche et Bruno Marie-Rose 3ᵉ au 100 m.

AUTOMOBILE

Prost, premier au championnat du monde des pilotes de Formule 1.

BASKET

Championnat de France	Orthez

CYCLISME

Tour de France	Greg Lemond (USA)
Tour de France féminin	Maria Canins (Italie)

ESCRIME

Philippe Riboud remporte pour la seconde fois le titre de champion du monde d'épée.

FOOTBALL

Championnat de France	Paris SG
Coupe de France	Bordeaux bat Marseille 2-1
Mundial	La France est battue par l'Allemagne en demi-finale 2-0 (1-0)

KARATÉ

Thierry Masci, mi-moyen, et Jacques Tapol, mi-lourd, champions du monde.

RUGBY A XV

Tournoi des Cinq Nations	France 1ʳᵉ, 6 pts

Championnat de France	Toulouse bat Agen 16-6 (6-3)
Coupe de France	Béziers bat Aurillac 40-9 (18-6)

TENNIS

Roland-Garros	Simple messieurs : Lendl bat Pernfors 6-3, 6-2, 6-4 Simple dames : Evert-Lloyd bat Navratilova 2-6, 6-3, 6-3

VOILE

Philippe Poupon, vainqueur de la Route du Rhum.

1987

LES GRÈVES DU SECTEUR PUBLIC

1-16 janvier : Les grèves à la RATP, la SNCF et à l'EDF qui ont commencé le 18 décembre sont très suivies. Les usagers manifestent le 12 janvier à l'appel des élus RPR et UDF. Le gouvernement ne renonce pas à sa politique de rigueur salariale.

7 janvier : L'aviation française détruit les installations radars de Ouadi-Doum, base libyenne, en réponse au bombardement libyen des villes tchadiennes Arada et Oum-Chalouba.

Invité à « L'heure de vérité », Raymond Barre affirme son loyalisme : « Je ne suis pas de ceux qui trahissent leur camp, qui manœuvrent contre leur camp. » Il se compare à la tortue de la fable de La Fontaine lorsqu'il est interrogé sur sa candidature aux présidentielles.

10-19 janvier : Vague de froid en France (– 33° dans le Doubs).

13 janvier : Roger Auque, journaliste français, est enlevé à Beyrouth-Ouest.

14 janvier : Sur Antenne 2, Georges Marchais qualifie de « liquidateurs » les « rénovateurs » de son parti.

15 janvier : Fin de la grève à la SNCF après quatre semaines.

17 janvier : Nomination de Jacques de Larosière, gouverneur de la Banque de France, pour succéder à Michel Camdessus ; le 28 janvier, le dollar est inférieur à 6 F.

19 janvier : Privatisation de la compagnie financière Paribas avec la mise en vente des 35 millions d'actions détenues par l'État au prix unitaire de 405 F. 3,8 millions de particuliers deviennent actionnaires.

20 janvier : Jacques Valade est nommé ministre délégué chargé de la Recherche et de l'Enseignement supérieur ; Jean Arthuis (CDS), de secrétaire d'État à l'Emploi devient secrétaire d'État chargé de la Consommation et de la Concurrence.

21 janvier : Affaire du Carrefour du développement : le juge Jean-Pierre Michau transmet le dossier au parquet, ce qui peut conduire Christian Nucci à comparaître devant la Haute Cour de justice. Jacques Delebois, contrôleur général de la police et accusé d'avoir fourni un passeport à Yves Chalier, est placé sous contrôle judiciaire. Charles Pasqua refuse de s'expliquer en évoquant « le secret défense ».

26-27 janvier : Claude Poperen et Marcel Rigout démissionnent du comité central du PCF.

29 janvier : Conférence de presse de Jacques Chirac qui insiste sur trois priorités : « moderniser l'économie pour créer des emplois, [...] ouvrir des chances nouvelles à tous dans une société d'initiative, de responsabilité et de liberté, [...] donner un nouveau souffle au dialogue social ».

5 février : Mort de Michel Baroin, PDG de la Garantie mutuelle des fonctionnaires et de la FNAC ; il avait été chargé de la mission pour la commémoration de la Révolution française. Edgar Faure lui succède le 4 mars.

9 février : Renforcement du dispositif militaire français au nord-est du Tchad dans le cadre de l'opération « Épervier » mise en place l'année précédente.

11 février : Valéry Giscard d'Estaing se prononce une nouvelle fois pour la réduction à cinq ans du mandat présidentiel.

17-19 février : Amine Gemayel, président libanais, est en visite en France.

18-20 février : Controverses autour de la Nouvelle-Calédonie ; le 18, en Conseil des ministres, François Mitterrand se déclare une nouvelle fois inquiet de la politique gouvernementale : « Une procédure démocratique ne peut s'imposer qu'au sein d'une société [...] où les citoyens sont également respectés et les communautés également écoutées », le 20 Bernard Pons déclare au journal *le Monde que « cette analyse ne correspond pas à la réalité ».*

LA LUTTE CONTRE LE TERRORISME

21 février : Arrestation à Vitry-aux-Loges (Loiret) des dirigeants d'Action directe : Jean-Marc Rouillan, Nathalie Ménigon, Georges Cipriani et Joëlle Aubron. Jacques Toubon, Gérard Longuet et Robert Galley dénoncent le laxisme des gouvernements socialistes qui avaient amnistié Jean-Marc Rouillan ; François Mitterrand dénonce le 23 ces « calomnies » ; au moment de son amnistie, Jean-Marc Rouillan n'avait été accusé d'aucun crime.

23 février : Procès de Georges Ibrahim Abdallah, chef présumé des Fractions armées révolutionnaires libanaises, FARL, à la cour d'assises de Paris, composée de 7 magistrats professionnels ; Me Vergès est son avocat. Georges Ibrahim Abdallah est condamné à la réclusion criminelle à perpétuité malgré les recommandations de Pierre Baechlin, l'avocat général, et le gouvernement qui craignent une recrudescence du terrorisme.

La Commission nationale de la communication et des libertés, CNCL, réattribue la 5e chaîne à la « Société d'exploitation de la 5e chaîne » constituée par Robert Hersant, Silvio Berlusconi et Jérôme Seydoux, et attribue la TV6 à la société Métropole TV présidée par Jean Drücker, constituée par la Compagnie luxembourgeoise de télédiffusion et la Lyonnaise des eaux.

24 février : Michèle Barzach[1], ministre de la Santé, présente un programme de lutte contre le SIDA déclaré « grande cause nationale » de l'année.

4 mars : Le Conseil des ministres discute de « l'option zéro », soit l'offre de retrait des missiles nucléaires de portée intermédiaire en Europe proposé par Mikhaïl Gorbatchev. Pour François Mitterrand et Jacques Chirac, il ne faut pas négliger cette proposition, mais, déclare François Mitterrand, « quant à la France, elle maintiendra la position qui est la sienne : sa force nucléaire assure sa sécurité par la dissuasion et constitue un système central qui ne peut être assimilé aux forces nucléaires intermédiaires, ni pris en compte dans la négociation entre Américains et Soviétiques ».

12 mars : L'Organisation de la justice révolutionnaire, OJR, menace d'assassiner Jean-Louis Normandin, otage détenu au Liban, suite aux propos de François Mitterrand qui n'entendait pas « traiter avec le terrorisme ». Jacques Chirac se déclare solidaire avec les propos du président de la République ; le 17 mars, l'OJR reporte la sentence faute d'avoir pu diviser le gouvernement français.

LE CODE DE LA NATIONALITÉ

15 mars : Manifestation à Paris de 30 000 personnes pour protester contre le projet du code de la nationalité présenté par Albin Chalandon ; Marceau Long préside la « commission des sages » instituée pour réfléchir à ces questions. Hélène Carrère d'Encausse, Pierre Chaunu, Alain Touraine font partie de la commission de la nationalité qui se réunit le 22 juin pour la première fois et qui remet son rapport en février 1988 publié sous le titre : « Être Français, aujourd'hui et demain. »

1. Barzach Michèle, née en 1943. Médecin gynécologue à Paris depuis 1970, Michèle Barzach est déléguée nationale du RPR aux Affaires sociales depuis 1984, secrétaire national du RPR de 1988 à 1990, élue député RPR de Paris en juin 1988 et élue en juin 1989 au Parlement européen. Jacques Chirac lui confie le ministère de la Santé en 1986 où elle acquiert une grande popularité. Elle a rejoint Michel Noir en 1990 dans sa tentative de rénovation du RPR.

22 mars : Les partis de droite obtiennent 31 des 61 sièges à l'Assemblée de Corse au cours de nouvelles élections après l'annulation de celles du 16 mars 1986 concernant la région de Haute-Corse par le Conseil d'État.

29 mars-1er avril : Jacques Chirac se rend aux États-Unis avec Jean-Bernard Raimond, ministre des Affaires étrangères ; il rencontre le président Reagan, George Bush et George Shultz.

2 avril : Dans la salle du Zénith à Paris, Jean-Marie Le Pen s'écrie : « La patrie est en danger ! » en évoquant les conséquences de l'immigration ; il dénonce la lenteur de l'élaboration du projet du code de la nationalité. Le 4, manifestation du Front national à Marseille qui réunit 20 000 personnes autour du slogan « être français, ça se mérite ».

3-5 avril : Congrès du PS à Lille ; on adopte une motion de synthèse à l'unanimité moins 4 abstentions. Réélection de Lionel Jospin secrétaire général ; entrée de Pierre Mauroy, Laurent Fabius, Michel Delebarre et Pierre Bérégovoy au comité directeur, absence de Jean-Pierre Chevènement, Michel Rocard et Jean Poperen[2].

4 avril : La CNCL autorise Francis Bouygues à détenir 50 % des capitaux de TF 1 ; Hachette s'était également porté acquéreur.

6 avril : Mort de Jean-Baptiste Doumeng, « le milliardaire rouge », homme d'affaires communiste spécialisé dans le commerce agroalimentaire avec les pays de l'Est.

7 avril : L'Assemblée nationale renouvelle sa confiance à la politique gouvernementale par 294 voix contre 282.

Valéry Giscard d'Estaing est élu président de la commission des

2. Poperen Jean, né en 1925. Agrégé d'histoire, Jean Poperen est secrétaire national des étudiants communistes en 1945 et commence une carrière dans l'enseignement. En 1950, il est maître assistant d'histoire à l'université de Paris I. Fondateur du groupe Tribune du communisme en 1958, il est membre du bureau national du PSU en 1960. Il rejoint la FGDS et devient membre du comité directeur et du bureau exécutif du parti socialiste en 1971. Député socialiste du Rhône en 1973, réélu en 1978 et 1981, maire de Meyzieux en mars 1977, il occupe des fonctions importantes au PS.

Affaires étrangères par 39 voix (2 voix de plus que la majorité absolue).

23-25 avril : Jacques Chirac visite la Lorraine pour présenter un plan d'investissements de 2 milliards de francs pour l'aménagement et la réindustrialisation de la Lorraine.

26 avril : Jean-Marie Le Pen annonce sa candidature à l'élection présidentielle de 1988, à La Trinité-sur-Mer, sa ville natale.

6 mai : Invité de « L'heure de vérité » sur Antenne 2, Jean-Marie Le Pen propose d'isoler les malades atteints du SIDA, d'organiser le retour de « 300 à 400 000 chômeurs immigrés » et aspire à être le président « du peuple français ». Les déclarations gênent et divisent la majorité. Michèle Barzach, ministre de la Santé, condamne ses propos sur le SIDA. Dans *le Monde* du 15 mai, Michel Noir exprime son inquiétude devant « des idées de haine, de racisme et d'antisémitisme » et écrit : « J'ai l'intime conviction qu'il faut être capable de dépasser les intérêts partisans » au risque d'une défaite électorale. Jacques Chirac demande de « proscrire tous les propos d'exclusion » mais aussi de se garder d'envenimer la polémique. Simone Veil souligne les divisions de la majorité sur ce problème et propose la formation d'un « vrai centre » qui rassemble « tous ceux qui se sentent mal à l'aise sur des positions trop droitières ».

Adoption par le Parlement de la loi organisant le référendum d'autodétermination en Nouvelle-Calédonie. Le Conseil constitutionnel est saisi par les députés socialistes le 11 mai.

LE PROCÈS BARBIE

11 mai : Ouverture du procès de Klaus Barbie, ancien chef de la Gestapo à Lyon de 1942 à 1944 devant la cour d'assises du Rhône. Klaus Barbie avait été condamné à mort par contumace en 1952 et 1954. Les audiences sont filmées. Le 4 juillet, la cour le condamne à la réclusion à perpétuité.

11 mai : Privatisation de la CGE.

12-26 mai : Le projet de loi sur l'aménagement du temps de travail est à nouveau débattu à l'Assemblée nationale après le refus de François Mitterrand de signer les ordonnances et l'annulation d'un amendement par le Conseil constitutionnel, le 20 décembre 1986. Le 26, les députés socialistes et communistes déposent une motion de censure qui ne recueille que 250 voix. Le projet est définitivement adopté le 11 juin.

14-16 mai : Jacques Chirac et Jean-Bernard Raimond se rendent à Moscou. Jacques Chirac rencontre Mikhaïl Gorbatchev le 14 et Andrei Sakharov le 15.

18 mai : Le Comité des sages qui avait été chargé d'examiner la situation de la Sécurité sociale le 14 avril remet son rapport au gouvernement ; on préconise un prélèvement exceptionnel sur le revenu imposable, une taxation supplémentaire sur l'alcool et le tabac ; la véritable réforme du financement de la Sécurité sociale est repoussée après les élections présidentielles.

25 mai : La vente des *Annales d'histoire révisionniste* est interdite ; on pouvait lire dans le 1er numéro que « douter de la réalité historique de l'extermination des juifs... est un devoir ».

28 mai : Charles Pasqua et Robert Pandraud réunissent à Paris un sommet antiterroriste réunissant les ministres chargés de la sécurité de sept pays industrialisés.

1er juin : Dans l'hebdomadaire *le Point*, François Léotard, ministre de la Culture et de la Communication, n'exclut pas d'être candidat à l'élection présidentielle de 1988, ce qui suscite des controverses dans la majorité. Le 6, il déclare rester au gouvernement en gardant sa « liberté de parole » ; le parti républicain, dit-il, « n'a pas vocation à être caporalisé ». Jacques Chirac accède bien « à sa volonté de rester au gouvernement ».

13 juin : Inculpation de Jacques et Pierre Chaumet, les célèbres joailliers de la place Vendôme, d'exercice illégal de la profession de banquier. Ils acceptaient des dépôts financiers destinés à être investis dans le diamant-placement moyennant des taux d'intérêt élevés de l'ordre de 20 % par an.

Régis Schleicher, membre d'Action directe, est condamné à la réclusion à perpétuité.

17 juin : Jean-Paul Lafay, l'un des leaders anti-indépendantistes corses, est assassiné au sortir de la station FR 3 pendant le séjour officiel de Charles Pasqua : recrudescence du terrorisme en Corse.

19 juin : Helmut Kohl, chancelier de la RFA, propose une unité de défense intégrée franco-allemande.

24 juin : Démission de Pierre Juquin, le chef de file des rénovateurs, du comité central du PCF.

27 juin : Privatisation de la Société générale : 2,3 millions de souscripteurs.

29-30 juin : A Bruxelles, réunion du Conseil européen pour rendre opérationnel le marché unique en 1992.

1er juillet : L'ambassade de France en Iran est soumise au blocus.

5 juillet : Mort de Pierre Marcilhacy, membre du Conseil constitutionnel.

5-12 juillet : Élections municipales partielles à Grasse suite à la démission du maire sortant Hervé de Fontmichel (UDF-rad) et de 18 de ses colistiers. Sa nouvelle liste comprend 6 membres du Front national et s'oppose à celle d'Henri Richelme, ex-PR. La liste de Fontmichel l'emporte avec 56,6 % des voix. Le parti radical d'André Rossinot exclut Fontmichel.

12-19 juillet : Contestation dans les prisons ; parti de Fleury-Mérogis, le mouvement gagne les autres prisons comme les Baumettes à Marseille. Les 138 maisons d'arrêt françaises ont 33 500 places pour 40 228 détenus.

14 juillet : Au Grand-Bornand en Haute-Savoie, un torrent de boue provoque la mort de 23 personnes dans le camping ; le 17, Renaud Vié Le Sage, délégué aux Risques majeurs, démissionne ; il reproche au gouvernement de ne pas dévoiler les responsabilités administratives.

15 juillet : Le Conseil des ministres dissout Iparretarak, mouvement indépendantiste basque.

17 juillet : Jacques Chirac et François Mitterrand décident de rompre les relations diplomatiques avec l'Iran suite à l'affaire Gordji. Wahid Gordji, numéro 2 de la représentation iranienne mais sans statut de diplomate, avait refusé de répondre à la convocation du juge Gilles Boulouque le 29 juin comme témoin des attentats de Paris de septembre 1986 ; la police française établit un dispositif de surveillance autour de l'ambassade d'Iran. En Iran, Paul Torri, premier secrétaire de l'ambassade de France à Téhéran, est convoqué le 14 pour être entendu par la justice islamique.

4 août : Un attentat revendiqué par le FLNC près de Bastia tue un gendarme et en blesse trois autres.

6 août : Mort de Léon Noël, ancien président du Conseil constitutionnel de 1959 à 1965.

VIOLENCES AUTOUR DU RÉFÉRENDUM EN NOUVELLE-CALÉDONIE

22 août : Une manifestation d'indépendantistes canaques interdite par le gouvernement est brutalement dispersée. Le 23, Jean-Marie Tjibaou en appelle au président de la République.

25 août : Philippe Bidart, chef présumé du mouvement autonomiste basque Iparretarak, tue un gendarme et en blesse un autre au cours d'un contrôle routier à Port-Maguède dans les Landes. Il arrive à prendre la fuite.

26 août : En Conseil des ministres, Jacques Chirac et François Mitterrand ne sont pas d'accord sur les événements du 22 août en Nouvelle-Calédonie. Le Premier ministre est « choqué par l'ampleur donnée à cet événement », le président de la République s'inquiète de « l'enchaînement de la violence ».

A Arles, où se tient l'université d'été des jeunes du RPR, Jacques Chirac accuse l'Australie et la Nouvelle-Zélande de mener « une politique de déstabilisation de notre pays dans le Pacifique ».

La CNCL arrête la liste des 45 radios privées autorisées à émettre à Paris sur bande FM.

29 août : Jean-Pierre Chevènement déclare être candidat à l'élection présidentielle si François Mitterrand ne se représente pas.

2-4 septembre : François Mitterrand et Jacques Chirac participent au 2e sommet des pays francophones à Québec.

9 septembre : Une fête de la liberté organisée à Nouméa par le RCPR de Jacques Lafleur rassemble près de 20 000 partisans ; pendant ce temps, les indépendantistes appellent à l'abstention au référendum d'autodétermination dont ils contestent la légitimité.

13 septembre : Le référendum d'autodétermination de la Nouvelle-Calédonie est un succès pour les anti-indépendantistes qui recueillent 98,30 % des suffrages exprimés ; 59,90 % des électeurs ont participé au vote. L'interprétation du résultat diverge selon les partis : victoire pour la majorité ; « cassure entre deux communautés » pour les socialistes.

Au « Grand Jury RTL-*le Monde*, Jean-Marie Le Pen déclare que les techniques de l'extermination des juifs sont « un point de détail... dans l'histoire de la Deuxième Guerre mondiale » ; ce mot – « détail » – suscite de vives réactions dans la majorité et dans l'opposition. Le 17, 5 000 personnes rassemblées devant l'Assemblée nationale réclament la levée de l'immunité parlementaire de Jean-Marie Le Pen.

17 septembre : Jacques Chirac à Nouméa présente les grandes lignes d'un nouveau projet de statut pour la Nouvelle-Calédonie fondé sur l'autonomie, le pouvoir d'arbitrage de l'État et la représentation du pouvoir coutumier.

18 septembre : Jean-Marie Le Pen accuse « la meute politicienne et médiatique » d'avoir mal interprété ses propos.

21 septembre : Dans *le Point*, François Mitterrand critique la privatisation de TF 1, qui rompt « l'équilibre entre les deux systèmes, public et privé ». François Léotard regrette « la polémique injuste, inutile et partisane ».

26 septembre : François Mitterrand assiste aux côtés du chancelier Kohl aux manœuvres militaires franco-allemandes dites

« Moineau hardi » et propose l'étude d'un conseil de défense franco-allemand.

30 septembre : Deux gendarmes sont tués à Nouméa au cours d'incidents.

6 octobre : Transfert des cendres de René Cassin au Panthéon ; René Cassin fut vice-président du Conseil d'État en 1944, membre du Conseil constitutionnel. Il fut aussi l'un des inspirateurs de la Déclaration universelle des droits de l'homme en 1948, vice-président (1941-1955), président (1955-1957) de la commission des droits de l'homme des Nations Unies et membre de l'Institut. En 1968, il reçoit le prix Nobel de la paix.

8 octobre : L'Assemblée nationale vote par 340 voix (FN, RPR, UDF, PC) contre 211 (PS) et 6 abstentions volontaires la mise en accusation de Christian Nucci, ancien ministre de la Coopération devant la Haute Cour de justice (affaire du Carrefour du développement).

13 octobre : Les députés barristes critiquent la politique budgétaire d'Édouard Balladur. Pour Bruno Durieux, « le projet de budget manque d'ampleur et de clarté pour la revitalisation de l'appareil productif ».

14 octobre : Après avoir confirmé sur Antenne 2 sa candidature aux élections présidentielles, Pierre Juquin est exclu du PCF ; le 23, Georges Marchais déclare que « c'est une escroquerie de se présenter à l'élection présidentielle en se réclamant du PCF alors que celui-ci a désigné démocratiquement André Lajoinie pour cette tâche ».

LE SPECTRE DE LA CRISE DE 29

14 octobre : Déstabilisation des marchés financiers suite à l'annonce du déficit commercial américain.

16 octobre : Très forte baisse de Wall Street. Édouard Balladur se veut rassurant et déclare : « Le programme de privatisation doit continuer en fonction de l'état du marché. »

19 octobre : Krach de Wall Street et des grandes places financières : chute du dollar ; à la Bourse de Paris, l'indicateur de tendance donne une baisse de 9,3 %.

21 octobre : Édouard Balladur reporte la privatisation de Matra.

22 octobre : François Mitterrand propose la reconstruction d'un ordre monétaire stable autour de trois monnaies dites fortes, le dollar, le yen et l'écu.

24 octobre : Émeutes à Papeete marquées par des affrontements entre dockers en grève et forces de l'ordre et suivies du couvre-feu et de l'état d'urgence qui sera levé le 5 novembre.

29 octobre : Acquittement des auteurs de l'embuscade de Hienghène par la cour d'assises de Nouméa. 10 Mélanésiens avaient été tués le 5 décembre 1984.

Christian Prouteau, préfet, conseiller technique à l'Élysée, est inculpé de subornation de témoins dans l'affaire des Irlandais de Vincennes.

30 octobre : Forte baisse du franc.

1er-3 novembre : Visite officielle de Jacques Chirac en Israël.

PROBLÈME DU FINANCEMENT DES PARTIS POLITIQUES

4 novembre : André Giraud, ministre de la Défense, est questionné sur l'affaire Luchaire à l'Assemblée nationale. L'affaire remonte au 13 mars 1986, lorsque Paul Quilès, ministre de la Défense, dépose une plainte contre Daniel Dewavrin, PDG de la société d'armement Luchaire. Celui-ci aurait vendu à l'Iran des munitions destinées à d'autres pays après autorisations de la Commission interministérielle pour l'étude des exportations de matériels de guerre, CIEEMG. Le 14 mars, Laurent Fabius, alors

Premier ministre, interdit les autorisations d'exportation de matériels de guerre à la société Luchaire. Le 9 mai 1986, André Giraud charge Jean-François Barba, contrôleur général des armées, d'une enquête administrative. *L'Express, le Point* et *le Figaro* publient de larges extraits du rapport qui démontre que Jean-François Dubos, chargé de mission au cabinet de Charles Hernu, alors ministre de la Défense, a couvert des exportations illicites à destination de l'Iran. François Diaz et André Falcoz, faisant partie de l'entourage de Charles Hernu à Villeurbanne, auraient reçu des commissions. Jean-François Barba n'exclut pas qu'elles aient alimenté les caisses du PS. Charles Hernu déclare : « Je suis de marbre. Ai-je une tête à vendre des armes à l'Iran ? » Devant l'Assemblée nationale, André Giraud, ministre de la Défense, condamne la publication du rapport frappé du sceau « confidentiel-défense » et annonce qu'il est « déclassifié » après avoir dit : « Pour le reste, la justice est saisie. »

4-10 novembre : A Lourdes, élection de Mgr Albert Decourtray, archevêque de Lyon, à la présidence de la conférence épiscopale française, et de Mgr Joseph Duval, archevêque de Rouen, à la vice-présidence.

9 novembre : Rechute de la Bourse de Paris.

9-13 novembre : Première visite en France d'un chef de l'État chinois, Li Xiannian.

12 novembre : Invité de « Questions à domicile » par TF 1, Jacques Delors n'exclut pas qu'il pourrait devenir Premier ministre de Raymond Barre.

12-13 novembre : Mutineries à la centrale de Saint-Maur (Indre).

16 novembre : A RTL, dans un entretien avec Philippe Alexandre, François Mitterrand défend la thèse de la bonne foi dans l'affaire Luchaire et déclare à propos de la multiplication des affaires et de leur exploitation : « Finissez-en avec ces méthodes qui nuisent à la République tout entière, à chacun d'entre vous. » Il propose une mise à l'étude du financement des partis politiques.

18 novembre : Édouard Balladur accepte une pause dans les privatisations.

20 novembre : Publication du rapport de Michel Hannoun, député RPR de l'Isère, sur « le racisme et les discriminations en France » au lendemain de l'assassinat d'un ressortissant algérien par deux soldats du 8e régiment parachutiste d'infanterie de marine à Castres.

27 novembre : Libération de Jean-Louis Normandin, technicien d'Antenne 2, et Roger Auque, journaliste, détenus en otage au Liban.

Lucien Barbier, militant communiste, meurt à la suite de blessures infligées par la police au cours d'une manifestation à Amiens.

Max Frérot, membre d'Action directe, est arrêté à Lyon.

30 novembre : A l'aéroport de Karachi, l'échange de Wahid Gordji contre Paul Torri, premier secrétaire à l'ambassade de France à Téhéran, annonce la normalisation des relations franco-iraniennes.

2-6 décembre : Georges Marchais est réélu secrétaire général du PCF avec 99,05 % des voix au 26e congrès du PCF à Saint-Ouen.

10 décembre : Après l'Assemblée nationale, le Sénat vote la mise en accusation de Christian Nucci par 189 voix contre 67, mais 23 sénateurs de l'Union centriste s'abstiennent ainsi que 21 membres de la gauche démocratique.

12 décembre : Devant l'Institut des hautes études de défense nationale, Jacques Chirac promet un engagement de la France, « immédiat et sans réserves » en cas d'agression contre la RFA.

15 décembre : René Monory, ministre de l'Éducation nationale, présente un nouveau plan qui doit permettre d'accueillir en l'an 2000 74 % d'une classe d'âge au niveau du baccalauréat.

16 décembre : Jacques Féron, député (app. RPR) succède à Philippe Malaud à la présidence du Centre national des indépendants, CNIP.

20 décembre : François Mitterrand refuse d'inscrire à l'ordre du jour de la session extraordinaire le projet de transformation de la Régie Renault en société anonyme ; le débat qui s'était engagé le 12 décembre n'avait pu aboutir suite à l'obstruction parlementaire des députés communistes notamment.

22 décembre : Nouvelle-Calédonie : arrestation de Yeiwéné-Yeiwéné, vice-président du FLNKS, pour « provocation au meurtre », ce qui suscite des troubles aux îles Loyauté. Yeiwéné-Yeiwéné est libéré le 28.

30 décembre : A l'exception de la CGT, syndicats et patronat signent un accord sur la nouvelle convention d'assurance-chômage.

RUBRIQUE ARTISTIQUE

LITTÉRATURE

Les prix

Goncourt	Tahar ben Jelloun	*La Nuit sacrée*
Renaudot	René-Jean Clot	*L'Enfant halluciné*
Femina	Alain Absire	*L'Égal de Dieu*
Médicis	Pierre Mertens	*Les Éblouissements*
Médicis étranger	Susan Minot	*Mouflets*
Interallié	Raoul Mille	*Les Amants de Paris*
Académie française	Frédérique Hébrard	*Le Harem*
Nobel	Joseph Brodsky (URSS-USA)	

Les succès

Alain Finkielkraut	*La Défaite de la pensée*
Hervé Hamon	
Patrick Rotman	*Génération. T 1. Les années de rêve*
Bernard-Henri Lévy	*Éloge des intellectuels*

Mort de Bertrand de Jouvenel, de Michel de Saint-Pierre, de Jean Anouilh, de Pierre Seghers et de Marguerite Yourcenar de l'Académie française.

CINÉMA

Les prix

Cannes	Maurice Pialat	*Sous le soleil de Satan*
Lion d'or (Venise)	Louis Malle	*Au revoir les enfants*
César	Alain Cavalier	*Thérèse*

Mort de Lino Ventura.

THÉÂTRE

Robert Hossein adapte *l'Affaire du courrier de Lyon*.
Succès de Jean-Paul Belmondo dans *Kean*.
Succès de Michel Bouquet dans *le Malade imaginaire*.

Mort d'André Roussin.

1987

CHANSONS

120 000 personnes au concert Madonna au parc de Sceaux.

Mort de Dalida.

EXPOSITIONS

Grand-Palais	Fragonard
Petit-Palais	Art espagnol
Bibliothèque nationale	Rembrandt, graveur

RUBRIQUE SPORTIVE

BASKET

Championnat de France	Orthez bat Limoges

CYCLISME

Tour de France masculin	Stephen Roche
Tour de France féminin	Jeannie Longo

Mort de Jacques Anquetil

ÉQUITATION

Pierre Durand, champion d'Europe au saut d'obstacles sur Jappeloup.

FOOTBALL

Championnat de France	Bordeaux
Coupe de France	Bordeaux bat Marseille 2-0

Michel Platini fait ses adieux à la compétition.

RUGBY A XV

Tournoi des Cinq Nations	Grand Chelem du XV de France
Championnat de France	RC Toulon bat Racing
Coupe du monde	Nouvelle-Zélande bat la France en finale 29-9

SKI NAUTIQUE

Patrice Martin 3e titre de champion mondial.

TENNIS

Roland-Garros	Simple messieurs : Lendl bat Wilander 7-5, 6-3, 7-6 Simple dames : Graf bat Navratilova 6-4, 4-6, 8-6

VOILE

Course autour du monde en solitaire	1. Philippe Jeantot 2. Titouan Lamazou 3. Yves Terlain

1988

7 janvier : La commission de la nationalité remet son rapport au Premier ministre. Les propositions sont plus libérales que le projet proposé par Albin Chalandon ; la commission, présidée par Marceau Long, préconise de faciliter l'accession à la citoyenneté française des jeunes étrangers nés en France. Le Front national et SOS Racisme sont hostiles au projet pour des raisons différentes.

7-9 janvier : Erich Honecker en France. Première visite officielle d'un chef d'État est-allemand.

11-12 janvier : Procès des membres d'Action directe. Jean-Marc Rouillan, Nathalie Ménigon, Joëlle Aubron et Georges Cipriani sont condamnés à 10 ans de réclusion. Ils ont observé une grève de la faim qui a duré du 1er décembre 1987 au 25 mars 1988.

11-13 janvier : Les victimes de *l'Amoco-Cadiz* qui avait pollué les côtes bretonnes le 16 mars 1978 sont indemnisées suite au jugement rendu par le tribunal de Chicago. Les Bretons jugent le montant de l'indemnisation insuffisant.

14 janvier : Rapatriement de 7 des 15 Iraniens expulsés le 8 décembre, « pour des raisons humanitaires ». Des mouvements de protestation en France et à l'étranger avaient eu lieu contre ces expulsions.

LES CANDIDATURES CHIRAC-BARRE

16 janvier : Jacques Chirac annonce sa candidature à l'élection présidentielle ; il se déclare « ambitieux » pour la France.

18 janvier : Fin du remboursement de l'emprunt 7 % 1973, dit « emprunt Giscard ». Indexé sur l'or il a rapporté 6,5 milliards de francs et coûté à l'État 55 milliards de francs.

22 janvier : Célébration à Paris du 25e anniversaire du traité de coopération franco-allemand. François Mitterrand et Helmut Kohl décident de la création d'un conseil de défense et de sécurité, d'un conseil économique et financier, d'un haut conseil culturel, d'une brigade franco-allemande.

23 janvier : Le parti républicain réuni autour de François Léotard apporte son soutien à Raymond Barre. Il en avait été de même pour les clubs « Perspectives et Réalités » le 14, des centristes du CDS et du parti social-démocrate le 16, du parti radical, le 17.

26 janvier : Le bureau politique de l'UDF apporte son soutien à la candidature de Raymond Barre en présence de Valéry Giscard d'Estaing.

27 janvier : Succès de la privatisation de Matra commencée le 20 décembre. 287 320 petits porteurs achètent les 3,7 millions d'actions.

28 janvier : En visite dans le Nord-Pas-de-Calais, François Mitterrand déclare à Lens : « Il faut bien qu'il y ait quelqu'un qui, pendant que se déroulent les débats normaux en démocratie, garde l'État. »

31 janvier : Marée noire sur les côtes bretonnes et du Cotentin provoquée par la perte d'une partie du pétrole du supertanker italien *Amazzone*.

1er février : Les cognacs Martell sont vendus au groupe canadien SEAGRAM.

8 février : Raymond Barre annonce sa candidature à l'élection présidentielle à Lyon. Il déclare qu'il est temps de « prendre un nouveau départ ».

17 février : Mort d'Alain Savary, ancien ministre.

19 février : La commission d'instruction de la Haute Cour inculpe Christian Nucci (affaire du Carrefour du développement).

20 février : Arrestation de Philippe Bidart et de 4 dirigeants du mouvement séparatiste basque Iparretarak au Boucau dans les Pyrénées-Atlantiques.

21 février : Rencontre Raymond Barre, Jacques Chirac à l'Hôtel de Ville de Paris. Ils désirent que la campagne se déroule « dans un climat de loyauté et de franchise sans affrontement entre eux ».

23 février : L'Assemblée nationale vote en deuxième lecture deux projets de loi relatifs à la transparence du patrimoine des hommes politiques, au financement et au plafonnement des dépenses électorales, aux ressources des partis politiques. Le Sénat les vote le 25. Ces projets ont été contestés par les députés socialistes et communistes.

3 mars : La cour d'assises de Poitiers acquitte les trois médecins anesthésistes-réanimateurs Bakari Diallo, Denis Archambault et Pierre Desforges-Mériel, leur supérieur hiérarchique, inculpés de la mort de Nicole Berneron survenue dans le bloc opératoire du CHU de Poitiers le 30 octobre 1984. Le débat a porté sur la responsabilité de chacun à propos de l'inversion des tuyaux. Bakari Diallo a-t-il inversé les tuyaux avec la complicité de Denis Archambeau pour nuire à son patron, le Dr Mériel ? Cette inversion est-elle la cause de la mort, le professeur Mériel n'ayant pas su en prévenir les conséquences ?

4 mars : François Mitterrand inaugure la pyramide de verre dans la cour du Louvre, pyramide conçue par l'architecte Ming Pei.

22 morts dans l'accident du Fairchild 227 de la compagnie TAT qui effectuait la liaison Nancy-Paris.

8 mars : Assassinat du gendarme Stéphane Chariot, à Ajaccio, revendiqué par l'ex-FLNC.

17 mars : Dans *le Monde*, Édouard Balladur insiste sur « l'ardente nécessité d'une confédération RPR-UDF ». L'UDF conteste cette initiative.

20 mars : Près de 100 000 personnes manifestent leur soutien à Jacques Chirac à l'hippodrome de Vincennes.

21 mars : Raymond Barre dénonce « les intrigues, les manœuvres, les pressions » exercées contre lui.

LA CANDIDATURE MITTERRAND

22 mars : Invité au Journal de 20 heures sur Antenne 2, François Mitterrand répond « oui » à la question « Êtes-vous candidat à la présidence de la République ? »

29 mars : Raymond Barre présente son « projet pour la France ».
Assassinat à Paris de Dulcie September, représentante en France du Congrès national africain, ANC, organisation d'opposition à l'apartheid.

30 mars : Mort d'Edgar Faure.

7 avril : François Mitterrand rend publique sa « Lettre à tous les Français », soit « une politique pour la France » à partir de grandes orientations.

14 avril : Les garde-côtes d'Ottawa arraisonnent *la Croix-de-Lorraine*, chalutier de Saint-Pierre et Miquelon qui pêchait délibérément dans les eaux canadiennes au large de Terre-Neuve. 4 élus étaient à bord du chalutier dans le but de faire avancer le règlement du contentieux qui oppose la France au Canada. Le 15, les 4 élus et les marins sont incarcérés à Saint-Jean-de-Terre-Neuve ; ils seront libérés le 17 sous caution. Les négociations reprennent.

22 avril : Un poste de gendarmerie est attaqué par un « commando » d'indépendantistes canaques sur l'île d'Ouvéa : 4 gendarmes sont tués et 27 sont pris en otage.

L'ÉLECTION PRÉSIDENTIELLE : DEUXIÈME MANDAT POUR FRANÇOIS MITTERRAND

24 avril : Premier tour de l'élection présidentielle :

François Mitterrand obtient	34,09 % des suffrages
Jacques Chirac	19,94 %
Raymond Barre	16,54 %
Jean-Marie Le Pen	14,39 %
André Lajoinie	6,76 %
Antoine Waechter	3,78 %
Pierre Juquin	2,10 %
Arlette Laguiller	1,99 %
Pierre Boussel	0,38 %
Taux d'abstention	18,62 %

On constate le recul de la droite parlementaire, la poussée de l'extrême droite avec Jean-Marie Le Pen, l'effondrement du PCF avec André Lajoinie.

Raymond Barre apporte son soutien à Jacques Chirac.

Le même jour ont lieu les élections présidentielles et régionales en Nouvelle-Calédonie ; elles sont boycottées par les indépendantistes. De multiples incidents perturbent le scrutin.

27 avril : Valéry Giscard d'Estaing annonce son soutien au « candidat unique de la majorité UDF et RPR, Jacques Chirac ».

Le PCF appelle à voter pour François Mitterrand tout en soulignant que cela n'implique « aucun engagement » des communistes au côté du candidat.

28 avril : Débat télévisé entre François Mitterrand et Jacques Chirac suivi par près de 30 millions de Français. Un face-à-face qui oppose durement les deux hommes, notamment sur l'affaire Gordji et la Nouvelle-Calédonie. A l'affirmation de François Mitterrand : « Je me souviens des conditions dans lesquelles vous avez renvoyé en Iran M. Gordji, après m'avoir expliqué, à moi, dans mon bureau, que son dossier était écrasant », Jacques Chirac répond : « Est-ce que vous pouvez me dire, M. Mitterrand, en me regardant dans les yeux, que nous avions les preuves que Gordji était coupable ? »

1er mai : Aux Tuileries, Jean-Marie Le Pen laisse le choix entre « le pire et le mal » mais demande que pas une voix « n'aille à François Mitterrand » ; 50 000 personnes célèbrent avec lui la fête de Jeanne d'Arc avec une semaine d'avance.

3 mai : Le Pr Luc Montagnier annonce la création d'une Fédération européenne de recherches sur le SIDA, FERS.

4 mai : Libération de Marcel Carton, Marcel Fontaine et Jean-Paul Kauffmann, les trois otages détenus au Liban. Jacques Chirac déclare que « le rétablissement de relations normales entre la France et l'Iran peut être envisagé » il ajoute : « le gouvernement n'a pas cessé d'agir dans la dignité et dans l'honneur ».

5 mai : Libération des 23 otages d'Ouvéa en Nouvelle-Calédonie mais au prix de la mort de deux militaires et de 19 canaques dont Alphonse Dianou, chef du groupe indépendantiste qui, le 22 avril, avait attaqué le poste de gendarmerie et assassiné 4 gendarmes.

8 mai : Second tour de l'élection présidentielle :

François Mitterrand obtient	54,01 % des suffrages, il est réélu
Jacques Chirac	45,98 %
Taux d'abstention	15,94 %

On constate que le critère personnel a joué en faveur de François Mitterrand beaucoup plus qu'en 1981, et qu'il a manqué à Jacques Chirac 1/3 des voix du Front national.

En Nouvelle-Calédonie, Jacques Chirac obtient 90,29 % des voix, mais le taux d'abstention s'élève à 38,30 %.

9 mai : Le FLNKS rend le gouvernement responsable du « massacre de 19 Canaques ». Des témoins affirment qu'Alphonse Dianou et deux autres Canaques sont morts après leur reddition. Une vive polémique s'engage en France sur les conditions de l'assaut lancé contre la grotte d'Ouvéa.

LE GOUVERNEMENT ROCARD

10 mai : Jacques Chirac remet la démission de son gouvernement. Michel Rocard est nommé Premier ministre.

12 mai : Composition du gouvernement Rocard. « L'ouverture » annoncée est limitée puisque, sur 27 ministres, 19 appartiennent au PS, 2 au MRG et 2 à l'UDF : Michel Durafour à la Fonction publique et Jacques Pelletier à la Coopération. Lionel Jospin est à l'Éducation nationale, Recherche et Sports ; Pierre Bérégovoy à l'Économie, Finances et Budget ; Roland Dumas aux Affaires étrangères ; Jean-Pierre Chevènement à la Défense ; Pierre Joxe à l'Intérieur. On dénombre quatre ministres « techniciens » comme Pierre Arpaillange à la Justice, Roger Fauroux[1] à l'Industrie. La nomination d'Olivier Stirn, ministre délégué chargé des DOM-TOM, est considérée comme « un geste d'ouverture » par le FLNKS en Nouvelle-Calédonie.

13 mai : Michel Rocard déclare à propos de la Nouvelle-Calédonie qu'il faut « reprendre les contacts, s'écouter, se respecter ». Il charge une mission de conciliation de « rétablir le dialogue ».

Nomination de 15 secrétaires d'État, comme Brice Lalonde à l'Environnement, Bernard Kouchner[2] à l'Insertion sociale.

14 mai : Pierre Mauroy est élu à la tête du PS contre Laurent Fabius, le candidat de François Mitterrand.

François Mitterrand annonce la dissolution de l'Assemblée

---

1. Fauroux Roger, né en 1926. Agrégé d'allemand, énarque, Roger Fauroux est inspecteur des Finances en 1958 et chargé de mission au cabinet de Louis Joxe, ministre de l'Éducation nationale, en mai-novembre 1960. Il entre alors à la compagnie de Pont-à-Mousson comme directeur administratif et financier. Il devient PDG de Saint-Gobain industries entre 1976 et 1978. PDG puis président d'honneur de la Compagnie Saint-Gobain à partir de 1980. Il est nommé directeur de l'ENA de 1986 à 1988 avant d'entrer dans le gouvernement Rocard en 1988 comme ministre de l'Industrie et de l'Aménagement du territoire.

2. Kouchner Bernard, né en 1939. Médecin, Bernard Kouchner s'est fait connaître comme cofondateur de l'association Médecins sans frontières en 1971 puis de Médecins du monde en 1980 dont il est président d'honneur entre 1984 et 1988. Il est alors nommé secrétaire d'État auprès du ministre des Affaires sociales et de l'Emploi en mai-juin 1988 puis secrétaire d'État auprès du Premier ministre Michel Rocard, chargé de l'Action humanitaire. Il a notamment organisé et participé à des missions humanitaires au Liban.

nationale, prenant acte de l'échec de l'ouverture politique. Les leaders de la droite, à l'exception de Raymond Barre, dénoncent cette mesure.

16 mai : Le PS affirme réserver une quarantaine de circonscriptions à des candidats communistes ou centristes qui condamnent toute « idéologie raciste et xénophobe ».

17 mai : Accord électoral entre le RPR et l'UDF qui permet de présenter des candidats d'union sous le sigle Union du rassemblement et du centre, URC. Les deux partis affirment refuser tout accord avec le Front national.

18 mai : Le Conseil des ministres approuve le projet d'un Revenu minimum garanti, RMI, pour les plus démunis, et financé par le rétablissement de l'impôt sur les grandes fortunes.

19 mai : Le pont de l'île de Ré, long de 2 950 m et haut de 32 m, est ouvert à la circulation.

22 mai : A Solutré, François Mitterrand insiste sur la nécessité de « l'ouverture » et déclare : « Il n'est pas sain qu'un seul parti gouverne. » La veille, il avait dit : « Ce mois de mai 1988 n'a pas vu les bons l'emporter sur les méchants ni le contraire. »

30 mai : Jean-Pierre Chevènement, ministre de la Défense, déclare que « des actes contraires à l'honneur militaire et des négligences ont été commis » en Nouvelle-Calédonie. *Le Monde* du 21 mai avait fait état du rapport du capitaine Philippe Legorjus du GIGN qui mettait en cause Bernard Pons et le général Jacques Vidal.

LES ÉLECTIONS LÉGISLATIVES

5 juin : Premier tour des élections législatives.

Majorité présidentielle	37,52 % des suffrages exprimés
L'URC (RPR + UDF)	37,67 % et 40,52 % avec divers droites

PCF	11,32 %
FN	9,65 %
Taux record d'abstention	34,26 %

7 juin : Accord entre le PS et le PCF sur un retrait réciproque en faveur du candidat le mieux placé, mais refus du PCF de soutenir certains candidats de la majorité présidentielle considérés comme « à droite ». A droite, accord de désistement entre l'URC et le FN dans les Bouches-du-Rhône, ce qui provoque une polémique. Simone Veil affirme : « Entre un Front national et un socialiste... je voterai pour un socialiste » et Raymond Barre exprime son trouble.

9 juin : Sur TF 1, François Mitterrand exprime son désir « d'une majorité nette, sans qu'elle soit excessive ».

12 juin : Second tour des élections législatives. Fort taux d'abstention : 30,04 %. La majorité présidentielle obtient 275 des 575 députés (+ 61 sièges par rapport à l'Assemblée sortante) ; mais elle n'a pas la majorité absolue, le PCF obtient 27 sièges (moins 8), l'UDF 132 sièges (même nombre), le RPR 131 (moins 27) et le FN un élu (moins 31). Par l'effet du scrutin majoritaire, le FN, avec le même pourcentage de voix qu'en 1986, se retrouve avec un seul élu.

14 juin : François Mitterrand déclare : « Même relative, la majorité parlementaire existe. »

15 juin : Constitution de l'Union du centre UDC, groupe parlementaire des centristes dirigé par Pierre Méhaignerie, malgré les pressions de l'UDF et du PR.

16 juin : Rétablissement des relations diplomatiques entre la France et l'Iran rompues depuis juillet 1987.

19-21 juin : Sommet de Toronto qui réunit les sept pays les plus industrialisés ; le débat porte notamment sur la proposition d'allégement de la dette des pays les plus pauvres faite par François Mitterrand.

21 juin : Bernard Pons est élu président du groupe RPR à l'Assemblée nationale contre Philippe Séguin, candidat RPR des

« rénovateurs ». Le lendemain, Alain Juppé succède à Jacques Toubon au secrétariat général du RPR.

23 juin : Laurent Fabius est élu président de l'Assemblée nationale au second tour par 301 voix contre 268 à Jacques Chaban-Delmas.

L'ACCORD DE MATIGNON SUR LA NOUVELLE-CALÉDONIE

26 juin : Jacques Lafleur, président du RPCR, et Jean-Marie Tjibaou, président du FLNKS, réunis à Matignon depuis le 15 juin, concluent un accord en présence de Michel Rocard. L'État doit administrer directement le territoire à partir du 14 juillet pendant un an. Un référendum est prévu à l'automne sur les futures institutions du territoire.

Accident d'un Airbus A 320 au cours d'une démonstration à Mulhouse-Habsheim ; 3 morts ; l'enquête, malgré les points restés obscurs, conclut à une faute de pilotage.

27 juin : Collision de deux trains en gare de Lyon à Paris qui provoque la mort de 56 personnes. Le système de freinage du train venant de Melun ne fonctionnait plus.

28 juin : Deuxième gouvernement Rocard qui est marqué par une double ouverture vers le centre et vers « la société civile ». Quatre centristes font leur entrée comme Jean-Pierre Soisson au Travail.

30 juin : Excommunication de Mgr Lefebvre pour avoir ordonné quatre évêques sans l'accord du pape.

4 juillet : L'Assemblée nationale approuve l'accord de Matignon sur la Nouvelle-Calédonie par 543 voix contre 1. Le Sénat fera de même à l'unanimité le 6.

REMOUS AU SEIN DU GOUVERNEMENT

5 juillet : Pierre Arpaillange, ministre de la Justice, décide de mettre fin à l'isolement systématique des détenus « politiques » ; cette mesure provoque des réactions à l'Assemblée nationale au moment où la loi d'amnistie est débattue. Le 6, Michel Rocard désavouera son ministre.

7 juillet : Michel Rocard obtient la démission de Léon Schwarzenberg, ministre délégué de la Santé, après que celui-ci eut annoncé des mesures contestées comme le dépistage systématique du SIDA pour les femmes enceintes et les opérés, la distribution de drogue aux malades toxicomanes.

8 juillet : Vote en 4e lecture de la loi d'amnistie. Le Conseil constitutionnel saisi par les députés RPR et UDF exclut le droit à la réintégration des représentants du personnel licenciés et condamnés pour faute lourde. Le PS avait fait cette concession au PCF.

14 juillet : François Mitterrand demande au gouvernement de s'appuyer sur « une majorité de gauche », exprimant ainsi ses réserves sur une politique d'ouverture qu'il avait, un moment, préconisée. Il annonce la construction « de l'une ou de la plus grande et de la plus moderne des bibliothèques du monde ».

19 juillet : 16 blessés dans une collision de trains en gare de Toulouse-Matabiau.

21 juillet : 71,9 % admis au bac contre 68,9 % en 1987.

23 juillet : Jacques Lafleur et Jean-Marie Tjibaou présentent l'accord Matignon en Nouvelle-Calédonie. Le RPCR approuve à l'unanimité, les indépendantistes demandent une révision partielle. Michel Rocard accepte le dialogue mais exclut toute « renégociation » de l'accord.

27 juillet : Le Conseil des ministres nomme Jean Peyrelevade, directeur adjoint du cabinet de Pierre Mauroy entre 1981 et 1983 puis président de Suez, pour remplacer Jean Dromer à la tête de l'UAP. Le RPR dénonce « la chasse aux sorcières ».

6 août : Mort d'Henri Frenay, fondateur de *Combat*, mouvement de résistance.

Nouvel accident ferroviaire à la gare de l'Est qui provoque la mort d'une personne et en blesse 56. Philippe Rouvillois, PDG de la SNCF, démissionne. Il est remplacé par Jacques Fournier.

11 août : Disparition de l'actrice Pauline Laffont dans les Cévennes ; son corps sera retrouvé le 21 novembre.

13 août : Des vols nocturnes clandestins au-dessus de Paris sont signalés.

17-20 août : Discussions à Paris sur le projet de loi redéfinissant pour dix ans le statut de la Nouvelle-Calédonie, sous la présidence de Louis Le Pensec, ministre des DOM-TOM. Dick Ukeiwé dirige la délégation du RPCR, Jean-Marie Tjibaou celle du FLNKS.

25 août : Mort de Françoise Dolto, médecin et psychanalyste de l'enfance.

2 septembre : Le calembour de Jean-Marie Le Pen « Durafour crématoire » suscite l'indignation. Le 8, le RPR condamne « toute alliance électorale nationale ou locale avec le Front national ».

12 septembre : Canal Plus entre dans le capital Havas pour rééquilibrer le pouvoir au sein de l'équipe composée de proches du RPR au moment de la privatisation en 1987.

13 septembre : Michel Delebarre confirme que l'Airbus A 320 doit être piloté à deux et non à trois ; il s'oppose ainsi à la revendication des pilotes et mécaniciens d'Air Inter. Depuis six mois, ils organisent la grève avant huit heures le matin, ce qui perturbe le trafic et crée le mécontentement des usagers.

13-14 septembre : Roland Dumas s'entretient avec Yasser Arafat, reçu à Strasbourg par le groupe socialiste du Parlement européen. Cette initiative est controversée.

21 septembre : Le Conseil des ministres adopte le projet de budget pour 1989 après avoir accepté le 14 le plan pour l'emploi. Dans le plan pour l'emploi sont prévus des allégements des coûts de la main d'œuvre, une amélioration de la formation et des conditions de financement des PME. Le déficit budgétaire est ramené de 115 à 110 milliards de francs. L'accroissement des recettes (+ 6,7 %), plus élevé que celui des dépenses (+ 4,5 %), permet des allégements fiscaux. Création d'un impôt de solidarité sur la fortune qui doit financer le revenu minimum d'insertion, RMI.

22 septembre : L'indice CAC de la Bourse de Paris atteint le niveau d'avant la crise boursière d'octobre 1987, soit 371,6.

25 septembre-2 octobre : Élections cantonales. Taux record d'abstention : 50,87 % au 1er tour et 52,97 % au second tour. Progression de la majorité présidentielle en sièges, mais le rapport entre droite-gauche reste le même pour l'élection des présidents de conseil général, soit 71 pour la droite et 30 pour la gauche. La majorité gagne la Gironde mais perd les Alpes de Haute-Provence.

UNE RENTRÉE SOCIALE DIFFICILE

26 septembre : Début de la grève des gardiens de prison.

29 septembre : Début de la grève des infirmières organisée en marge des syndicats.

3-7 octobre : Un torrent de boue inonde la ville de Nîmes et provoque la mort de 9 personnes et près de 4 milliards de francs de dégâts. Initiatives de solidarité dans toute la France.

4 octobre : Claude Évin[3], ministre de la Santé, rencontre la

3. Évin Claude, né en 1949. Éducateur spécialisé, Claude Évin a été secrétaire fédéral adjoint du PSU en Loire-Atlantique de 1973 à 1974 avant d'entrer au parti socialiste, et il est député socialiste de la Loire-Atlantique de 1978 à 1988. Il préside la commission des affaires culturelles, familiales et sociales de l'Assemblée nationale entre 1981 et 1986, il est membre de la commission de contrôle des comptes de la Sécurité sociale en 1985 et vice-président de l'Assemblée nationale entre 1986 et 1988, date à laquelle il est nommé ministre délégué auprès du ministre des Affaires sociales et de l'Emploi chargé de la Protection sociale en mai-juin 1988, puis ministre de la Solidarité, de la Santé et de la Protection sociale.

coordination des infirmières d'Île-de-France ; le 6 il ouvre les négociations avec les seuls syndicats.

5 octobre : Pierre Arpaillange, ministre de la Justice, nomme un médiateur pour régler le conflit avec les gardiens de prison.

8 octobre : François Mitterrand accueille Jean-Paul II à Strasbourg ; c'est la 4ᵉ visite que fait le pape en France.

12 octobre : Adoption du projet de loi relatif au revenu minimum d'insertion, RMI. 570 000 foyers en bénéficieront à partir de février 1989.

13 octobre : Près de 80 000 infirmières défilent à Paris. Le gouvernement refuse de revenir sur sa politique de rigueur salariale.

14 octobre : L'UDF se prononce pour le OUI au référendum sur la Nouvelle-Calédonie, le RPR pour « une non-participation engagée et motivée ». Michel Rocard accuse le RPR de « lâcheté et de désertion » le 26 à l'Assemblée nationale. Le PCF fait campagne pour le OUI, le Front national pour le NON.

18 octobre : Maurice Allais obtient le prix Nobel d'économie pour ses travaux sur « la théorie des marchés et l'utilisation efficace des ressources ».

20 octobre : Journée de grève nationale chez les fonctionnaires.

22 octobre : Le cinéma Saint-Michel à Paris est détruit par un incendie criminel alors qu'il projetait le film contesté *la Dernière Tentation du Christ* de Martin Scorsese.

24 octobre : Georges Pébereau, président de Marceau-investissements, acquiert 9,16 % du capital de la Société générale. Les milieux financiers pensent que cette offensive est soutenue par Pierre Bérégovoy pour limiter l'influence des « noyaux durs » proches du RPR et tenter une reprise du contrôle de la Société générale.

25 octobre : Visite de François Mitterrand en Égypte.

26 octobre : La société pharmaceutique Roussel-Uclaf annonce la suspension de la diffusion de la pillule abortive RU 486 dont l'utilisation est controversée. Le 28, Claude Évin demandera au groupe de reprendre la distribution du RU 486.

5 novembre : Mort de Jean-Pierre Stirbois, secrétaire général du Front national, dans un accident de voiture.

LE RÉFÉRENDUM SUR LA NOUVELLE-CALÉDONIE

6 novembre : Le référendum sur la Nouvelle-Calédonie avait été précédé d'une campagne peu active en métropole. Le taux d'abstention bat tous les records, soit 63,10 %, ce qui nuance la victoire des OUI (79,99 % soit 26,01 % des inscrits). En Nouvelle-Calédonie, le OUI l'emporte (57,02 %) mais le NON est majoritaire à Nouméa et dans cinq communes du sud de la Grande-Terre, désavouant ainsi Jacques Lafleur.

7 novembre : En gare d'Ay (Marne), l'express Luxembourg-Paris, qui a été mal aiguillé, percute une draisine transportant des ouvriers : 9 morts et 13 blessés.

9 novembre : Transfert des cendres de Jean Monnet au Panthéon.

17 novembre : Libération de 51 militants indépendantistes canaques dont 26 impliqués dans l'affaire d'Ouvéa. Cette mesure est dans l'application de la loi référendaire.

Accord salarial pour 1988 et 1989 signé par les fédérations de fonctionnaires à l'exception de la CGT et de la CGC. Le mois de novembre est marqué par une série de grèves dans le secteur public, postes, transports notamment. Michel Rocard dit au *Nouvel Observateur* que le gouvernement ne peut pas « distribuer de pouvoir d'achat au-delà de ce que permet l'état actuel de l'économie ».

18 novembre : Inculpation de Gilles Boulouque, juge d'instruction au tribunal de Paris, pour violation du secret de l'instruction. Fouad Ali Saleh, suspect dans l'affaire des attentats de 1986, avait en effet porté plainte le 23 juin après la publication d'un entretien par *le Figaro* avec le juge Boulouque. L'inculpation du juge suscite l'indignation.

21 novembre : Acquisition par Pechiney d'American National Can, ANC. Péchiney, qui devient ainsi le n° 1 de l'emballage, annonce également la construction d'une usine d'aluminium à Dunkerque.

23 novembre : Incidents qui opposent les députés de l'opposition à Pierre Arpaillange au sujet de l'inculpation du juge Boulouque.

25 novembre : Edmond Maire renonce au secrétariat général de la CFDT qu'il occupait depuis 1971. Jean Kaspar lui succède.

25-26 novembre : Entretien de François Mitterrand avec Mikhaïl Gorbatchev à Moscou avant son départ pour le Kazakhstan où il assiste au départ de Soyouz TM 7 pour une mission franco-soviétique.

PERTURBATIONS DANS LE SECTEUR PUBLIC

30 novembre : A Paris, des camions militaires se substituent aux transports en commun en grève.

7 décembre : Protocole d'accord salarial signé par quatre syndicats de la RATP mais pas la CGT. Les perturbations continueront dans le métro jusqu'au 19.

9-10 décembre : Le RPR dépose une motion de censure malgré les réserves des centristes sur la dégradation de la situation sociale. Elle ne recueille que 259 voix sur les 286 requises. Raymond Barre la juge « inopportune ».

15 décembre : Adoption du projet de loi sur le Conseil supérieur de l'audiovisuel, CSA, qui doit remplacer la CNCL instaurée en 1986 par la loi Léotard. Le gouvernement a engagé sa responsabilité et a recouru à l'article 49-3 de la Constitution. De même au Sénat qui vote le projet le 22.

19 décembre : Le foyer pour travailleurs immigrés de la Sonacotra à Cagnes-sur-Mer est ravagé par l'explosion de trois bombes qui tue une personne et en blesse 11. Cet attentat raciste suscite une manifestation de protestation le 21.

22 décembre : Accord signé entre la Compagnie générale d'électricité, CGE, et la General Electric Company (G.B.) qui prévoit la fusion de leurs activités électromécaniques.

29 décembre : Libération de Marie-Laure et Virginie Bétille, les filles de Jacqueline Valente détenues en otage par le groupe palestinien Abou Nidal après leur enlèvement sur le bateau *Silco* en novembre 1987.

31 décembre : François Mitterrand adresse ses vœux de Strasbourg pour affirmer la vocation européenne de la ville.

RUBRIQUE ARTISTIQUE

LITTÉRATURE

Les prix

Goncourt	Erik Orsenna	*L'Exposition coloniale*
Renaudot	René Depestre	*Hadriana dans tous mes rêves*
Femina	Alexandre Jardin	*Le Zèbre*
Médicis	Christiane Rochefort	*La Porte du fond*
Interallié	Bernard-Henri Lévy	*Les Derniers Jours de Charles Baudelaire*
Académie française	François-Olivier Rousseau	*La Gare de Wannsee*
Nobel	Naguib Mahfouz (Égypte)	

Les succès

Patrick Modiano	*Remise de peine*
Alain Robbe-Grillet	*Angélique ou l'enchantement*
Philippe Labro	*Un été dans l'Ouest*
Claude Simon	*L'Invitation*

Mort de Thierry Maulnier et de René Char.

CINÉMA

Les prix

Cannes	Bille August	*Pellé le conquérant*
Césars	Louis Malle	*Au revoir les enfants*
	Anémone meilleure actrice dans *le Grand Chemin*	

Les succès

Jean-Jacques Annaud	*L'Ours*
Luc Besson	*Le Grand Bleu*
Étienne Chatilliez	*La Vie est un long fleuve tranquille*
Steven Spielberg	*Roger Rabbit*

THÉÂTRE

Fin de partie de Samuel Beckett à la Comédie-Française.
Robert Hossein met en scène le procès de Louis XVI au Palais des Congrès dans *la Liberté ou la mort*.

1988

Nuit des Molières

Meilleurs spectacles de l'année	*Le Soulier de satin* de Claudel mis en scène par Antoine Vitez
	Ce que voit Fox de James Saunders mis en scène par Laurent Terzieff

Hommage à François Périer pour l'ensemble de sa carrière.

Mort de Jean Le Poulain, administrateur général de la Comédie-Française ; Antoine Vitez lui succède le 15 juin. Jérôme Savary remplace Antoine Vitez au Théâtre national de Chaillot.

DANSE ET MUSIQUE

Tétralogie de Wagner mise en scène de Daniel Mesguich à Acropolis de Nice reprise en avril au Théâtre des Champs-Élysées.
Concert gratuit sur le parvis de Notre-Dame avec les chœurs de la Scala de Milan interprétant le *Requiem* de Verdi.
Hommage rendu à Olivier Messiaen qui fête ses 80 ans au Théâtre des Champs-Élysées.

PRESSE, TÉLÉVISION

28 janvier : mise en liquidation du *Matin de Paris*.
9 septembre : Franz Olivier Giesbert passe de la direction de la rédaction du *Nouvel Observateur* à celle du *Figaro*.

EXPOSITIONS

Musée Picasso	*Les Demoiselles d'Avignon*
Pompidou	Les années cinquante
	Chagall
Orsay	Van Gogh pendant les années parisiennes 1886-1888
Grand-Palais	Degas
Petit-Palais	Winterhalter

RUBRIQUE SPORTIVE

Le 10 mars, Jean-Claude Killy, trois mois après sa démission, réintègre le comité d'organisation des J.O. d'hiver d'Albertville de 1992. Il partage la présidence avec Michel Barnier.

J.O. d'hiver à Calgary (13 février) : Frank Piccard, médaille d'or (Super géant) et médaille de bronze (descente).

J.O. d'été à Séoul (17 septembre-2 octobre) : 4 × 100 m par équipe (athlétisme) ; Joël Bettin et Philippe Renaud (Canoë-Kayak) ; saut obstacles par équipe : médaille de bronze, individuel : médaille d'or, Pierre Durand sur Jappeloup (équitation) ; médaille d'or épée par équipes, Jean-François Lamour médaille d'or au sabre, Philippe Riboud, médaille d'argent épée (escrime) ; Marc Alexandre médaille d'or – 71 kg, Bruno Carabetta : médaille bronze – 65 kg (judo) ; Stephan Caron 100 m nage libre : médaille de bronze, Catherine Plewinski 100 m : médaille de bronze (natation) ; Nicolas Berthelot, médaille d'or (tir) ; Thierry Peponnet et Luc Pillot, médailles d'or sur 470 ; Yves Le Deroff et Nicolas Hénard, médailles d'or sur Tornado (voile).

AUTOMOBILE

Champion du monde de Formule 1 Ayrton Senna (Br).

BASKET

Championnat de France	Limoges bat Cholet 92/78-86/79

CYCLISME

Tour de France	Pedro Delgado (Esp)

FOOTBALL

Coupe de France	Metz bat Sochaux 1-1
Championnat de France	Monaco

1er novembre : Michel Platini remplace Henri Michel comme sélectionneur de l'équipe de France ; les mauvais résultats des tricolores sont à l'origine de cette mesure.

1988

RALLYE

Paris-Alger-Dakar	Autos-camions : Kankkunen-Piironen (Fin-Peugeot 205) Motos : Orioli (It-Honda)

RUGBY A XV

Tournoi des Cinq Nations	France vainqueur avec 6 pts
Championnat de France	Agen bat Tarbes 9-3

TENNIS

Roland-Garros	Simple messieurs : Wilander bat Leconte 7-5, 6-2, 6-1 Simple dames : Graf bat Zvereva 6-0, 6-0

VOILE

Philippe Poupon remporte la transat en solitaire sur *Fleury-Michon IX* en 10 jours 9 h 15'9'' soit six jours de mieux que son précédent record.

1989

LE BICENTENAIRE DE LA RÉVOLUTION FRANÇAISE

1er janvier : Envol de montgolfières des 98 chefs-lieux de France et d'outre-mer pour célébrer le début de l'année du Bicentenaire de la Révolution française.

Le ministère de l'Intérieur modifie les circulaires d'application de la « loi Pasqua » sur l'immigration après que François Mitterrand eut demandé l'amélioration du statut des exclus et des immigrés.

5 janvier : Accord entre le RPR et l'UDF sur des listes uniques aux élections municipales dans près de 200 villes de plus de 30 000 habitants.

L'AFFAIRE DES DÉLITS D'INITIÉS

5 janvier : Pierre Bérégovoy parle publiquement des rumeurs de délits d'initiés. En effet, la SEC (homologue américaine de la Commission des opérations de Bourse, COB) avait constaté des achats importants d'actions Triangle, société mère d'American National Can, ANC, avant que celle-ci ne soit rachetée par

Péchiney le 21 novembre 1988. L'enquête de la COB révèle que des personnalités auraient pu réaliser des plus-values sur cette opération grâce à des informations confidentielles : Max Théret, ancien président de la FNAC, ancien repreneur du quotidien socialiste *le Matin*, reconnaît avoir acheté 32 300 actions Triangle, et Roger-Patrice Pelat, ami de François Mitterrand, 10 000 titres, mais ils récusent l'accusation de délit d'initiés.

9-14 janvier : Procès des 4 membres d'Action directe accusés de l'assassinat de Georges Besse, PDG de Renault, le 17 novembre 1986. Ils sont condamnés à la réclusion criminelle à perpétuité assortie d'une peine de sûreté de 18 ans par la cour d'assises de Paris.

12 janvier : Accord entre le PCF et le PS pour les élections municipales ; Pierre Mauroy et Georges Marchais prévoient des « listes de rassemblement de la gauche ».

Alain Juppé dénonce l'« affairisme socialiste » à propos des délits d'initiés. Roger Fauroux, dans *l'Express*, juge l'affaire de la Société générale « d'une tout autre gravité ».

13 janvier : Alain Chevalier, président de Louis Vuitton-Moët-Hennessy, est remplacé par Bernard Arnault. La COB ouvre une enquête après les achats massifs de l'action LVMH : augmentation de 20 % du cours de l'action et changement de mains du capital de l'ordre de 8 %.

Huit techniciens meurent dans la chute d'une cabine au cours des essais d'un téléphérique à Vaujany (Isère).

17-18 janvier : Lionel Jospin, ministre de l'Éducation nationale, annonce un plan de la revalorisation de la fonction enseignante et présente les grandes lignes du projet de loi d'orientation. L'effort est considérable : 400 000 postes de professeurs à pourvoir en dix ans. Alors que Lionel Jospin est partisan d'aborder la revalorisation de la fonction enseignante avant le projet d'orientation, Michel Rocard, pour des raisons budgétaires, préfère lier les deux dossiers. De même, les contraintes du budget amènent à lier les augmentations de salaires à la création de nouveaux corps d'enseignants comme les professeurs de collèges et à un système de primes rémunérant des tâches spécifiques. Ces propositions suscitent l'hostilité des enseignants qui espéraient une revalorisation générale de leurs rémunérations.

18 janvier : Par 222 voix contre 173, vote du transfert partiel des activités du Parlement européen à Bruxelles.

19 janvier : Michel Debré entre à l'Académie française.

20 janvier : Alain Boublil, directeur de cabinet de Pierre Bérégovoy, ministre des Finances, remet sa démission. Il est considéré comme un suspect dans l'affaire des délits d'initiés parce qu'il est l'ami de Samir Traboulsi, homme d'affaires libanais qui a joué le rôle d'intermédiaire dans la négociation des actions Triangle. Sa démission lui permet, dit-il, de « riposter aux accusateurs » et « poursuivre les diffamateurs ».

21 janvier : *Le Monde* révèle qu'un rapport remis à François Mitterrand soupçonne Roger-Patrice Pelat de détenir 40 000 actions Triangle en plus de celles qu'il a déclarées. Le 23, l'Élysée dément l'existence d'un tel rapport et demande le 26 la publication du rapport d'enquête de la COB. Pierre Bérégovoy assure que « toute la vérité sera faite ».

26 janvier : Déficit du commerce extérieur : 33 milliards en 1988. Chômage : augmentation de 1,4 % en décembre ; en baisse de 1,2 % en un an.

29 janvier : Élection de Bernard Tapie[1], soutenu par le PS à Marseille, au 2e tour des législatives partielles.

30 janvier : Le Conseil supérieur de l'audiovisuel, CSA, présidé par Jacques Boutet, remplace la CNCL.

31 janvier : La COB transmet le dossier du délit d'initiés à la justice. Son rapport conclut à l'existence d'un délit d'initiés mais n'identifie pas les responsables.

1er février : La Commission des opérations de Bourse ouvre une

1. Tapie Bernard, né en 1943. Ingénieur électronicien, Bernard Tapie, président de plusieurs sociétés, créa le groupe Bernard Tapie, GBT, en 1979 ; il est PDG de Bernard Tapie Finance Holding depuis 1987. Il s'est également fait connaître comme le président dynamique de l'équipe de football l'Olympique de Marseille depuis 1986 et s'est engagé dans la politique en se faisant élire député des Bouches-du-Rhône le 29 janvier 1989 soutenu par les socialistes à Marseille.

enquête sur les transactions qui ont accompagné l'offensive boursière contre la Société générale de juin à décembre 1988. Cette offensive a permis à Georges Pébereau et ses alliés d'acquérir près de 10 % du capital de la Société générale.

Manifestation de 15 000 instituteurs à Paris à l'appel du SNI-PEGC.

4 février : A Vincennes, le congrès de FO élit Marc Blondel qui incarne un « syndicalisme de combat », secrétaire général avec 53,6 % des voix. Claude Pitous, défenseur d'un « syndicalisme d'accompagnement » et dauphin officieux d'André Bergeron, est battu. André Bergeron était secrétaire général de FO depuis 1963.

5 février : Roland Dumas, ministre des Affaires étrangères, se rend à Téhéran ; c'est la première visite d'un ministre français dans la République islamique. Cependant, Ali Akbar Velayati, ministre iranien des Affaires étrangères, accuse la France, le 6, d'avoir manqué à sa parole en ne libérant pas Anis Naccache (tentative d'assassinat de Chapour Bakhtiar au cours de laquelle un policier fut tué et un autre grièvement blessé).

6 février : Lionel Jospin, ministre de l'Éducation nationale, procède à des consultations et accorde des concessions après les manifestations d'enseignants. Le ministre renonce à la création d'un corps de professeurs de collèges que refuse le SNES et accepte l'alignement du recrutement des instituteurs sur celui des professeurs (revendication du SNI-PEGC).

Reprise des manifestations des gardiens de prisons après la publication du rapport Bonnemaison.

8 février : Michel Rocard présente le projet de crédit-formation qui doit permettre l'acquisition d'un diplôme équivalent au CAP à 100 000 personnes dans un premier temps.

10 février : Jean Maheu est nommé PDG de Radio-France. Il est remplacé à la présidence du Centre Georges Pompidou par Hélène Ahrweiler.

12 février : Invité de « 7 sur 7 » sur TF 1, François Mitterrand évoque les affaires boursières et son amitié avec Roger-Patrice Pelat, mais il dénonce « la manie des OPA, le gangstérisme et la loi du plus fort ».

14 février : Michel Pezet, candidat du PS à Marseille, dénonce « l'opération politique ». Son nom est cité dans une affaire de fausses factures concernant la Société auxiliaire d'entreprise Rhône-Alpes-Méditerranée SORMAE, entreprise de constructions du Sud-Est. Des élus municipaux du RPR, UDF et PS seraient également impliqués.

16 février : Édith Boizette, juge d'instruction chargée de l'affaire des délits d'initiés, inculpe Roger-Patrice Pelat puis Max Théret le 3 mars.

23 février : Retrait de Georges Pébereau du capital de la Société générale qui est restructurée à la suite d'un accord entre les dirigeants et les auteurs de l'offensive boursière menée avec l'appui de l'État contre la banque privatisée.

27 février : Devant la menace de grève, Claude Évin, ministre de la Santé, signe un accord avec les syndicats des praticiens hospitaliers. Sont prévues la revalorisation des salaires et l'augmentation du tarif des gardes.

François Mitterrand dénonce le « fanatisme » et le « dogmatisme » à la suite de l'affaire Rushdie. L'iman Khomeiny avait lancé un appel à l'exécution de Salman Rushdie le 14 pour son ouvrage *les Versets sataniques*.

2 mars : Procès du commissaire Yves Jobic, inculpé de proxénétisme et de corruption par le juge d'instruction Jean-Michel Hayat, devant le tribunal de Nanterre ; Yves Jobic bénéficie le 28 avril d'un jugement de relaxe. Ce procès a révélé les conflits entre policiers et magistrats.

4 mars : Manifestations d'enseignants contre les projets de Lionel Jospin.

7 mars : Mort dans un hôpital parisien de Roger-Patrice Pelat, ami de François Mitterrand et inculpé dans l'affaire de délits d'initiés à Péchiney.

8 mars : Le Conseil des ministres décide d'augmenter les pouvoirs de la COB et d'accroître la surveillance des OPA.

Mort de Robert Lacoste, ancien ministre[2].

9-10 mars : François Mitterrand en visite en Algérie.

LES ÉLECTIONS MUNICIPALES : PROGRESSION DU PS

12 mars : Premier tour : taux important d'abstentions 27,18 %. La gauche rassemble 48,02 % et la droite 50,34 % ; recul du Front national, progression des Verts.

19 mars : Second tour des élections municipales : taux d'abstention 26,90 %. Le PS progresse surtout dans les villes de plus de 20 000 habitants comme Strasbourg, Brest, Dunkerque, Aix-en-Provence. Les listes de Jacques Chirac à Paris et celles de Michel Noir à Lyon l'emportent dans tous les arrondissements. Valéry Giscard d'Estaing et Jacques Chirac font un appel à l'union pour les élections européennes mais ils ne sont pas entendus de Pierre Méhaignerie (CDS).

21 mars : Des « arbres de la liberté » sont plantés dans plus de 10 000 communes pour commémorer la Révolution française.

23 mars : Simone Veil se propose de conduire une « liste du centre » aux élections européennes. Laurent Fabius est candidat à la tête de la liste PS.

25 mars : La Corse est paralysée par les grèves lancées pour obtenir une prime de vie chère.

LES « RÉNOVATEURS » DE L'OPPOSITION

28 mars : Charles Millon, UDF, propose la constitution d'une liste

2. Lacoste Robert (1898-1989). Cf biographie dans *la France contemporaine*, T. 1, *op. cit.*, p. 68.

de « la nouvelle génération du RPR, de l'UDF et de l'UDC » (les « rénovateurs »).

31 mars : La France et le Canada signent un accord sur les droits de pêche au large de Terre-Neuve et Saint-Pierre et Miquelon.

6 avril : Les douze « rénovateurs » annoncent la préparation d'une liste pour les élections européennes. Il s'agit de 6 RPR dont Philippe Séguin, Michel Noir et Alain Carignon, 3 PR dont Charles Millon et François d'Aubert, 3 UDC dont Bernard Bosson et Dominique Baudis. Simone Veil les soutient, Philippe Léotard s'est rallié au projet de liste d'union RPR-UDF menée par Valéry Giscard d'Estaing.

8 avril : Le conseil national du RPR se rallie à la liste d'union RPR-UDF. La motion des rénovateurs n'obtient que 12,66 % des suffrages. Ceux-ci renonceront à leur projet de présenter une liste.

10 avril : Accident du Fokker 27 de la compagnie Uni-Air Paris-Valence dans le Vercors : 22 morts.

15 avril : Campagne publicitaire contre le SIDA sur le thème : « Les préservatifs préservent de tout, de tout sauf de l'amour. »

17 avril : L'indice CAC de la Bourse de Paris est à 465, battant le record du 26 mars 1987.

18 avril : Lancement du premier emprunt en écus d'un montant de 7 milliards de francs environ et pour une durée de huit ans.

20 avril : 53e sommet franco-allemand qui est l'occasion pour François Mitterrand et Helmut Kohl de présider la première réunion du Conseil de défense et de sécurité commun aux deux pays créé par le traité de l'Élysée du 22 janvier 1988.

22-23 avril : Pierre Méhaignerie est réélu président du CDS ; il se déclare favorable à une liste du centre conduite par Simone Veil. Philippe Léotard (PR) juge la liste du centre comme « une rupture de contrat UDF ».

23 avril : Visite officielle de Daniel Ortéga, président nicaraguayen.

26 avril : Création d'une association et d'un intergroupe parlementaire par les rénovateurs.

Georgina Dufoix est nommée présidente de la Croix-Rouge pour assurer une meilleure gestion. Le déficit d'exploitation s'élève à plus de 28 millions de francs pour 1988.

La cour d'appel de Versailles annule la réintégration de 10 militants de la CGT de Renault-Billancourt parce qu'ils avaient commis des violences pendant les manifestations de l'été 1986. La cour revient ainsi sur la décision du juge des prud'hommes.

27 avril : Le juge Boulouque délivre 7 mandats d'arrêt contre des membres du Hezbollah, organisation chiite pro-iranienne basée au Liban.

2-4 mai : François Mitterrand reçoit Yasser Arafat à Paris. Le 2, sur TF 1, Yasser Arafat affirme que la charte de l'OLP est « caduque ». Cette visite suscite des manifestations en faveur des Palestiniens et l'hostilité de la communauté juive.

ASSASSINAT DE JEAN-MARIE TJIBAOU

4 mai : La cérémonie du 4 mai sur l'île d'Ouvéa en Nouvelle-Calédonie est marquée par l'assassinat de Jean-Marie Tjibaou, président du FLNKS, et de son principal adjoint, Yeiwéné-Yeiwéné. Djoubelly Wea, le meurtrier, est abattu. Cet ancien pasteur refusait de reconnaître l'accord Matignon ainsi que le Front uni de libération canaque, FULK, groupe maximaliste de Yann Céléné Uregei. François Burck succède à Jean-Marie Tjibaou le 20 mai.

10 mai : Catherine Lalumière, ancien secrétaire d'État français aux Affaires européennes, est élue secrétaire générale du Conseil de l'Europe.

11 mai : Vote du projet de loi sur la sécurité routière qui prévoit le permis à points.

16 mai : Les rénovateurs déposent une motion de censure contre la politique européenne. 79 députés de l'opposition dont les présidents du groupe RPR-UDF ne la votent pas.

Première réunion à Paris du comité international d'éthique sur le SIDA créé en 1987 à l'initiative de François Mitterrand.

17 mai : Pierre Joxe présente en Conseil des ministres un projet sur les conditions d'entrée et de séjour des étrangers qui abroge une partie de la loi Pasqua du 9 septembre 1986. Ce projet suscite l'hostilité de l'opposition à l'Assemblée nationale à partir du 29.

18 mai : Cinquième conférence de presse de François Mitterrand depuis 1981. La politique étrangère et la défense dominent son intervention. Il fixe à 40, 45 milliards de francs sur quatre ans la réduction des crédits militaires, il s'oppose au principe de l'option triple zéro.

20-21 mai : Voyage de François Mitterrand au Canada où il est reçu par le Premier ministre Brian Mulroney et aux États-Unis où il est accueilli par le président George Bush.

23 mai : Le Conseil des ministres approuve un projet de loi d'amnistie en faveur des indépendantistes guadeloupéens.

24 mai : 3e sommet de la francophonie à Dakar. François Mitterrand y annonce l'annulation d'une partie de la dette de 35 pays africains envers la France, soit 16 milliards de francs.

Arrestation à Nice dans un établissement intégriste de Paul Touvier, l'un des chefs de la Milice à Lyon.

6 juin : Rejet de la motion de censure déposée par le RPR, l'UDF et l'UDC contre le projet de loi sur les conditions d'entrée et de séjour des étrangers. Elle ne recueille que 264 voix des 289 requises. Le 21, le projet sera rejeté par le Sénat qui adopte une question préalable.

Accord signé entre COGEMA (société française) et VEBA (société allemande) sur le retraitement des déchets nucléaires. VEBA participerait à la construction d'une nouvelle unité de l'usine de La Hague.

BSN, premier groupe agro-alimentaire français, devient le premier biscuitier européen après avoir racheté cinq filiales européennes de la firme américaine RJR Nabisco.

7 juin : Le cimentier Lafarge-Coppée devient le numéro 2 mondial après la prise de contrôle du Suisse Cementia AG.

8 juin : Après l'intervention de l'armée pour réprimer la contestation à Pékin dans la nuit du 3 au 4, les occidentaux décident des mesures de sanction limitées.

Débat télévisé en vue des élections européennes qui réunit les six principales têtes de liste soit Valéry Giscard d'Estaing (UDF-RPR), Laurent Fabius (PS), Simone Veil (CDS), Jean-Marie Le Pen (FN), Antoine Waechter (Verts), Philippe Herzog (PCF).

Accident d'un chasseur soviétique Mig 29 qui faisait une démonstration au salon aéronautique du Bourget.

LE CALME ÉLECTORAL EN NOUVELLE-CALÉDONIE

11 juin : Élections provinciales en Nouvelle-Calédonie. Taux de participation : 69,29 % qui symbolise le succès des signataires des accords de Matignon. Le RCPR obtient 27 des 54 sièges, le FLNKS 19, mais il a la majorité absolue dans les assemblées provinciales du Nord et des îles Loyauté.

13 juin : Protestations des détenus qui jugent insuffisantes les mesures de grâces collectives du président Mitterrand à l'occasion du 14 juillet. Jacques Chirac avait suggéré la grâce du terroriste libanais Anis Naccache pour éviter la reprise des attentats.

Vote définitif de la loi sur le « dénoyautage » des entreprises privatisées en 1986.

14-16 juin : En visite en Pologne, François Mitterrand promet un plan d'aide de la France.

16 juin : Ordonnance de non-lieu dans l'affaire de la société Luchaire (novembre 1987) soupçonnée de ventes d'armes illicites à l'Iran ; la société aurait également financé le PS.

17 juin : 500 000 personnes assistent à la fête « Paris 89 » organisée par la ville de Paris pour le centenaire de la tour Eiffel.

LES ÉLECTIONS EUROPÉENNES : PERCÉE DES ÉCOLOGISTES

18 juin : Élections européennes. Taux d'abstention : 51,27 %. « L'Union UDF-RPR » conduite par Valéry Giscard d'Estaing arrive en tête avec 26 sièges (28,87 % des suffrages exprimés), la liste « le centre pour l'Europe » de Simone Veil 7 sièges (8,42 %) et celle de Laurent Fabius « Majorité de progrès pour l'Europe » 22 sièges (23,61 %). « Europe et patrie » de Jean-Marie Le Pen 10 sièges soit 11,73 % des suffrages exprimés. Celle d'Antoine Waechter fait une poussée avec 10,59 % des suffrages exprimés soit 9 sièges. Dans les autres pays européens, on constate la progression des socialistes, des écologistes et de l'extrême droite.

19 juin : Michel Rocard engage la responsabilité de son gouvernement sur le projet de loi relatif à l'audiovisuel qui instaure une présidence commune à FR 3 et A 2.

20 juin : Le gouvernement reporte l'examen parlementaire du projet de loi sur le financement des partis politiques suite à l'émotion suscitée par un article qui prévoyait une large amnistie.

22 juin : Rejet par Jacques Chirac du projet de fusion UDF-RPR proposé par Valéry Giscard d'Estaing.

Gérard Monate, l'un des principaux collecteurs de fonds du PS, est inculpé dans l'affaire de la SORMAE.

26 juin : Installation du ministère des Finances dans le quartier de Bercy.

27 juin : Formation d'un intergroupe de l'opposition UDF-RPR et CDS à l'Assemblée nationale.

29 juin : André Olivier, Max Frérot, Émile Ballandras, de la branche lyonnaise d'Action directe, sont condamnés à la réclusion à perpétuité.

Le PS vote seul la loi sur les rapports entre propriétaires et locataires qui modifie la « loi Méhaignerie ».

1er-2 juillet : Michel Rocard obtient le soutien du comité directeur du PS qui prépare le congrès de Rennes pour 1990.

3 juillet : Vote de la loi d'amnistie des militants indépendantistes guadeloupéens et corses. Le 8, le Conseil constitutionnel rejette l'amendement socialiste qui permettait l'élargissement de l'amnistie aux licenciés pour « faute lourde ». Protestations des principaux intéressés, soit les 10 militants CGT de Renault-Billancourt.

LES PROJETS DE RÉFORME A L'ÉDUCATION NATIONALE

4 juillet : Adoption de la loi d'orientation de Lionel Jospin par le Parlement. L'objectif fixé est de conduire 80 % d'une classe d'âge au niveau du baccalauréat d'ici 10 ans. On met l'accent sur l'orientation scolaire, la lutte contre l'échec, l'autonomie des établissements. Un travail de réflexion et de consultations s'engage par le biais de commissions qui doivent permettre de prendre les décisions au printemps 1990. Dans l'enseignement supérieur, la loi prévoit la mise en œuvre d'une politique contractuelle entre l'État, les régions et les universités.

Visite en France de Mikhaïl Gorbatchev ; avec François Mitterrand, il signe une déclaration qui réaffirme la souveraineté et l'indépendance du Liban.

8 juillet : Manifestation de la Ligue communiste révolutionnaire avec le chanteur Renaud et l'écrivain Gilles Perrault pour protester contre les fastes du bicentenaire de la Révolution française.

11-14 juillet : Première visite officielle en France de Corazon Aquino, présidente des Philippines.

12 juillet : A Luxiol dans le Doubs, Christian Dornier tue 14 personnes avant d'être arrêté.

14 JUILLET 1789-14 JUILLET 1989

13-14 juillet : Cérémonies de la commémoration de la Révolution française : le 13, célébration des droits de l'homme sur le parvis du

Trocadéro, le soir, spectacle dans le nouvel Opéra Bastille. Le 14, défilé militaire, puis le soir, grande parade de Jean-Paul Goude.

14-17 juillet : Sommet annuel des pays industrialisés à la Pyramide du Louvre et à l'Arche de la Défense.

19 juillet : Le plan d'épargne populaire, PEP, est présenté par Pierre Bérégovoy en Conseil des ministres. Il doit remplacer le plan d'épargne retraite, PER, créé par Édouard Balladur en juin 1987.

20 juillet : 4 dirigeants d'Action directe arrêtent leur grève de la faim après avoir obtenu la levée de l'interdiction absolue de communiquer.

Le ministère de l'Intérieur demande aux maires d'interdire le saut à l'élastique après plusieurs accidents.

SÉCHERESSE ET INCENDIES AU SUD DE LA FRANCE

18-21 juillet : 5 000 hectares de pins brûlent à Lacanau en Gironde.

26 juillet : Adoption en Conseil des ministres du plan Armées 2 000 présenté par Jean-Pierre Chevènement qui restructure la carte militaire de la France.

28 juillet : L'indice CAC franchit pour la première fois le seuil des 500 à la Bourse de Paris.

31 juillet-3 août: Incendies en Corse et dans le Sud-Est faisant 4 morts et détruisant 35 000 hectares de forêts et de maquis. On incrimine l'insuffisance de la politique de prévention.

1er-3 août : Accueil de 183 Kurdes irakiens à Bourg-Lastic dans le Puy-de-Dôme.

10 août : Philippe Guilhaume nommé par le CSA président d'A 2 et FR 3.

15 août : 12 000 catholiques traditionnalistes manifestent à Paris pour protester contre la commémoration de la Révolution française.

16 août : Incidents à Charvieu-Chavagneux en Isère après qu'une mosquée provisoire eut été détruite au bulldozer « par erreur » alors que la communauté musulmane représente 11 % de la population. Le 28, le maire RPR, après intervention du ministère de l'Intérieur, signera un accord prévoyant un lieu de culte.

17 août : Le ministère de la Justice engage des poursuites contre Jean-Marie Le Pen pour « diffamation raciale ». Dans le quotidien *Présent* (extrême droite), il avait dénoncé le rôle de « l'internationale juive » et de la franc-maçonnerie dans la « création de l'esprit antinational ».

Le porte-avions *Foch* quitte Toulon pour le large du Liban où la France avait décidé le 14 de « renforcer sa présence navale ». Protestations de Damas et Téhéran.

18 août : Inculpation de Michel Pezet, député PS des Bouches-du-Rhône, dans l'affaire des fausses factures de la SORMAE.

LE MALAISE DES GENDARMES

23 août : Jean-Pierre Chevènement organise une réunion de concertation avec 87 gendarmes. En effet, un mouvement de mécontentement s'était développé en juillet à partir de la région Rhône-Alpes puis dans toute la France. Des lettres de protestations dénonçant les conditions de carrière et la modicité des soldes se multiplient. Une série de mesures sont à l'étude après que Jean-Pierre Chevènement eut dénoncé sur Europe 1, le 28, « la campagne orchestrée par une partie de la droite et de l'extrême droite ».

Henri Nallet, ministre de l'Agriculture, présente un plan d'aide aux agriculteurs victimes de la sécheresse, soit 580 millions.

25 août : 8 morts dans un incendie d'origine criminelle d'un hôtel meublé de Clichy.

1er septembre : « Le pacte de croissance » présenté par Michel Rocard doit financer la formation, l'éducation, la création d'emplois. Une « prime de croissance » est prévue pour les fonctionnaires.

4 septembre : Démission de Claude Autant-Lara, cinéaste, élu du Front national au Parlement européen. Il avait suscité l'indignation par ses propos racistes contre Simone Veil publiés par *Globe*.

UNE RENTRÉE SOCIALE AGITÉE

5 septembre : Grève à l'usine Peugeot de Mulhouse qui s'étend à Sochaux le 8.

La compagnie financière Suez prend le contrôle de la Compagnie industrielle, principale actionnaire du groupe Victoire (assurances), à la suite d'une OPA de 26 milliards de francs.

Francis Bouygues transmet la présidence de son groupe à son fils Martin.

13 septembre : Michel Rocard présente un deuxième plan pour l'emploi qui favorise la réinsertion des chômeurs de longue durée.

Durcissement de la grève chez Peugeot après que Jacques Calvet, PDG du groupe PSA, eut refusé de négocier sur les salaires.

15 septembre : Jean-Michel Gaillard est nommé directeur général et Ève Ruggieri directeur de programmes pour Antenne 2, Dominique Alduy et Jean-Marie Cavada sont nommés aux mêmes postes mais pour FR 3.

16 septembre : François Mitterrand préside la célébration de la bataille de Valmy.

17 septembre : Inculpation de Claude Cornilleau, président du parti nationaliste français et européen (extrême droite), dans l'affaire des attentats commis contre les foyers Sonacotra sur la Côte d'Azur en décembre 1988.

Le cyclone Hugo ravage la Guadeloupe : 5 morts, 30 000 sans-abris, les plantations et les sites touristiques sont très endommagés.

19 septembre : Explosion du DC 10 de la compagnie UTA après son décollage de N'Djaména alors qu'il effectuait la liaison Brazzaville-Paris. 171 morts. Les débris sont retrouvés dans le désert du Ténéré ; l'enquête conclut à un attentat.

20 septembre : Michel Rocard présente le budget 1990. Le déficit doit être ramené de 100 à 90 milliards de francs malgré une augmentation des dépenses publiques de 5,3 % avec comme priorités l'éducation, l'emploi, la recherche, le logement social.

Inauguration par Michel Rocard de la ligne Paris-Le Mans dans le TGV atlantique.

22 septembre : Michelin devient le premier fabricant mondial de pneumatiques grâce au rachat d'Uniroyal-Goodrich.

24 septembre : Élections sénatoriales : la droite obtient 65 sièges (+ 2) : gains obtenus surtout par le RPR qui gagne 11 sièges alors que l'UDF en perd 12. La gauche obtient 37 sièges (+ 0).

25 septembre : Élection de Charles Millon (PR rénovateur) président du groupe UDF de l'Assemblée nationale par 45 voix contre 41 à François Léotard.

27 septembre : Troisième grève en un an du personnel pénitentiaire ; la gendarmerie et l'armée sont réquisitionnées pour assurer le fonctionnement des prisons.

29 septembre : Mort de Jean-Louis Tixier-Vignancour, avocat, candidat d'extrême droite aux présidentielles de 1965.

3 octobre : Alain Poher est réélu pour la septième fois à la présidence du Sénat grâce à l'appui du RPR. Les centristes n'ont pu lui opposer un candidat.

4 octobre : Le gouvernement engage sa responsabilité sur le projet de programmation militaire 1990-1993. La motion de censure déposée par le RPR sans l'accord de l'UDF ou de l'UDC ne recueille que 159 voix.

Suspension de la grève du personnel pénitentiaire après l'envoi de 300 notifications de révocation. Le 16, les révocations seront levées.

6 octobre : Valéry Giscard d'Estaing propose une formation unique des partis de l'opposition au 1er janvier 1991.

13 octobre : Charles Fiterman critique la politique de Georges Marchais au comité central.

Ouverture des négociations chez Peugeot après la nomination le 5 octobre du médiateur Francis Blanchard. Le travail reprendra le 24 à l'appel de l'ensemble des syndicats à l'exception de la CGT, après que les négociations auront abouti au relèvement de 400 F des salaires mensuels les plus bas et à la revalorisation de l'intéressement.

Baisse de 6,9 % de l'indice CAC à la Bourse de Paris suite à la forte baisse de l'indice Dow Jones (– 6,9 %) à la Bourse de New York.

Le corps du général Jean Favreau, ancien gouverneur militaire de Paris, est retrouvé dans la Dordogne six jours après sa disparition. Il avait pris en stop un jeune homme qui sera arrêté le 25.

20 octobre : Pierre Bérégovoy propose une prime mensuelle de 315 F aux agents des finances qui ont engagé des mouvements de grève depuis le mois de juin. La proposition du ministre des Finances est jugée insuffisante mais le mouvement s'essouffle.

23 octobre : La motion de censure déposée par le RPR, l'UDF et l'UDC sur la 1re partie du budget ne recueille que 240 voix à cause de l'abstention des communistes et des barristes.

24 octobre : Mort d'Eugène Claudius-Petit, ancien ministre[3].

3. Claudius-Petit Eugène (1907-1989). Cf biographie dans *la France contemporaine,* T. 1, *op. cit.*, p. 29.

L'AFFAIRE DU FOULARD ISLAMIQUE

25 octobre : Lionel Jospin prône le respect de la laïcité mais aussi de la tolérance dans le débat qui s'est engagé pendant le mois d'octobre sur le port du foulard islamique dans les écoles. « L'école est faite pour éduquer, pour intégrer, pas pour rejeter », déclare le ministre. En effet, le principal du collège de Creil avait interdit, au nom de la laïcité, le port du foulard à trois adolescentes pendant les cours. L'intervention de Lionel Jospin ne met pas fin à la polémique qui s'élargit au problème de l'immigration.

La France accorde une aide de 4 milliards de francs à la Pologne.

28 octobre : Ariane 4 place sur orbite Intelsat VI, le plus gros satellite civil de communication.

8 novembre : Projet de réforme des PTT : les postes d'une part et les télécommunications d'autre part seront séparées.

10 novembre : Fusion de Rémy-Martin et Cointreau pour constituer le 3e groupe français des spiritueux.

16 novembre : Élection de Michel Vauzelle (PS) à la présidence de la commission des Affaires étrangères de l'Assemblée nationale ; il succède à Valéry Giscard d'Estaing qui a abandonné son mandat de député pour rester au Parlement européen et à la présidence du conseil régional d'Auvergne.

17 novembre : Inculpation de Jacques Médecin, maire de Nice, de délit d'ingérence. Ses adversaires politiques dénoncent les subventions de publicités d'associations accordées par la mairie de Nice pour financer une société éditrice d'un mensuel dont Jacques Médecin est le propriétaire.

18 novembre : François Mitterrand réunit à l'Élysée les chefs d'État ou de gouvernement de la CEE pour prendre une position commune sur l'évolution des pays de l'Est : depuis le 9 novembre, le mur de Berlin est ouvert à la libre circulation.

20 novembre : Après la levée du secret-défense par Pierre Joxe, le directeur de la DST annonce que Charles Pasqua a bien délivré un « vrai-faux » passeport à Yves Chalier (affaire du Carrefour du développement).

Fermeture de Renault-Billancourt pour 1992 autorisée par le gouvernement.

24 novembre : Le PSU fondé en avril 1960 se dissout. Ses membres fonderont le 26 l'Alternative rouge et verte avec les ex-comités Juquin.

27 novembre : Le Conseil d'État, qui avait été saisi de l'affaire du foulard islamique, estime que le port de signes religieux « n'est pas incompatible avec la laïcité de l'école publique » mais qu'un établissement peut être amené à l'interdire pour plusieurs raisons : s'il est « un acte de pression, de provocation, de prosélytisme ou de propagande », s'il est une atteinte « à la dignité ou à la liberté de l'élève » ou s'il « trouble l'ordre dans l'établissement ». Lionel Jospin diffuse une circulaire dans ce sens le 12 décembre dans les établissements scolaires en préconisant le dialogue sans exclure les sanctions.

30 novembre : Inculpation à Lyon de 4 vigiles pour le meurtre d'un vagabond d'origine nord-africaine le 24 et pour torture d'un autre le 15.

3 décembre : Marie-France Stirbois est élue à l'élection législative partielle de Dreux. Le Front national retrouve ainsi une place au sein du Parlement.

5 décembre : Des parlementaires de l'opposition sont victimes de violences policières alors qu'ils manifestaient devant le Quai d'Orsay en faveur du général chrétien libanais Michel Aoun.

Le TGV Atlantique bat le record du monde de vitesse sur rail en atteignant 482,4 km/h entre Courtalain et Tours.

6 décembre : En Conseil des ministres, Michel Rocard présente les grands thèmes d'une politique d'intégration des immigrés. Hubert Prévot est nommé secrétaire général permanent auprès du Premier ministre.

François Mitterrand rencontre Mikhaïl Gorbatchev à Kiev.

L'AMNISTIE

7 décembre : Vote à l'Assemblée nationale d'un amendement socialiste qui prévoit l'amnistie des délits politico-financiers antérieurs au 15 juin 1989, à l'exclusion de ceux dont les parlementaires sont responsables ou de ceux qui ont permis un enrichissement personnel. Ce vote est acquis grâce à l'abstention de la majorité des députés de l'UDC et UDF. Le 22, adoption définitive des deux projets de lois sur le financement des partis et des campagnes électorales.

10 décembre : Dans une allocution radiotélévisée, François Mitterrand traite de l'évolution des pays de l'Est et de la question de l'immigration : « le seuil de tolérance a été atteint dans les années 70 », dit-il.

11 décembre : L'immunité parlementaire de Jean-Marie Le Pen est levée par le Parlement européen par 198 voix contre 91 et 18 abstentions pour qu'il réponde devant la justice française de son calembour « Durafour-crématoire » prononcé le 2 septembre 1988.

12 décembre : Abolition totale du contrôle des changes pour les particuliers à partir du 1er janvier 1990. Les entreprises avaient bénéficié d'une levée progressive depuis trois ans.

Transfert au Panthéon des cendres de l'abbé Grégoire, de Gaspard Monge et Condorcet.

13 décembre : La présence de salmonelles révélée par des analyses provoque l'interdiction à la vente des moules et des huîtres de l'étang de Thau (Hérault).

15 décembre : Le comité national d'éthique demande la « stricte limitation » de l'utilisation des empreintes génétiques.

Le Tunisien Habib Maamar est condamné à la réclusion criminelle à perpétuité par la cour d'assises de Paris, composée de 7 magistrats, pour les deux attentats commis à Paris en 1985, dont celui contre Marks and Spencer (mort d'une personne).

16 décembre : François Mitterrand s'entretient avec Georges

Bush dans l'île de Saint-Martin (Antilles) sur l'évolution de l'Europe.

20 décembre : Adoption du projet de loi de finances pour 1990 grâce au recours de l'article 49-3. Les députés de l'opposition dénoncent « l'usage abusif » de cette procédure.

Découverte macabre du corps de 4 personnes d'une même famille à Castelviel en Gironde. Le 29, inculpation du meurtrier présumé, membre de la famille.

20-22 décembre : En visite en RDA, François Mitterrand déclare : « Que la volonté du peuple s'exprime, qu'elle s'accomplisse. »

26 décembre : Félix Damette, Claude Poperen et Marcel Rigout demandent la démission des dirigeants de leur propre parti, le PCF, pour leur conduite passée à l'égard du régime de Nicolae Ceaucescu. Celui-ci, après une « parodie » de procès, a été exécuté le 25.

31 décembre : Dans son message de vœux, François Mitterrand souhaite l'avènement d'une « confédération » européenne comprenant les pays de l'Est.

1989

RUBRIQUE ARTISTIQUE

LITTÉRATURE

Les prix

Goncourt	Jean Vautrin	*Un grand pas vers le Bon Dieu*
Renaudot	Philippe Doumenc	*Les Comptoirs du Sud*
Femina	Sylvie Germain	*Jours de colère*
Médicis	Serge Doubrovsky	*Le Livre brisé*
Académie française	Geneviève Dormann	*Le Bal du Dodo*
Interallié	Alain Gerber	*Le Verger du Diable*
Médicis étranger	Alvaro Mutis	*La Neige de l'amiral*
Fémina étranger	Alison Lurie	*La Vérité sur Lorin Jones*
Nobel	Camilo José Cela (Espagne)	

21-22 octobre : Le ministère de la Culture organise la première fête du Livre.

Mort de Pierre Boileau, auteur de romans policiers avec Thomas Narcejac, de Charles Exbrayat, de Georges Simenon et d'Armand Salacrou (de l'Académie française).

CINÉMA

Les prix

Cannes	Steven Soderbergh	*Sexe, Mensonges et Vidéo*
Louis-Delluc	Éric Rochant	*Un monde sans pitié*
Césars	B. Nuytten	*Camille Claudel*
	Isabelle Adjani meilleure actrice dans *Camille Claudel*	

Mort de Bernard Blier, d'André Cayatte et de Charles Vanel.

THÉÂTRE

Andromaque mise en scène par Roger Planchon au TNP de Villeurbanne avec Miou-Miou, Richard Berry.
Antoine Vitez monte *le Mariage de Figaro* à la Comédie-Française.
La Célestine de Fernando de Rojas mise en scène par Antoine Vitez, jouée par Jeanne Moreau et Lambert Wilson ouvre le Festival d'Avignon.

Nuit des Molières Meilleurs spectacles de l'année	*Le Foyer* d'Octave Mirbeau mis en scène par Régis Santon
	L'Avare de Molière mis en scène par Jacques Mauclair
	Hamlet de Shakespeare mis en scène par Patrice Chéreau

DANSE ET MUSIQUE

Limogeage de Daniel Barenboïm, directeur musical de l'Opéra Bastille ; Myung Whun Chung, pianiste et chef d'orchestre coréen, lui succède le 25 mai.

Docteur Faust de Ferruccio Busoni créé en français à l'Opéra de Paris.
L'intégrale des symphonies et lieder de Gustav Mahler au Théâtre musical de Paris-Châtelet.
Lulu d'Alban Berg mise en scène par Antoine Bourseiller.
Carmen de Bizet mise en scène par Pier Luigi Pizzi au Palais omnisport de Bercy.
La Ville d'en haut d'Olivier Messiaen et *Visage nuptial* de Pierre Boulez salle Pleyel.

PRESSE, TÉLÉVISION

31 mai : soirée inaugurale pour la 7, chaîne culturelle européenne.
1er septembre : Bernard Pivot annonce la fin d'« Apostrophes » pour juin ou juillet 1990.
6 août : mort d'Hubert Beuve-Méry, fondateur du journal *le Monde* dont le 1er numéro parut le 18 décembre 1944.

MODE

10 mai : Gianfranco Ferré, créateur italien, succède à Marc Bohan, directeur artistique chez Dior depuis 1960. Il obtient le Dé d'or le 27 juillet.

EXPOSITIONS

Grand-Palais	Paul Gauguin rétrospective
Louvre	Dessins de Michel-Ange
	David
Pompidou	Bram van Velde

1989

Grande Arche	La Traversée de Paris
Arts décoratifs	Dessins de Picasso

28 juin : inauguration du musée Carnavalet restauré.
30 novembre : *les Noces de Pierrette* de Picasso vendu à la salle Drouot-Montaigne 300 millions de francs à un industriel japonais.

RUBRIQUE SPORTIVE

AUTOMOBILE

Championnat du monde de Formule 1	Alain Prost (pour la troisième fois).

BASKET-BALL

Championnat de France	Limoges bat Orthez 108/97 - 102/96

BOXE

René Jacquot (superwelters) champion du monde (WBC) à Grenoble battant aux points l'Américain Don Curry le 11 février.
Fabrice Bénichou champion du monde (supercoqs) en battant aux points José Sanabria le 10 mars.

CYCLISME

Tour de France	Greg Lemond
Tour de France féminin	Jeannie Longo
Record du monde de l'heure	Jeannie Longo (46,159 km)

FOOTBALL

Championnat de France	Marseille
Coupe de France	Marseille bat Monaco 4-3

PATINAGE ARTISTIQUE

Championnats du Monde	Isabelle et Paul Duchesnay, médaille de bronze

RALLYE

Paris-Dakar	Autos : Ari Vatanen (Finlande) Motos : Gilles Lalay (France)

RUGBY A XV

Tournoi des Cinq Nations	France (6 pts ; remporte le tournoi pour la 4e année consécutive)
Championnat de France	Toulouse bat Toulon

TENNIS

Roland-Garros	Simple messieurs : Chang bat Edberg 6-1, 3-6, 4-6, 6-4, 6-2 Simple dames : Sanchez bat Graf 7-6, 3-6, 7-5

ANNEXES

I
LES GOUVERNEMENTS DE LA Ve RÉPUBLIQUE
(Source : *l'Année politique*, PUF)

LE GOUVERNEMENT MICHEL DEBRÉ
(9 janvier 1959)

MINISTRES

Premier ministre	Michel DEBRÉ (UNR)[1] *
Ministre délégué auprès du Premier ministre	Jacques SOUSTELLE (UNR)*
Ministres d'État	Félix HOUPHOUËT-BOIGNY (RDA)
Recherche scientifique	Louis JACQUINOT (ind.)
Relations avec la Communauté	Robert LECOURT (MRP)**
Affaires culturelles	André MALRAUX*
Garde des Sceaux, Justice	Edmond MICHELET (UNR)*
Affaires étrangères	Maurice COUVE DE MURVILLE
Intérieur	Jean BERTHOIN (rad.)
Armées	Pierre GUILLAUMAT
Finances et Affaires économiques	Antoine PINAY (ind.)
Éducation nationale	André BOULLOCHE*
Travaux publics et Transports	Robert BURON (MRP)
Industrie et Commerce	Jean-Marcel JEANNENEY**
Agriculture	Roger HOUDET (ind.)
Travail	Paul BACON
Santé publique et Population	Bernard CHENOT
Construction	Pierre SUDREAU
Anciens Combattants	Raymond TRIBOULET (UNR)**
Postes, Télégraphes et Téléphones	Bernard CORNUT-GENTILLE (UNR)*
Information	Roger FREY**

SECRÉTAIRES D'ÉTAT[2]

Secrétaires d'État auprès du Premier ministre	Nafissa SID CARA (député algérien)**
	Pierre CHATENET**
Affaires économiques	Max FLÉCHET (ind.)
Industrie et Commerce	Joseph FONTANET (MRP)**
Finances	Valéry GISCARD D'ESTAING (ind.)**
Intérieur	Michel MAURICE-BOKANOWSKI (UNR)**

1. * Membres du gouvernement précédent ayant changé d'attributions. ** Nouveaux membres du gouvernement.

2. Leurs attributions ne seront précisées qu'ultérieurement, par décret du 21 janvier. Nous les indiquons dès à présent sur cette liste.

REMANIEMENT DU GOUVERNEMENT MICHEL DEBRÉ (5 février 1960)

MINISTRES

Premier ministre	Michel DEBRÉ (UNR)
Ministres délégués auprès du Premier ministre	Pierre GUILLAUMAT (haut fonctionnaire)*
	Roger FREY (UNR)*
Ministres d'État :	
Recherche scientifique	Louis JACQUINOT (ind.)
Administr. des départ. d'outre-mer, T.O.M. et du Sahara	Robert LECOURT (MRP)*
Affaires culturelles	André MALRAUX
Garde des Sceaux, Justice	Edmond MICHELET (UNR)
Affaires étrangères	Maurice COUVE DE MURVILLE (haut fonctionnaire)
Intérieur	Pierre CHATENET (haut fonctionnaire)
Armées	Pierre MESSMER (haut fonctionnaire)**
Finances et Affaires économiques	Wilfrid BAUMGARTNER (haut fonctionnaire)
Éducation nationale	Louis JOXE (haut fonctionnaire)
Travaux publics et Transports	Robert BURON (MRP)
Industrie et Commerce	Jean-Marcel JEANNENEY (haut fonctionnaire)
Agriculture	Henri ROCHEREAU (ind.)
Travail	Paul BACON (MRP)
Santé publique et Population	Bernard CHENOT (haut fonctionnaire)
Construction	Pierre SUDREAU (haut fonctionnaire)
PTT	M. MAURICE-BOKANOWSKI (UNR)*
Information	Louis TERRENOIRE (UNR)**
Anciens Combattants	Raymond TRIBOULET (UNR)

SECRÉTAIRES D'ÉTAT

Affaires sociales musulmanes	Nafissa SID CARA (Algérie)
Finances	Valéry GISCARD D'ESTAING (ind.)
Commerce intérieur	Joseph FONTANET (MRP)
Communauté	Jean FOYER (UNR)**

Annexes

LE GOUVERNEMENT GEORGES POMPIDOU
(14 avril 1962)

MINISTRES

Premier ministre	Georges POMPIDOU[1]
Ministres d'État :	
Affaires culturelles	André MALRAUX[2]
Coopération	Pierre PFLIMLIN (MRP)[1]
D.O.M. et T.O.M.	Louis JACQUINOT[2]
Affaires algériennes	Louis JOXE[2]
Recherche scientifique, Questions atomiques et spatiales	Gaston PALEWSKI[1]
Ministres délégués auprès du Premier ministre :	
Relations avec le Parlement	Roger DUSSEAULX (UNR)[1]
Aménagement du territoire	Maurice SCHUMANN (MRP)[1]
Garde des Sceaux, Justice	Jean FOYER[3]
Affaires étrangères	Maurice COUVE DE MURVILLE[2]
Intérieur	Roger FREY[2]
Armées	Pierre MESSMER[2]
Finances et Affaires économiques	Valéry GISCARD D'ESTAING[2]
Éducation nationale	Pierre SUDREAU[3]
Travaux publics et Transports	Robert BURON[2]
Industrie	Michel MAURICE-BOKANOWSKI[3]
Agriculture	Edgard PISANI[2]
Travail	Paul BACON[2]
Santé publique et Population	Joseph FONTANET[2]
Construction	Jacques MAZIOL (UNR)[1]
Anciens Combattants	Raymond TRIBOULET[2]
Postes et Télécommunications	Jacques MARETTE (UNR)[1]

SECRÉTAIRES D'ÉTAT
AUPRÈS DU PREMIER MINISTRE

Information	Alain PEYREFITTE (UNR)[1]
Fonction publique	Jean DE BROGLIE[3]
Affaires étrangères	Georges GORSE[2]
Rapatriés	Robert BOULIN[2]
Commerce intérieur	François MISSOFFE[2]
Commerce extérieur	Gilbert GRANDVAL[1]
Travaux publics	Pierre DUMAS (UNR)[1]

1. Nouveaux membres du gouvernement.
2. Membres du précédent gouvernement maintenus dans leurs attributions.
3. Membres du précédent gouvernement ayant changé d'attributions.

PREMIER REMANIEMENT DU GOUVERNEMENT GEORGES POMPIDOU
(7 décembre 1962)

MINISTRES

Premier ministre	Georges POMPIDOU
Ministres d'État :	
Affaires culturelles	André MALRAUX
Départements et Territoires d'outre-mer	Louis JACQUINOT (UNR)
Réforme administrative	Louis JOXE**
Recherche scientifique, Questions atomiques et spatiales	Gaston PALEWSKI[1]
Ministres :	
Garde des Sceaux, Justice	Jean FOYER (UNR)
Affaires étrangères	Maurice COUVE DE MURVILLE
Intérieur	Roger FREY (UNR)
Armées	Pierre MESSMER
Finances et Affaires économiques	Valéry GISCARD D'ESTAING (rép. ind.)
Coopération (ministre délégué)	Raymond TRIBOULET (UNR)**
Éducation nationale	Christian FOUCHET**
Travaux publics et Transports	Marc JACQUET (UNR)*
Industrie	Michel MAURICE-BOKANOWSKI (UNR)
Agriculture	Edgard PISANI
Travail	Gilbert GRANDVAL (UDT)
Santé publique et Population	Raymond MARCELLIN (rép. ind.)
Construction	Jacques MAZIOL (UNR)
Anciens Combattants	Jean SAINTENY (UNR-UDT)*
Postes et Télécommunications	Jacques MARETTE (UNR)
Information	Alain PEYREFITTE (UNR)**
Rapatriés	François MISSOFFE (UNR)**

SECRÉTAIRES D'ÉTAT

Auprès du Premier ministre :	
Affaires algériennes	Jean de BROGLIE (rép. ind.)**
Relations avec le Parlement	Pierre DUMAS (UNR)
Secrétaires d'État :	
Affaires étrangères	Michel HABIB-DELONCLE (UNR)
Budget	Robert BOULIN (UNR)
Jeunesse et Sports	Maurice HERZOG (UNR)

---

* Nouveaux membres du gouvernement.

** Membres du gouvernement ayant changé d'attributions.

1. Gaston Palewski, nommé membre et président du Conseil constitutionnel le 24 février 1965, est remplacé par Yvon Bourges dans ses fonctions ministérielles avec le rang de secrétaire d'État.

Annexes

DEUXIÈME REMANIEMENT DU GOUVERNEMENT GEORGES POMPIDOU (5 janvier 1966)

MINISTRES

Premier ministre	Georges POMPIDOU[1]
Ministres d'État :	
Affaires culturelles	André MALRAUX[1]
Réforme administrative	Louis JOXE[1]
Départements et Territoires d'outre-mer	Pierre BILLOTTE (UNR)[3]
Ministres :	
Garde des Sceaux, Justice	Jean FOYER (UNR)[1]
Affaires étrangères	Maurice COUVE DE MURVILLE[1]
Intérieur	Roger FREY (UNR)[1]
Armées	Pierre MESSMER[1]
Économie et Finances	Michel DEBRÉ (UNR)[3]
Éducation nationale	Christian FOUCHET[1]
Équipement	Edgard PISANI (gauche dém.)[2]
Agriculture	Edgar FAURE (gauche dém.)[3]
Industrie	Raymond MARCELLIN (rép. ind.)[2]
Affaires sociales	Jean-Marcel JEANNENEY[3]
Ministre délégué chargé de la Recherche scientifique et des Questions atomiques et spatiales.	*Alain PEYREFITTE (UNR)*[2]
Anciens Combattants et Victimes de guerre	Alexandre SANGUINETTI (UNR)[3]
Postes et Télécommunications	Jacques MARETTE (UNR)[1]
Jeunesse et Sports	François MISSOFFE (UNR)[3]

SECRÉTAIRES D'ÉTAT

Auprès du Premier ministre :	
Relations avec le Parlement	Pierre DUMAS (UNR)[1]
Information	Yvon BOURGES (UNR)[2]
Secrétaires d'État :	
Affaires étrangères	Jean de BROGLIE (rép. ind.)[2]
Affaires étrangères, chargé de la Coopération	Jean CHARBONNEL (UNR)[3]
Intérieur	André BORD (UNR)[3]
Budget	Robert BOULIN (UNR)[1]
Commerce extérieur	Charles de CHAMBRUN (Centre dém.)[3]
Éducation nationale	Michel HABIB-DELONCLE (UNR)[2]
Logement	Roland NUNGESSER (UNR)[3]
Transports	André BETTENCOURT (rép. ind.)[3]

1. Membre du précédent gouvernement, maintenu dans ses attributions.
2. Membre du précédent gouvernement, doté d'attributions nouvelles.
3. Nouveau membre du gouvernement.

TROISIÈME REMANIEMENT DU GOUVERNEMENT GEORGES POMPIDOU (31 mai 1968)

MINISTRES

Premier ministre	Georges POMPIDOU
Ministres d'État	Edmond MICHELET
	Henri REY
Chargé des Affaires culturelles	André MALRAUX
Chargé des Affaires sociales	Maurice SCHUMANN
Ministres :	
Délégué auprès du Premier ministre, chargé du Plan et de l'Aménagement du territoire	Olivier GUICHARD
Garde des Sceaux, Justice	René CAPITANT
Affaires étrangères	Michel DEBRÉ
Intérieur	Raymond MARCELLIN
Armées	Pierre MESSMER
Économie et Finances	Maurice COUVE DE MURVILLE
Éducation nationale	François ORTOLI
Équipement et Logement	Robert GALLEY
Agriculture	Edgar FAURE
Industrie	Albin CHALANDON
Transports	Jean CHAMANT
Anciens Combattants et Victimes de guerre	Henri DUVILLARD
Postes et Télécommunications	André BETTENCOURT
Information	Yves GUÉNA
Jeunesse et Sports	Roland NUNGESSER
Départements et Territoires d'outre-mer	Joël LE THEULE
Fonction publique	Robert BOULIN
Recherche scientifique et Questions atomiques et spatiales	Christian DE LA MALÈNE

SECRÉTAIRES D'ÉTAT

Affaires étrangères chargé de la Coopération	Yvon BOURGES
Intérieur	André BORD
Économie et Finances	Jacques CHIRAC
Éducation nationale	Marie-Madeleine DIENESCH
Affaires sociales chargé des Problèmes de l'emploi	Yvon MORANDAT
Équipement et Logement, chargé des Problèmes du logement	Philippe DECHARTRE

Annexes

LE GOUVERNEMENT COUVE DE MURVILLE
(13 juillet 1968)

MINISTRES

Premier ministre	Maurice COUVE DE MURVILLE
Ministre d'État	Jean-Marcel JEANNENEY
Chargé des Affaires culturelles	André MALRAUX
Chargé des Affaires sociales	Maurice SCHUMANN
Chargé des Relations avec le Parlement	Roger FREY
Ministres :	
Garde des Sceaux, Justice	René CAPITANT
Affaires étrangères	Michel DEBRÉ
Intérieur	Raymond MARCELLIN
Armées	Pierre MESSMER
Économie et Finances	François ORTOLI
Éducation nationale	Edgar FAURE
Délégué auprès du Premier ministre, chargé du Plan et de l'Aménagement du territoire	Olivier GUICHARD
Délégué auprès du Premier ministre, chargé de la Recherche scientifique et des Questions atomiques et spatiales	Robert GALLEY
Équipement et Logement	Albin CHALANDON
Industrie	André BETTENCOURT
Agriculture	Robert BOULIN
Transports	Jean CHAMANT
Anciens Combattants et Victimes de guerre	Henri DUVILLARD
Postes et Télécommunications	Yves GUÉNA

SECRÉTAIRES D'ÉTAT

Auprès du Premier ministre :	
Chargé de l'Information	Joël LE THEULE
Chargé de la Fonction publique	Philippe MALAUD
Chargé de la Jeunesse et des Sports	Joseph COMITI
Chargé des Départements et Territoires d'outre-mer	Michel INCHAUSPÉ
Secrétaires d'État :	
Affaires sociales	Marie-Madeleine DIENESCH
	Pierre DUMAS
Affaires étrangères	Yvon BOURGES
	Jean de LIPKOWSKI
Intérieur	André BORD
Économie et Finances	Jacques CHIRAC
Éducation nationale	Jacques TRORIAL
Équipement et Logement	Philippe DECHARTRE

LE GOUVERNEMENT JACQUES CHABAN-DELMAS (22 juin 1969)

MINISTRES

Premier ministre	Jacques CHABAN-DELMAS (UDR)
Ministres d'État :	
Défense nationale	Michel DEBRÉ (UDR)
Affaires culturelles	Edmond MICHELET (UDR)
Relations avec le Parlement	Roger FREY (UDR)
Ministres et ministres délégués :	
Garde des Sceaux, Justice	René PLEVEN (PDM)
Affaires étrangères	Maurice SCHUMANN (UDR)
Intérieur	Raymond MARCELLIN (rép. ind.)
Économie et Finances	Valéry GISCARD D'ESTAING (rép. ind.)
Éducation nationale	Olivier GUICHARD (UDR)
Délégué auprès du Premier ministre chargé du Plan et de l'Aménagement du territoire	André BETTENCOURT (rép. ind.)
Délégué auprès du Premier ministre chargé des Départements et Territoires d'outre-mer	Henry REY (UDR)
Développement industriel et Recherche scientifique	François ORTOLI (UDR)
Équipement et Logement	Albin CHALANDON (UDR)
Postes et Télécommunications	Robert GALLEY (UDR)
Agriculture	Jacques DUHAMEL (PDM)
Transports	Raymond MONDON (rép. ind.)
Travail, Emploi et Population	Joseph FONTANET (PDM)
Santé et Sécurité sociale	Robert BOULIN (UDR)
Anciens Combattants	Henri DUVILLARD (UDR)

SECRÉTAIRES D'ÉTAT

Premier ministre	Léo HAMON (UDR)
	Joseph COMITI (UDR)
	Philippe MALAUD (rép. ind.)
	Jacques BAUMEL (UDR)
Défense nationale	André FANTON (UDR)
Relations avec le Parlement	Jean-Louis TINAUD (ind.)
	Jacques LIMOUZY (UDR)
Affaires étrangères	Yvon BOURGES (UDR)
	Jean de LIPKOWSKI (UDR)
Intérieur	André BORD (UDR)
Économie et Finances	Jacques CHIRAC (UDR)
	Jean BAILLY (UDR)
Éducation nationale	Pierre BILLECOCQ (UDR)
Développement industriel	Gabriel KASPEREIT (UDR)
	Bernard LAFAY (app. UDR)

Équipement et Logement	Marcel ANTHONIOZ (rép. ind.)
	Robert-André VIVIEN (UDR)
Agriculture	Bernard PONS (UDR)
Travail, Emploi et Population	Philippe DECHARTRE (UDR)
Santé et Sécurité sociale	Marie-Madeleine DIENESCH (UDR)

PREMIER, DEUXIÈME ET TROISIÈME GOUVERNEMENTS DE JACQUES CHABAN-DELMAS
(7 janvier 1971, 25 février 1971 et 15 mai 1972)

MINISTRES

Premier ministre	Jacques CHABAN-DELMAS
Ministres d'État :	
Défense nationale	Michel DEBRÉ
Réformes administratives	Roger FREY
Départements et Territoires d'outre-mer	Pierre MESSMER
Ministres et ministres délégués :	
Garde des Sceaux, Justice	René PLEVEN
Affaires étrangères	Maurice SCHUMANN
Intérieur	Raymond MARCELLIN
Économie et Finances	Valéry GISCARD D'ESTAING
Éducation nationale	Olivier GUICHARD
Affaires culturelles	Jacques DUHAMEL
Délégué auprès du Premier ministre, chargé du Plan et de l'Aménagement du territoire	André BETTENCOURT
Délégué auprès du Premier ministre, chargé des Relations avec le Parlement	Jacques CHIRAC
Délégué auprès du Premier ministre, chargé de la Protection de la nature et de l'environnement . .	Robert POUJADE
Développement industriel et scientifique	François-Xavier ORTOLI
Équipement et Logement	Albin CHALANDON
Postes et Télécommunications .	Robert GALLEY
Agriculture	Michel COINTAT
Transports	Jean CHAMANT
Travail, Emploi et Population . .	Joseph FONTANET[1]
Santé publique et Sécurité sociale	Robert BOULIN
Anciens Combattants et Victimes de guerre	Henri DUVILLARD

1. M. Philippe Dechartre était secrétaire d'État auprès de ce ministre avant le remaniement du 15 mai 1972.

SECRÉTAIRES D'ÉTAT

Auprès du Premier ministre	Jacques BAUMEL
	Jean-Philippe LECAT[1]
Chargé de la Participation et de l'Intéressement	Léo HAMON
Chargé de la Jeunesse, des Sports et des Loisirs	Joseph COMITI
Chargé de la Fonction publique	Philippe MALAUD
Secrétaires d'État :	
Relations avec le Parlement	Jean-Louis TINAUD
	Jacques LIMOUZY
Défense nationale	André FANTON
Affaires étrangères	Yvon BOURGES
	Jean de LIPKOWSKI
Intérieur	André BORD
Budget	Jean TAITTINGER
Commerce	Jean BAILLY
Éducation nationale	Pierre BILLECOCQ
Développement industriel et scientifique	Bernard LAFAY
Moyenne et Petite Industrie et Artisanat	Gabriel KASPEREIT
Tourisme	Marcel ANTHONIOZ
Agriculture	Bernard PONS
Logement	Robert-André VIVIEN
Action sociale et Réadaptation	Marie-Madeleine DIENESCH

LE GOUVERNEMENT PIERRE MESSMER
(6 juillet 1972)

MINISTRES

Premier ministre	Pierre MESSMER
Ministres d'État :	
Défense nationale	Michel DEBRÉ
Affaires sociales	Edgar FAURE
Ministres et ministres délégués :	
Garde des Sceaux, Justice	René PLEVEN
Affaires étrangères	Maurice SCHUMANN
Intérieur	Raymond MARCELLIN
Économie et Finances	Valéry GISCARD D'ESTAING
Éducation nationale	Joseph FONTANET

1. Remplace M. Léo Hamon le 15 mai 1972.

Aménagement du Territoire, de l'Équipement, du Logement et du Tourisme	Olivier GUICHARD
Affaires culturelles	Jacques DUHAMEL
Délégué auprès du Premier ministre, chargé des Relations avec le Parlement	Robert BOULIN
Délégué auprès du Premier ministre, chargé de la Protection de la nature et de l'environnement ..	Robert POUJADE
Délégué auprès du ministre des Affaires étrangères	André BETTENCOURT
Agriculture et Développement rural	Jacques CHIRAC
Développement industriel et scientifique	Jean CHARBONNEL
Santé publique	Jean FOYER
Transports	Robert GALLEY
Postes et Télécommunications .	Hubert GERMAIN
Commerce et Artisanat	Yvon BOURGES
Anciens Combattants et Victimes de guerre	André BORD

SECRÉTAIRES D'ÉTAT

Auprès du Premier ministre :	
Chargé de la Fonction publique et des Services information	Philippe MALAUD
Chargé de la Jeunesse, des Sports et des Loisirs	Joseph COMITI
Porte-parole du gouvernement .	Jean-Philippe LECAT
Chargé des Départements et Territoires d'outre-mer	Xavier DENIAU
Secrétaires d'État :	
Affaires sociales	Christian PONCELET
Coopération	Pierre BILLECOCQ
Budget	Jean TAITTINGER
Aménagement du territoire, de l'Équipement, du Logement et du Tourisme	Christian BONNET
Agriculture et Développement rural	Bernard PONS
Action sociale et Réadaptation .	Marie-Madeleine DIENESCH

PREMIER REMANIEMENT DU GOUVERNEMENT PIERRE MESSMER (5 avril 1973)

MINISTRES

Premier ministre	Pierre MESSMER[1]
Ministres :	
Garde des Sceaux, Justice	Jean TAITTINGER[2]
Affaires étrangères	Michel JOBERT
Intérieur	Raymond MARCELLIN
Armées	Robert GALLEY
Économie et Finances	Valéry GISCARD D'ESTAING
Éducation nationale	Joseph FONTANET
Aménagement du Territoire, de l'Équipement, du Logement et du Tourisme	Olivier GUICHARD
Chargé des Réformes administratives	Alain PEYREFITTE
Protection de la nature et de l'environnement	Robert POUJADE
Affaires culturelles	Maurice DRUON
Agriculture et Développement rural	Jacques CHIRAC
Développement industriel et scientifique	Jean CHARBONNEL
Commerce et Artisanat	Jean ROYER
Chargé des Relations avec le Parlement	Joseph COMITI
Travail, Emploi et Population	Georges GORSE
Santé publique et Sécurité sociale	Michel PONIATOWSKI
Transports	Yves GUÉNA
Fonction publique	Philippe MALAUD[3]
Postes et Télécommunications	Hubert GERMAIN
Départements et Territoires d'outre-mer	Bernard STASI
Anciens Combattants et Victimes de guerre	André BORD
Information	Jean-Philippe LECAT[3]

1. Nommé par décret du 2 avril 1973.
2. Les ministres ont été nommés par décret du 5 avril 1973.
3. Le décret du 23 octobre 1973 a remanié le second gouvernement P. Messmer. M. Philippe Malaud est passé de l'Information à la Fonction publique, M. Jean-Philippe Lecat du secrétariat d'État auprès du ministre de l'Économie et des Finances à l'Information, M. Henri Torre est nommé secrétaire d'État auprès du ministre de l'Économie et des Finances.

SECRÉTAIRES D'ÉTAT

Auprès du Premier ministre	Paul DIJOUD[1]
	Pierre MAZEAUD
Auprès du ministre des Affaires étrangères	Jean de LIPKOWSKI
	Jean-François DENIAU
Auprès du ministre de l'Intérieur .	Pierre VERTADIER
Auprès du ministre des Armées ..	Aymar ACHILLE-FOULD
Auprès du ministre de l'Économie et des Finances	Henri TORRE[2]
Auprès du ministre de l'Éducation nationale	Jacques LIMOUZY
	Suzanne PLOUX
Auprès du ministre de l'Aménagement du territoire, de l'Équipement, du Logement et du Tourisme	Christian BONNET
	Aimé PAQUET
Auprès du ministre du Développement industriel et scientifique ...	Henri TORRE
Auprès du ministre chargé des Relations avec le Parlement	Olivier STIRN
Auprès du ministre du Travail, de l'Emploi et de la Population	Christian PONCELET
Auprès du ministre de la Santé publique et de la Sécurité sociale .	Marie-Madeleine DIENESCH
Auprès du ministre des Transports	Pierre BILLECOCQ

SECOND REMANIEMENT DU GOUVERNEMENT PIERRE MESSMER (1er mars 1974)

MINISTRES

Premier ministre	Pierre MESSMER[3]
Ministres d'État :	
Garde des Sceaux, Justice	Jean TAITTINGER[4]

1. A l'exception de M. Henri Torre, les secrétaires d'État ont été nommés par décret du 12 avril 1973.

2. Le décret du 23 octobre 1973 a remanié le second gouvernement P. Messmer. M. Philippe Malaud est passé de l'Information à la Fonction publique, M. Jean-Philippe Lecat du secrétariat d'État auprès du ministre de l'Économie et des Finances à l'Information, M. Henri Torre est nommé secrétaire d'État auprès du ministre de l'Économie et des Finances.

3. Nommé par décret du 27 février 1974.

4. Ministres et secrétaires d'État nommés par décret du 1er mars 1974.

Économie et Finances	Valéry GISCARD D'ESTAING
Aménagement du Territoire, de l'Équipement et des Transports	Olivier GUICHARD
Ministres :	
Affaires étrangères	Michel JOBERT
Intérieur	Jacques CHIRAC
Armées	Robert GALLEY
Éducation nationale	Joseph FONTANET
Agriculture et Développement rural	Raymond MARCELLIN
Affaires culturelles et Environnement	Alain PEYREFITTE
Industrie, Commerce et Artisanat	Yves GUÉNA
Chargé des Relations avec le Parlement	Hubert GERMAIN
Travail, Emploi et Population ..	Georges GORSE
Santé publique et Sécurité sociale	Michel PONIATOWSKI
Postes et Télécommunications .	Jean ROYER[1]
Information	Jean-Philippe LECAT

SECRÉTAIRES D'ÉTAT

Auprès du Premier ministre :	
Chargé des Départements et Territoires d'outre-mer	Joseph COMITI
Chargé de la Fonction publique	Christian PONCELET
Auprès du ministre de l'Économie et des Finances, chargé du Budget .	Henri TORRE
Auprès du ministre de l'Aménagement du Territoire, de l'Équipement et des Transports, chargé du Logement	Christian BONNET
Auprès du ministre de l'Aménagement du Territoire, de l'Équipement et des Transports, chargé des Transports	Aymar ACHILLE-FOULD
Auprès du ministre des Affaires étrangères	Jean de LIPKOWSKI
Auprès du ministre des Armées, chargé des Anciens Combattants et Victimes de guerre	André BORD
Auprès du ministre de l'Éducation nationale, chargé de la Jeunesse et des Sports	Jacques LIMOUZY
Auprès du ministre de l'Éducation nationale	Pierre MAZEAUD

1. En raison de sa candidature à l'élection présidentielle, démissionnaire le 11 avril 1974. M. Hubert Germain est chargé de l'intérim du ministère des Postes et Télécommunications.

Auprès du ministre de l'Agriculture et du Développement rural	Jean-François DENIAU
Auprès du ministre chargé des Relations avec le Parlement	Olivier STIRN
Auprès du ministre des Affaires culturelles et de l'Environnement, chargé de l'Environnement	Paul DIJOUD
Auprès du ministre de la Santé publique et de la Sécurité sociale .	Marie-Madeleine DIENESCH

LE GOUVERNEMENT JACQUES CHIRAC
(28 mai 1974)

MINISTRES

Premier ministre	Jacques CHIRAC
Ministre d'État :	
Intérieur	Michel PONIATOWSKI
Ministres :	
Garde des Sceaux, Justice	Jean LECANUET
Défense	Jacques SOUFFLET
Réformes	Jean-Jacques SERVAN-SCHREIBER[1]
Affaires étrangères	Jean SAUVAGNARGUES
Économie et Finances	Jean-Pierre FOURCADE
Éducation	René HABY
Coopération	Pierre ABELIN
Équipement	Robert GALLEY
Agriculture	Christian BONNET
Qualité de la vie	André JARROT
Travail	Michel DURAFOUR
Santé	Simone VEIL
Industrie	Michel d'ORNANO
Commerce et Artisanat	Vincent ANSQUER

SECRÉTAIRES D'ÉTAT

Anciens Combattants	André BORD[2]
Postes et Télécommunications ...	Pierre LELONG
Transports	Marcel CAVAILLÉ
Culture	Michel GUY
Commerce extérieur	Norbert SÉGARD
Universités	Jean-Pierre SOISSON

1. Le décret du 9 juin 1974 a mis fin aux fonctions de M. Jean-Jacques Servan-Schreiber.
2. Les secrétaires d'État ont été nommés par décret du 8 juin 1974.

Départements et Territoires d'outre-mer	Olivier STIRN
Secrétaires d'État auprès du Premier ministre :	
Relations avec le Parlement	René TOMASINI
Fonction publique	Gabriel PÉRONNET[1]
Formation professionnelle	Paul GRANET
Porte-parole du gouvernement	André ROSSI
Condition féminine	Françoise GIROUD[2]
Auprès du Garde des Sceaux, Justice (condition pénitentiaire)	Hélène DORLHAC
Auprès du ministre des Affaires étrangères	Bernard DESTREMAU
Auprès du ministre de l'Économie et des Finances (budget)	Christian PONCELET
Auprès du ministre de l'Éducation (enseignement préscolaire)	Annie LESUR
Auprès du ministre de l'Équipement (logement)	Jacques BARROT
Secrétaires d'État auprès du ministre de la Qualité de la vie :	
Environnement	Gabriel PÉRONNET
Jeunesse et Sports	Pierre MAZEAUD
Tourisme	Gérard DUCRAY
Auprès du ministre du Travail (travailleurs immigrés)	Paul DIJOUD[3]
Auprès du ministre de la Santé (action sociale)	René LENOIR

LE GOUVERNEMENT RAYMOND BARRE
(27 août 1976 et 20 décembre 1976)

MINISTRES

Premier ministre, ministre chargé de l'Économie et des Finances	Raymond BARRE
Ministres d'État :	
Garde des Sceaux, Justice	Olivier GUICHARD
Intérieur	Michel PONIATOWSKI
Chargé du Plan et de l'Aménagement du territoire	Jean LECANUET

1. Nommé en remplacement de M. Roger Poudonson par décret du 29 octobre 1974.
2. Nommée par décret du 16 juillet 1974.
3. Nommé en remplacement de M. André Postel-Vinay par décret du 22 juillet 1974.

Ministres :	
Affaires étrangères	Louis de GUIRINGAUD
Délégué auprès du Premier ministre, chargé de l'Économie et des Finances	Michel DURAFOUR
Défense	Yvon BOURGES
Éducation	René HABY
Coopération	Robert GALLEY
Équipement	Jean-Pierre FOURCADE
Chargé des relations avec le Parlement	Robert BOULIN
Agriculture	Christian BONNET
Travail	Christian BEULLAC
Santé	Simone VEIL
Industrie et Recherche	Michel d'ORNANO
Qualité de la vie	Vincent ANSQUER
Commerce et Artisanat	Pierre BROUSSE
Commerce extérieur	André ROSSI

SECRÉTAIRES D'ÉTAT

Autonomes :	
Postes et Télécommunications ..	Norbert SEGARD
Anciens combattants	André BORD
Culture	Françoise GIROUD
Universités	Alice SAUNIER-SEÏTÉ
Auprès d'un ministre :	
Intérieur (DOM/TOM)	Olivier STIRN
Affaires étrangères	Pierre-Christian TAITTINGER
Économie et Finances (budget) .	Christian PONCELET
Économie et Finances (consommation)	Christiane SCRIVENER
Équipement (transports)	Marcel CAVAILLÉ
Équipement (logement)	Jacques BARROT
Agriculture	Pierre MÉHAIGNERIE
Travail (immigrés)	Paul DIJOUD
Travail (travailleurs manuels) ..	Lionel STOLÉRU
Santé (action sociale)	René LENOIR
Industrie et Recherche	Claude COULAIS
Industrie et Recherche (chargé de mission)	Pierre MAGNANT
Qualité de la vie (jeunesse et sports)	Jean-Pierre SOISSON
Qualité de la vie (tourisme)	Jacques MÉDECIN
Auprès du Premier ministre :	
Secrétaire d'État auprès du Premier ministre	Antoine RUFFENACHT
Fonction publique	Maurice LIGOT

PREMIER REMANIEMENT DU GOUVERNEMENT RAYMOND BARRE (30 mars 1977 et modifié durant l'année 1977)

MINISTRES

Premier ministre, ministre de l'Économie et des Finances	Raymond BARRE
Garde des Sceaux, Justice	Alain PEYREFITTE
Affaires étrangères	Louis de GUIRINGAUD
Intérieur	Christian BONNET
Défense	Yvon BOURGES
Coopération	Robert GALLEY
Culture et Environnement	Michel d'ORNANO
Économie et Finances (délégué auprès du Premier ministre)	Robert BOULIN
Équipement et Aménagement du territoire	Fernand ICART
Éducation	René HABY
Agriculture	Pierre MÉHAIGNERIE
Industrie, Commerce et Artisanat	René MONORY
Travail	Christian BEULLAC
Santé et Sécurité sociale	Simone VEIL
Commerce extérieur	André ROSSI

SECRÉTAIRES D'ÉTAT

Autonomes :	
Postes et Télécommunications	Norbert SEGARD
Anciens Combattants	Jean-Jacques BEUCLER
Universités	Alice SAUNIER-SEÏTÉ
Jeunesse et Sports	Paul DIJOUD
Auprès d'un ministre :	
Premier ministre (Relations avec le Parlement)	André BORD
Premier ministre (Fonction publique)	Maurice LIGOT
Premier ministre (Recherche)	Jacques SOURDILLE
Affaires étrangères	Jean-François DENIAU
Premier ministre	Jacques DOMINATI
Intérieur	Olivier STIRN
Intérieur (Collectivités locales)	Marc BECAM
Délégué à l'Économie et aux Finances (budget)	Pierre BERNARD-REYMOND
Culture et Environnement (tourisme)	Jacques MÉDECIN
Délégué à l'Économie et aux Finances (consommation)	Christiane SCRIVENER
Équipement (logement)	Jacques BARROT

Équipement (transports)	Marcel CAVAILLÉ
Agriculture	Jacques BLANC
Industrie, Commerce et Artisanat	Antoine RUFFENACHT et Claude COULAIS
Travail	Lionel STOLÉRU et Jacques LEGENDRE
Santé et Sécurité sociale	René LENOIR et Hélène MISSOFFE

SECOND REMANIEMENT DU GOUVERNEMENT RAYMOND BARRE (5-6 avril 1978)

MINISTRES

Premier ministre	Raymond BARRE
Garde des Sceaux, Justice	Alain PEYREFITTE
Santé et Sécurité sociale	Simone VEIL
Intérieur	Christian BONNET
Affaires étrangères	Louis de GUIRINGAUD
Défense	Yvon BOURGES
Travail et Participation	Robert BOULIN
Coopération	Robert GALLEY
Économie	René MONORY
Budget	Maurice PAPON
Environnement et Cadre de vie ...	Michel d'ORNANO
Éducation	Christian BEULLAC
Universités	Alice SAUNIER-SEÏTÉ
Agriculture	Pierre MÉHAIGNERIE
Industrie	André GIRAUD
Transports	Joël LE THEULE
Commerce et Artisanat	Jacques BARROT
Commerce extérieur	Jean-François DENIAU
Jeunesse, Sports et Loisirs	Jean-Pierre SOISSON
Culture et Communication	Jean-Philippe LECAT

SECRÉTAIRES D'ÉTAT

Autonomes :	
Postes et Télécommunications ..	Norbert DOMINATI
Anciens Combattants	Maurice PLANTIER
Auprès d'un ministre :	
Premier ministre	Jacques DOMINATI, Jacques LIMOUZY (chargé des relations avec le Parlement), Pierre AIGRAIN (Recherche)
Garde des Sceaux, Justice	Monique PELLETIER
Intérieur	Marc BECAM (Collectivités locales), Paul DIJOUD (Départements et Terri-

	toires d'outre-mer)
Santé et Famille	Daniel HŒFFEL
Affaires étrangères	Olivier STIRN
Travail et Participation	Lionel STOLÉRU (Travailleurs manuels et immigrés), Jacques LEGENDRE (Formation professionnelle)
Travail et Participation	Nicole PASQUIER (Emploi féminin)
Éducation	Jacques PELLETIER
Environnement et Cadre de vie .	Marcel CAVAILLÉ (chargé du Logement), François DELMAS (chargé de l'Environnement)
Agriculture	Jacques FOUCHIER
Industrie (Petites et moyennes industries)	Jean-Pierre PROUTEAU

Composition du gouvernement au 31 décembre 1978
(postes ayant changé de titulaires et postes créés)

MINISTRES

Affaires étrangères	Jean FRANÇOIS-PONCET
Délégué auprès du Premier ministre, chargé de la Condition féminine	Monique PELLETIER

SECRÉTAIRE D'ÉTAT

Affaires étrangères	Pierre BERNARD-REYMOND

TROISIÈME REMANIEMENT DU GOUVERNEMENT RAYMOND BARRE

Composition au 1er janvier 1980

MINISTRES

Premier ministre	Raymond BARRE (app. UDF)
Garde des Sceaux, Justice	Alain PEYREFITTE (RPR)
Intérieur	Christian BONNET (UDF-PR)
Affaires étrangères	Jean FRANÇOIS-PONCET (UDF)
Défense	Yvon BOURGES (RPR)
Coopération	Robert GALLEY (RPR)
Économie	René MONORY (UDF-CDS)
Budget	Maurice PAPON (RPR)
Environnement et Cadre de vie ...	Michel d'ORNANO (UDF-PR)

Éducation	Christian BEULLAC (maj. prés.)
Universités	Alice SAUNIER-SEÏTÉ (UDF-PR)
Santé et Sécurité sociale	Jacques BARROT (UDF-CDS)
Travail et Participation	Jean MATTÉOLI (RPR)
Agriculture	Pierre MÉHAIGNERIE (UDF-CDS)
Industrie	André GIRAUD
Transports	Joël LE THEULE (RPR)
Commerce extérieur	Jean-François DENIAU (UDF-PR)
Jeunesse, Sports et Loisirs	Jean-Pierre SOISSON (UDF-PR)
Culture et Communication	Jean-Philippe LECAT (maj. prés.)
Délégué auprès du Premier ministre, chargé de la Condition féminine	Monique PELLETIER (UDF-PR)
Commerce et Artisanat	Maurice CHARRETIER (UDF-PR)

SECRÉTAIRES D'ÉTAT

Autonomes :	
Postes et Télécommunications	Norbert SÉGARD (app. UDF)
Anciens Combattants	Maurice PLANTIER (RPR)
Auprès du Premier ministre :	
Premier ministre[1]	Jacques DOMINATI (UDF-PR)
Chargé des Relations avec le Parlement	Jacques LIMOUZY (RPR)
Chargé de la Recherche	Pierre AIGRAIN
Chargé des Industries agricoles et alimentaires	Michel DEBATISSE (maj. prés.)
Auprès d'un ministre :	
Garde des Sceaux	Jean-Paul MOUROT (RPR)
Intérieur, chargé des Départements et Territoires d'outre-mer	Paul DIJOUD (UDF-PR)
Intérieur, chargé des Collectivités locales	Marc BÉCAM (RPR)
Affaires étrangères	Olivier STIRN (UDF-rad.)[2]
	Pierre BERNARD-REYMOND (UDF-CDS)[3]
Travail et Participation, chargé de la formation professionnelle	Jacques LEGENDRE (RPR)
Travail et Participation, chargé des Travailleurs manuels et Immigrés	Lionel STOLÉRU (UDF-PR)
Travail et Participation, chargé de l'Emploi féminin	Nicole PASQUIER (UDF-PR)

1. Officieusement chargé des Rapatriés.
2. M. Stirn est plus particulièrement chargé de la Coopération.
3. M. Bernard-Reymond est chargé des Affaires européennes.

Environnement et Cadre de vie, chargé du Logement	Marcel CAVAILLÉ (UDF-PR)
Environnement et Cadre de vie, chargé de l'Environnement	François DELMAS (UDF-PR)
Éducation	Jacques PELLETIER (UDF-CDS)
Santé et Sécurité sociale	Daniel HOEFFEL (UDF-CDS)
	Jean FARGE[1]
Agriculture	Jacques FOUCHIER (UDF-CNIP)
Industrie, chargé de la Petite et Moyenne industrie	Jean-Pierre PROUTEAU (UDF-rad.)

QUATRIÈME REMANIEMENT DU GOUVERNEMENT RAYMOND BARRE

Composition au 31 décembre 1980[2]

MINISTRES

Premier ministre	Raymond BARRE (app. UDF)
Garde des Sceaux, Justice	Alain PEYREFITTE (RPR)
Intérieur	Christian BONNET (UDF-PR)
Affaires étrangères	Jean FRANÇOIS-PONCET (UDF)
Défense	Robert GALLEY (RPR)[3]
Coopération	Robert GALLEY (RPR)
Délégué auprès du Premier ministre	Norbert SÉGARD (app. UDF)
Délégué auprès du Premier ministre, chargé de la Condition féminine	Monique PELLETIER (UDF-PR)
Délégué auprès du Premier ministre, chargé des Réformes administratives	Jean-François DENIAU (UDF-PR)
Économie	René MONORY (UDF-CDS)
Budget	Maurice PAPON (RPR)
Environnement et Cadre de vie	Michel d'ORNANO (UDF-PR)
Éducation	Christian BEULLAC (maj. prés.)
Universités	Alice SAUNIER-SEÏTÉ (UDF-PR)
Santé et Sécurité sociale	Jacques BARROT (UDF-CDS)
Travail et Participation	Jean MATTÉOLI (RPR)
Agriculture	Pierre MÉHAIGNERIE (UDF-CDS)
Industrie	André GIRAUD
Transports	Daniel HOEFFEL (UDF)
Commerce extérieur	Michel COINTAT (RPR)

1. M. Farge est chargé de la Sécurité sociale.

2. Le gouvernement a été remanié le 2 octobre, à la suite des élections sénatoriales du 28 septembre, et le 5 novembre.

3. M. Galley remplace dans cette fonction M. Joël Le Theule, décédé le 14 décembre 1980.

Jeunesse, Sports et Loisirs	Jean-Pierre SOISSON (UDF-PR)
Culture et Communication	Jean-Philippe LECAT (maj. prés.)
Commerce et Artisanat	Maurice CHARRETIER (UDF-PR)

SECRÉTAIRES D'ÉTAT

Autonomes :	
Postes et Télécommunications	Pierre RIBES (RPR)
Anciens Combattants	Maurice PLANTIER (RPR)
Auprès du Premier ministre :	
Chargé des Relations avec le Parlement	Jacques DOMINATI (UDF-PR)
	Jacques LIMOUZY (RPR)
Chargé de la Recherche	Pierre AIGRAIN
Chargé des Industries agricoles et alimentaires	Michel DEBATISSE (maj. prés.)
Chargé de la Formation professionnelle	Jacques LEGENDRE (RPR)
Auprès d'un ministre :	
Garde des Sceaux	Jean-Paul MOUROT (RPR)
Santé et Sécurité sociale	Jean FARGE,
	Rémy MONTAGNE (UDF-CDS)
Intérieur, chargé des départements et Territoires d'outre-mer	Paul DIJOUD (UDF-PR)
Affaires étrangères	Olivier STIRN (UDF-rad.)
	Pierre BERNARD-REYMOND (UDF-CDS)
Travail et Participation, chargé des Travailleurs manuels et Immigrés	Lionel STOLÉRU (UDF-PR)
Travail, chargé de l'Emploi féminin	Nicole PASQUIER (UDF-PR)
Environnement et Cadre de vie	François DELMAS (UDF-PR)
Agriculture	Jacques FOUCHIER (UDF-CNIP)
Industrie, chargé de la Petite et Moyenne Industrie	Jean-Pierre PROUTEAU (UDF-rad.)

LE GOUVERNEMENT PIERRE MAUROY
(22 mai 1981)

MINISTRES

Premier ministre	Pierre MAUROY (PS)
Ministres d'État :	
Intérieur et Décentralisation	Gaston DEFFERRE (PS)
Solidarité nationale	Nicole QUESTIAUX (PS)
Commerce extérieur	Michel JOBERT (Mouv. dém.)

Plan et Aménagement du territoire	Michel ROCARD (PS)
Recherche et Technologie	Jean-Pierre CHEVÈNEMENT (PS)
Ministres délégués auprès du Premier ministre :	
Droits de la femme	Yvette ROUDY (PS)
Chargé des Relations avec le Parlement	André LABARRÈRE (PS)
Ministres et ministres délégués :	
Garde des Sceaux, Justice	Maurice FAURE (MRG)
Relations extérieures	Claude CHEYSSON (PS)
Délégué auprès du ministre des Relations extérieures, chargé des Affaires européennes	André CHANDERNAGOR (PS)
Délégué auprès du ministre des Relations extérieures, chargé de la Coopération	Jean-Pierre COT (PS)
Défense	Charles HERNU (PS)
Économie et Finances	Jacques DELORS (PS)
Délégué auprès du ministre de l'Économie et des Finances, chargé du Budget	Laurent FABIUS (PS)
Éducation nationale	Alain SAVARY (PS)
Agriculture	Édith CRESSON (PS)
Industrie	Pierre JOXE (PS)
Commerce et Artisanat	André DELELIS (PS)
Travail	Jean AUROUX (PS)
Équipement et Transports	Louis MERMAZ (PS)
Santé	Edmond HERVÉ (PS)
Temps libre	André HENRY (PS)
Délégué auprès du ministre du Temps libre, chargé de la Jeunesse et des Sports	Edwige AVICE (PS)
Culture	Jack LANG (PS)
Communication	Georges FILLIOUD (PS)
Logement	Roger QUILLIOT (PS)
Environnement	Michel CRÉPEAU (MRG)
Mer	Louis LE PENSEC (PS)
PTT	Louis MEXANDEAU (PS)
Anciens Combattants	Jean LAURAIN (PS)

SECRÉTAIRES D'ÉTAT

Auprès du Premier ministre	Jean LE GARREC (PS)
Fonction publique et Réformes administratives	Catherine LALUMIÈRE (PS)
Rapatriés	Raymond COURRIÈRE (PS)

Auprès d'un ministre :	
Intérieur et Décentralisation, chargé des Départements et Territoires d'outre-mer	Henri EMMANUELLI (PS)
Solidarité nationale, chargé de la Sécurité sociale	François AUTAIN (PS)
Solidarité nationale, chargé des Personnes âgées	Joseph FRANCESCHI (PS)
Solidarité nationale, chargée de la Famille	Georgina DUFOIX (PS)
Éducation nationale, chargé de la Formation professionnelle	Marcel DEBARGE (PS)
Agriculture	André CELLARD (PS)
Industrie, chargé de l'Énergie	Georges LEMOINE (PS)
Environnement	Alain BOMBARD (PS)
Temps libre, chargé du Tourisme	François ABADIE (MRG)

PREMIER REMANIEMENT DU GOUVERNEMENT PIERRE MAUROY (23 juin 1981)

MINISTRES

Premier ministre	Pierre MAUROY (PS)
Ministres d'État :	
Intérieur et Décentralisation	Gaston DEFFERRE (PS)
Commerce extérieur	Michel JOBERT (Mouv. dém.)
Transports	Charles FITERMAN (PC)[1]
Plan et Aménagement du Territoire	Michel ROCARD (PS)
Recherche et Technologie	Jean-Pierre CHEVÈNEMENT (PS)
Ministres délégués auprès du Premier ministre :	
Droits de la femme	Yvette ROUDY (PS)
Chargé des Relations avec le Parlement	André LABARRÈRE (PS)
Fonction publique et Réformes administratives	Anicet LE PORS (PC)[1]
Ministres et ministres délégués :	
Garde des Sceaux, Justice	Robert BADINTER (PS)[1]
Relations extérieures	Claude CHEYSSON (PS)
Solidarité nationale	Nicole QUESTIAUX (PS)

1. Nouveaux membres du gouvernement.

Délégué auprès du ministre des Relations extérieures, chargé des Affaires européennes	André CHANDERNAGOR (PS)
Délégué auprès du ministre des Relations extérieures, chargé de la Coopération et du Développement	Jean-Pierre COT (PS)
Défense	Charles HERNU (PS)
Économie et Finances	Jacques DELORS (PS)
Délégué auprès du ministre de l'Économie et des Finances, chargé du Budget	Laurent FABIUS (PS)
Éducation nationale	Alain SAVARY (PS)
Agriculture	Édith CRESSON (PS)
Industrie	Pierre DREYFUS (PS)[1]
Délégué auprès du ministre de l'Industrie, chargé de l'Énergie .	Edmond HERVÉ (PS)[2]
Commerce et Artisanat	André DELELIS (PS)
Culture	Jack LANG (PS)
Travail	Jean AUROUX (PS)
Santé	Jack RALITE (PC)[1]
Temps libre	André HENRY (PS)
Délégué auprès du ministre du Temps libre, chargé de la Jeunesse et des Sports	Edwige AVICE (PS)
Urbanisme et Logement	Roger QUILLIOT (PS)[2]
Environnement	Michel CRÉPEAU (MRG)
Mer	Louis LE PENSEC (PS)
Communication	Georges FILLIOUD (PS)
PTT	Louis MEXANDEAU (PS)
Anciens Combattants	Jean LAURAIN (PS)
Consommation	Catherine LALUMIÈRE (PS)[3]
Formation professionnelle	Marcel RIGOUT (PC)[1]

SECRÉTAIRES D'ÉTAT

Auprès du Premier ministre :	
Chargé de l'Extension du secteur public	Jean LE GARREC (PS)[2]
Chargé des Rapatriés	Raymond COURRIÈRE (PS)
Auprès d'un ministre :	
Intérieur et Décentralisation, chargé des Départements et Territoires d'outre-mer	Henri EMMANUELLI (PS)

1. Nouveaux membres du gouvernement.
2. Membres du gouvernement qui changent d'attributions.
3. Membre du gouvernement qui change de titre et d'attribution.

Solidarité nationale, chargé de la Famille	Georgina DUFOIX (PS)
Solidarité nationale, chargé des Personnes âgées	Joseph FRANCESCHI (PS)
Solidarité nationale, chargé des Immigrés	François AUTAIN (PS)[1]
Défense nationale	Georges LEMOINE (PS)[1]
Agriculture	André CELLARD (PS)
Temps libre, chargé du Tourisme	François ABADIE (MRG)

SECOND REMANIEMENT DU GOUVERNEMENT PIERRE MAUROY (22 mars 1983)

MINISTRES

Premier ministre	Pierre MAUROY (PS)
Économie, Finances et Budget	Jacques DELORS (PS)[2]
Affaires sociales et Solidarité nationale	Pierre BÉRÉGOVOY (PS)[2]
Intérieur et Décentralisation	Gaston DEFFERRE (PS)[3]
Transports	Charles FITERMAN (PC)[2, 3]
Garde des Sceaux, Justice	Robert BADINTER (PS)
Relations extérieures	Claude CHEYSSON (PS)
Défense	Charles HERNU (PS)
Agriculture	Michel ROCARD (PS)[3, 4]
Industrie et Recherche	Laurent FABIUS (PS)[3, 4]
Éducation nationale	Alain SAVARY (PS)
Commerce extérieur et Tourisme	Édith CRESSON (PS)[4]
Urbanisme et Logement	Roger QUILLIOT (PS)
Commerce et Artisanat	Michel CRÉPEAU (MRG)[4]
Formation professionnelle	Marcel RIGOUT (PC)
Ministres délégués :	
Culture	Jack LANG (PS)[3]
Temps libre, Jeunesse et Sports	Edwige AVICE (PS)[2]
Auprès du Premier ministre, chargé des Droits de la femme	Yvette ROUDY (PS)
Auprès du Premier ministre, chargé des Relations avec le Parlement	André LABARRÈRE (PS)

1. Membres du gouvernement qui changent d'attributions.
2. Voit ses attributions accrues.
3. Change de titre.
4. Change d'attributions.

Auprès du ministre des Relations extérieures, chargé des Affaires européennes	André CHANDERNAGOR (PS)
Auprès du ministre des Relations extérieures, chargé de la Coopération et du Développement	Christian NUCCI (PS)
Auprès du ministre de l'Industrie et de la Recherche, chargé des PTT	Louis MEXANDEAU (PS)[1]
Auprès du ministre des Affaires sociales et de la Solidarité nationale, chargé de l'Emploi	Jack RALITE (PC)[1 2]

SECRÉTAIRES D'ÉTAT

Porte-parole du gouvernement	Max GALLO (PS)[3]
Auprès d'un ministre :	
Premier ministre	Jean LE GARREC (PS)[1 2]
Premier ministre, chargé de la Fonction publique et des Réformes administratives	Anicet LE PORS (PC)[1]
Premier ministre, chargé des Techniques de la communication	Georges FILLIOUD (PS)[1]
Économie, Finances et Budget, chargé du Budget	Henri EMMANUELLI (PS)[2]
Économie, Finances et Budget, chargé de la Consommation	Catherine LALUMIÈRE (PS)[1]
Intérieur et Décentralisation, chargé de la Sécurité publique ..	Joseph FRANCESCHI (PS)
Intérieur et Décentralisation, chargé des Départements et Territoires d'outre-mer	Georges LEMOINE (PS)[2]
Défense	François AUTAIN (PS)[2]
Défense, chargé des Anciens Combattants	Jean LAURAIN (PS)[1]
Industrie et Recherche, chargé de l'Énergie	Jean AUROUX (PS)[1 2]
Affaires sociales et Solidarité nationale, chargé de la Santé	Edmond HERVÉ (PS)[1 2]
Affaires sociales et Solidarité nationale, chargé de la Famille, de la Population et des Travailleurs immigrés	Georgina DUFOIX (PS)[4]

1. Change de titre.
2. Change d'attributions.
3. Nouveau membre du gouvernement.
4. Voit ses attributions accrues.

Affaires sociales et Solidarité nationale, chargé des Personnes âgées	Daniel BENOIST (PS)
Affaires sociales et Solidarité nationale, chargé des Rapatriés	Raymond COURRIÈRE (PS)
Premier ministre, chargé de l'Environnement et de la Qualité de la vie	Huguette BOUCHARDEAU (PSU)[1]
Éducation nationale	Roger-Gérard SCHWARTZENBERG (MRG)[1]
Agriculture, chargé de l'Agriculture et de la Forêt	René SOUCHON (PS)[1]
Commerce extérieur et Tourisme, chargé du Tourisme	Roland CARRAZ (PS)[1]
Transports, chargé de la Mer	Guy LENGAGNE (PS)[1]

TROISIÈME REMANIEMENT DU GOUVERNEMENT PIERRE MAUROY (4 octobre 1983[2])

MINISTRES

Urbanisme et Logement .... Paul QUILÈS (PS)

SECRÉTAIRE D'ÉTAT

Auprès du ministre de la Défense . Jean GATEL (PS)

QUATRIÈME REMANIEMENT DU GOUVERNEMENT PIERRE MAUROY (18 décembre 1983[3])

MINISTRE

Affaires européennes .... Roland DUMAS (PS)

---

1. Nouveau membre du gouvernement.
2. Remaniement consécutif aux départs de M.M. Roger Quilliot et François Autain.
3. Remaniement consécutif à la démission de M. André Chandernagor, le 7 décembre.

LE GOUVERNEMENT LAURENT FABIUS
(19 juillet 1984)

MINISTRES

Premier ministre	Laurent FABIUS (PS)
Ministre d'État :	
Chargé du Plan et de l'Aménagement du territoire	Gaston DEFFERRE (PS)
Ministres :	
Économie, Finances et Budget	Pierre BÉRÉGOVOY (PS)
Garde des Sceaux, Justice	Robert BADINTER (PS)
Relations extérieures	Claude CHEYSSON (PS)
Défense	Charles HERNU (PS)
Intérieur et Décentralisation	Pierre JOXE (PS)
Agriculture	Michel ROCARD (PS)
Redéploiement industriel et Commerce extérieur	Édith CRESSON (PS)
Éducation nationale	Jean-Pierre CHEVÈNEMENT (PS)
Affaires sociales et Solidarité nationale	Georgina DUFOIX (PS)
Urbanisme, Logement et Transports	Paul QUILÈS (PS)
Commerce, Artisanat et Tourisme	Michel CRÉPEAU (MRG)
Affaires européennes et porte-parole du gouvernement	Roland DUMAS (PS)
Travail, Emploi et Formation professionnelle	Michel DELEBARRE (PS)
Environnement	Huguette BOUCHARDEAU (PSU)
Recherche et Technologie	Hubert CURIEN
Ministres délégués :	
Culture	Jack LANG (PS)
Auprès du Premier ministre, chargé des Droits de la femmme	Yvette ROUDY (PS)
Jeunesse et Sports	Alain CALMAT
Auprès du Premier ministre, chargé des Relations avec le Parlement	André LABARRÈRE (PS)
Auprès du ministre des Relations extérieures, chargé de la Coopération et du Développement	Christian NUCCI (PS)
Auprès du ministre du Redéploiement industriel et du Commerce extérieur, chargé des PTT	Louis MEXANDEAU (PS)

SECRÉTAIRES D'ÉTAT

Auprès d'un ministre :	
Défense	Edwige AVICE (PS)

Premier ministre, chargé de la Fonction publique et des Simplifications administratives	Jean LE GARREC (PS)
Premier ministre, chargé des Techniques de la communication	Georges FILLIOUD (PS)
Économie, Finances et Budget, chargé du Budget	Henri EMMANUELLI (PS)
Économie, Finances et Budget, chargé de la Consommation	Catherine LALUMIÈRE (PS)
Affaires sociales et Solidarité nationale, chargé des Retraités et des Personnes âgées	Joseph FRANCESCHI (PS)
Intérieur et Décentralisation, chargé des Départements et Territoires d'outre-mer	Georges LEMOINE (PS)
Urbanisme, Logement et Transports, chargé des Transports ...	Jean AUROUX (PS)
Éducation nationale, chargé des Universités	Roger-Gérard SCHWARTZENBERG (MRG)
Premier ministre, chargé de l'Économie sociale	Jean GATEL (PS)
Défense, chargé des Anciens Combattants et Victimes de guerre	Jean LAURAIN (PS)
Redéploiement industriel et Commerce extérieur, chargé de l'Énergie	Martin MALVY (PS)
Affaires sociales et Solidarité nationale, chargé de la Santé	Edmond HERVÉ (PS)
Relations extérieures	Jean-Michel BAYLET (MRG)
Affaires sociales et Solidarité nationale, chargé des Rapatriés ...	Raymond COURRIÈRE (PS)
Agriculture, chargé de l'Agriculture et de la Forêt	René SOUCHON (PS)
Premier ministre, chargé de la Prévention des risques naturels et technologiques majeurs	Haroun TAZIEFF
Éducation nationale, chargé de l'Enseignement technique et technologique	Roland CARRAZ (PS)
Urbanisme, Logement et Transports, chargé de la Mer	Guy LENGAGNE (PS)
Commerce, Artisanat et Tourisme	Jean-Marie BOCKEL (PS)

PREMIER REMANIEMENT « TECHNIQUE » DU GOUVERNEMENT LAURENT FABIUS (7 décembre 1984)

MINISTRES

Relations extérieures[1]	Roland DUMAS (PS)
Affaires sociales et Solidarité nationale, porte-parole du gouvernement	Georgina DUFOIX (PS)
Culture	Jack LANG (PS)

SECRÉTAIRES D'ÉTAT

Auprès du ministre de l'Économie, des Finances et du Budget, chargé du Budget et de la Consommation	Henri EMMANUELLI (PS)
Auprès du ministre des Relations extérieures, chargé des Affaires européennes	Catherine LALUMIÈRE (PS)
Délégué : du Premier ministre chargé des Nouvelles Formations	Gilbert TRIGANO

DEUXIÈME REMANIEMENT DU GOUVERNEMENT LAURENT FABIUS (4 avril 1985[2])

MINISTRES

Agriculture	Henri NALLET (app. PS)
Ministre délégué : Auprès du ministre de l'Agriculture, chargé de l'Agriculture et de la Forêt	René SOUCHON (PS)

1. Remaniement consécutif au départ de M. Claude Cheysson nommé membre de la Commission de la Communauté économique européenne.

2. Remaniement consécutif à la démission de M. Michel Rocard (Agriculture).

TROISIÈME REMANIEMENT DU GOUVERNEMENT LAURENT FABIUS (21 mai 1985)

MINISTRES

Chargé de la Nouvelle-Calédonie ..	Edgard PISANI (PS)
Droits de la femme	Yvette ROUDY (PS)

QUATRIÈME REMANIEMENT DU GOUVERNEMENT LAURENT FABIUS (20 septembre 1985[1])

MINISTRES

Défense	Paul QUILÈS (PS)
Urbanisme, Logement et Transports	Jean AUROUX (PS)

CINQUIÈME REMANIEMENT DU GOUVERNEMENT LAURENT FABIUS (15 novembre 1985[2])

MINISTRE

PTT	Louis MEXANDEAU (PS)

SECRÉTAIRE D'ÉTAT

Auprès du ministre de l'Urbanisme, du Logement et des Transports, chargé des Transports	Charles JOSSELIN (PS)

1. Remaniement consécutif à la démission de M. Charles Hernu (Défense).
2. Remaniement qui voit le départ du gouvernement de M. Edgard Pisani (chargé de la Nouvelle-Calédonie).

LE GOUVERNEMENT JACQUES CHIRAC
(20 et 25 mars 1986)

MINISTRES

Premier ministre	Jacques CHIRAC (RPR)
Ministre d'État :	
Économie, Finances et Privatisation	Édouard BALLADUR (RPR)
Ministres :	
Garde des Sceaux, Justice	Albin CHALANDON (RPR)
Défense	André GIRAUD
Culture et Communication	François LÉOTARD (UDF-PR)
Affaires étrangères	Jean-Bernard RAIMOND
Intérieur	Charles PASQUA (RPR)
Équipement, Logement, Aménagement du territoire et Transports	Pierre MÉHAIGNERIE (UDF-CDS)
Départements et Territoires d'outre-mer	Bernard PONS (RPR)
Éducation nationale	René MONORY (UDF-CDS)
Affaires sociales et Emploi	Philippe SÉGUIN (RPR)
Industrie, PTT et Tourisme	Alain MADELIN (UDF-PR)
Agriculture	François GUILLAUME
Coopération	Michel AURILLAC (RPR)
Chargé des Relations avec le Parlement	André ROSSINOT (UDF-rad.)
Ministres délégués :	
Auprès du Premier ministre, chargé de la Fonction publique et du Plan	Hervé de CHARETTE (UDF-PR)
Auprès du ministre de l'Économie, des Finances et de la Privatisation, chargé du Budget	Alain JUPPÉ (RPR)
Auprès du ministre de l'Économie, des Finances et de la Privatisation, chargé du Commerce extérieur	Michel NOIR (RPR)
Auprès du ministre de l'Économie, des Finances et de la Privatisation, chargé de la Privatisation	Camille CABANA (RPR)
Auprès du ministre de l'Économie, des Finances et de la Privatisation, chargé du Commerce, de l'Artisanat et des Services	Georges CHAVANES (UDF-CDS)
Auprès du ministre de l'Intérieur, chargé de la Sécurité	Robert PANDRAUD (RPR)

Auprès du ministre de l'Équipement, du Logement, de l'Aménagement du territoire et des Transports, chargé des Transports	Jacques DOUFFIAGUES (UDF-PR)
Auprès du ministre de l'Équipement, du Logement, de l'Aménagement du territoire et des Transports, chargé de l'Environnement	Alain CARIGNON (RPR)
Auprès du ministre de l'Éducation nationale, chargé de la Recherche et de l'Enseignement supérieur	Alain DEVAQUET (RPR)[1]
Auprès du ministre des Affaires sociales et de l'Emploi, chargé de la Santé et de la Famille	Michèle BARZACH (RPR)

SECRÉTAIRES D'ÉTAT

Auprès du Premier ministre :	
Chargé de la Francophonie	Lucette MICHAUX-CHEVRY (app. RPR)
Chargé des Droits de l'homme	Claude MALHURET
Chargé de la Jeunesse et des Sports	Christian BERGELIN (RPR)
Auprès d'un ministre :	
Culture et Communication	Philippe de VILLIERS (UDF-PR)
Affaires étrangères	Didier BARIANI (UDF-rad.)
Intérieur, chargé des Collectivités locales	Bernard BOSSON (UDF-CDS)
Départements et Territoires d'outre-mer, chargé des Problèmes du Pacifique Sud	Gaston FLOSSE (RPR)
Éducation nationale, chargé de l'Enseignement	Michèle ALLIOT-MARIE (RPR)
Éducation nationale, chargé de la Formation professionnelle	Nicole CATALA (RPR)
Affaires sociales et Emploi, chargé de la Sécurité sociale	Adrien ZELLER (UDF-CDS)
Affaires sociales et Emploi	Jean ARTHUIS (UDF-CDS)
Industrie, PTT et Tourisme, chargé des PTT	Gérard LONGUET (UDF-PR)
Industrie, PTT et Tourisme, chargé du Tourisme	Jean-Jacques DESCAMPS (UDF-PR)
Anciens Combattants	Georges FONTÈS (RPR)
Rapatriés	André SANTINI (UDF-PSD)
Mer	Ambroise GUELLEC (UDF-CDS)

1. Il démissionne du gouvernement le 8 décembre.

REMANIEMENT DU GOUVERNEMENT JACQUES CHIRAC (19 août 1986)

MINISTRES

Ministres délégués :

Auprès du Premier ministre, chargé de la Réforme administrative .... Camille CABANA (RPR)
Auprès du ministre des Affaires européennes, chargé des Affaires européennes .... Bernard BOSSON (UDF-CDS)
Auprès du ministre de l'Intérieur, chargé des Collectivités locales . Yves GALLAND (UDF-rad.)
Auprès du ministre de l'Industrie, des PTT et du Tourisme, chargé des PTT .... Gérard LONGUET (UDF-PR)

SECRÉTAIRE D'ÉTAT

Auprès du ministre de la Défense . Jacques BOYON (RPR)

LE GOUVERNEMENT MICHEL ROCARD (12 mai 1988) (Source : *le Monde*)

MINISTRES

Premier ministre .... Michel ROCARD (PS)
Ministres d'État :
Éducation nationale, Recherche et Sports .... Lionel JOSPIN (PS)
Économie, Finances et Budget .. Pierre BÉRÉGOVOY (PS)
Équipement et Logement ..... Maurice FAURE (MRG)
Affaires étrangères .... Roland DUMAS (PS)
Ministres :
Garde des Sceaux, Justice ..... Pierre ARPAILLANGE
Défense .... Jean-Pierre CHEVÈNEMENT (PS)
Intérieur .... Pierre JOXE (PS)
Industrie, Commerce extérieur et Aménagement du territoire .... Roger FAUROUX
Affaires européennes .... Édith CRESSON (PS)
Transports .... Louis MERMAZ (PS)
Fonction publique et Réformes administratives .... Michel DURAFOUR (UDF-rad.)
Affaires sociales et Emploi ..... Michel DELEBARRE (PS)

Coopération et Développement	Jacques PELLETIER (UDF)
Culture et Communication	Jack LANG (PS)
Agriculture et Forêt	Henri NALLET (PS)
Postes, Télécommunications et Espace	Paul QUILÈS (PS)
Mer	Louis LE PENSEC (PS)
Relations avec le Parlement	Jean POPEREN (PS)
Ministres délégués :	
Auprès du Premier ministre, chargé des DOM-TOM	Olivier STIRN (PS)
Auprès du ministre d'État à l'Éducation nationale, la Recherche et les Sports, chargé de la Recherche	Hubert CURIEN (PS)
Auprès du ministre d'État, ministre des Affaires étrangères	Edwige AVICE (PS)
Auprès du ministre de l'Industrie, du Commerce extérieur et de l'Aménagement du territoire, chargé de l'Aménagement du territoire et des Reconversions	Jacques CHÉRÈQUE
Auprès du ministre de l'Industrie, du Commerce extérieur et de l'Aménagement du territoire, chargé du commerce, de l'Artisanat et du Tourisme	François DOUBIN (MRG)
Auprès du ministre des Affaires sociales, chargé de la Famille, des Droits de la femme, de la Solidarité et des Rapatriés	Georgina DUFOIX (PS)
Auprès du ministre des Affaires sociales, chargé de la Santé et de la Protection sociale	Claude ÉVIN (PS)
Auprès du ministre de la Culture et de la Communication, chargé de la Communication	Catherine TASCA

SECRÉTAIRES D'ÉTAT

Auprès du Premier ministre :	
Chargé du plan	Lionel STOLÉRU (UDF)
Chargé de l'Environnement	Brice LALONDE
(Sans affectation)	Tony DREYFUS (PS)
Anciens Combattants	Jacques MELLICK (PS)
Auprès du ministre de l'Éducation nationale :	
Chargé de l'Enseignement technique	Robert CHAPUIS (PS)
Chargé des sports	Roger BAMBUCK

Auprès du ministre de l'Économie, Chargé de la consommation	Véronique NEIERTZ (PS)
Auprès du ministre de l'Équipement :	
Chargé du Logement	Phillipe ESSIG
Chargé des grands travaux	Émile BIASINI
Auprès du ministre des Affaires étrangères, chargé des Relations culturelles internationales et de la Francophonie	Thierry de BEAUCÉ
Auprès du ministre de l'Intérieur, chargé des Collectivités territoriales	Jean-Michel BOUCHERON (PS)
Auprès du ministre des Transports, chargé des Voies d'eau et des Transports routiers	Georges SARRE (PS)
Auprès du ministre des Affaires sociales :	
Chargé de la Formation professionnelle	André LAIGNEL (PS)
Chargé de l'Insertion sociale ...	Bernard KOUCHNER
Chargé des Personnes âgées et des Handicapés	Catherine TRAUTMANN (PS)

REMANIEMENT DU GOUVERNEMENT MICHEL ROCARD (28 juin 1988)

MINISTRES

Premier ministre	Michel ROCARD (PS)
Ministres d'État :	
Éducation nationale, Jeunesse et Sports	Lionel JOSPIN (PS)*
Économie, Finances et Budget ..	Pierre BÉRÉGOVOY (PS)*
Équipement et Logement	Maurice FAURE (MRG)*
Affaires étrangères	Roland DUMAS (PS)*
Ministres :	
Garde des Sceaux, Justice	Pierre ARPAILLANGE*
Défense	Jean-Pierre CHEVÈNEMENT*
Intérieur	Pierre JOXE (PS)*
Industrie et Aménagement du territoire	Roger FAUROUX*
Affaires européennes	Édith CRESSON (PS)*
Transports et Mer	Michel DELEBARRE (PS)*

* Membres du gouvernement précédent n'ayant pas changé d'attribution.

Fonction publique et Réformes administratives	Michel DURAFOUR (UDF-rad.)**
Travail, Emploi et Formation professionnelle	Jean-Pierre SOISSON (UDF-PR)
Coopération et Développement	Jacques PELLETIER (UDF)**
Culture et Communication, grands travaux et Bicentenaire	Jack LANG (PS)**
Départements et Territoires d'outre-mer	Louis LE PENSEC (PS)*
Agriculture et Forêt	Henri NALLET (PS)**
Poste, Télécommunications et Espace	Paul QUILÈS (PS)**
Relations avec le Parlement	Jean POPEREN (PS)**
Solidarité, Santé, Protection sociale et porte-parole du Gouvernement	Claude ÉVIN (PS)*
Recherche et Technologie	Hubert CURIEN (PS)*
Commerce extérieur	Jean-Marie RAUSCH (UDF-CDS)
Ministres délégués :	
Auprès du ministre d'État, ministre de l'Économie, des Finances et Budget, chargé du budget	Michel CHARASSE (PS)
Auprès du ministre d'État, ministre des Affaires étrangères, chargé de la francophonie	Alain DECAUX
Auprès du ministre d'État, ministre des Affaires étrangères	Edwige AVICE (PS)**
Auprès du ministre de l'Industrie et de l'Aménagement du territoire, chargé de l'Aménagement du territoire et des Reconversions	Jacques CHÉRÈQUE**
Auprès du ministre de l'Industrie et de l'Aménagement du territoire, chargé du Commerce et de l'Artisanat	François DOUBIN (MRG)**
Auprès du ministre de l'Industrie et de l'Aménagement du territoire, chargé du Tourisme	Olivier STIRN (PS)*
Auprès du ministre des Transports, chargé de la Mer	Jacques MELLICK (PS)*
Auprès du ministre de la Culture et de la Communication, chargé de la Communication	Catherine TASCA**
Auprès du ministre de la Solidarité, de la Santé et de la Protection sociale, chargé de la Santé	Léon SCHWARZENBERG

* Membres du gouvernement précédent ayant changé d'attribution.
** Membres du gouvernement précédent n'ayant pas changé d'attribution.

Auprès du ministre de la Solidarité, de la Santé et de la Protection sociale, chargé des Personnes âgées	Théo BRAUN

SECRÉTAIRES D'ÉTAT

Chargé des Droits des femmes	Michèle ANDRÉ (PS)
Chargé des Anciens combattants et des Victimes de guerre	André MÉRIC (PS)
Chargé de la Prévention des risques technologiques et naturels majeurs	Gérard RENON
Auprès du Premier ministre :	
Chargé du Plan	Lionel STOLÉRU (UDF)**
Chargé de l'Environnement	Brice LALONDE**
(sans affectation)	Tony DREYFUS (PS)**
Chargé de l'action humanitaire	Bernard KOUCHNER*
Auprès du ministre de l'Éducation nationale :	
Chargé de l'Enseignement technique	Robert CHAPUIS (PS)**
Chargé de la Jeunesse et des Sports	Roger BAMBUCK**
Auprès du ministre de l'Économie, chargé de la Consommation	Véronique NEIERTZ (PS)**
Auprès du ministre des Affaires étrangères, chargé des Relations culturelles internationales	Thierry de BEAUCÉ*
Auprès du ministre de l'Intérieur, chargé des Collectivités territoriales	Jean-Michel BAYLET (MRG)
Auprès du ministre des Transports, chargé des Transports routiers et fluviaux	Georges SARRE (PS)**
Auprès du ministre du Travail, chargé de la Formation professionnelle	André LAIGNEL (PS)**
Auprès du ministre de la Culture, chargé des grands travaux	Émile BIASINI**
Auprès du ministre de la Solidarité :	
Chargé de la Famille	Hélène DORLHAC (UDF)
Chargé des Handicapés et des Accidentés de la vie	Michel GILLIBERT

* Membres du gouvernement précédent ayant changé d'attribution.
** Membres du gouvernement précédent n'ayant pas changé d'attribution.

II
LES ÉLECTIONS DE LA Vᵉ RÉPUBLIQUE

I. Les élections présidentielles
(Source : Berstein Serge, *la France de l'expansion, I. La République gaullienne 1958-1969*, Seuil, Points Histoire, 1989, pp. 284-286.)

Évolution des intentions de vote au cours de la campagne électorale 1965

	1er tour[1]				
	22 octobre 5 novembre	6 au 16 novembre	17 au 27 novembre	1er et 2 décembre	Élection 5 décembre
De Gaulle	66	61	46,5	43	43,7
Mitterrand	23	24	28	27	32,2
Lecanuet	5	7	14	20	15,9
Tixier-Vignancourt	5	7	7	7	5,3
Marcilhacy	1	1	3	2	1,7
Barbu	–	–	1,5	1	1,2
	100 %	100 %	100 %	100 %	100 %

1. Sur 100 personnes qui indiquent le sens de leur vote en pourcentage.
Source : IFOP (33), p. 228.

Élection présidentielle 1965

	1er tour, 5 décembre			2e tour, 19 décembre		
	Voix	% des inscrits	% des suffrages exprimés	Voix	% des inscrits	% des suffrages exprimés
Électeurs inscrits	28 233 167	100		28 233 198	100	
Votants	24 001 961			23 862 653		
Abstentions	4 231 206	14,9		4 360 545	15,4	
Blancs et nuls	244 292	0,8		665 141	2,3	
Général de Gaulle	10 386 734	36,7	43,7	12 643 527	44,7	54,5
F. Mitterrand	7 658 792	27,1	32,2	10 553 985	37,3	45,5
J. Lecanuet	3 767 404	13,3	15,8			
J.-L. Tixier-Vignancourt	1 253 958	4,4	5,2			
P. Marcilhacy	413 129	1,4	1,7			
M. Barbu	277 652	0,9	1,1			

Élection présidentielle 1969
(Source : Chapsal Jacques, *la Vie politique sous la Ve République*, PUF, 1981, p. 701.)

	1er tour, 1er juin			2e tour, 15 juin		
	Voix	% des inscrits	% des suffrages exprimés	Voix	% des inscrits	% des suffrages exprimés
Électeurs inscrits	28 774 041	100		28 761 494	100	
Votants	22 492 059			19 854 087		
Abstentions	6 281 982	21,8		8 907 407	31	
Blancs et nuls	287 372	0,9		1 295 216	4,5	
Georges Pompidou	9 761 297	34	43,9	10 688 183	37	57,5
Alain Poher	5 201 133	18,1	23,4	7 870 688	27,4	42,4
Jacques Duclos	4 779 539	16,6	21,5			
Gaston Defferre	1 127 733	3,9	5			
Michel Rocard	814 051	2,8	3,6			
Louis Ducatel	284 697	0,9	1,2			
Alain Krivine	236 237	0,8	1,1			

Élection présidentielle de 1974
(Source : *l'Année politique, op. cit.*, 1974.)

Évolution des intentions de vote au cours de la campagne électorale

	9 avril	16 avril	18 avril	22 avril	24 avril	29 avril	3 mai
F. Mitterrand	40	41	43	41	42	42	45
J. Chaban-Delmas ..	29	25	23	**23**	**18**	18	15
V. Giscard d'Estaing	27	27	25	**26**	**31**	31	30
J. Royer	–	5	5	6	3	3	3,5
Divers	4	2	4	4	6	6	6,5
	100	100	100	100	100	100	100

	1er tour, 5 mai			2e tour, 19 mai		
	Voix	% des inscrits	% des suffrages exprimés	Voix	% des inscrits	% des suffrages exprimés
Électeurs inscrits ..	30 602 953			30 600 775		
Abstentions	4 827 210	15,7		3 876 180	12,7	
Blancs et nuls	237 107	0,7		356 788	1,2	
Suffrages exprimés .	25 538 636			26 367 807		
F. Mitterrand	11 044 373	36,1	43,2	12 971 604	42,4	49,2
V. Giscard d'Estaing	8 326 774	27,2	32,6	13 396 203	43,8	50,8
J. Chaban-Delmas ..	3 857 728	12,6	15,1			
J. Royer	810 540	2,6	3,2			
A. Laguiller	595 247	1,9	2,3			
R. Dumont	337 800	1,1	1,3			
J.-M. Le Pen	190 921	0,62	0,74			
E. Muller	176 279	0,57	0,69			
A. Krivine	93 990	0,30	0,36			
B. Renouvin	43 722	0,14	0,17			
J.-C. Sebag	42 007	0,13	0,16			
G. Héraud	19 255	0,06	0,07			

Élection présidentielle de 1981
(Source : *le Monde.*)

1er tour, 26 avril

	Métropole			Outre-Mer			Total		
Inscrits	35 517 816			728 441			36 246 257		
Votants	28 998 497 (81,64 %)			392 260 (53,84 %)			29 390 757 (81,08 %)		
Abstentions	6 519 319 (18,35 %)			336 181 (46,15 %)			6 855 500 (18,91 %)		
Blancs ou nuls	480 837 (1,35 %)			8 895 (1,22 %)			489 732 (1,35 %)		
Exprimés	28 517 660			383 365			28 901 025		
Candidats	Voix	(%) Suff. expr.	% Ins-crits	Voix	(%) Suff. expr.	% Ins-crits	Voix	(%) Suff. expr.	% Ins-crits
Giscard d'Estaing	7 933 963	27,82	22,33	221 334	57,73	30,38	8 155 297	28,21	22,49
Mitterrand	7 439 577	26,08	20,94	46 299	12,07	6,35	7 485 876	25,90	20,65
Chirac	5 141 063	18,02	14,47	47 091	12,28	6,46	5 188 154	17,95	14,31
Marchais	4 415 028	15,48	12,43	41 836	10,91	5,74	4 456 864	15,42	12,29
Lalonde	1 118 885	3,92	3,15	3 560	0,92	0,48	1 122 445	3,88	3,09
Laguiller	661 523	2,31	1,86	5 534	1,44	0,75	667 057	2,30	1,84
Crépeau	639 238	2,24	1,79	2 118	0,55	0,29	641 356	2,21	1,76
Debré	469 249	1,64	1,32	11 280	2,94	1,54	480 529	1,66	1,32
Garaud	380 815	1,33	1,07	3 007	0,78	0,41	383 822	1,32	1,05
Bouchardeau	318 319	1,11	0,89	1 306	0,34	0,17	319 625	1,10	0,88

2e tour, 10 mai

	Métropole			Outre-mer et Français de l'étranger			Total		
Inscrits ..	35 462 661			809 876			36 272 537		
Votants ..	30 648 982			509 540			31 158 522		
Abstentions	4 813 679 (13,57 %)			300 336 (37,03 %)			5 114 015 (14,09 %)		
Blancs ou nuls ...	876 258 (2,47 %)			9 312 (1,14 %)			885 570 (2,44 %)		
Exprimés .	29 772 724			500 228			30 272 952		
Candidats	Voix	(%) Suff. expr.	(%) Inscrits	Voix	(%) Suff. expr.	(%) Inscrits	Voix	(%) Suff. expr.	(%) Inscrits
Mitterrand	15 548 270	52,22	43,84	140 660	28,11	17,36	15 688 930	51,82	43,25
Giscard d'Estaing .	14 224 454	47,77	40,11	359 568	71,88	44,39	14 584 022	48,17	40,20

Les résultats ci-dessus, communiqués par le ministre de l'Intérieur, ne tiennent pas compte du vote exprimé par 39 548 électeurs inscrits en Polynésie française et par 80 161 Français inscrits hors de France.

Élection présidentielle de 1988

1er tour, 24 avril — 2e tour, 10 mai

	1er tour			2e tour		
	Total			Total		
Inscrits	37 931 494			38 061 919		
Votants	30 906 340 (81,47 %)			32 039 012 (84,17 %)		
Abstentions	7 025 154 (18,52 %)			6 022 907 (15,82 %)		
Blancs ou nuls	623 390 (2,01 %)			1 169 740 (3,65 %)		
Exprimés	30 282 950			30 869 272		
Candidats	Voix	(%) Suffr. exp.	(%) Inscrits	Voix	(%) Suffr. exp.	(%) Inscrits
Mitterrand	10 326 369	34,10	27,22	16 676 335	54,02	43,81
Chirac	6 025 376	19,90	15,88	14 192 937	45,97	37,28
Barre	5 010 577	16,55	13,20			
Le Pen	4 363 603	14,41	11,50			
Lajoinie	2 053 764	6,78	5,41			
Waechter	1 145 502	3,78	3,02			
Juquin	636 761	2,10	1,68			
Laguiller	604 524	2,00	1,59			
Boussel	116 474	0,38	0,31			

Cette statistique officielle tient compte du vote de 115 450 électeurs inscrits parmi les Français de l'étranger et comptabilisés avec les votes en métropole mais ne prend pas en considération les résultats du scrutin en Polynésie française.

Résultats complets moins la Polynésie.

II. Les référendums
(Source : Chapsal Jacques, *la Vie politique sous la Ve République*, PUF, 1981, pp. 700-701.)

		% des inscrits	% des exprimés
RÉFÉRENDUM DU 8 JANVIER 1961			
(Approbation de la politique d'autodétermination de l'Algérie.)			
Inscrits	27 184 408	100	
Votants	20 791 246		
Abstentions	6 393 162	23,5	
Blancs et nuls	594 699	2,1	
Oui	15 200 073	55,9	75,2
Non	4 996 474	18,3	24,7
RÉFÉRENDUM DU 8 AVRIL 1962			
(Approbation des accords d'Évian et délégation de pouvoirs pour leur application.)			
Inscrits	26 991 743	100	
Votants	20 401 906		
Abstentions	6 589 837	24,4	
Blancs et nuls	1 098 238	4	
Oui	17 508 607	64,8	90,6
Non	1 795 061	6,6	9,3
RÉFÉRENDUM DU 28 OCTOBRE 1962			
(Adoption d'un projet de loi disposant que le Président de la République sera élu à l'avenir au suffrage universel.)			
Inscrits	27 582 113	100	
Votants	21 301 816		
Abstentions	6 280 297	22,7	
Blancs et nuls	559 758	2	
Oui	12 809 363	46,4	61,7
Non	7 932 695	28,7	38,2
RÉFÉRENDUM DU 27 AVRIL 1969			
(Approbation du projet de création des régions et de réforme du Sénat.)			
Inscrits	28 655 692	100	
Votants	23 093 296		
Abstentions	5 562 396	19,4	
Blancs et nuls	635 678	2,2	
Oui	10 512 469	36,7	46,7
Non	11 945 149	41,6	53,2
RÉFÉRENDUM DU 23 AVRIL 1972			
(Approbation du traité sur l'entrée de la Grande-Bretagne dans le Marché commun.)			
Inscrits	29 071 070	100	
Votants	17 581 840		
Abstentions	11 489 230	39,5	
Blancs et nuls	2 070 615	7,1	
Oui	10 502 756	36,1	67,7
Non	5 008 469	17,2	32,2

RÉFÉRENDUM SUR LE STATUT DE LA NOUVELLE-CALÉDONIE
DU 6 NOVEMBRE 1988
(Non compris les résultats de Polynésie française.)
(Source : *le Monde.*)

	Voix	% par rapport aux inscrits	% par rapport aux suffr. expr.
Inscrits	37 782 318		
Votants	13 993 000		
Abstentions	23 789 318	62,96	
Bulletins blancs ou nuls	1 668 708	4,41	
Suffrages exprimés	12 324 292		
Oui	9 859 557	26,09	80
Non	2 464 735	6,52	19,99

III. Les élections législatives

(Source : *l'Année politique, op.cit.*)

18-25 novembre 1962
1er tour

Inscrits	27 535 019
Abstentions	8 603 286 (31,25 %)
Votants	18 934 733 (68,75 %)
Blancs ou nuls	601 747 (3,17 %)
Suffrages exprimés	18 329 986 (66,56 % des inscrits)

La répartition des voix et des élus se présente comme suit :

Partis	Voix 1962	%	Voix 1958	%	Élus 1962	Élus 1958
Parti communiste	3 992 431	21,78	3 870 184	18,9	9	1
Extrême gauche	449 743	2,45	356 081	1,8		
SFIO	2 319 662	12,65	3 176 557	15,5	1	2
Radicaux	679 812	3,71	971 840	4,7	9	5
Centre gauche	705 186	3,85	738 870	3,6		
UNR	5 847 403	31,90	3 589 362	17,5	50	8
MRP	1 635 452	8,92	2 408 370	11,7	13	8
Indépendants	798 092	4,36	1 274 955	6,2	15	15
CNI	1 660 896	9,06	2 837 236	13,9		
Centre républicain	81 627	0,45	604 834	3		
Extrême droite	159 682	0,87	664 088	3,2		
					97	39

2e tour

Partis	1er tour	%	2e tour	%
Parti communiste	3 992 431	21,8	3 243 041	21,3
Extrême gauche	449 743	2,4	183 844	1,2
Socialistes	2 319 662	12,6	2 304 330	15,2
Radicaux	679 812	3,7	635 712	4,2
Centre gauche	705 186	3,8	432 389	2,8
UNR	5 847 403	31,9	6 165 929	40,5
MRP	1 635 452	8,9	806 908	5,3
Indépendants	798 092	4,4	241 853	1,6
CNI	1 660 896	9,1	1 125 988	7,4
Centre républicain	81 627	0,5	51 164	0,4

Répartition des élus en métropole :

Partis	Sortants	Élus		Total	Gains ou pertes
		1er tour	2e tour		
Communistes	10	9	32	41	+ 31
PSU			2	2	+ 2
SFIO	41	1	64	65	+ 24
Rad. et centre gauche	41	8	34	42	+ 1
UNR-UDT	165	46	183	229	+ 64
MRP	56	14	22	36	− 20
Rép. indép.	28	12	8	20	− 8
Indép. (CNI)	106	6	22	28	− 78
Centre républicain ...	3		1	1	− 2
Extrême droite	12				− 12
Sans étiquette			1	1	+ 1
	462 (3)	96	369	465	

5-12 mars 1967
1er tour

L'évaluation des voix obtenues par les partis de 1962 à 1967

	5 mars 1967		18 novembre 1962		
Inscrits	28 291 838		27 526 358		
Abstentions	5 404 687 (19,10 %)		8 608 199 (31,27 %)		
Votants	22 887 151 (80,89 %)		18 918 159 (68,72 %)		
Blancs ou nuls	494 834 (2,16 %)		584 368 (3,09 %)		
Suff. expr. en % des inscrits	22 392 317 (79,1 %)		18 333 791 (66,60 %)		
Partis	**Voix**	**%**	**Voix**	**%**	**Partis**
Parti communiste	5 029 808	22,46	4 003 553	21,84	Parti communiste.
Extrême gauche (dont PSU)	506 592	2,26	427 467	2,33	Extrême gauche (dont PSU).
Fédération de la gauche	4 207 166	18,79	2 298 729	12,54	SFIO.
			1 429 649	7,79	Rad. et centre gauche.
Ve République	8 453 512	37,75	5 855 744	31,94	UNR-UDT.
			1 089 348	5,94	Républicains indépend.
Centre démocrate	2 864 272	12,79	1 665 695	9,08	MRP.
			1 404 177	7,66	Centre nation. des indép.
Divers	1 136 191	5,08			
Alliance républicaine .. Extrême droite	194 776	0,87	159 429	0,87	Extrême droite.

2e tour

La répartition des élus de la nouvelle assemblée

Partis et tendances	Sortants	Élus		Total	Gains ou pertes
		1er tour	2e tour		
PCF	41	8	65	73	+ 32
PSU	1		4	4	+ 3
Extrême gauche	1	1		1	
Fédération	91	1	115	116	+ 25
Divers gauche ..	13		5	5	*
Centre démocrate	42	3	24	27	*
Divers modérés .			15	15	*
Ve République ..	284	68	176	244	– 40
Non-inscrits	9				
	482	81	404	485 (8)	

23-30 juin 1968
(Source : Berstein Serge, *op. cit.*, pp. 320-322.)

1er tour			
	Voix	% des inscrits	% des suffrages exprimés
Électeurs inscrits	28 171 635	100	
Votants	22 539 743		
Abstentions	5 631 892	19,9	
Blancs et nuls	401 086	1,4	
Parti communiste	4 435 357	15,7	20
PSU	874 212	3,1	3,9
FGDS	3 654 003	12,9	16,5
Divers gauche	133 100	0,4	0,6
UDF Rép. indép.	10 201 024	36,3	46
Centre PDM	2 290 165	8,1	14,4
Modérés	410 699	1,4	1,8
Divers	140 097	0,5	0,6

2e tour
(en nombre de sièges)

Majorité	Opposition	Comparaison avec 1967
UDR 293		+ 93
Républicains indépendants ... 61		+ 19
Total 354		
	PC 34	– 39
	FGDS 57	– 64
	PDM 33	– 8
Non-inscrits : 9		+ 1

4-11 mars 1973

1er tour

Inscrits	29 865 345	Parti communiste	5 063 981 (21,34 %)
Abstentions	5 602 623 (18,75 %)	PSU et extr. gauche	781 976 (3,29 %)
Votants	24 262 822 (81,24 %)	UGSD	4 899 965 (20,65 %)
Blancs et nuls	541 877 (1,81 %)	Divers gauche	299 938 (1,26 %)
Suffrages exprimés	23 720 945 (79,42 %)	Réformateurs	2 967 481 (12,50 %)
		URP	8 242 661 (34,74 %)
		Divers majorité	779 259 (3,28 %)
		Divers droite	679 684 (2,86 %)

2e tour

Inscrits	29 666 161	Parti communiste	4 893 876 (20,83 %)
Abstentions	5 372 128 (18,11 %)	PSU et extr. gauche	114 540 (0,47 %)
Votants	24 294 033	UGSD	5 564 610 (23,68 %)
Blancs et nuls	804 390 (2,71 %)	Divers gauche	191 441 (0,81 %)
Suffrages exprimés	23 489 643	Réformateurs	1 631 978 (6,94 %)
		URP	10 701 135 (45,54 %)
		Divers majorité	337 399 (1,43 %)
		Divers droite	21 053 (0,08 %)

12-19 mars 1978

1er tour

Circonscriptions (métropole et outre-mer)	491	
Inscrits	35 204 152	
Votants	29 141 979	82,8 %
Suffrages exprimés	28 560 243	81,1 %
Abstentions	6 062 173	17,2 %

Partis	Nombre de voix	%
Partis se réclamant du programme commun :	12 925 485	45,3
Parti communiste	5 870 402	20,6
Parti socialiste	6 451 151	22,6
Mouvement des radicaux de gauche	603 932	2,1
Majorité :	13 276 296	46,5
Rassemblement pour la République	6 462 462	22,6
Union pour la démocratie française	6 128 849	21,5
Candidats se réclamant du soutien du président de la République :	684 985	2,4
Extrême gauche	953 088	3,3
Écologistes	612 100	2,1
Divers	793 274	2,8

2e tour

Circonscriptions (métropole et outre-mer)	423	
Inscrits	30 956 076	
Votants	26 206 710	84,6 %
Suffrages exprimés	25 475 802	82,2 %
Abstentions	4 749 366	15,3 %

Partis	Nombre de voix	%
Partis se réclamant du programme commun :	12 553 262	49,29
Parti communiste	4 744 868	18,62
Parti socialiste	7 212 916	28,31
Mouvement des radicaux de gauche	595 478	2,36
Majorité :	12 559 359	50,49
Rassemblement pour la République	6 651 756	26,11
Union pour la démocratie française et apparentés	5 907 603	23,18
Candidats se réclamant du soutien du président de la République :	305 763	1,20
Divers[1]	57 418	0,22

Résultats définitifs en sièges

Partis	Sièges
Parti communiste	86
Parti socialiste	103
Mouvement des radicaux de gauche	10
Extrême gauche	1
Rassemblement pour la République	148
Union pour la démocratie française et apparentés	137
Candidats se réclamant du soutien du président de la République	4
Divers[1]	2

1. Selon le ministère les divers se répartissent de la manière suivante : divers opposition : 1,1 % ; divers majorité : 1 % ; divers droite : 0,9 %.

14-21 juin 1981
(Source : « Les élections législatives de juin 1981 »
le Monde, dossiers et documents, pp. 60 et 84.)

Inscrits	36 257 433		
Votants	25 508 800 (70,35 %)		
Abstentions	10 748 633 (29,64 %)		
Suffrages exprimés	25 141 190		
Partis	Nombre de candidats	Nombre de voix obtenues	%
Extrême gauche ..	508	334 674	1,33
PC	483	4 065 540	16,17
PS + MRG	532	9 432 362	37,51
Divers gauche ...	130	183 010	0,72
Écologistes	174	271 688	1,08
RPR	299	5 231 269	20,80
UDF	280	4 827 437	19,20
Divers droite	148	704 788	2,80
Extrême droite ...	170	90 422	0,35
Total	2 719		

La répartition des élus

Partis ou tendances	Sortants	Élus			Gains ou pertes
		1er tour	2e tour	Total	
Parti communiste ..	86	7	37	44	− 42
Parti socialiste et apparentés ...	107	47	222	269	+ 162
Radicaux de gauche	10	1	13	14	+ 4
Divers gauche	1	1	5	6	+ 5
RPR	153	50	33	83	− 70
UDF-PR	65	23	9	32	− 33
UDF-CDS	36	13	6	19	− 17
UDF-rad.	8	2	–	2	− 6
UDF-MDS	2	–	–	–	− 2
UDF	5	5	3	8	+ 3
CNIP	9	5	–	5	− 4
Divers droite	9	2	4	6	− 3
Total	491	156	332	488	–

16 mars 1986
(Source : Ministère de l'Intérieur.)

Résultats globaux pour la métropole
et les départements et territoires d'outre-mer

Inscrits	37 562 173
Votants	29 299 852 (78 %)
Abstentions	8 262 321 (21,99 %)
Suffrages exprimés	28 024 168 (74,60 %)

Listes	Nombre de voix obtenues	%	Nombre de sièges à l'Assemblée nationale	
			Métropole	DOM-TOM
Extrême gauche ...	430 352	1,5		
Parti communiste ..	2 739 925	9,8	32	3
Union de la gauche	56 044	0,2		
Parti socialiste	8 693 939	31	207	5
MRG	107 769	0,4		
Divers gauche	301 063	1,1		
Écologistes	340 109	1,2		
Régionalistes	28 379	0,1		
RPR	3 143 224	11,2	145	6
UDF	2 330 167	8,3	128	1
RPR-UDF	6 008 612	21,4		6
Divers droite	1 083 711	3,9		1
Front national	2 703 442	9,7	35	
Extrême droite	57 432	0,2		
Non-inscrits			8	
Total	28 024 168	100	555	22

5-12 juin 1988
(Source : *Encyclopaedia universalis*, édition 1989, pp. 278-282.)

	Législatives 1986	Législatives 1988 (1er tour)	Écart	Indice d'évolution 1988/1986
Parti communiste	9,7	11,1	+ 1,4	114
Extrême gauche	1,5	0,4	− 1,1	27
Parti socialiste, MRG, divers gauche	32,8	37,7	+ 4,9	115
Total gauche	44,0	49,2	+ 5,2	112
Écologistes	1,3	0,4	− 0,9	31
UDF-RPR, divers droite .	44,8	40,5	− 4,3	90
Front national, divers extrême droite ...	9,9	9,9	–	100
Total droite	54,7	50,4	− 4,3	92

IV. Les élections municipales
(Source : *l'Année politique, op. cit.*)

14-21 mars 1965
1er tour

Répartition des sièges attribués pour l'ensemble de la France

Partis	Villes de plus de 30 000	Villes de moins de 30 000
ALIM[1]	431	177 450
PC	697	14 200
Extrême gauche	56	11 082
SFIO	569	36 140
Radicaux	126	22 794
Centre gauche	313	53 907
UNR	314	27 005
Rép. indép.	166	13 889
MRP	377	22 165
CNI	259	22 318
Extrême droite	3	584

Répartition des conseillers municipaux pour l'ensemble de la France

Partis	Sortants	Élus
ALIM[1]	125 160	200 523
PC	19 872	16 254
Extrême gauche	20 637	12 998
SFIO	51 992	40 029
Radicaux	41 202	24 868
Centre gauche	68 558	61 256
UNR	20 089	39 427
Républicains indépendants	N'existaient pas	16 964
MRP	33 482	25 096
CNI	79 058	25 255
Extrême droite	1 751	738

1. Action locale et intérêts municipaux.

2e tour
Répartition politique des municipalités
dans les villes de plus de 30 000 habitants

Partis	Municip. sortantes	Nouv. municip.	Gains ou pertes
PC	25	34	+ 9
Extrême gauche	5	4	− 1
SFIO	41	32	− 9
Radicaux	6	6	0
Centre gauche	12	9	− 3
UNR	24	25	+ 1
Républicains indépendants	8	8	0
MRP	12	13	+ 1
CNI	15	13	− 2
ALIM[1]	10	12	+ 2

14-21 mars 1971
(Source : Vincent Gérard, *les Français*, 1945-1975, Masson, 1977, p. 208.)

Résultats pour les 193 villes de plus de 30 000 habitants.
Il y a 36,3 % d'abstentions, 2 % de votes blancs ou nuls,
5 582 216 suffrages exprimés

Partis	Nombre de voix	% des suffrages
Gauche unie	1 375 177	24,6
Extrême gauche	599 933	10,7
Centre gauche	642 696	11,5
Total gauche	2 617 806	46,9
Centre droit	106 346	1,9
Droite « pure »	653 332	11,7
Total droite oppos.	759 678	13,6
Alliés de la majorité	366 402	6,6
Majorité	1 838 430	32,9
Total majorité-alliés	2 204 732	39,5

Répartition des sièges pour l'ensemble des communes

Partis	Nombre de sièges	%
PCF	20 316	4,3
Extrême gauche	9 536	2
PS	42 175	9
Radicaux	20 187	4,3
Divers gauche	87 878	18,8
UDR	48 583	10,4
RI	26 694	5,7
CDP	10 229	2,1
Div. modérés majorité	141 891	30,4
CD	15 520	3,3
Div. modérés opposition	43 673	9,3

13-25 mars 1977

Tableau récapitulatif

Pour la totalité des municipalités la répartition s'établit, ainsi pour chaque formation politique, de la manière suivante[1] :

Extrême gauche	2 800	soit	0,6 %
Parti communiste	22 733	soit	5,2 %
Parti socialiste	43 250	soit	9,9 %
Radicaux de gauche	7 410	soit	1,7 %
Divers gauche	97 106	soit	22,2 %
Centre gauche majorité	21 298	soit	4,9 %
Républicains indépendants	37 501	soit	8,6 %
Indépendants	5 668	soit	1,3 %
CDS	26 163	soit	5,9 %
RPR	30 960	soit	7,1 %
Divers modérés majorité	136 328	soit	31,2 %
Divers droite	4 847	soit	1,1 %

1. Selon le ministère de l'Intérieur.

6-13 mars 1983
1er tour

Inscrits	36 233 581
Votants	28 394 258 (78,36 %)
Abstentions	7 839 323 (21,63 %)
Exprimés	27 520 144[1] (75,95 %)
Total des sièges	411 236
Sièges en ballottage	92 061

Listes	Voix	%	Sièges	
Extrême gauche	138 056	0,54	Extrême gauche	888
PC	599 511	2,36	PC	21 647
Un. gauche	7 201 133	28,36	PS	41 441
PS	1 206 162	4,75	MRG	4 365
Divers gauche	948 442	3,73	Divers gauche	88 544
Gauche-centristes	2 226 919	8,77	Écologistes	550
Écologistes	147 884	0,58	RPR	20 132
			UDF	25 495
Divers droite[2]	12 894 312	50,78	Divers droite	207 999
Extrême droite	27 970	0,11	Extrême droite	175

1. Le total ne correspond pas exactement aux suffrages exprimés, en raison du mode de scrutin appliqué dans certaines communes de moins de 3 500 habitants, qui autorise vote préférentiel et panachage.
2. Les listes RPR, UDF et divers droite sont regroupées. En sièges, les divers droite obtiennent 50,57 %, le RPR 4,89 %, l'UDF 6,19 %.

2e tour

Inscrits	13 905 190
Votants	11 083 583 (79,70 %)
Exprimés	10 791 838 (77,61 %)
Abstentions	2 821 607 (20,29 %)

Listes	Voix	%	Sièges	
Extrême gauche	3 336	0,03	Extrême gauche	289
PC	125 907	1,28	PC	5 263
Majorité	2 779 334	28,43	PS	9 529
PS	381 891	3,90	MRG	669
Divers gauche	577 113	5,90	Divers gauche	20 616
G.-centr.[1]	1 015 455	10,38	Écologistes	207
Écologistes	7 913	0,08	RPR	4 641
Opposition	4 878 356	49,90	UDF	4 630
			Divers droite	44 162
Extrême droite	6 525	0,06	Extrême droite	36

1. Les listes G.-cent. sont les listes « gauche-centristes ». Les listes « opposition » groupent aussi bien des listes UDF que des listes RPR et des listes d'union de l'opposition.

12-19 mars 1989
(Source : *le Monde.*)

1er tour
Résultats en voix

I : 35 373 549 ; V : 27 214 831 ; E : 26 186 678 ; Abs : 27,18 %				
			En 1983	
Listes	Voix	%	Voix	%
Extrême gauche	82 766	0,34	138 056	0,54
PCF	925 324	3,85	599 511	2,36
Union gauche	4 419 750	18,39	7 201 133	28,36
PS	2 557 298	10,64	1 206 162	4,75
Divers gauche	1 202 205	4,99	948 442	3,73
Gauche-centr.	2 357 609	9,81	2 226 919	8,77
Écologistes	353 416	1,47	147 884	0,58
Régionalistes	37 646	0,16		
De droite	11 328 216	47,13	12 894 312	50,78
Droite-FN	150 941	0,63		
FN	608 796	2,53		
Extrême droite	11 417	0,05	27 970	0,11
Gauche	11 544 952	48,02	12 320 223	48,51
Autres	391 062	1,63	147 884	0,58
Droite	12 099 370	50,34	12 922 282	50,89

Le ministère de l'Intérieur précise que les pourcentages des listes sont calculés sur la somme des voix des listes. Cette somme n'est pas égale au nombre des suffrages exprimés en raison du mode de scrutin dans les communes de moins de trois mille cinq cents habitants qui autorise le panachage.

Résultats en sièges

Étiquette	1989		1983	
	Sièges	%	Sièges	%
Extrême gauche	705	0,17	888	0,21
PCF	16 791	4,07	21 647	5,26
PS	37 323	9,04	41 441	10,07
MRG	2 591	0,62	4 365	1,06
Majorité	103 542	25,16	88 544	21,53
Écologistes	926	0,22	550	0,13
Régionalistes	343	0,08		
RPR	18 274	4,43	20 132	4,98
UDF	17 577	4,26	25 495	6,19
Divers droite	213 242	31,77	207 999	50,57
FN	526	0,12		
Extrême droite	103	0,02	175	0,04
Total	411 842	81,48	411 236	81,71
Ballottages	93 671	18,52	92 061	18,29
Gauche	160 861	39,05	156 885	38,15
Autres	1 269	0,3	550	0,13
Droite	249 722	60,64	253 801	61,72

2[e] tour

I : 16 741 619 ; V : 12 236 708 ; E : 11 859 830 ; Abs : 26,90 %				
Listes	1989		Rappel 1983	
	Voix	%	Voix	%
Extrême gauche	11 945	0,10	3 336	0,03
PCF	191 973	1,61	125 907	1,28
UDG	2 257 532	19,03	2 779 334	28,43
PS	965 402	8,14	381 891	3,90
Divers gauche	794 512	6,69	577 113	5,90
Gauche-centr.	1 049 073	8,84	1 015 455	10,38
Écologistes	112 684	0,95	7 913	0,08
Régionalistes	10 077	0,08		
Droite	5 332 764	44,96	4 878 356	49,90
Droite-FN	73 561	0,62		
FN	258 401	2,17		
Extrême droite	1 106	0,05	6 525	0,06
Gauche	4 221 364	35,59	3 867 581	39,54
Autres	1 171 834	9,88	1 023 368	10,46
Droite	5 665 832	47,77	4 884 881	49,96

Étiquettes	1989		Rappel 1983	
	Sièges	%	Sièges	%
Extrême gauche	929	0,18	1 177	0,23
PCF	21 351	4,24	26 906	5,36
PS	46 520	9,24	50 959	10,15
MRG	2 983	0,59	5 036	1,00
Majorité prés.	127 118	25,26	109 261	21,78
Écologistes	1 369	0,27	757	0,16
Régionalistes	428	0,08		
RPR	23 272	4,62	24 787	4,94
UDF	21 512	4,27	30 128	6,00
Divers droite	256 625	51,01	252 369	50,31
FN	804	0,15		
Extrême droite	159	0,03	211	0,04
Total	503 070		501 591	
Gauche	198 901	39,53	193 339	38,54
Autres	1 797	0,35	757	0,15
Droite	302 372	60,10	307 495	61,30

V. *Les élections européennes*

10 juin 1979

Inscrits	35 049 163	–
Votants	21 309 912	–
Abstentions	13 739 251	39,19 %
Blancs ou nuls	1 139 777	5,32 %
Suffrages exprimés	20 176 135	–
Partis	Voix	%
Extrême gauche[1]	622 506	3,08
Parti communiste	4 151 261	20,57
PS et MRG	4 756 774	23,57
RPR[2]	3 279 985	16,25
UDF et majorité présidentielle[3]	5 558 560	27,55
Écologistes	886 819	4,39
Divers	–	–
EEE	372 692	1,84
Défense interprofessionnelle	281 535	1,39
Eurodroite	265 074	1,31
Régions-Europe	538	–
PSU	391	–

1. En 1979, liste trotskiste de Mme Laguiller et de M. Krivine.
2. En 1979, liste Défense des intérêts de la France en Europe de M. Chirac.
3. En 1979, liste Union pour la France en Europe de Mme Veil.

17 juin 1984

Ces résultats ont été proclamés le 21 juin par la Commission nationale de recensement général des votes présidée par M. Pierre Rivière, conseiller d'État.

Inscrits	36 880 688	
Votants	20 918 772	
Abstentions	15 961 916	43,27 %
Suffrages exprimés	20 180 934	

Listes	Voix	%
Liste présentée par le Parti communiste français	2 261 312	11,20
Liste socialiste pour l'Europe	4 188 875	20,75
Liste « Union de l'opposition pour l'Europe et la défense des libertés »	8 683 596	43,02
Liste soutenue par le Parti communiste internationaliste	182 320	0,90
Liste « Lutte ouvrière »	417 702	2,06
Liste « Différents de gauche, en France, en Europe »	146 238	0,72
Liste ERE européenne, Entente radicale écologiste pour les États-Unis d'Europe	670 474	3,32
Liste « Les Verts-Europe écologie »	680 080	3,36
Liste pour les États-Unis d'Europe	78 234	0,38
Liste « Réussir l'Europe »	382 404	1,89
Liste « Union des travailleurs indépendants pour la liberté d'entreprendre »	138 220	0,68
Liste « Initiative 84 »	123 642	0,61
Liste « Front d'opposition nationale pour l'Europe des patries »	2 210 334	10,95
Liste « Parti ouvrier européen »	17 503	0,08

18 juin 1989
(Source : *le Monde*, 22 juin 1989, p. 9.)

Inscrits	**38 348 191**	**100,00 %**	**Blancs ou nuls**	**1 516 184**	**3,95 %**
Votants	**18 686 419**	**48,73 %**	**Suffrages exprimés**	**18 145 588**	**47,32 %**
Abstentions	**19 661 772**	**51,27 %**			

Listes	Têtes de listes	Partis	Voix	Pourcentage par rapport aux suffrages exprimés	Pourcentage par rapport aux inscrits	Sièges
Union UDF-RPR	Valéry Giscard d'Estaing	UDF-RPR	5 241 354	28,89	13,67	26
Majorité de progrès pour l'Europe	Laurent Fabius	PS	4 284 734	23,61	11,17	22
Europe et patrie	Jean-Marie Le Pen	FN	2 128 589	11,73	5,55	10
Les Verts-Europe-Écologie	Antoine Waechter	Verts	1 922 353	10,59	5,01	9
Le Centre pour l'Europe	Simone Veil	CDS	1 528 931	8,43	3,99	7
Rassemblement présenté par le parti communiste français	Philippe Herzog	PCF	1 399 939	7,72	3,65	7
Chasse, pêche, et tradition. Liste européenne pour la liberté de la chasse et de la pêche	André Goustat	Chasse	749 614	4,13	1,96	
Lutte ouvrière	Arlette Laguiller	LO	258 511	1,43	0,67	
Liste apolitique pour la protection des animaux et de leur environnement	Arlette Alessandri	Protection animale	188 537	1,04	0,49	
Liste de l'Alliance	Henri Joyeux	Alliance	136 312	0,75	0,36	
Europe des travailleurs et de la démocratie	Marc Gauquelin	MPPT	109 476	0,60	0,29	
Europe rénovateurs	Claude Labrès	Communiste rénovateur	74 503	0,41	0,19	
Génération Europe	Gérard Touati	Génération Europe	58 882	0,32	0,15	
Rassemblement pour une France libre	Jacques Cheminade	RFL	32 311	0,18	0,09	
Initiative pour une démocratie européenne	Frank Biancherie	IDE	31 542	0,17	0,08	
Total			18 145 588	100,00	47,32	81

Résultats définitifs des élections européennes publiés par le ministère de l'Intérieur.

III
ANNEXES ÉCONOMIQUES

I. La France dans la prospérité
(Source : Berstein Serge, *op. cit.*, p. 176.)

Solde des échanges extérieurs
entre 1959 et 1972
en millions de francs

	1959	1972
Agriculture	− 2 166	+ 5 951
Industries agricoles et alimentaires	− 1 116	− 496
Énergie	− 4 185	− 14 890
Industries intermédiaires	+ 1 948	− 2 702
Industries d'équipement	+ 5 680	+ 10 808
Industries de consommation	+ 2 402	− 540
Transports et télécommunications	+ 3 016	+ 8 173
Bâtiment et travaux publics	+ 274	+ 1 045
Services	+ 300	+ 1 545
Commerces	+ 207	+ 81
Ensemble des produits	+ 6 360	+ 8 975

II. La France dans la crise
(Source : Eck Jean-François, *Histoire de l'économie française depuis 1945*, A. Colin, Cursus, 1988, 189 p.)

Les soldes de la balance des paiements *(en milliards de F)*

	1973	1974	1975	1976	1977	1978	1979
Balance commerciale	+ 1,9	− 23,2	+ 4,6	− 24,2	− 16,2	+ 0,3	− 13,5
Balance des biens et services	+ 14,3	− 7,9	+ 22,7	− 4,6	+ 11,8	+ 46,4	+ 39,2
Balance des transactions courantes	+ 6,6	− 18,8	+ 11,5	− 16,4	− 2,1	+ 31,6	+ 22,1
Balance des capitaux à long terme	− 11,0	− 2,3	− 4,8	− 8,4	+ 2,0	− 14,9	− 21,9
Balance des capitaux à court terme	+ 8,0	+ 2,2	+ 4,9	+ 5,0	+ 6,5	+ 5,7	+ 8,1
Variation de la position monétaire extérieure	− 1,2	+ 0,2	− 21,8	+ 19,1	+ 9,8	− 26,8	− 5,0

	1980	1981	1982	1983	1984	1985	1986
Balance commerciale	− 56,6	− 54,0	− 103,8	− 63,9	− 39,7	− 48,5	− 15,3
Balance des biens et services	0	− 2,7	− 49,0	− 4,6	+ 18,6	+ 22,1	+ 56,2
Balance des transactions courantes	− 7,6	− 25,8	− 79,3	− 35,7	− 6,6	− 1,5	+ 25,8
Balance des capitaux à long terme	− 6,0	− 21,0	+ 24,7	+ 41,2	+ 12,4	− 8,8	− 70,4
Balance des capitaux à court terme	+ 11,8	− 12,4	+ 13,9	− 9,4	− 13,3	+ 17,9	+ 3,9
Variation de la position monétaire extérieure	+ 2,1	+ 71,3	+ 46,1	− 1,9	+ 1,7	− 7,7	+ 39,3

Principaux postes d'opérations non commerciales *(en milliards de F)*

	1981	1983	1986
Services			
Services de nature commerciale	– 8,7	– 7,7	– 1,6
Services liés aux échanges de technologie	+ 21,9	+ 31,0	+ 28,5
Intérêts et dividendes	+ 4,3	– 7,3	– 11,4
Voyages	+ 8,1	+ 22,4	+ 22,2
Transferts unilatéraux			
Transferts d'économies de travailleurs	– 13,0	– 14,1	– 13,4
Transferts publics	– 10,7	– 16,0	– 19,8
Capitaux à long terme			
Crédits commerciaux	– 22,5	– 26,0	+ 6,8
Emprunts autorisés	+ 33,6	+ 88,0	– 45,6
Investissements directs	– 13,1	– 3,6	– 12,9
Investissements de portefeuille	– 19,0	– 17,2	– 3,8

III. Le chômage

Les taux de chômage

Par niveau de formation (mars 1986)

Diplôme non déclaré	14,9
Sans diplôme ou certificat d'études	12,2
BEPC	9,4
CAP-BEP	9,3
Baccalauréat ou brevet professionnel	5,8
Diplôme universitaire de 1er cycle	3,1
Diplôme universitaire de 2e ou 3e cycle, diplôme d'ingénieur	3,9
Ensemble (population à la recherche d'un emploi)	9,1

Par âge (mars 1986)

15-24 ans	25,1
25-39 ans	9,1
40-49 ans	5,9
50-59 ans	8,1
60 ans et plus	3,6
Ensemble	10,2

Par nationalité (mars 1985)

Français	9,6
Étrangers	18,5
dont : Portugais	11,0
Algériens	26,5
Ensemble	10,2

L'ancienneté du chômage en mars 1986
En parts de la population à la recherche d'un emploi

	Hommes	Femmes	Ensemble
Moins d'un mois	5,6	4,6	5,1
1 mois à moins de 6 mois	26,7	21,2	23,9
6 mois à moins d'un an	19,8	22,9	21,4
1 an à moins de 2 ans	19,6	19,3	19,4
2 ans et plus	25,0	28,3	26,7
Ancienneté non déclarée	3,3	3,7	3,5
	100	100	100
Ancienneté moyenne (en mois)	16,2	17,8	17,0

IV. L'inflation

Évolution du différentiel d'inflation
avec les concurrents étrangers depuis 1976

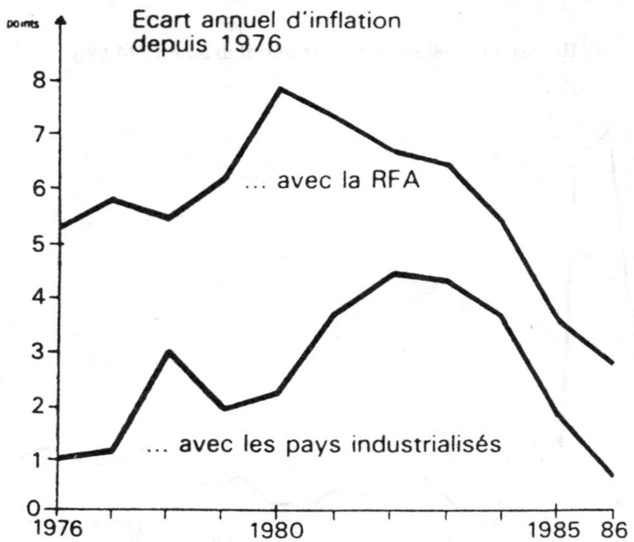

Évolution des monnaies contre franc français de 1971 à 1986

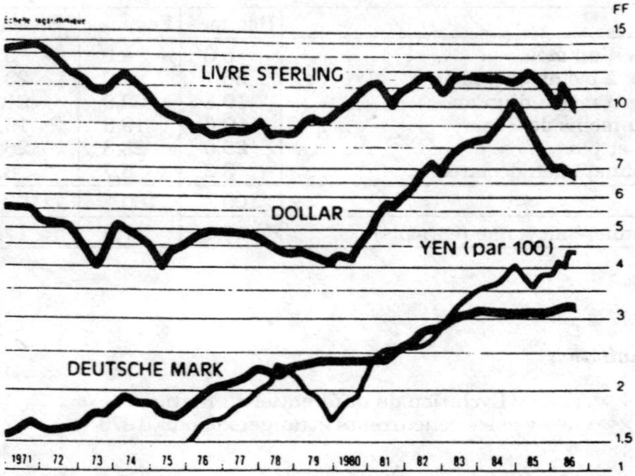

Hausse annuelle des prix de détail depuis 1944 (%)

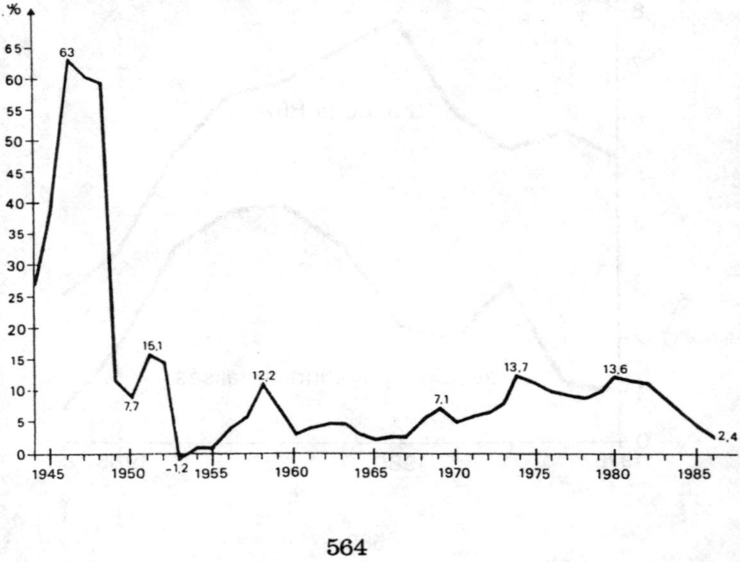

INDEX

Cet index comporte les principaux noms de personnes cités dans le texte et les notes, à l'exception des annexes.
Les numéros de pages en caractères gras indiquent la courte fiche biographique de la personnalité mentionnée.

A

B

D

G

M

Q

R

Achevé d'imprimer le 14 février 1991
dans les ateliers de Normandie Roto S.A.
61250 Lonrai

Dépôt légal février 1991
N° d'éditeur : 975
N° d'imprimeur : R1-0138